Walther Rohdich

Der Bürger als Mörder
Fünf Kurzkrimis

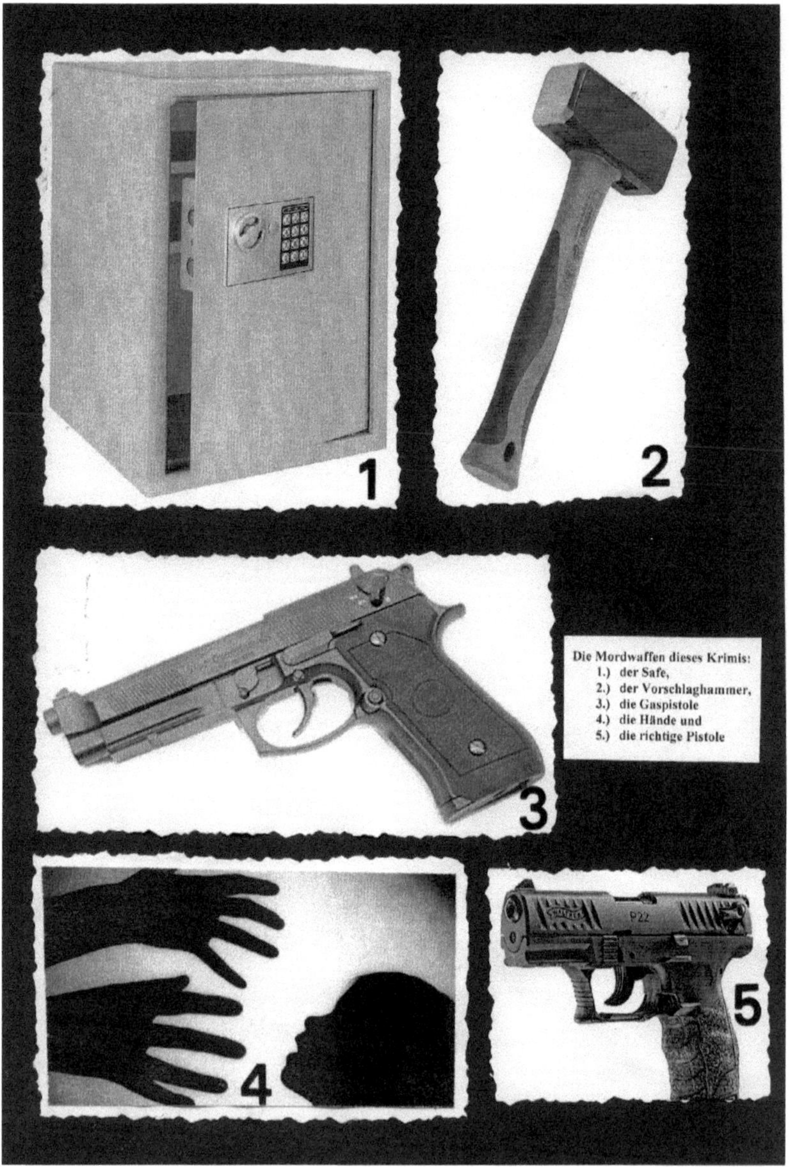

Die Mordwaffen dieses Krimis:

1.) der Safe,
2.) der Vorschlaghammer,
3.) die Gaspistole
4.) die Hände und
5.) die richtige Pistole

Walther Rohdich

Der Bürger als Mörder

Fünf Kurzkrimis

Rediroma-Verlag

Bibliografische Information der Deutschen Nationalbibliothek:
Die Deutsche Nationalbibliothek verzeichnet diese Publikation in der Deutschen Nationalbibliografie; detaillierte bibliografische Daten sind im Internet über http://dnb.ddb.de abrufbar.

ISBN 978-3-96103-338-6

Lektorat: Ilka Wallmeyer-Rohdich

www.rediroma-verlag.de
15,95 Euro (D)

Inhaltsverzeichnis

Vorwort

Ein englisches Sprichwort sagt kathegorisch und klipp und klar:

„There's a murderer in every human being – In jedem Menschen steckt ein Mörder."

Nun, vielleicht ist diese fulminante Behauptung in jenen fernen Zeiten aufgekommen, wo Mord und Totschlag Grundlage eigenen Überlebens darstellten und keine Justiz strafend und rächend reagieren konnte; diese Zeiten sind im Großen und Ganzen vorbei! In den meisten Staaten unserer Erde kommen Mörder und Mörderinnen zudem mit „lebenslänglich", das heißt manchmal „nur 15 Jahre", erträglichem Knast davon.

Hier, in unserer kriminellen Erzählung, kommen in fünf Taten sechs Morde vor, weil ein Mordfall von Täter und Täterin in gemeinsamer Harmonie ausgeführt werden. Die Opfer sind keinesfalls zu bedauern, denn sie waren selbst gemeine Täter und wollten ihre Opfer nur ein wenig ausbeuten und finanziell zur Ader lassen. Würdest du das, liebe Leserschaft, so mirnichtsdirnichts hinnehmen?

In unserem zweiten Fall treibt ein ehrenwerter Bürger der Stadt, sogar ein Dr. h.c., zwei etwas leichtfertige Jünglinge derart in die Enge des Rauschgiftgebrauchs, dass sie dieser Erde entsagen – keine „echten" Morde also! Würdest du, liebe Leserschaft, dies so mirnichtsdirnichts hinnehmen? Taten die beiden Väter nicht, als sie die Tatsachen erfuhren, und griffen zur Selbsthilfe.

In unserem dritten Fall wird ein Kriminalkommissar zum Mörder. (Wie oft dies in unserer Republick vorgekommen ist, hat der Autor nicht erfahren können.) Und in diesem Fall geschieht die Ungeheuerlichkeit, dass ein Täter gegen sich selbst ermitteln muss – würdest du, liebe Leserschaft, so etwas mirnichtsdirnichts hinnehmen?

In unserem vierten Fall geschieht die Entführung einer liebreizenden Tochter, die im Sandkasten vorm Haus spielte. Ihr Vater, ein trockener, wortkarger und mit dem Leben zufriedener Zeitgenosse, spürte in sich aufsteigen, was wir oben mit dem englischen Sprichwort sagen wollen. Würdest du, liebe Leserschaft, den Raub deiner etwaigen Tochter mirnichtsdirnichts hinnehmen?

Und schließlich unser fünfter Fall: Eine verwitwete ältere Dame ist nicht nur in Ludwig von Beethoven vernarrt, sondern auch exzessiv in seine Dritte Sinfonie, die „Eroica" heißt, und sie mutet ihrem neuen Bekannten, der ihr sozial ein wenig hilft, zu, sie mehrmals am Tag anzuhören. Würdest du, liebe Leserschaft, das mirnichtsdirnichts hinnehmen?

So sind wir mit der Vorstellung der Tathergänge und dem Vorwort zu Ende gekommen. Es bleibt nur noch das Weiterlesen und Sichwundern, was alles auf unserer guten alten runden Erde zu erleben ist!

Wahre Liebe kennt das Altern nicht

„Sie haben schon wieder einen fertiggemacht."

Oma sagte dieses beiläufig und in jenem ihr eigenen Tonfall, mit dem sie drohendes Unheil anzukündigen pflegte. Opa sagte „Feierabend" und schloss die Ladentür von innen ab.

„Je mehr Läden kaputtgemacht werden", fügte er hinzu, „desto mehr Leute müssen bei uns kaufen."

Diese alte kaufmännische Weisheit war Oma natürlich nicht neu.

„Bis **wir** dran sind", antwortete sie.

Unsere beiden Protagonisten der ersten Geschichte müssen natürlich vorgestellt werden! Ihre Namen sind ohne Belang, denn nachdem sie Großeltern geworden waren, nannte man sie erst Großvater und Großmutter, dann Großvati und Großmutti, dann Opi und Omi und schließlich allgemein „Opa & Oma“; das ist hängengeblieben und klingt vertraulich und irgendwie lieblich. Diesen Eindruck machten sie auch untereinander. Sie arbeiteten noch. Nämlich als Eigentümer einer jener Drogerien, die auf der Roten Liste stehen und nur jene Inhaber noch ernähren können, die schon Altersrente beziehen. Diese Drogerie lag etwas abseits nahe eines neuen Wohnviertels mit Bewohnern, die zur Altersklasse Opas & Omas gehören und diesen vorerst noch die Treue halten. Das Wohnviertel gehörte zu einer Stadt, welche schon vor dem letzten Krieg mit 100.000 Einwohnern den Status Großstadt bekommen hatte. Zerbombt und wiederaufgebaut wuchs sie jetzt prozentual mehr als New York und steuerte auf die 200.000 zu. Damit wurde sie für Spitzbuben interessant, die wir bald kennenlernen werden.

Opa & Oma waren zusammen 140 Jahre alt und dachten insgeheim, jeder für sich, ans Aufhören als Kaufleute – die ja eigentlich „Verkaufleute“ heißen müssten. Ihre Liebe zueinander war nach der Goldenen Hochzeit sprunghaft gewachsen, so dass sie nichts taten oder entschieden, ohne sich abgesprochen zu haben. Ihre Drogerie, keine hundert Quadratmeter groß, war Teil ihres Eigenheims und nur durch eine Tür von der Wohnküche getrennt – ein idealer Arbeitsplatz. Den sich Bürger wünschten, die jeden Tag zwanzig und mehr Kilometer hin und zurück fahren mussten, um sich die Beine lahm zu stehen, den Rücken krumm zu sitzen oder die Zunge wund zu reden und doch nur das Nötigste zum Beißen aufbringen konnten. Hinter dem Haus lag ein Garten von 500 Quadratmetern, den die Enkel nutzten, um Radieschen, Tomaten, Kartoffeln und Zwiebeln zu ziehen und ihn einigermaßen in Schuss zu halten. Opas ganzer Stolz war der Komposthaufen am südlichen Rand, der wie die Grabstätte eines Prominenten auf dem Friedhof gehäuft, bepflanzt, bejätet und geplättet war.

„Darunter“, sagte Opa im Ton eines erfahrenen Hellsehers, „könnten wir in absoluter Ruhe und im gärtnerischen Frieden ruhen.“

* * * * * *

„Dran sein”, das wurde vorhin von Oma erwähnt und befürchtet - das bedeutete hier folgendes: Es erschienen ein paar Rabauken und schlugen ihnen den Laden kurz und klein. Mit dem von Oma erwähnten waren es bis jetzt fünf geworden und das Heulen und Zähneklappern begann sich unter den bisher verschonten Ladenbesitzern auszubreiten und zur abendlichen Gewohnheit zu werden. Die Tendenz zeichnete sich klar ab: Großläden und Supermärkte wurden verschont, die kleinen privaten Läden mit einem Hauch familiären Charakters, die sowieso auf dem Aussterbeetat standen, in denen man noch anschreiben lassen konnte, wo die Kinder einen Bonbon, mindestens einen Klaps auf den Hintern bekamen, der ihnen die Wichtigkeit ihrer Person und das Verständnis zur älteren Generation vermitteln mochte. Läden, in deren Gängen der Tratsch der Nachbarschaft in häufig zahnlosen Mündern zerkaut wurde - sie schienen den Gangstern die passenden Objekte von Raub-, Rauf- und Zerstörungslust zu sein. Meist wurde mehr demoliert als geklaut, alles in der Schnelle von Minuten, nachts zwischen 2 und 4 Uhr, je nach Jahreszeit, und ehe Nachbarn und Besitzer sich die Krümel aus den Augenwinkeln gekratzt hatten und die Polizei ihren Wagenpark angelassen hatte, waren diese Vorstellungen vorüber. Zugegeben, gewissen frustrierten Kreisen der Bevölkerung mag es Freude bereiten, Genugtuung und das Gefühl der Stärke, mannshohe Konservenpyramiden, bis an die Decke gefüllte Regale und gläserne Theken einstürzen zu lassen. Verständlich mag auch der Drang sein, einen Teil der Teuerung durch Diebstahl auszugleichen, aber man sollte das Asoziale dieses Tuns nicht verschweigen und bagatellisieren und nicht noch mehr Mitbürger dem Sozialamt in die Arme treiben.

Oma & Opa, addiert 140 Jahre alt, wussten, dass niemand ihnen ihre Drogerie würde weiterführen wollen, sollten sie invalid oder endgültig abgerufen werden, weder jemand aus der Verwandtschaft noch ein Käufer. Schlimmer noch: Nämlich höheren Orts, im zehnten Stockwerk des Hochhauses der städtischen Verwaltung, wartete man mehr oder weniger geduldig auf ihr Ableben, um das Stadtviertel, ungehindert durch Nörgler und ewig Gestrige, durchsanieren zu können. Aber: Solange Omas Stampfer und Opas Spinnebeine sie hin und hertrugen in ihrem Laden, solange wollten sie freie Kaufleute bleiben, auch wenn der Jahresumsatz und die aus ihm resultierende Rendite von wenigen Prozenten ihnen ein schlechteres Dasein bescherte als es die Angestellten des nahen Supermarktes genießen konnten. Bei ihrer lebenslang geübten Bescheidenheit ging's ganz gut so: kein Auto, das Gärtchen hinterm Haus, das Haus längst abbezahlt, keine Reisen, Zigaretten mäßig, Alkohol nur zum Einreiben rheumatischer Knochen. Die heimelige, von Holzböcken, Kakerlaken und Silberfischchen gereinigte Wohnung direkt hinterm Ladenraum, die sie mit Katze und Goldfisch teilten.

„Opa", hatte Oma einst gesagt, „wenn du verreckst, ersäuf ich mich im Aquarium. Ich kann ohne dich nicht leben."

„Oma", hatte Opa geantwortet, „wenn du krepierst, hack ich mir den Kopp ab. Ich kann ohne dich nicht leben."

„Weißt du", meinte Oma versonnen, „wir lieben uns eigentlich immer noch so innig wie anno damals, als du mich zum ersten Mal aufs Kreuz legtest."

Opa nickte begeistert. Damals! Damals ernährte ein Geschäft ihrer Größe bei weniger Umsatz ihn und Oma besser als heute - das war wohl der markanteste Unterschied der Zeiten; mess- und behaltbar im Gehirn und anschaulich. Was sie, Oma und Opa, einkaufen mussten, holten sie sich freilich wie jeder normale Mensch im Großladen, dennoch hassten sie diese Verderber der guten Einkaufssitten, diese Supermärkte, die selbst Bürger, die kaum rechnen konnten, zu raffgierigen, schrappigen Feilschern machten. Opa hatte am Anfang der Malessen die Idee, dass die Rabauken und Gangster im Auftrag der großen Läden die kleinen demolierten.

„Das ist utopisch, Opa", sagte Oma.

Opa stimmte schließlich zu.

„Es könnte", meinte er, „bei den vielen Mitwissern nicht geheim bleiben. Außerdem ist die Methode des gnadenlosen Preiskriegs vornehmer und wirksamer."

Wie oft hatten sie „bei euch ist's zu teuer" hören müssen! Besonders vom jungen Volk, das es stets eilig hatte und nicht in der Stimmung war, mit dem Verkaufsgespräch ein Schwätzchen zu verbinden.

* * * * * *

Nach der dritten Ladenplünderung begannen Opa & Oma in ihrem Geschäft hinter der Theke zu schlafen. Sie hatten es abwechselnd tun wollen, wochenweise, damit sich jeder im angestammten Bett erholen könnte, aber sie wurden sich nicht einig, niemand wollte den anderen allein lassen.

„Ich könnte es nicht ertragen", sagte Oma, „dich mit den Banditen im Handgemenge zu wissen."

„Unmöglich", antwortete Opa, „zu schlafen, und du bist vielleicht in einer allgemeinen Rauferei mit ihnen."

„Meinst du, dass sie kommen?"

Das fragten sich nicht nur Opa & Oma, sondern auch andere ihresgleichen, denn die große Angst kroch die Kaufmannschaft an wie anno 1944, als die RAF über der Stadt war; damals wusste man, wen man vor oder über sich hatte, kannte die Motive der Zerstörung, heute war der Feind unerkennbar und feige. Die Polizei stand vor einem ihrer unlösbaren Rätsel. Intern schätzte sie, dass eine frischgegründete Gangsterbande sich in der Stadt etablierte und mit der Geschäftswelt jene dunklen Absichten hegte, die in den großen Großstädten bereits bekannt und an der Tagesordnung war: Erpressung. Die verstärkten Streifen nützten nichts, stets geschahen die Überfälle dort, wo die Polizei momentan nicht wirkte.

„Die Gangsterwelt", sagte Opa lakonisch, „ist heutzutage technisch besser ausgerüstet als ihre Verfolger. Ihre Einsatzfreude ist ebenfalls größer."

Oma meinte, dass er wie immer treffend formulierte.

„Was machen wir, wenn sie kommen?"

Für zwei alte Leutchen war das eine verständliche und entscheidende Frage, ebenso wichtig wie die abendliche Bilanzierung.

„Ich kipp' ihnen Salzsäure in die Fressen", prophezeite Oma verklärten Gesichtsausdrucks, „du lachst dich kaputt wie sie aussehen, wenn ihnen das Fleisch aus dem Gesicht fällt."

„Ich nehm' mein Holzhackebeilchen mit ins Bett", orakelte Opa düster, „einer muss es den Leuten ja mal zeigen."

Seine Stimme verriet eine gewisse Sehnsucht nach Taten.

Wenn nun fremde Kunden den Laden betraten, wurden sie von Oma & Opa, - wir bleiben jetzt bei dieser Schreibweise -, misstrauischer und gründlicher fixiert als früher.

„Man weiß doch vom Fernsehen", sagte Opa, „wie derartige Typen aussehen."

In einer Nacht schreckten sie auf, weil etwas an die Schaufensterscheibe bumste. Oma ergriff ihren Salzsäurecocktail, Opa sein Beil, und halbaufgerichtet hockten sie hinter der Theke und warteten auf das Klirren der Scheibe. Aber nichts tat sich außer dem Schnarchen und Husten eines Besoffenen. In der folgenden Nacht hielt sie der kreisende Lichtkegel einer Taschenlampe in Spannung, der ihrem Laden ungewohnte Beleuchtungseffekte und ein gespenstisches Aussehen verlieh.

„Sie kommen", hauchte Oma erlöst, „wenn es doch nur erst vorbei wäre."

Nichts kam, denn nur zwei Polizisten gingen Streife und hatten in den Laden geleuchtet.

„Diesen muffigen Läden", sagte der eine, „sollte man keine Träne nachweinen."

„Stimmt", sagte der andere, „nur, wenn es zu den großen keine Alternative mehr gibt, ist dem Verbraucher auch nicht genützt. Außerdem tun mir so alte Leutchen wie diese beiden hier ein wenig leid. Man sollte sie unterstützen."

Oma & Opa schliefen wieder ein. Für den Fall, dass die Räuber durch das Öffnen der Tür lautlos hereinkommen sollten, hatten sie einen Zwirnsfaden gespannt, der beim Berühren ein paar Konservendosen zum Poltern bringen konnte.

* * * * * *

Am nächsten Tag erschien tatsächlich ein Kunde, der eindeutig keiner war, Opa musterte ihn eindringlich und schob sich unauffällig nach der Stelle, wo er sein Hackebeilchen deponiert hatte. Als Ziel peilte er den gepflegten Scheitel des Besuchers an.

„Bitte?", fragte Opa drohend.

„In der letzten Zeit", sagte der Mann trockenen Tones, „werden reichlich häufig Läden überfallen."

„Hab davon gehört."

„Haben Sie keine Angst?"

„Doch", sagte Opa, „aber bei uns gibt's nichts zu holen, alles nur Pfennigkram. Eine Drogerie ist heute kein Raubobjekt mehr."

„Aber immer noch zu schade zum Kaputtmachen."

„Wenn die Burschen kommen, mache ich Tartar aus ihnen."

Beide lachten und der Besucher taxierte Opas Entschlossenheit zu diesem Vorhaben. Dann kramte er in seiner Aktentasche.

„Ich verkaufe Ihnen gern meine ausgezeichneten Alarm- und Warnanlagen."

„Sind uns zu teuer", sagte Opa, „lohnen nicht für Hustenbonbons, Lokuspapier und ähnlichen Kram."

Oma tauchte jetzt aus dem hinteren Raum auf und hoffte auf die Einsatzmöglichkeit ihrer Geheimwaffe.

„Aha", sagte sie dann aggressiv, „man will wohl die Notlage der kleinen Geschäftsleute ausnutzen."

„Nun, liebe Frau, ich kann doch nichts dafür."

„Wer weiß, wer weiß. Sie vielleicht nicht, aber Ihr Chef."

„Sie haben wohl diese Überfälle selbst inszeniert", knurrte Opa, „sehen auch richtig aus wie so einer."

Er hatte ziemlich recht: Der Mann trug das Image eines Winkeladvokaten zur Schau, eines Typs aus den bekannten älteren Filmen Hollywoods, die Leuten wie Al Capone zur Verfügung standen, vielleicht war dieses Absicht, um Eindruck schinden zu können.

„Nun man langsam", lenkte er ein, „ich verstehe ja gut Ihre Ängste und Aufregung..."

„Wir haben keine Angst!"

„Dann nur Aufregung und Nervosität."

„Wer ist hier aufgeregt?", fragte Oma.

„Wer ist hier nervös?", fragte Opa.

„Ich möchte Ihre Lage nicht ausnutzen", fuhr der Mann fort, „aber eine gute Alarmanlage ist immer nützlich, auch wenn keine direkte Gefahr besteht."

„Wir passen selber auf", sagte Opa.

„Wenn er losbrüllt", sagte Oma und wies auf ihn, „dann kommt Ihre Anlage nicht mit."

„Sie glauben wohl", sagte Opa, „weil wir alte Knacker sind, könnten wir mit ein paar Gangstern nicht fertig werden."

Er wetzte die Zähne wie ein Keiler und Oma fuchtelte mit ihren Griffeln vor der Nase des Mannes herum. Der packte seine Sachen und ging, da er absolut kein Rezept kannte, mit solchen Kunden erfolgreich zu verhandeln.

„Sollst mal sehen", sinnierte Opa, „jetzt ist bald der nächste Laden dran."

„Vermutlich wir", sagte Oma.

Es war wirklich offensichtlich, dass sie keine Angst hatte.

„Eine Alarmanlage", sagte sie dennoch, „wäre nicht schlecht. Könnten dann wieder richtig schlafen."

„Ich lass mir doch nicht alles andrehen", maulte Opa, „morgen kommt dann einer mit einer teuren Versicherung."

„Ja, mit uns Alten wollen sie's machen."

* * * * * *

Drei Straßen weiter erwischte es dann den nächsten Laden. Die Besitzer hatten die vorigen Nächte brav und konsequent durchgewacht, ähnlich wie Oma & Opa, stets hatte ein Mitglied der Familie im Laden gesessen, nur just in dieser Nacht nicht, weil eine kleine Fete vorangegangen war. Der Laden lag bei Tagesanbruch verwüstet da. Gerade als die Polizei „eine ruhige Nacht" notierte waren vier Kerle vorgefahren, wie die Affen aus den Autos gesprungen, hatten die Scheibe eingeschlagen und in wütender, mit Gelächter vermischter Eile vieles demoliert und brauch- und fressbare Sachen fortgeschleppt. Keine drei Minuten, so waren sie fort, einige Frühaufsteher wie Kirchgänger, Bäckerlehrlinge, Zeitungsboten und Schlafgestörte rissen noch Mäuler und Augen auf, als alles längst vorbei war.

„Es ist toll", sagte Oma bei der Zeitungslektüre, „wie fix Gangster arbeiten."

„Erstaunlich", sagte Opa, „was der Mensch lernen und einstudieren kann, wenn er nur motiviert ist. Man soll auch Banditen Anerkennung nicht versagen."

Bei diesen Auslassungen verklärte sich Omas Gesicht, wie immer, wenn Opa philosophierte, und sie beäugte ihn stolz, wie er versonnen auf die Straße sah. Er ging hinter die Theke und holte eine Stadtkarte, breitete sie aus.

„Sieh her, Oma."

Er stützte wie ein gewisser Feldherr seine Arme auf die Karte und erklärte.

„Die Tendenz zu unserem Stadtteil ist eindeutig. Sie sind richtig von Westen herangerückt. Entweder sind w i r die nächsten oder dieser Laden hier."

Sein Finger tippte auf eine Stelle, wo sich ein Schreibwarengeschäft mit Lotto- und Totoannahme befand.

„Da gibt's doch nichts zu holen", sagte Oma.

„Zigaretten, Tabak", sagte Opa, „außerdem, wenn sie nur zerstören wollen..."

Oh wie Recht er hatte! Schon in der übernächsten Nacht war es um diesen Laden geschehen, und Oma wiederholte den am Anfang unseres Berichts stehenden Satz:

„Sie haben schon wieder einen fertiggemacht."

Und sie begannen regelrecht zappelig zu werden wegen des zu erwartenden Überfalls auf ihren Laden. Opa hatte seine Bewaffnung wesentlich verstärkt, indem er sich von seinem Bruder einen Revolver mit Schalldämpfer borgte.

„Aber man schießt nicht auf Menschen", sagte der Bruder, der im Krieg Flakkanonier gewesen war.

„Auf Menschen freilich nicht", antwortete Opa, „aber auf Gangster."

Diese Waffe, unter der Kasse deponiert, verschaffte Opa die wohl bald notwendige Sicherheit des Auftretens Gangstern gegenüber, und seine Blicke schweiften suchend über die Straße.

„Nun hab dich mal nicht so", mahnte Oma.

An diesem Feierabend, im trauten Wohnzimmer, machten Oma & Opa eine Bilanz der bisherigen Überfälle:

Erstens ein kleines Lebensmittelgeschäft, eines der letzten, die noch nicht einer Kette angeschlossen waren. Zweitens ein Textilladen für gehobene Ansprüche. Drittens eine große Bäckerei, in der die Gangster nach Lustfilmart die Torten an die Wände geklatscht hatten. Viertens die Kneipe, in der Opa seine Bierchen trank. Fünftens das bereits erwähnte Schreibwarengeschäft.

Allen diesen Geschäften gemeinsam war ihre Führung durch ältere Herrschaften nach Art Omas & Opas und dass sie nicht im belebten Stadtzentrum lagen.

„Eine Drogerie war noch nicht dabei", sagte Opa.

„Ja", sagte Oma, „sie werden kommen."

* * * * * *

Ganz eindeutig machte sich nun die Veränderung in Gehabe und Charakter Omas & Opas bemerkbar. Aus der Furcht nach den ersten Heimsuchungen der Läden war die Be- und Versessenheit entstanden, nun endlich an der Reihe zu sein, Lust auf Krawall bis zum Tötungsdrang, ein Hang zur barbarischen Rache und der animalische Urtrieb brachen durch und verdrängten die vernunftbezogenen Gedanken eines braven, biederen und kleinbürgerlichen Kaufmannsehepaares. Das sein Leben lang an nichts anderes dachte als den nötigen Gelderwerb. Diese Veränderung kam nicht etwa unbewusst, schleichend oder undefinierbar, nein, Oma & Opa erkannten und besprachen sie miteinander, weder schämten sie sich noch wollten sie irgendetwas unterdrücken. So entspann sich in der Nacht im Laden, als beide vor klopfenden Herzen nicht schlafen konnten, ein eindrucksvoller und seltener Dialog, der hier wörtlich wiedergegeben sei.

„Warum schläfst du nicht?"

„Warum du nicht?"

„Weil du nicht schläfst."

„Ich wünsche, dass sie kommen."

„Ich auch."

„Dann ist die üble Warterei zu Ende."

„Und wir können wieder ins Bett."

„Du hast noch nie auf Menschen geschossen."

„Sie sind keine Menschen."

„Bestien! Das kommt, weil nicht mehr geköpft wird."

„Einer muss ihnen mal die Zähne oder anderes zeigen."

„Ist klar. An Salzsäure denken die bestimmt nicht."

„Pass auf, dass du nicht den Laden versaust."

„Schieß du keine Löcher in die Wand."

„Zu Kaisers Zeiten hat's das nicht gegeben."

„Da wussten sie, was ihnen blühte, wenn sie geschnappt wurden."

„Die Demokratie verlangt halt die Mithilfe jeden Bürgers."

„Weil die Polizei zur Humanität erzogen worden ist."

„Soll ich sofort richtig schießen oder erst zur Warnung?"

„Bist du verrückt! Sofort in den Kopp. Und wer verwundet liegen bleibt kriegt einen Fangschuss oder ich löse ihn mit der Säure auf."

„Du hast Recht. Sie müssen wissen, dass es kein Karnevalsscherz ist."

„Was meinst du, ob wir berühmt werden?"

„Wieso?"

„Na, wenn Presse und Fernsehen kommen. Das wäre mal was anderes als die nackten Busen auf den Titelseiten der Illustrierten."

„Du hast wieder mal Recht."

„Und bezahlen tun die auch noch."

„Ach, kämen die Gangster doch!"

„Ja, heute passte es uns, wo wir doch nicht einschlafen können."

„Ob so'n Gangster auch 'ne Familie hat?"

„Klar, aber mach dir nichts draus. So ein Vater oder Ehemann kann dabei weg."

„Besser als du, klar."

„Oder du.“

„Gut, dass wir uns prima verstehen.“

„Meinst du, dass man uns nachher was kann?“

„Natürlich nicht. Notwehr!“

„Und wer wird uns Alten Aggressionsgelüste zutrauen.“

„Niemand, haha.“

„Ich wollte, es würde ein Massaker.“

„Du bist, scheint mir, in dieser Beziehung bisher frustriert gewesen.“

„Wer ist das nicht! Jeder möchte mal Blut rühren, man muss den Wunsch meist unterdrücken, wenn man nicht gerade Schlachtermeister oder Killer ist.“

„Ach, wenn sie doch kämen...“

„Horch - ein Auto!“

Auf der Straße gegenüber stoppte ein Wagen, der Motor lief weiter. Opa griff zur Waffe und hockte sich hinter die Theke, wie der Wirt eines Westernsaloons, der ausnahmsweise einmal in die Auseinandersetzungen seiner Gäste einzugreifen gedenkt.

„Schieß nicht eher“, flüsterte Oma, „als bis sie hereingekommen sind.“

Der Motor des Wagens, den sie nicht sehen konnten, lief weiter, eine unheimliche Spannung, die der Erwartung einer Offensive ähnlich sein mochte, ließ sie ihre Gebisse zusammenpressen, damit sie nicht klapperten. Machte sie jedoch nicht zappelig, sondern ruhig und selbstsicher, wie es das bedeutungsvolle Handwerk des Tötens nun einmal erfordert. Aber nichts tat sich, das Auto entfernte sich.

„Lass uns den Rest der Nacht schlafen“, meinte Oma, „was nicht ist kann noch werden.“

Diese philosophische Weisheit bestätigte sich anderntags, aber ganz unverhofft und anders als erwartet...

* * * * * *

Drei Kunden betraten gleichzeitig den Laden. Dieser ungewohnte Andrang entrang Oma & Opa das verbindliche Lächeln erfolgsverwöhnter Kaufleute, die sich den Bungalow am Stadtrand und Ferienhäuser im Süden oder Südwesten leisten können. Nicht, dass Oma & Opa die meiste Zeit des Tages muffelig, wortkarg und mieselpriemig, im Gehabe mieser Kleinkrämer, hinter der Theke standen, etwa die städtischen Müllkutscher und Lokuskratzer schlechter bedienten als Herrschaften in Pelzen und Sportwagen. Nein, so war's nicht, denn sie hatten im langen Kaufmannsdasein gelernt, gewisse innere Regungen nicht nach außen dringen zu lassen, aber wenn sich für den Tag ein überdurchschnittlicher Umsatz abzeichnete, taten sie erheblich fröhlicher und aufgekratzter als in Flauten.

„Warum", fragte Opa dann seine Oma, „sollen wir uns nicht benehmen können wie die Verkaufsdirektoren großer Werke!"

Bei diesen drei Kunden war der zuerst gekommene ein Einzelgänger aus der Nachbarschaft, die beiden anderen waren Oma & Opa unbekannt und gehörten offenbar zusammen. Oma bediente sie, wobei sie vorerst nicht bemerken konnte, dass sich jenes anließ, was sie und Opa sich seit Tagen ersehnten. Sie stellte nur fest, wie ungeheuer arrogant und ekelhaft die beiden Männer auf den ersten Blick aussahen. Opa hatte seinen Kunden bedient und verabschiedet und kam heran. Seine pfiffigen Äuglein musterten und gaben ihre Signale ans Gehirn weiter: Waren das Gangster? Oder deren Spione? Ging jetzt das Gefecht los? Durchaus geschickte Fragen, die nahe der Wahrheit lagen, deren Beantwortung vielleicht Eile verlangte. Ein nächtliches Gemetzel wäre ihm freilich lieber gewesen. So bezog er vorsichtshalber Standort an der Kasse, wo der Revolver lag.

„Bitteschön?", fragte Oma.

„Ich nehm 'ne Schachtel Wybert", sagte der Große und hustete wie ein tuberkulöser Esel.

„Ich nehm 'ne Rheila", sagte der Kleine und räusperte sich, als sei ihm eine Dasselfliege im Hals gesessen. Oma holte das Gewünschte, das heute nicht mehr ins Angebot einer Drogerie gehört. Sie öffneten ihre Schachteln sofort und begannen zu lutschen.

„Sie haben ‘ne prima Drogerie”, sagte der Große.

„Zu schade, wenn sie zerdeppert wird”, sagte der Kleine.

„Zu schade”, sagten Oma & Opa.

„Haben Sie keine Angst vor den Banditen?”, fragte der Große.

„Ich an Ihrer Stelle hätte Schiss wie Spinat”, sagte der Kleine.

„Uns harmlosen Alten tut niemand etwas”, log Oma.

„Außerdem”, begann Opa, aber ein Tritt Omas veranlasste ihn, die beabsichtigten Worte, gewiss Drohungen, zu verschlucken.

„Die nehmen auf nichts Rücksicht”, orakelte der Kleine, und eine bestimmte erregte Düsternis glaubte Oma herauszuhören.

„Ja”, sagte der Große, „soziales Verständnis können Sie von denen nicht erwarten.”

Seine Worte bezeugten den Kenner der Lage.

„Das haben die doch schon bewiesen”, sagte der Kleine, „dass alte wehrlose Leute wie Sie, die nicht mal wissen, vermute ich, wohin man den Lauf beim Abdrücken hinhalten müsste, für sie kein Tabu sind.”

„Quaterie”, maulte Oma.

„Schwätzer”, murmelte Opa.

„Wir können Sie beschützen”, sagte der Große, „wenn Sie wollen.”

„Vorsorgen ist besser als heilen”, ergänzte der Kleine.

Aha, da war’s heraus...

* * * * * *

Und tatsächlich, Oma wurde interessiert. Im Grunde ihres liebevollen Herzens verabscheute sie Mord und Totschlag als Mittel zur Lösung anstehender Probleme, und wenn sich sowohl die erhofften Tötungen als auch die Zerstörung des Ladens mit geringem Aufwand verhindern ließen, so war sie einverstanden, die bisher friedlichen Bahnen ihres und Opas Lebens nicht zu verlassen. Oma kassierte für die Ware und nahm erst jetzt die

Männer offen und unverhohlen in Augenschein, während Opa die zwischenzeitlich hereinkommenden Kunden bediente: Nun, für Omas bürgerlich-redliche Vorstellungswelt und -kraft und bei ihrem realen Sinn für Ordnung und Geschmack sahen die Männer nicht nur komisch, sondern auch vertrauenverhindernd und unsympathisch aus. Doch als Kauffrau wusste sie: Geschäfte kann man mit allen Mitmenschen machen, Geld stinkt auch dann nicht, wenn man die Hose als Tresor benutzt.

Eine Beschreibung des Exterieurs der Beiden ist erforderlich, damit Omas Bedenken verständlich werden. Der Große hatte die Länge eines normalen Zollstocks, war jedoch erheblich muskulöser als dieser und trug einen hellen Sommeranzug, der Seriosität vortäuschen sollte. Hemd, Schlips, Anzug und Schuhe passten nach Omas Auffassung wie Rheinwein zur Milchsuppe zueinander, aber alle diese Mätzchen waren unbedeutend gegenüber dem Eindruck, den das Gesicht auf einen nicht vorgewarnten Menschen machen musste. Es sah aus, als trüge der Besitzer seine primären Geschlechtsmerkmale offen zur Schau statt in den Beinkleidern, sozusagen oberhalb des Kragens, und Oma hatte Exhibitionismus noch nie leiden mögen, außer bei Opa, versteht sich, und innerhalb der üblichen Legalität. Oma verdrehte ihre Augen nach Uhuart und richtete sie auf den Kleinen. Dieser war der Typ des tüchtigen, leider außerhalb der Gesetze wandelnden Intellektuellen, und Klugscheißer waren Oma zeitlebens ein Gräuel, außer bei Opa, versteht sich, denn der war auch ohne Studium ein schlauer, raffinierter Bursche geworden. Der Kleine, deutlich unter der Bundesbürgerdurchschnittsgröße, trug einen tadellos sitzenden Nadelstreifenanzug mit geschmackvollen Accessoires, außerdem noch schofel dreinblickende Augen, einen Schnurrbart nach Kapuzineraffenart unter einer angeröteten Gurke, was ihn als heimlichen oder unheimlichen Zecher auswies. Ohne dessen liebenswürdigen Züge freilich, und im Großen und Ganzen arroganten Gesicht jene Merkmale der Schalkhaftigkeit, die den perfekten Mogler ausmachen.

„Er liebt billigen Fusel", stellte Oma innerlich fest.

Der Kleine sprach nicht so ruhig wie man schreiben kann, sondern abgehackt und ungleichmäßig wie ein Anfänger auf der Schreibmaschine, während der Große so langsam redete wie eine Stenotypistin selbst in ihrer trägsten Stunde nicht zu schreiben vermag. Ein unsichtbarer, kaum erschnüffelbarer Dunst des Unheils und des Sadismus war mit diesen Männern in den Laden gezogen, und Oma & Opa schüttelten sich. Diese abschließende Wertung ihrer Besucher ließ in Oma erneut den Wunsch aufkeimen, ein wenig mit der Säure herumzusudeln, aber davon hielt sie vorerst ihre schon erwähnte Vorstellungswelt und die Erkenntnis ab, dass auch sie sich irren und der erste Eindruck der schlechteste sein könne. Aber innerlich dachte sie:

„Wenn das keine Gangster sind, dann sind Opa und ich welche."

Sie erinnerte sich der letzten Fernsehserien, in denen solche Charaktere agiert hatten, jedoch in viel eindeutigerer Weise.

* * * * * *

Alles dieses zuletzt Geschilderte ging in der kurzen Zeit durch Omas Gehirn, die man benötigt, um sich von unbekannten Zeitgenossen ein Bild zu machen. Opa empfand ähnlich, pflegte aber nicht so voreilig wie Oma zu sein und kam zu dem Schluss, dass er die Kerle nicht leiden mochte und los sein wollte, wenn sie nichts Weiteres kauften.

„Die Erfahrung hat gezeigt", begann der Große jetzt wieder, „dass unsere Polizei den Geschäftsleuten nicht helfen kann."

Oma & Opa nickten beifällig.

„Ein Behördenapparat wie die Polizei", sagte der Kleine, „ist zu schwerfällig, um so arbeiten zu können, wie die Bürger es erwarten müssen."

Oma & Opa stimmten zu.

„Sie als freie Kaufleute", sagte der Große, „wissen genau, wie überlegen private Unternehmen den staatlichen zu sein pflegen."

Das fanden Oma & Opa auch.

„Wir repräsentieren ein solches Unternehmen", sagten der Große und der Kleine. Blasiert äugten sie umher und sie reckten sich stolz, glaubten wohl Eindruck zu schinden. Oma & Opa jedoch blieben gelassen, ihr Interesse an der leidigen Angelegenheit flaute sogar ein wenig ab, jetzt wo sie erkannten, es mit ordinären Verkaufsvertretern zu tun zu haben, deren Waren nicht erstklassig zu sein schienen. Und sie hätten gedacht, man wolle ihnen in übler Manier einiges aufschwatzen, wenn dieser prickelnde Bann der Antipathie, diese Selbstsicherheit der Beiden und ihr grollend-drohender Unterton in ihren Ausführungen nicht gewesen wären.

„Wenn Sie uns etwas anzubieten haben", sagte Opa leichthin, „dann reden'se man los. Streichen Sie nicht wie ein Kater um die heiße Katze herum."

„Wir verkaufen Sicherheit", sagte der Große.

„Ooch", meinte Oma locker, „wir sind in'ne Lebensversicherung."

„Und der Laden ist auch versichert, wie sich's gehört", sagte Opa.

„Schiss in'ne Buxen haben wir auch nicht", fügte Oma hinzu.

„Wenn man alt geworden ist", sagte Opa noch, „dann verlernt man die Angst."

„Wie sagt doch das schöne deutsche Sprichwort", erinnerte Oma und wies auf den gerahmten Spruch an der Wand hinter der Kasse:

„Vergiss den Kummer dieser Welt
bevor der letzte Küttel fällt."

Der Große und der Kleine sahen sich konsterniert an. Solch renitente Alte waren ihnen bis heute nicht untergekommen und der Kleine musste den Drang seines rechten Zeigefingers zur Stirn gewaltsam unterdrücken.

„Dennoch", fing der Große wieder an, „wäre es schade um Ihren schönen Laden. Sie hängen doch gewiss an ihm, nicht wahr!"

„Und wenn man noch so gut versichert ist", belehrte der Kleine, „man setzt in jedem Fall, der passiert, ein paar Kröten zu."

„Das stimmt", sagte Oma.

„Versicherungen leben vom Bescheißen", sagte Opa düster.

„Na also", sagte der Große, „wir bescheißen niemanden, auch nicht, wenn's in der Hose mal knapp wird."

Das allgemeine Gelächter lockerte die verstockte Atmosphäre endlich auf. Der Große, dachte Oma innerlich, scheint ein Verkaufsgenie zu sein.

„Einer muss ja einmal damit anfangen", sagte der Kleine, „sich um die kleinen Leute zu kümmern - nicht reden sondern handeln!"

„Wenn diese verdammten Supermärkte überfallen würden", sagte der Große, „dann würde die Polizei ständig Wachen stellen und verstärkt Streife gehen. Bei euren Klitschen scheint sich das nicht zu lohnen, so denken sie wahrscheinlich."

Seine Darlegungen enthielten genau jenen Grad Klage und Bitternis, der notwendig war, um Oma & Opa gewinnen zu können, sie zu überzeugen, außerdem drückten sie auch die Erkenntnisse aus, die sie längst in kummer- und qualvollen Kaufmannsjahren hatten sammeln dürfen und ausdauernd kritisierten. So entstand zwischen Oma & Opa auf der einen und dem Großen und Kleinen auf der anderen Seite das bekannte Band der Solidarität, das einfache Menschen seit eh und je verbindet. Nur dieser Tonfall störte Oma noch ein wenig, diese Hervorhebungen von *passiert* und *schade um den Laden*. Ihre beiden Gegenüber mochten dies bemerkt haben, denn ihr Ton ging von Moll auf Dur und wirkte plötzlich vertraulich und kameradschaftlich.

„Wenn wir für Euch da sind", sagte der Große, „könnt Ihr wieder ruhig pennen."

„Die meisten Händler", sagte der Kleine, „arbeiten bereits mit uns zusammen."

„Und sie leben jetzt richtig wieder auf", ergänzte der Große, „fort mit Stress und Angst vor nächtlichem Klirren und Bankrott."

Das war psychologisch einwandfrei argumentiert, die Wirkung blieb nicht aus.

„Und was kostet das?", fragte Opa.

„Zweihundert die Woche", antwortete der Große.

„Oho", sagte Oma empört, „dann lassen wir uns lieber kaputtschlagen."

Sie und Opa mussten sich neuer Kundschaft zuwenden. Der Große und Kleine tuschelten miteinander, gingen aber nicht fort, wie von Oma & Opa erhofft. Nachdem sie bedient hatte, kam Oma wieder heran.

„Sehen Sie", sagte sie freundlich, „was ich soeben verkauft habe, Papicrtaschentücher, Pril, einen Putzlappen und Salmiakpastillen, für 12 Mark 60, davon verbleibt uns nicht mal ‘ne müde Mark, wenn wir abgerechnet haben."

„An diesem Zeugs verdient man zwar mehr", schaltete sich Opa ein, bestreichelte eine Flasche Wermut und wies mit dem Arm ins Getränkeregal, „aber die Leute kaufen bei uns nur was sie momentan brauchen, wenn sie vor Durst röcheln oder sich einen Abend- oder Wochenendrausch anschickern wollen, sonst gehen sie in den Supermarkt."

„Alles nur Pfennigkram", sagte Oma unter einer wegwerfenden Armbewegung rundum im Raum.

Nun, das Klagen gehört zum Kaufmannshandwerk wie der Opa zur Oma, aber stimmen tat's dennoch.

„Und die Unkosten steigen", ergänzte Opa, „wie die Gehälter der großen Bosse. - Oder etwa nicht!?"

Er fuhr seine Besucher unter feuchter Aussprache an.

„Dann kommen Sie daher und faseln von zweihundert die Woche, als wenn wir Banknotenkacker wären."

„Wir dachten, Sie hätten enormen Umsatz", sagte der Große.

„Für kleine Läden machen wir's auch billiger", sagte der Kleine, „sind doch keine Schrapper und Unmenschen."

Er lachte schrappig und unmenschlich, die drei anderen stimmten ein und schufen somit die Basis für folgenden denkwürdigen Dialog.

Der Kleine (K): „Was können Sie denn zahlen?"

Der Opa (O): „Gar nichts."

K: „Was *wollen* Sie denn zahlen?"

O: „Fünfzig."

K: „Einhundertfünfundsiebzig."

O: „Fünfundsiebzig."

K: „Einhundertfünfzig."

O: „Neunzig."

K: „Einhundertfünfundzwanzig."

O: „Hundert - letztes Wort."

K: „Allerletztes Wort?"

O: „Allerallerallerletztes."

K: „Ehrenwort?"

O: „Ehrenmannwort!"

K: „Sei's drum - topp!"

O: „Topp!"

Dieser Dialog sollte allen Kaufmannsauszubildenden zur Pflichtlektüre verschrieben werden.

„Aber nur solange", fauchte Opa, „wie es uns gefällt und diese unsicheren Zeitläufte in unserer Stadt anhalten."

Oma sah ihren Opa bewundernd an - ja, das war er wie er leibte, lebte und wirkte! Inzwischen knirschten der Große und der Kleine mit den Zähnen und machten bedenkliche Gesichter.

„Wenn unser Chef das erfährt", sagte der Kleine, „dann fliege ich."

„Ihr seid ein hartnäckiges Völkchen", sagte der Große, „aber es ist akzeptiert."

„Für 12 Mark 28 pro Nacht", rechnete der Kleine vor, „können Sie ab heute sorglos im Heiabettchen bleiben. - Ist das etwa nichts, Großmutter!"

„Das ist was, jawohl mein Kleiner."

Endlich war die Stimmung da, an deren Zustandekommen man zu viert gearbeitet hatte.

„Ich nehm die Wermutpulle dort", sagte der Kleine aufgekratzt, „das muss begossen werden."

Er bezahlte und öffnete die Flasche, Oma holte die Gläser herbei und sie tranken lustig und lauthals. Natürlich wurde das Ganze von eintretender Kundschaft unterbrochen, die sich mächtig wunderte, Oma & Opa so heiter zu sehen.

„Alles wird Ihnen zu Nutzen sein", sagte der Große.

„Ja, gewinnen bei dem Geschäft tun Sie", sagte der Kleine.

Je zwei Gläser des Weins machten aus ihnen fröhliche, akzeptable Burschen - die vermutlich jedoch auch nach der Leerung ganzer Flaschen ihren Sinn für ihre schändlichen Realitäten nicht verlieren würden.

* * * * * *

Hernach war die Stimmung aufgelockert, sogar ziemlich schalkhaft.

„Wir haben hier jede Nacht im Laden geschlafen", sagte Oma grinsend, „was meinen Sie, wie blöd die gefeixt hätten, wenn wir unverhofft hinter der Theke aufgetaucht wären wie die wahren Furien des Firmaments."

Der Große und der Kleine feixten blöd. Oma hatte ihren Argwohn ihnen gegenüber vollkommen abgebaut.

„Hier", sagte sie und präsentierte die Salzsäureflasche, „damit hätte ich ihnen die krummen Gesichter eingeseift."

Der Große und der Kleine rieben sich ihre Gesichter, ihre Vorstellungswelt schien außerordentlich angeregt worden zu sein. Opa schwieg.

„Die andere Flasche ist mir lieber", sagte der Kleine keck.

„Es ist wichtig", sagte der Große, „dass unsere Geschäftsbeziehungen geheim bleiben, es muss sogar sein."

Oma & Opa nickten beifällig.

„Sie können sich vorstellen", meinte der Kleine wichtigtuerisch, „dass die Polizei über ein privates Unternehmen, wie wir es darstellen und das ihr Konkurrenz macht, nicht sonderlich erbaut ist."

„Ihr nehmt ihr doch 'ne Masse Arbeit ab", wandte Oma ein.

Der Große lachte hämisch.
„Das wollen sie aber nicht", sagte er, „sie meckern zwar über Arbeitsüberlastung, aber wenn man ihnen helfen will, meckern sie auch."
„Sie wollen nicht", sagte der Kleine, „dass man ihnen die Ursachen des Meckerns abnimmt."
„Es kann sein", sagte der Große, „dass sie mal herkommen und dumm fragen. Kein Wort bitte von uns!"
„Auch nicht zu anderen", fügte der Kleine hinzu, „unsere ganze soziale Mission wird in Frage gestellt, wenn etwas durchsickert und breitgetreten wird."
„Dann gehen diese Übergriffe vielleicht wieder los", orakelte der Große.
„Und Sie müssten wieder im Laden schlafen", sagte der Kleine.
Mehr aufmerksame und welterfahrene Bürger als Oma & Opa hätten bei den letzten Reden Hohn und Drohungen heraushören können, Spott und Sarkasmus von Leuten, die mit anderen nicht zimperlich umzugehen pflegen, deren Repertoire von Drangsalierung über Erpressung zu Mord reichte. Oma & Opa aber merkten nichts. Der Große und Kleine gratulierten sich insgeheim, - draußen taten sie es später offen -, dass sie hier mit relativ gemäßigten, gar gepflegten Worten, ohne die Katze der Gewalt aus dem Sack zu lassen, zum Ziel gekommen waren.
Freilich, nicht alle besuchten Kaufleute waren so doof wie Oma & Opa, Halsstarrigen musste man anders kommen, Skeptiker und Geizkragen brauchten wieder andere Methoden, aber so wie heute geschehen gefiel es dem Großen und Kleinen am besten - die saubere, humane Art moderner Kundenwerbung und -gewinnung. Es fehlte kaum etwas und sie hätten Sympathien für diese alten Leutchen entwickelt. Nun, der Zukunft sei hiermit soweit vorgegriffen, dass jetzt mitgeteilt wird, dass diese Sympathien tatsächlich zustande kamen, zwar nicht ohne Wermut, aber immerhin, und dass sie für den Großen und Kleinen keinen befriedigenden Abschluss fanden. Opa ging jetzt zur Kasse und

rückte den Hunderter heraus, er drehte ihn abschiednehmend in den Pfoten, beäugte die Empfänger und blitzartig durchzuckte ihn im Unterbewusstsein die Vorstellung, hier und jetzt eine große Dummheit zu tun, die nicht wieder gutzumachen sei - hier irrte er - und dann überreichte er ihn doch entschlossen und konziliant lächelnd.

„Danke”, sagte der Große.

„Vielen herzlichen Dank”, sagte der Kleine, „Sie werden’s nicht bereuen.”

„Es ist zu unser aller Besten”, gab der Große zu.

Na, das wird abzuwarten sein! Bekanntlich ist das, was wir Schicksal zu nennen pflegen, eine unsichere, oft riskante Angelegenheit. Die beiden Gauner strahlten wie Kinder, die ihr erstes Taschengeld einsacken. Eigentlich wollte Opa eine Quittung einfordern, aber sie vertrug sich schlecht mit der Geheimhaltungspflicht, so verlangte er sie nicht. Als der Große das Geld verschwinden ließ und „verdammt preiswert für euch” knurrte, kamen Opa noch einmal diese Bedenken und erzeugten das klebrige Gefühl unter der Zunge und unter den Armen: Sein Alarmzeichen, aber er war es gewöhnt, sich auf die gute Oma zu verlassen und die hatte ihr Okay gemurmelt. Außerdem erlabte sich seine Fantasie an der Vision eines weißen, aufgeschlagenen und einladenden Bettes, in dem Oma sich entspannt und gemütlich räkelte - war das nicht einen Hunderter pro Woche wert! Noch etwas anderes wog mit: Die Unterdrückung seiner Mordgelüste fiel ihm zwar nicht leicht, doch es siegte die Einsicht, dass selbst ein freudig und mit ganzem Herzen fabrizierter Mord nicht das sein konnte, wonach sein aufgeweckter Geist strebte. Oma erging es ähnlich: Salzsäure war ein widerliches Zeugs, stank nach abgestandener Kacke und machte nicht nur Banditen, sondern auch Interieur kaputt, wenn man unbehutsam damit umging. Und: Wer wusste, ob nicht selbst ein im Gefühl der Gerechtigkeit verankerter Mord, der hier sogar Notwehr gewesen wäre, ein unruhiges Leben mit Reue und tiefen seelischen Schmerzen und den gefürchteten Bissen des Gewissens zur Folge hätte? Oma bedachte jedoch hauptsächlich die Folgen für Opa, er diejenigen für Oma, und sie lächelten sich an und wussten Bescheid um ihre gegenseitigen Gefühle. Der Abschied von den beiden Männern, die versprachen, nun jeden Mittwoch wiederzukommen, fiel beinahe herzlich aus. Oma & Opa begriffen so recht nicht, woran es lag, dass sie die beiden Visagen gar nicht mehr hässlich und abstoßend fanden.

„Ja-ja", schwadronierte Opa, „man hüte sich vor ersten Eindrücken..."

* * * * * *

Erst in der Mittagspause entspannten sich Oma & Opa.

„Ich bin richtig froh", sagte Oma, „dass wir es so geregelt haben."

„Ja, Oma."

„Du bist mundfaul. Ist es falsch gelaufen?"

„Nein, Oma."

Opas allerletzte Spur, genasführt worden zu sein, verflog unter Omas Euphorie.

„Erst mochte ich die Jungens nicht", sagte sie, „weil ihnen die Geldgier aus den Augen leuchtete, aber man sieht mal wieder, dass man sich mit Menschen unterhalten muss, will man ihren Charakter und ihre Bildung kennenlernen. Die hundert Mark sind gut angelegt, meinst du das auch?"

Opa meinte es. Er hatte zwar eine berufliche Antipathie gegen steigende Unkosten, für dieses Geld hätte er eine dicke andere Versicherung abschließen und diese sogar in der Einkommenssteuererklärung absetzen können, aber nun, es war geschehen und für ihre zerdepperte altmodische Ladeneinrichtung hätte die Versicherung nicht so viel herausgerückt, um eine neue, moderne installieren zu können.

„Man sollte mal rumhören", schlug er jedoch vor, „ob unsere Kollegen auch mitgemacht haben."

„Du weißt doch", mahnte Oma, „dass es geheim bleiben soll."

„Stell dir vor", sinnierte Opa, „was die abkassieren, wenn jeder mitmacht."

„Kostet aber auch 'ne Stange", meinte Oma, „auf alle Geschäfte aufzupassen. Über Nacht kommen diese Jungs nicht viel ins Bett."

* * * * * *

Unterdessen draußen auf der Straße, unterwegs zu neuen Abschlüssen:

„Ich lach mich schimmelig", sagte der Große und seine Nase wackeltc wie frische Sülze.

„Ich lach mich im Eimer", sagte der Kleine und rülpste.

Ein Brodem vorverdauten Wermuts, angereichert mit Rheila, entwich stoßweise seinem Hals.

„Wie kann man nur so deppert sein", sagte der Große und wies rückwärts ins Biotop Omas & Opas. Der Kleine bewies Ansätze oder Rudimente sozialen Empfindens für die Misere des Daseins.

„Vielleicht", sagte er, „vielleicht sind wir, wenn wir mal alt sind, auch so trottelig."

Wenn wir mal alt sind! Daran freilich würd's hapern. Bekanntlich wissen nur einige bedauernswerte Delinquenten den genauen Termin ihrer Abberufung. Diese beiden Herren, zusammengenommen achtzig Jahre alt, könnten diese Zeit gut und gern noch einmal hinter sich bringen, wenn ihre Lebenskurve nun den Trend aufwärts, also in ein anständigeres Dasein, eingeschlagen hätte: Eine Ortsveränderung vielleicht, dorthin, wo keine Totmacher im gutbürgerlichen Habitus für sie reserviert waren. Aber ihr Leben gefiel ihnen, momentan wenigstens, und sie blieben vor Ort. Wir werden erfahren, welche Folgen diese Unmobilität und Beharrlichkeit für sie hat...

* * * * * *

„Wenn wir mit allen so wenig Schwierigkeiten hätten”, schwärmte der Große.

„Es hätte mir, ehrlich gesagt”, meinte der Kleine, „um die netten Alten leidgetan.”

„Ja”, sagte der Große, „man sollte sich auch in unserem Beruf ein Herz für die alten Menschen bewahren.”

„Ich habe auch keine Lust mehr”, nörgelte der Kleine, „noch mehr Läden entzwei zu schlagen, hab richtig Muskelkater in den Armen davon.”

„Das wird nun vorbei sein”, sagte der Große, „eine Zeitlang allerdings kam mir der Opa nicht geheuer vor.”

„Die Oma ist ebenfalls nicht von Pappe, aber unsere Menschenkenntnis hat sie richtig eingeschätzt - gewusst wie, mein Lieber.”

„Stell dir vor, die Alte hätte uns die Säure in die Fressen gekippt.”

Der Große massierte seine Nase. Sie kassierten an diesem Tag noch zwei Läden ab, wo sie sich nicht so angenehm unterhielten wie bei Oma & Opa. Die meisten Ladenbesitzer mochten die Notwendigkeit der Zahlung erst nach eindeutigen Vorhalten einsehen.

„Dieses ganze Pack”, brummte der Große, „hat mehr Schiss in den Hosen als wir in einem Jahr ins Klo plumpsen lassen können.”

„So ist das bei Spießbürgern und dem sogenannten Mittelstand immer”, dozierte der Kleine, „sie sind die Pestbeulen der Gesellschaft, hocken in asozialer Manier mit ihren fetten Hintern auf ihren Geldsäcken und wenn man sie ihnen wegzieht, merken sie erst, dass außer diesen nichts da ist.”

„Im Grunde handeln wir genau richtig”, sagte der Große mit bewundernden Blicken auf den Kleinen, „wo doch so viel von Vermögensumschichtung und -verteilung die Rede ist. Andere schwafeln nur - wir handeln.”

* * * * * *

Oma & Opa stiegen an diesem Abend mit einem Gefühl ins Bett, das eine Mischung aus Stolz auf die heutige Leistung und verwelkender Sexualität war. Opa hatte sich in ferner Vergangenheit als ausdauernder und potenter Frauentröster betätigt, ehe Oma kam und ihn an die kurze Leine nahm. Hin und wieder betatschten sie ihre blättrigen Körper gegenseitig, aber wo der Funke nicht glimmt, kann der Brand nicht ausbrechen.

„Ach", stöhnte Opa schmachtend, „wenn ich noch so könnte wie..."

„Oh du", antwortete sie versonnen, „vergangenen Zeiten, zumal sie lebenswert waren, soll man nicht nachtrauern."

„Hast recht, Oma."

„Was auch immer kommen mag", spann sie das Thema weiter, „ob wir in Armut verrecken , in unserem Laden sanft entschlafen, im Altersheim tot gepflegt oder per höherer Gewalt ins Jenseits gestoßen werden, eines ist sicher: Das Leben mit dir war schön, Opa."

„Wie man stirbt", dozierte Opa, „ist doch scheißegal. Wie man gelebt hat ist entscheidend."

Hat mal, dachte er, sinngemäß einer unserer großen, jetzt stummen Denker von sich gelassen. Über diese Betrachtungen schliefen sie ein, Oma wie üblich laut schnarchend, Opa in regelmäßigen Abständen verhalten pupend.

* * * * * *

Ein paar Polizeibosse schliefen in dieser Nacht nicht so gut. Die Etablierung der Unterwelt in der sonst überdurchschnittlich gangsterfreien Stadt bereitete Unbehagen und Kopfzerbrechen, zumal die verantwortlichen Kräfte wenig Übung in der Bekämpfung unterweltlerischer Auswüchse hatten. Jährlich ein paar Morde, allesamt nicht aus niederen Motiven, sondern im Zuge von Familienzwisten getätigt und deshalb von Kripoazubis aufklärbar, handfeste Bestechungen mit scharfer Klinge, Schlägereien, Saufereien und ähnliche Kavaliersdelikte, das war man gewohnt, dazu die vielen Verkehrsunfälle - aber vorsätzliche kriminelle Handlungen, in eiskalten Hirnen ausgebrütet, an Computern entworfen und ausgearbeitet? Nein! Pfui Teufel! Welch eine Moral griff hier um sich? Organisiertes Verbrechen! Den sowieso pleitegehenden Handelsleuten die Grundlagen der Noch-Existenz entziehen? Das war nicht nur empörend, nein, der brave Polizist kann hierfür nichts übrig haben! Und jetzt, wo die Plünderungswelle abzuebben schien, sickerte durch, dass die Kaufleute ausgenommen werden sollten. Befand man sich hier in Köln, Berlin, Frankfurt oder Chicago!

Omas & Opas Hochstimmung war nicht nur eine zeitweise Laune gewesen, sie hielt beim Aufstehen, Klogehen, Frühstücken und später im Laden an. Sie wandelten durch den Tag als sei es Frühling geworden, als seien sie aus einem mit Alpträumen geladenen Winterschlaf erwacht.

„Der letzte Frühling", schäkerte Opa.

Oma sang und summte und unterbrach sich nur, wenn Kundschaft den Laden betrat. Opa marschierte zur Kasse, holte seine Knarre und spielte in Wildwestmanier mit ihr. Oma versuchte in seinem Gesicht Bedauern über den Nichtgebrauch zu lesen, aber nichts davon, er hatte es überstanden. Dann kam wieder Kundschaft, Opa legte die Waffe rasch fort, wo sie blieb bis zu jenem Tag. Eigentlich hatte er sie in der Wohnung verstecken oder dem Eigentümer zurückbringen wollen, aber die Vorsehung Satanas' schien schon hier ihre Finger im Spiel zu haben. Der Besuch von Leuten, die nicht zu kaufen gedachten, hatte mit dem Alarmanlagenvertreter angefangen, sich fortgesetzt mit dem Großen und Kleinen und ging nun weiter mit dem Aufkreuzen eines Kriminalbeamten. Den Oma sofort und sicher erkannte, unerklärbar für sie selbst und Opa, erklärbar nur vom Instinkt, den ungewollt jeder auszubilden vermag, der direkt oder indirekt in die Maschinerie der Polizei gerät. Omas runzlige Stirn faltete sich und sie gab Opa einen Stoß in die Rippen. Der Beamte kam sofort zur Sache, denn er war auf der Fährte des Großen und Kleinen und deren Hintermänner und wollte wissen, ob sie in den letzten Tagen hier gewesen seien.

„Nein", sagte Oma überzeugend.

Wenn es ans Lügen ging, übernahm sie die Initiative, um Opas Ehrenkodex nicht zu überstrapazieren.

„Was ist denn mit denen?", fragte Opa.

„Sie stehen in Verdacht, die Geschäftsleute zu erpressen."

„Erpressen?", fragten Oma & Opa, „wir haben doch nichts getan."

Opa zuckte zusammen, denn der Stich im Herzen tat weh.

„Das heißt nichts", antwortete der Beamte, „Sie sollten es uns nur sagen, wenn der Versuch gemacht wird."

„Wir haben keine Angst vor Erpressern", sagte Oma, „lieber lassen wir uns killen."

„Na," sagte der Beamte, „soweit kommt es nicht."

„Erpresser darf man nicht durch Nachgeben unterstützen", sagte Opa.

„Ja", sagte Oma, „dann werden sie frech und kommen immer wieder."

So müssten alle denken, dachte der Beamte, während Oma ihn sachte aus dem Laden bugsierte und ihn höflich verabschiedete.

„Er hätte wenigstens etwas kaufen können", schimpfte sie, „Manieren haben die bei der Polizei!"

„Bei denen tickt es nicht richtig", sagte Opa, „als wenn uns jemand erpressen könnte."

„Utopisch diese Vorstellung", maulte Oma, „wer uns was will, den hauen wir stückweise in die Pfanne."

„Unsere Stärke ist", sagte Opa, „dass wir so solide aussehen."

„Bei uns sucht die Polizei nach Verbrechern", ereiferte sich Oma weiter, „anstatt es dort zu tun, wo diese sich herumtreiben. Aber dazu sind sie zu feige."

„Die haben auch Frauen und Kinder", höhnte Opa, „und wollen sich nicht mit Blei versorgen lassen. Lieber prügeln sie Demonstranten."

„Polizisten sollten", schlug Oma vor, „wie die katholischen Geistlichen unverheiratet bleiben - dann stirbt es sich sorgloser und leichter fürs Vaterland."

Sie zeterten noch eine Weile, meckerten polemisch über die Polizei und andere Dinge, von denen sie nichts verstanden und beruhigten sich erst wieder unter lukrativen Verkäufen.

* * * * * *

Aber, aber - die Macht des verbreiteten Wortes, auch Gerücht genannt! Sie wirkte bereits in Oma & Opa wie Trichinen im Schwein, vorerst unmerkbar, doch verhängnisvoll, eine Macht, der sich notorische Quasselköppe wie Oma & Opa nicht entziehen konnten. Opa war anfälliger, nicht nur weil Männer im Allgemeinen größere Quatscher sind als Frauen, sondern weil er von Anfang an misstrauischer war als seine Oma. Noch tat sich nichts, in der Folgewoche fand kein neuer Ladeneinbruch statt.

„Siehste", sagte Oma, „es wirkt schon. Ich habe dir ja gesagt, dass die beiden Burschen prima Kerle sind."

Sie kamen wieder am nächsten Mittwoch, zu kassieren. Freundlich wie sie waren, vielleicht gar geleitet von Sympathien für Oma & Opa, kauften sie ein paar Kleinigkeiten des täglichen Bedarfs. Oma kredenzte den Wermut.

„Wir kommen ab nächste Woche nicht mehr gemeinsam", verkündete der Große.

„Schade", sagte Oma.

Dass es nicht schade war, stellte sich später heraus.

„Dann sparen wir am Wermut", sagte Opa neckisch.

Er wusste nicht recht woher es kam, dass er die Burschen jetzt ein paar Grade weniger leiden mochte als zu Anfang, immer noch genug zwar, mehr als manchen Menschen aus seiner Bekannt- und Verwandtschaft, aber immerhin weniger.

„Wenn man Sie alle vierzehn Tage sieht", scherzte der Kleine, „ist das genug."

Sie lachten allesamt.

„Aber ehrlich", sagte der Große, „ihr seid unsere nettesten Kunden."

„Manche sind entsetzlich dämlich", sagte der Kleine, „ihr nicht."

Oma schenkte dankbar neu ein.

„Unser Boss meint allerdings", sagte der Große, „dass er euren Vorzugspreis nicht lange halten kann."

„Weil ihr in der besonders gefährdeten Zone wohnt", sagte der Kleine.

„Die extra gründlich von uns bewacht wird", fügte der Große hinzu.

Oma & Opa schwiegen. Opa stellte die Flasche fort. Wie Nebel zu Pfingsten schlich die Missstimmung in den Laden. Das wurde bemerkt.

„Ihr müsst zugeben", sagte der Kleine, „dass es in der Stadt ruhig geworden ist."

Oma & Opa gaben nichts zu. Als Kaufleute mussten sie verdrossen werden, wenn schon kurz nach dem ersten Geschäftsabschluss die Preise erhöht wurden.

„Dann machen wir die Bude dicht", sagte Opa, „wenn doch nichts übrigbleibt, kann ich ja als städtischer Straßenfeger gehen."

„Und ich als Klomamsell im Bahnhof", sagte Oma.

„Nun-nun", sagte der Große und hob beschwichtigend die krakenähnlichen Arme, „so schlimm wird's kaum werden. Haut's doch einfach auf die Preise."

„Machen die großen Läden ja auch", ergänzte der Kleine.

Oma & Opa wollten sich nichts anraten lassen. Das Stichwort „mehr Geld" wirkte wie Dünger auf dem Nährboden des latenten Misstrauens. Noch merkten sie es selbst nicht, noch lächelten sie beim Abschied.

„Tschüs", säuselte der Große, „bis zum nächsten Mal."

„Gehabt euch wohl", sagte der Kleine und gab Oma einen Handkuss.

Sie stapften über die Straße davon.

„Sie sind sehr ulkig", sagte Oma und wischte sich den Handrücken am Kleid ab.

* * * * * *

Opa schwieg, dachte nach und setzte seine Philosophenmiene auf. Er nahm sich insgeheim vor, mit einigen befreundeten Geschäftsleuten, zum Beispiel dem Stammkneipenwirt um die Ecke, über diese Männer und ihre Organisation einen kleinen Schwatz zu halten; ob es denn stimme, dass alle mitmachten und so weiter. Dass er der lieben Oma sein Vorhaben verschwieg, war bereits eine Ungeheuerlichkeit erster Klasse, für ihn aber notwendig. Damit stellte er die Weichen für die späteren exklusiven Geschehnisse in seinem Laden. Oma plapperte sinnig vor sich hin und bemerkte nichts von Opas innerem Stimmungswandel.

Nach einer Viertelstunde: wieder ein Kunde, der keiner war! Der bekannte Kripomann nämlich trat ein. Opa konnte nicht verhindern, dass sein Herz, was es auf keinen Fall tun sollte, sich ruckartig beschleunigte und sein Gehirn blitzartig die erneute Verbindung zwischen dem Beamten und dem Großen und Kleinen herstellte. Es konnte kein Zufall sein, der er hier und jetzt aufkreuzte.

„Was wollen Sie denn?", schnaufte Oma.

Sie zeigte Leuten gegenüber, die das Zeitstehlen zum Beruf gemacht hatten, gern ihre schattige Seite.

„Sie wissen doch", fuhr sie fort, „dass die Zeit eines Kaufmanns kostbarer ist als Ihre."

„Selbständige kennen keinen Sechsstundentag wie Sie", sagte Opa.

„Diese beiden Männer waren in Ihrem Laden", sagte der Beamte und zeigte ein Polaroidbild des Großen und Kleinen.

„Na und", sagte Oma, „bei uns geht's ein und aus."

„Sie waren aber nicht als Kunden da", sagte der Beamte.

„Doch, als Kunden", sagte Opa, „sie gehören zu den regelmäßigen, die bei uns einkaufen."

Der Beamte fühlte die Wand aus Halsstarrigkeit und Trotz, die er zu durchstoßen hatte. Komisch, rekapitulierte er, dass keiner der Kaufleute, die er aufsuchte, sich irgendwie kooperativ zeigte. Wenn sie den Wünschen der Polizei folgen und mitmachen würden, wäre der hiesige Gangsterspuk in wenigen Tagen zu Ende.

„Haben Sie nichts anderes zu tun?", maunzte Oma, „als unsere Kunden zu observieren? Wenn die das merken haben wir den Schaden. Den uns niemand ersetzt. Sie etwa!"

„Wir haben den Verdacht", sagte der Beamte, „dass die beiden Männer zu einer Bande gehören..."

Opa lachte gequält.

„...welche die hiesigen Kaufleute schröpft."

Da - nun war's heraus! Oma lachte amüsiert und scheppernd, Opa ruckte zusammen, als hätten ihn Hornissen in den Hintern gestochen.

„Nur wenn Sie uns helfen", sagte der Beamte, der in Hoffnungen schwelgte, „können wir denen das Handwerk legen."

„Da sieht man mal wieder...", begann Oma zu sprechen.

Opa schnitt ihr unerwartet und energisch das Wort ab.

„Sie sind ganz normale Kunden", sagte er ruhig zu dem Beamten, „die bei uns Kleinigkeiten wie Rheila und Hustensaft kaufen. Wenn sie Kriminelle sind, können wir nichts dafür."

„Natürlich nicht."

Die Ermittlungen der Kriminalpolizei befanden sich noch im Anfangsstadium, darum konnte der Beamte wenig von sich geben.

„Was sollen die Beiden denn angestellt haben?", fragte Oma.

„Ach, es ist nur ein Verdacht. Wenn sie mal was anderes wollen als kaufen, dann sagen Sie es mir. Sie helfen damit sich und Ihren Kollegen."

Und schnurstracks verließ er den Laden.

* * * * * *

„Da sieht man mal", sagte Oma, „wie die auf der falschen Spur sind, wie sieche Köter. Doofes Pack das!"

„Wenn die nicht besser werden", sagte Opa, „müssen eines Tages die Bürger selbst die Justiz in die Pfoten nehmen."

„Aha", fiel Oma ein, „so etwas Ähnliches tun ja der Große und der Kleine, und damit ist die Polizei nicht einverstanden."

„Niemand hat's gern", sagte Opa, „dass man ihm ins Handwerk pfuscht."

Er sprach jedoch wenig überzeugend und wirkte abwesend, hätte sich zweifellos weiterführenden Gedanken hingegeben, wenn nicht andauernd Kundschaft erschienen wäre. In einer Pause ging er in die Wohnung, eine Tasse Kaffee zu trinken, um seine Gedanken zu ordnen: Es war etwas faul mit dem Großen und Kleinen, ganz klar. Mit dem animalischen Unterbewusstsein des kleinen Mannes, der häufiger als man denkt merken mag, wenn und wann er beschissen wird, hatte sich Opa im letzten Winkel seines bis jetzt zivilisierten Daseins den Ekel gegen Leute bewahrt, die Geld haben wollen, viel Geld, ohne reale Gegenwerte liefern zu wollen. Wenn einer Ware brachte und sofort bezahlt werden wollte, das begriff er gut; sogar das Einziehen der Steuern begriff er, da Vater Staat ja für alle seine Bürger sorgte, zwar in unterschiedlicher Gunstverteilung, aber man ließ, hieß es, niemanden hungern und frieren. Aber was der Große, der Kleine und deren Boss machten, war vollkommen unkontrollierbar. Freilich, seit mehr als zwei Wochen war kein Kaufmann mehr geplündert worden, das war Realität, aber das konnte auch Zufall sein oder Verdienst der geschmähten Polizei. Außerdem: Wenn der Friede lange währt mag man die Notwendigkeit, etwas für ihn aufzubringen, nicht einsehen. Opas Entschluss festigte sich: Er würde heute Abend mal lostraben und sich ein wenig umhören in der Szene.

* * * * * *

Oma wunderte und sorgte sich, als Opa nach dem Abendessen wortkarg und mürrisch das Haus verließ. Aber na, er hatte alle halbe Jahr seine Touren, bei denen man ihn gewähren lassen musste. Sein Weg führte ihn in die genannte Kneipe, wo er Leidensgenossen anzutreffen hoffte. Bevor er sich zu Bekannten an den Tisch setzte, hockte er sich an die Theke und verschlang bedächtig drei Gläser Bier. Der Wirt war's, der ihn in das erwünschte Gespräch zog, denn auch er war Opfer des Großen und Kleinen und rang mit sich, hierüber nicht länger mehr zu schweigen.

„Ich mach bald diese Saufbude dicht", sagte er beziehungsvoll.

„Wieso das?", fragte Opa, „wenn ihr Wirte nicht mehr genug verdient, sind wir kleinen Krämer doch längst pleite."

„Verdien genug", grollte der Wirt, „muss nur alles abgeben."

„Steuern? Alimente? Abzahlungen? Schulden?", fragte Opa.

„Das auch", antwortete der Wirt, „die zahlt aber jedermann, die kennt man."

„Nun, sag's schon", drängte Opa, „wo drückt dich der Schuh?"

„Ich muss jede Woche Fünfhundert an diese Gangster zahlen, damit sie mir nicht die Bude demolieren oder Schlimmeres mit mir und meiner Familie anstellen."

„Welche Gangster?", fragte Opa ahnungsvoll.

Der Wirt beschrieb den Großen und Kleinen so genau, dass man ein Fahndungsbild danach hätte anfertigen können. Unter insgesamt sechs Schnäpsen und fünf Bierchen, die er mit Opa gemeinsam verkonsumierte, klärte er diesen vollkommen und auf den Punkt genau richtig über den Großen und Kleinen und deren Machenschaften auf.

„Wie das aus den großen Städten längst bekannt ist. Erst jagen sie uns in Angst und Schrecken, indem sie einige Geschäfte entzweihauen, dann maskieren sie sich als Friedensengel und kassieren ab. Haben sie dich und deine Oma etwa verschont?"

Opa verneinte.

„Wir zahlen auch", fügte er hinzu, „zwar nur Hundert die Woche, aber sie haben uns gesagt, dass es eine Art Versicherung sei. Niemals hätte ich geglaubt, dass sie selbst..."

Enttäuschung, Zorn und Rache - diese drei, sie nisteten sich ein in Opas Herz.

„Wenn das meine liebe Oma erfährt", murmelte er für sich, „ich glaube..."

„Man sollte die Kerle umbringen", sagte der Wirt drohenden Tones.

„Ja", pflichtete Opa bei, „sollte man. Aber wie am besten?"

Der Wirt hatte hierüber schon ernsthaft nachgegrübelt, einen halbfertigen Plan in der Tasche.

„Das ginge unschwer", sagte er, „wenn demnächst stets nur einer dieser Kanaille kommt. Ich nehme ihn mit in unsere Privaträume hinten, um ihm dort das Geld aushändigen zu wollen, mache ihn dort kalt, lautlos und unblutig natürlich, und dann ab mit ihm in den Keller, wo ich ihn in einer Nische einmauern könnte."

„Nicht schlecht", sagte Opa.

„Meine Frau", sagte der Wirt, „ist im Prinzip einverstanden, ringt aber noch mit ihrem Gewissen und der Angst vor Entdeckung und Strafe."

„Und du meinst", forschte Opa, „das ginge so unauffällig ab?"

„Wer soll was merken?", fragte der Wirt, „niemand wird erfahren, wo so ein Kerl abgeblieben ist. Nur sein Boss und seine Kollegen werden ihn vermissen, werden glauben, er sei mit den einkassierten Moneten stiften gegangen."

„Und wenn sie nachforschen", bedachte Opa, „wo er zuletzt kassiert hat, dann kommen sie auf dich."

„Wie denn? Sollten die Gangster die Frechheit haben nachzufragen, wird jeder Erpresste sagen, bei ihm sei pünktlich wie immer gezahlt worden."

Opa bedachte dieses alles in seiner gründlich-sachlichen Denkart und kam zu dem Schluss, dass der Wirt durchaus richtig lag.

„Am liebsten wäre mir freilich", sagte der Wirt noch, „ich könnte meine Frau ganz aus dieser Angelegenheit heraushalten. Wer weiß, ob sie etwaige Verhöre durchsteht."

„Der erste Mord", gab Opa zu bedenken, „zieht gewiss einen zweiten nach sich."

„Du meinst, wenn der erste der Große ist, ist der zweite der Kleine?"

„So meine ich's."

„Wer A sagt muss auch B sagen."

„Vielleicht", sagte Opa, „wenn zwei oder drei hopsgegangen sind, verkrümeln sich die anderen vor lauter Angst."

„Damit sollte man rechnen."

Opa ließ sich nicht anmerken, dass die vom Wirt gestreute Saat bereits aufzugehen begann, fruchtbar und feucht von Bier und Schnaps gedüngt. Hätte ein Dritter zugehört, er wäre zu der Überzeugung gekommen, diese Mordideen wären nichts als die üblichen Schnaps- und Bierlaunen und Thekengroßmannssuchtgespräche angetütelter Individuen. Mitnichten! Zwar war Opas Hirn leicht benebelt und klärte sich auf dem Heimweg ziemlich auf, aber die Saat wuchs und gedieh so ungeheuerlich, dass er beim Eintritt ins traute Heim ein festentschlossener Mann war...

* * * * * *

Als Opa gegen 24 Uhr sein Schlafzimmer betrat, lag Oma noch wach und wurde bei dem hereingetragenen Bier- und Schnapsduft richtig munter. Aber Opas Gesicht war eine finstere Maske, die sie nicht ansehen mochte oder anzusprechen wagte, die im Licht der trauten Nachttischlampe diabolischer wirkte als alle ihr bekannten Konterfeis Luzifers. Opa machte sich im Bad für den Schlaf zurecht, setzte sich ins Bett, das dicke Kopfkissen im Rücken und holte ein paar Mal tief und hörbar Luft. Oma erkannte aus seinem Verhalten, dass er nicht sogleich zu schlafen gedachte, und erwartete den Beginn einer Diskussion oder Berichterstattung. Um sich zu beruhigen, nahm er seine Pfeife zur Hilfe, saugte zehrend an ihr und gab dann die folgenden Sätze ab:

„Sie haben uns angeschissen."

„Wir sind genasführt worden."

„Sie schmieren uns an, uns."

„Sie zocken uns ab."

„Sie haben uns von Anfang an betrogen."

Zwischen diesen Feststellungen schniefte und schnaufte Opa wie ein Nilpferd, schluckte endlich und weinte nach dem letzten Satz. Opa weinte! In Oma stieg natürlich das Mitgefühl bis zum Hals und schnürte diesen ab, aber sie tröstete durch stummes Zuhören und damit, dass sie kollegiale Tränen laufen ließ. Ihr Opa heulte! Wann hatte es das zuletzt gegeben? Nur zweimal: Erstens an ihrem Hochzeits*tag*, an dem sie eine ungeheure Migräne bekam, die den Vollzug der Hochzeits*nacht* unmöglich machte und zweitens, als Opa in den Krieg ziehen musste. Welche Entsetzlichkeiten hatte er heute Abend erfahren müssen? Was hatte man ihm angetan? Oma vertrug viel im Leben, hatte es ertragen ohne viel mit den Wimpern zu zucken, aber wenn Opa an Leib und Seele kümmerte, dann war für sie der Spaß zu Ende. Seine Feinde waren immer und bei allen Gelegenheiten auch die ihren gewesen und das war ihnen meist ziemlich übel bekommen. Sie erhob sich und besorgte Opa ein neues Taschentuch, damit er die Tränen trocknen und die Nase putzen konnte.

„Danke, Oma."

Er kam langsam zu sich. Die Tränen hatten die finstere Entschlossenheit aus dem Gesicht gewaschen, waren jedoch nicht bis ins Gehirn gedrungen, so dass er zwar jetzt seine liebe Oma anlächelte, aber die Fäuste ballte und wie ein Berserker teuflisch und röchelnd lachte.

„Na wartet, ihr Spitzbuben und Lumpengesindel!"

„Erzähle", bat Oma jetzt.

Sie setzte sich aufrecht und lauschte.

„Mir ließ der Gedanke keine Ruhe", begann Opa, „dass wir offenbar die einzigen waren, die den Großen und Kleinen für anständige Menschen hielten. Außerdem war mir nie recht geheuer bei diesen Barzahlungen ohne Quittung und so, aber ich war, ehrlich gesagt, ehrlich genug, um ihnen zu trauen. Heute habe ich einen Schwatz mit dem Wirt gehalten und von ihm erfahren, dass auch er wie viele andere Kleinunternehmer zur Kasse gebeten wird und jede Woche zahlen muss. Er ist ein richtiger Insider und weiß Bescheid."

Nachträglich schnürte die Empörung ihm die Worte ab.

„Weißt du", fuhr er fort, „was der Große und der Kleine sind?"

„Nun, Sicherheitsbeauftragte oder so etwas."

„Sie haben einen richtigen Beruf."

„Welchen, Opa?"

„Banditen, Gangster."

„Nein!"

„Doch, liebe Oma. Sie selbst sind es nämlich und ihre Komplizen, die alle diese Geschäfte überfallen haben."

Oma begann stoßweise zu schluchzen. Da Opa sein heutiges Pensum abgeweint hatte blieb er trocken und äußerlich gelassen, innerlich aber erregte ihn Omas Kummer bis zur Mordlust, die er vielleicht in dieser Nacht schon befriedigt hätte, wüsste er nur den Aufenthaltsort des Großen und Kleinen. Seine Oma heulte! Wer dieses verschuldete, hatte mit der ganzen Fülle seines Vergeltungstriebes zu rechnen, und aufgeschoben war auch bei ihm selten aufgehoben. Opa wischte Omas Gesicht trocken und beäugte sie verklärt, wusste er doch ganz sicher, dass auch bei ihr der äußere Schmerz der inneren Empörung nichts anzuhaben vermochte: Wer sie verletzte, schmähte und vergrellte, war seines Dasein ziemlich ungewiss.

„Aber warum das alles?", fragte sie schließlich.

„Du Dummerchen", antwortete er, „kapierst du nicht?"

„Nein. Kann ich nicht, wenn ich weine."

„Die Methode ist einfach und wirkungsvoll", sagte Opa düster, „erst verbreiten sie Angst und Schrecken unter uns, dann kassieren sie dafür, dass sie Ruhe und Frieden geben."

Oma hörte auf zu weinen und kapierte.

„Aber das ist ja höchst unanständig", sagte sie.

Das Abstrakte und Ungeheuerliche dieses Vorgangs erschütterte ihr moralisches Innenleben in einer Weise, dass sie gelähmt im Bett verharrte. Die Tränen stoppten mangels Nachschub und versiegten in den Falten ihres Gesichts, aus denen die Augen teilnahmslos in die Ecke des Zimmers starrten, wo das Fernsehgerät stand. Sie sah aus als sähe sie das Wort zum Sonntag, aber sein Gegenteil lief als Vision in der Kammer ihres Hirns ab, die sich für einen realen, dennoch spannenden und ungewöhnlichen Krimi verantwortlich zeigte. Dieser Krimi musste nur noch realisiert werden. Oma & Opa schwiegen eine längere Weile.

* * * * * *

„Was sagst du dazu?", fragte Opa dann.

Normalerweise hatte er nichts dagegen, wenn Oma mal ihr Plappermäulchen hielt, aber jetzt fühlte er sich unsicher und er benötigte ihre Mitarbeit und Hilfe. Um sie aufzumuntern berichtete er in launigen Worten vom Vorschlag des Kneipenwirtes in Sachen Abmurksen der bösen Gangster und ihrer gründlichen Beseitigung. Hörte Oma überhaupt zu?

„Uns alte Leute so zu prellen!" sagte sie.

„Deshalb machen sie es nur mit Geschäften und Leuten wie wir", sagte Opa bitter, „weil sie wissen, dass sie junge Leute nicht so schnell rum- und von ihnen eher die Hucke voll kriegen."

„Es ist gut", sagte Oma, „dass wir jetzt Bescheid wissen. Das hast du gut gemacht," sie tätschelte ihn zärtlich, „jetzt ist die Spannung raus aus der Geschichte."

Opa sagte, dass er Schmacht habe für drei und sie gingen in die Küche, um ein paar Stullen und eine Bratwurst zu essen. Bier macht durstig, so mussten noch einige Flaschen geleert werden. Ein satter Magen signalisiert Wohlsein und trotz der Düsternis der heutigen Erfahrungen breitete sich eine fröhliche Stimmung aus.

„Das Leben ist ein Ulk”, sagte Opa.

„Ja”, pflichtete Oma bei, „da hocken wir seit Jahrzehnten in diesem Laden und werden doch noch über die Löffel balbiert.”

„Es ist fast wie ein Spaß”, behauptete Opa, „zum Lachen.”

„Bei dem der zuletzt Lachende am besten lacht”, sagte Oma.

Sie putzte sich den Mund, reckte die Arme, dass ihre morschen Knochen knirschten und hüpfte so ausgelassen umher, dass jene, die mal stramme Brüste waren, wie gedörrte Luftballons unter dem Nachthemd um ihren Körper klatschten.

„Komm”, sagte Opa, „wir müssen ins Bett, morgen ist langer Samstag.”

„Ach”, sagte Oma, „wir machen mittags zu und fahren ins Grüne.”

„Prima”, stimmte Opa zu, „der lange Samstag nützt ja nur den Kaufhäusern der Innenstadt und uns gar nicht. Wir brauchen mal frische Luft.”

Kein Wort mehr vom Hauptthema, nichts über das, was in Zukunft in dieser Angelegenheit unternommen werden sollte. Die Harmonie dieser Ehe schien so perfekt zu sein, dass eine Verständigung ohne Worte möglich war.

Daran änderte auch das Wochenende nichts. Mit der gleichen Heiterkeit, die das Wetter verbreitete, trabten Oma & Opa durch die Gefilde der stadtnahen Natur, Arm in Arm und Händchen bei Händchen, wie viele andere Liebespaare auch, Verwundern, Anerkennung und Beifall erregend. Sie freuten sich über Kreaturen, die sie sonst tot traten und über Pflanzen, die sie in normalen Zeiten banal als Unkraut bezeichnet hätten. Einen kurzen Regenschauer empfanden sie als angenehme Dusche, das Grollen des fernen Gewitters als sonore Musik eines genialen Komponisten. Sonst drängte Opa, kaum dass sie eine Viertelstunde unterwegs waren, mit Macht nach Hause - nun waren sie schon eine ganze Stunde unterwegs und in einem stadtbekannten Ausflugslokal angelangt. An dem dortigen Kaffee hatte Oma, welch Wunder, nichts auszusetzen, den fad-trockenen Streuselkuchen verputzte Opa, welch Wendung der Dinge, mit Enthusiasmus in sich hinein. Noch dramatischer: Ein Hund bepinkelte seine Schuhe und erhielt als Dank eine Portion Streicheleinheiten! Es war klar und für jedermann offensichtlich: Oma & Opa waren mit sich ins Reine gekommen, befanden sich auf dem Zenit ihrer Friedfertigkeit und hatten wohl den Schock des gestrigen Abends überwunden.

„Letzter Frühling", sagte Opa und er streichelte Omas Hände, „ich hör dir trapsen."

Wie viele Frühlinge erlebt ein Mensch? So viele wie er an Jahren alt wird? Bei den meisten Menschen, deren Leben in trister Monotonie dahin trudelt, mag man mit Ja antworten. Wenn Oma & Opa ihre Vergangenheit wie einen alten Kinofilm vor sich abspulen ließen, kamen sie jedoch einstimmig zu der Ansicht, dass es viele, heftige und außerplanmäßige Frühlinge in ihr gegeben habe. Der Abend war so milde, dass sie ihn im Garten verbringen konnten, wo neben Opas Pfeifenrauch ihre Gedanken in die Bäume stiegen.

„Hier ist es so still wie auf dem Friedhof", sagte Oma sinnig.

„Ja", stimmte Opa zu, „hier könnte man ruhig liegen."

* * * * * *

Einige Tage hiernach führten der Große und Kleine ihr letztes gemeinsames Gespräch. Sie wussten freilich nichts davon, dass ihre Zusammenarbeit ein jähes Ende finden würde, sie wären sonst die Hellseher der Nation gewesen. Wie weit in die Zukunft vermag menschliches Ahnungsvermögen zu reichen? Eine Handbreit, ein paar Schritte, Tage, Jahre?

„Ich fange richtig an", sagte der Große, „mich auf den Wermut bei den Alten zu freuen."

„Schade", sagte der Kleine, „dass wir nicht mehr zusammen inkasso gehen können."

Ihr Chef war sich mächtig schlau vorgekommen, als er anordnete, dass, wegen der neu hinzu gekommenen Kunden, jeder allein loszugehen habe, um die Beträge einzusammeln. Er lieferte damit ein frühes Beispiel dafür, dass konsequente Rationalisierung durchaus nicht das A und O des Überlebenskampfes sein muss.

„Noch schader ist", fuhr der Große fort, „dass ich den beiden Depperten sagen muss, dass sie jetzt auch zweihundert zahlen müssen. Der Chef will keine Ausnahmen."

„Er könnte mal eine machen", sagte der Kleine, „denn dieses ist wirklich ein Sonderfall. Chefs sollten sich mehr durch Bewilligung von Ausnahmen auszeichnen."

„Ja", sagte der Große, „sie haben halt keine Ahnung, weil sie nie vorn an der Front sind."

„Und wir müssen's ausbaden", sagte der Kleine kummervoll.

„Ich hab so ein ungutes Gefühl für Mittwoch", sagte der Große.

Wie Recht er hatte! Hier haben wir den seltenen Fall funktionierenden Ahnungsvermögens. Der Kleine maulte noch eine Weile herum, weil sein Kollege in dieser Woche zuerst an der Reihe war, aber schließlich war Gehorsam eine seiner Tugenden und er würde dann in der Folgewoche den Wermut genießen können. Wie Recht auch er hatte!

„Die anderen Geschäftsleute", mokierte sich der Große, „sind so muffelig und verschlossen, wenn man ihre Buden betritt, dass sie unsereins richtig die Arbeit versauen. Bei Oma & Opa ist das anders."

„Den anderen traue ich zu", sagte der Kleine, „dass sie uns mal verraten, Polizei und so oder vor lauter Verzweiflung tätlich gegen uns werden. Bei Oma & Opa sind wir sicher."

„Ja", sagte der Große, „die können wir schröpfen, bis wir in Rente gehen."

„Es würde mich interessieren", sagte der Kleine, „welche Grimassen sie ziehen, wenn sie uns mal auf die Schliche kommen sollten."

Sie lachten wie verrückt, geradeso als wollten sie sich noch einmal auslachen.

„Auf jeden Fall", sagte der Große, „gibt's dann keinen Wermut mehr."

„Das wäre hart", murmelte der Kleine, „alles könnte ich vertragen, nur einen Streit mit Oma & Opa nicht."

Verdammt noch mal, was hatte er für Visionen!

„Man hat ja auch seine sozialen Bindungen und Verpflichtungen", fügte er hinzu, „und sollte nett zu alten Leuten sein."

„Schließlich", sagte der Große, „werden wir ja auch mal alt."

Wie Unrecht er hatte!

„Mach's gut", sagte der Kleine.

Er drückte dem Großen fest, beinahe innig die Hand, so als wollte er aus gegebenem Anlass besonders herzlich sein. Kein Gespenst des Abschieds schwebte durch den Raum, kein Todesengel hing wie ein schlaffes Nachthemd über ihnen, Satanas freute sich nicht ob der leichten Beute - weil sie alle ahnungslos waren. Und doch: Sie waren so gut wie hops, der Große wie der Kleine, ausgelöscht, massakriert, ausgerottet...

* * * * * *

Bis zum Mittwochnachmittag hatten Oma & Opa keine Worte über die Angelegenheit verloren. Aus dem einfachen Grund, weil sie bis dahin noch nicht zur Kasse gebeten worden waren. Die Verhaltensänderung unserer beiden Helden war jedoch eindeutig, beinahe mit Händen zu greifen: Ein undefinierbarer Hauch von Gelassenheit umschwebte Oma & Opa, eine stille Zufriedenheit breitete sich aus, die sich nur Leute anzueignen pflegen, die um das Nahen der so genannten letzten Stunde informiert sind, vom Unabänderlichen Bescheid wissen und darüber weder Trauer noch Betroffenheit empfinden. Die zur Schau gestellte liebevolle Umsorgung des anderen Partners schien auf eine baldige Trennung hinzudeuten. Befand sich keine Kundschaft im Laden, stand Opa versonnen nach draußen äugend hinter seiner Kasse oder ganz in der Nähe derselben, und Oma hockte in der Ecke des Ladens, vor der sie die Seite der Straße einsehen konnte, von der ihre beiden Abzocker bisher stets gekommen waren. Eines war sicher: Noch nie in ihrem Dasein, selbst an ihrem Tag Null nicht, waren der Große und der Kleine so sehnsüchtig erwartet worden wie an diesem Mittwoch. Natürlich wussten Oma & Opa noch nichts von der Änderung, die deren Chef getroffen hatte. Vom Spätnachmittag an wurden Oma & Opa mehr und mehr ungeduldig, sie bedienten ihre Kunden flotter als sonst, als sollten sich diese nicht allzu lange im Laden aufhalten. Alles dieses geschah ohne Absprache und mit der stummen, verständigen Eintracht, die aufeinander eingespielte Ehepartner vor anderen menschlichen Individuen auszeichnet.

„Hauptsache", hatte Opa einmal mit Hinblick auf die in Ehen üblichen Unstimmigkeiten verlauten lassen, „Hauptsache, man versteht den anderen."

„Ja", hatte Oma aus ihrem Hausschatz zitiert:

„ Die Harmonie der Welt
ist keine Sach' von Geld."

Nun, die folgenden Ereignisse zeigten, dass sie sich im Großen und Ganzen nicht richtig verstanden hatten, was aber in der Sache selbst ohne Belang blieb.

* * * * * *

18 Uhr in Omas & Opas Laden und anderswo auch. Sollte dieser Mittwoch verstreichen, ohne dass der Große und der Kleine kämen? Das wäre schade um die Vorbereitungen. Noch fünfundzwanzig Minuten bis 18 Uhr 30, dem Ladenschluss, Opa verließ das Weichbild seiner Kasse und stellte sich an eines der Schaufenster, von dem aus er nach rechts die Straße lang sehen konnte. Sie begann sich mit dem Feierabendverkehr zu beleben, viele Menschen eilten hin und her, da leuchteten Opas Augen kurz auf, durchaus wohlwollend, so wie jedermann tun mag, der im Gewühl der Straße einen guten Bekannten entdeckt hat.

„Sie kommen", sagte Opa.

„Oh, sie kommen", sagte Oma.

Sie lächelte geheimnisvoll, ging in den hinteren Raum und kehrte mit der Wermutflasche zurück, die sie hinter die Theke stellte.

„Er kommt", berichtigte sich Opa.

„Oh, er kommt", sagte Oma.

„Der Große", verkündete Opa.

„Oh, der Große", sagte Oma.

Der Gedanke an Bares und den Wermut, dessen Duft seine Nase zu kitzeln schien, ließ den Großen wie einen Trottel über die Straße traben. Opa sah das Auto eher als der Große, er hielt die Luft an, der Fahrer das Auto, alles ging gut und Opa entspannte sich.

„Beinahe hätte ein Auto ihn erwischt", berichtete er Oma.

Seine Stimme klang tatsächlich erleichtert.

„Wär schad um ihn gewesen", sagte Oma.

Leichtfüßig trollte der Große herbei, nachdem er sich bei dem Autofahrer entschuldigt und einer Passantin den Vortritt gelassen hatte, kam summend und strahlend in den Laden und wartete ab, bis diese Kundin bedient worden war und den Laden verließ. Opa schlenderte zur Tür, schloss sie ab und hängte das Schild „Geschlossen" vor. Nach einer Volksmeinung, die allerdings nur aus der altehrwürdigen Zeit des Hängens, Köpfens,Räderns, Brennens und Vierteilens stammen konnte, soll es so etwas wie Galgenhumor geben, bewussten und unbewussten. Bewusst ist er: Wenn ein Delinquent auf seinem letzten Weg eine Mücke totschlägt, die ihn stechen will; unbewusst war der des Großen, der momentan das Leben lebenswert fand und die dafür komponierte Melodie trällerte.

„Grüß Gott", sagte er.

„Grüß Teufel", dachte Opa, „wäre passender."

„Grüß Belzebub", dachte Oma, „kommt der Sache näher."

Der Große drückte sich im Laden herum und kaufte seine Wybert; ab nächste Woche würde der Umsatz dieses Produktes ein wenig sinken.

„Wird uns doch fehlen”, dachte Opa.
„Kunde ist Kunde”, dachte Oma, „man sollte keinen missen.”
„Heute ist mein Glücks- und Pechtag zugleich”, sagte der Große schelmisch.
Oma & Opa blickten fragend herüber. Wie sie da so einträchtig nebeneinander standen und ihren Besucher freundlich anlächelten - wie ein Mordkomplott sahen sie tatsächlich nicht aus. „Glück”, erklärte der Große, „weil das Auto mich nicht erwischte. Pech, weil ich zwanzig Jährchen verheiratet bin.”
Er lachte, dass eine Packung Babynahrung aus dem Regal polterte. Oma stellte sie wieder zurück.
„Der Frau”, dachte Opa und meinte den Großen, „kann geholfen werden.”
„Es ist besser für sie”, dachte Oma und meinte die Frau, „in Zukunft Witwe zu sein als noch einmal zwanzig Jahre mit ihm.”
„Zwanzig Jahre können ein Kreuz sein”, sagte Opa.
„Wenn man die Silberne hinter sich hat”, sagte Oma gönnerisch, „dann sieht man manches anders und gelassener.”
„Erst einmal die Silberne erreichen”, sagte Opa salbungsvoll.
Diese lockere Konversation zerstörte der Große, musste sie zerstören.
„Für euch ist heute leider kein Glückstag”, sagte er verdrießlich.
Dies war die Schwere seines vom Chef erhaltenen Auftrags, Oma & Opa mitteilen zu müssen, dass sie das Doppelte zu berappen hatten.
„Unser Horoskop ist günstig”, sagte Opa, „es spricht zwar von Mehrbelastungen aber auch vom günstigen Abschluss einer Geschäftsverbindung.”
„Ich glaube immer an so etwas”, sagte Oma.

Sie holte die Flasche hervor. Die Augen des Großen glänzten verlangend, trotzdem führte er erst seinen Auftrag aus:
„Ihr müsst ab heute zweihundert zahlen...”
Oma & Opa schwiegen.

„...denn unser Chef will es so."

„Er ist kein guter Chef", sagte Opa.

„Chefs, die nie den Hals voll kriegen können", sagte Oma, „sollte man verschwinden lassen."

Opa öffnete das Fach unter der Kasse, Oma die Flasche. Sie schenkte ein.

„In der letzten Woche", log der Große, „haben wir zwei Überfälle vereitelt. Seid doch nicht traurig, ihr Lieben."

„Ach", sagte Opa, „es ist gar nicht wegen des Geldes."

„Wir sind nicht knickerig", sagte Oma, „komm, trink einen."

Der feine Nerv des Misstrauens, den jeder tüchtige Gangster entwickelt haben sollte, versagte vor den mimischen Qualitäten von Oma & Opa hier vollkommen, und der Große kippte den liebgewonnenen Wermut in liebgewordener Manier in seinen Hals. Während er sich die Stirn abwischte, weil er schwitzte, sowieso, nicht wegen des Wermuts, bemerkte er nicht, dass Oma an die Tür ging um abzuschließen; sie hatte nicht bemerkt, dass Opa dies bereits vorher besorgt hatte.

„Na", sagte der Große, plötzlich mürrisch, „der schmeckt aber diesmal eigenartig."

Er rieb sich die Lippen und nahm einige Wyberts.

„Vielleicht", sagte Opa scherzend, „hat Oma was reingetan."

Und er griff unter die Kasse.

In diesem Stadium der Entwicklung sollten alle ein wenig verschnaufen, die liebe Leserschaft eingeschlossen. Sie mag ahnen, diese Leserschaft, dass einer der Hauptakteure bald nicht mehr unter uns weilen wird, aber noch ist dieses nicht hundertprozentig sicher. Denn die Erfahrung der Geschichte lehrt, dass die Täter dieser Welt, wochenlang mit der Tat schwanger gegangen, gern im letzten Moment zurückzucken und damit in Vergessenheit und Bedeutungslosigkeit versinken. Aber hier war alles anders: Der Große trug den Keim seines Untergangs nämlich bereits in sich und wäre nur durch eine sofortige Magenspülung oder durch eine voluminöse Kotzorgie zu retten gewesen. Beides fand nicht statt. So nahmen denn die Dinge ihren Lauf, den wir nicht zu verhindern gedenken...

Opa hatte also just „Vielleicht hat Oma was reingetan" gesagt und griff unter die Kasse, wo sich seit den Tagen seiner Bewaffnung sein Arsenal befand.

„Wir zahlen überhaupt nichts mehr", sagte Oma gerade.

„Weder die Zweihundert noch sonstige Piepen", fügte Opa hinzu.

In diesem Moment vergaß sich Oma und bewies damit, dass sie nur eine Laienschauspielerin war: Ihr Blick war nämlich, für nur eine Sekunde, lauernd ins Gesicht des Großen gerichtet, lauernd-forschend mit jenem Schuss Heimtücke, der hinterlistigen Tätern eigen ist. Er registrierte es, war als Profi auf das Erkennen solcher Kleinigkeiten nicht nur verpflichtet sondern auch angewiesen. Die Erkenntnis, dass Opa nicht gescherzt haben könnte, gleichzeitig die beginnende innere Auflösung, sehr schmerzhaft zumal, aber das Gehirn noch nicht ergreifend, verwandelte seine hässliche, aber bei guter Laune immerhin akzeptable Visage in ein Antlitz diabolischer Mordlust und animalischen Entsetzens. Oma und Opa beobachteten diese Veränderung zum Miserablen mit pedantischer Genauigkeit.

„Weder Sie noch Ihr Chef", bekräftigte Oma noch mal, „bekommen je wieder eine müde Mark von uns."

„Wir werden uns sogar", drohte Opa, „das Bezahlte wiederholen."

Ihm war in dieser Sekunde eingefallen, dass der Große ja schon den ganzen Nachmittag unterwegs gewesen sein und etliche Kassierungen bei sich tragen müsste. Ehe der Große durch die fortschreitende Zerstörung seiner Innereien zu intensiverem Denken unfähig war, fiel ihm ein, was er und der Kleine einmal gesagt hatten:

„...die beiden Alten schröpfen wir, bis..."

Weiter kam er nicht. Denn Opa nahm nun seine Knarre und schoss ihn in den Kopf. So richtig klassisch zwischen die Augen; keine Kunst aus einem Meter Entfernung. Die Kugel passierte den Kopf und schlug in eine Packung Cornflakes ein, das leckere Futter rieselte zu Boden. Ehe der Große zu wanken begann, breitete sich ein friedliches Staunen auf seinem Gesicht aus, Erstaunen, Verwundern, auch Enttäuschung, Bruchteile von Sekunden nur, versteht sich. Seine Gestalt sackte zusammen, ein letzter Wermuts- und Wybertrülpser entrang sich seinem geöffneten Mund, und als er sich der Kassentheke zuneigte, gab Opa ihm einen Schubs, damit er ordentlich in den Gang zwischen den Regalen zu liegen kam, wo ihn die Cornflakes berieselten. Alles sah zwar wie billiges Krimikino aus, war aber Realität. Obwohl seit Opas Meisterschuss ein paar Zeilen verschrieben sind, war das Tempo der Ereignisse atemberaubend gewesen, was man besonders der guten Oma ansah. Erst jetzt kam sie dazu „Opa" zu brüllen, dass die Schaufensterscheiben klirrten.

„Opa!", wiederholte sie nun.

Da klang zwar eine Masse Vorwurf mit, doch weniger als dem Anlass angemessen gewesen wäre.

„Opa! Musste das sein!"

„Das ist Männersache", antwortete er, „und musste sein."

Er packte den Großen an den Schuhen und begann ihn stöhnend, ächzend und verhalten pupend aus dem Laden zu zerren. Oma schob am Kopf nach. Sie taten dieses gebückt, damit etwaige Schaufensterbummler nichts erkennen konnten. Sie durften beruhigt sein: Niemand hatte in den letzten Minuten einen Blick in den Laden geworfen. Bald lag der Große im angrenzenden hinteren Raum.

„Opa", mahnte Oma jetzt wieder an, vorwurfsvoller, „lieber Opa, das wäre durchaus nicht notwendig gewesen."

„Quatsch nicht doof", antwortete er erregt, „was verstehst du davon!"

„So meine ich es nicht", sagte sie fest, „ich meine, du hast unnütz geschossen."

„Wie bitte?"

„Ich hab ihm doch was in den Wermut getan."

Opas Maul klappte wie eine Falltür auf.

„Er war schon so gut wie tot", sagte Oma, „als du ihm wehtun musstest."

Oma & Opa setzten sich und tranken je einen Schluck Bier. Bier ist Nervennahrung und allen Tätern anzuempfehlen.

* * * * * *

So ist nun also geschehen, was jede verständige Leserschaft auf sich zukommen sah. Auch eine Ratte, infolge ihrer Überlebenskünste ein feiges Tier, darf man nicht zu sehr in die Enge treiben, denn dann geht sie konsequent, und sollte es ihre letzte Aktion sein, zum Angriff über und versucht ihrem Verfolger an die Kehle zu springen. Oma & Opa waren zu dieser Zeit ein solches Rattenpärchen. Der Große und der Kleine, allerdings teilweise auf Weisung arbeitend, hatten sie bedrängt und - vor allem - enttäuscht. Demnach handelten Oma und Opa nicht nur wie Ratten, sondern auch als normale, mündige Bürger, leicht überspitzt freilich, ein wenig zu konsequent, aber folgerichtig. Und sie drückten sich ebenso konsequent, sozusagen volksmundartig, aus, wenn sie feststellten:

„Um solche Leute wie der Große und Kleine und ihr Chef ist es nicht schade."

„Da unsere Gesetze derartigen Leuten gegenüber versagen, ist Selbsthilfe angebracht."

„Jedem das Seine", zitierte Opa jetzt, und: „Schaffen wir den Kadaver fort."

„Wohin mit ihm, Opa?"

„Ab in die Gartenlaube erst einmal."

Klar, dort landen die meisten bürgerlichen Leichen.

„Zum Donner!", fluchte Opa, „dass Leichen so schwer sein müssen."

„Abmurksen ist leicht", sagte Oma, „aber das Fortschaffen erfordert Ruhe und Intelligenz."

„Nichts für alte Leute", keuchte Opa.

Wir ersehen aus diesem Verhalten, dass Oma & Opa nicht anders dachten und handelten als die meisten Ihresgleichen: die nämlich vor und während der Tat nicht die Folgen bedachten, Folgen, die in der Regel aus rein körperlicher Anstrengung bestehen. Sie ließen jetzt den Großen in der Weise, wie Leichen im Kino Treppen zu bewältigen pflegen, die paar Stufen vom Wohnzimmer in den Garten hinabrutschen und deckten ihn dort vorläufig mit Sträuchern, Blättern und Laubrückständen ab. Vorher durchsuchte Opa seine Taschen und fand in der Innenseite des Jacketts das heutigentags eingesammelte Geld: 2.000 Mark in Hundertern und Fünfzigern.

„Da schau her", sagte er zu Oma, „so leicht kommen diese Burschen ans Geld und machen sich damit ein feines Leben."

„Das nun beendet ist", fügte Oma hinzu.

Opa steckte es ein. Nun, da die ersten Minuten vergangen waren, meldete sich der bei Tätern obligatorische Katzenjammer. Sie setzten sich auf die kalte Treppe, Oma schluchzte wie Kriemhild nach Siegfrieds Tod, Opa rang mit der Revolte seines empfindlichen Magens und lenkte diesen mit den ersten Besorgnissen ab:

„Wie?", gab er Oma zu bedenken, „wenn der Kriminalbeamte wiederum den Eintritt des Großen in unser Geschäft beobachtet hat und ihn nun nimmer herauskommen sieht?"

„Dann sagen wir, wir hätten ihn hinten durch den Garten hinausgelassen."

Sie gingen jetzt in den Laden, um die Ordnung wiederherzustellen und die Kugel aus dem hölzernen Regal zu prokeln. Ein glatter Kopfdurchschuss, erfuhren Oma & Opa, scheint wenig Blut und sonstige Kopfinhalte austreten zu lassen; es genügte das normale Aufwischen, wie jeden Abend nach Geschäftsschluss, um vom Fußboden alle Spuren der Tat zu beseitigen. Das war Omas Arbeit, Opa machte indessen den Kassenschluss und brachte anschließend die Geldkassette zur nahen Bank. Auf der Straße beobachtete er unauffällig seine Umwelt, konnte aber nichts Besonderes oder Besorgnis Erregendes bemerken.

„In Tokio", erinnerte er sich gelesen zu haben, „sterben täglich zehntausend Menschen, ohne dass sich am Lauf der Dinge irgendetwas ändert."

Als Opa zurückkam, hatte Oma das Abendessen gerichtet, in das beide mit dem üblichen Appetit reinhauten; nichts da von Appetitlosigkeit und verdrehten Mägen wegen Reue und so!

* * * * * *

Eine Stunde später saß Opa wieder an seiner gewohnten Theke und lauschte mit wissender Miene den Ausführungen des Wirtes:

„Ob du's glaubst oder nicht: Sie haben heute zum ersten Mal nicht abkassiert."

„Dann werden sie morgen kommen."

„Ich hab's so in der Blase, dass was passiert ist. - Vielleicht hat jemand Ernst gemacht und die Jungens abgenippelt."

„Du wolltest das doch tun, Meister."

„Ich war mir noch nicht klar darüber, wollte noch warten. Aber lange mache ich das nicht mehr mit, sage ich dir."

Nachdem Opa sich gestärkt hatte, denn harte Arbeit war noch zu verrichten, trollte er sich von dannen.

Zwei Kilometer Luftlinie entfernt brüteten der Kleine und sein Chef über einem Problem: Wo war der Kollege abgeblieben? Weniger interessierte den Chef die Person, denn Ersatz würde er unschwer auftreiben, mehr die Moneten. Wie jeder richtige Chef hatte er über die Einnahmen vorverfügt, sie dienten nicht nur seiner, sondern auch der Lebenshaltung und Altersvorsorge seiner Mitarbeiter. Finsteres Gewölk verdunkelte sein Kriminellengesicht, denn für seine eingeengte Denkweise gab es nur eine Möglichkeit:

„Er ist getürmt."

„Glaub ich nicht, Chef", verteidigte der Kleine.

„Mitsamt den Kröten."

„Das tut der nicht", behauptete der Kleine.

„Na", sagte der Chef, „hoffen wir es seinetwegen."
Sie beide wussten natürlich, welche Folgen Abtrünnige zu erdulden haben würden. Dann wollte der Chef noch wissen, ob der Kleine in den letzten Tagen irgendetwas Auffälliges bemerkt habe. Er hatte es nicht und so beschloss man, etwaige Nachforschungen auf morgen zu verschieben...

Da das letzte Tageslicht noch nicht geschwunden war, als Opa heimkehrte, setzte er sich mit Oma ins Wohnzimmer, um die Lage zu analysieren.
„Oma", sagte er anerkennend, „das hast du genial gemacht."
„Und du", antwortete sie strahlend, „so ein Meisterschuss, mitten ins Zentrum."
„Das nenne ich Teamwork", prahlte Opa, „so ganz ohne Absprache denselben Gedanken zu haben."
Kein Vorwurf Opas, dass Oma ihn nicht informiert hatte, kein Vorwurf Omas, dass Opa sie nicht informiert hatte, das Ergebnis allein zählte. Nun aber:
„Wohin mit ihm?"
„In den Garten, Opa."
„Vergraben?"
„Ja. Untern Kompost mit ihm."
„Da liegt er schön warm."
„Da findet ihn niemand."
„Bis in alle Ewigkeiten nicht."
Bedacht - getan. Die Gartenlaube lag zu ebener Erde mit dem Garten, so dass der Große nicht bergauf gezogen zu werden brauchte. Opa umschlang sein Geläuf mit einem Strick und schleifte ihn über Rasen und Weg in den hinteren Teil des Gartens, dort wo allerlei Gerätschaften lagerten, Abfälle moderten und der Humus im Halbschatten vor sich hin rottete. Der Große machte keinerlei Umstände, wahrscheinlich bedeutend weniger als zu Lebzeiten, und unverdrossen behielt er die Wybertdose in der erstarrten Hand; sie geriet mit ins Grab. Opa versetzte den Komposthaufen zur Seite, in die freigewordene Stelle, eine rich-

tige kleine Mulde, grub er das längliche Loch, nicht so tief wie es sich auf dem Friedhof gebührt, aber doch so, dass Hyänen, Schakale, Maulwürfe, Hunde und Katzen nicht an den Großen herankommen konnten. Dann deckte er mit der Humusmasse und dem Erdauswurf alles fein säuberlich ab. Oma verrichtete die Feinarbeit mittels Harke und Besen. Wenn nach einiger Zeit, mit der Fleißarbeit der Würmer und der natürlichen Vermoderung, die Erde etwas nachsacken würde, könnte niemandem Ungewöhnliches auffallen. Zwecks späterer Identifikation des Großen...,

„...dann sind wir längst tot...",

hatten sie ihm seine Papiere belassen. Nicht nur die Nacht schützte Oma & Opa vor der Beobachtung ihres Treibens, sondern auch die Tatsache, dass ihr Garten schon am Tag von der Nachbarschaft kaum einzusehen war. Sie fühlten sich sicher und blieben versonnen, Hand in Hand, beansprucht von der körperlichen Arbeit, ein paar Minuten auf der Bank in der Nähe sitzen. Eine Nachtigall flötete in Nachbars Garten, im Tümpel eines anderen quakten die dicken Wasserfrösche, irgendwo fand eine Party statt und vom Turm der für diesen Stadtteil zuständigen Kirche läutete es Mitternacht. Geisterstunde?

„Auf einem Gangstergrab da blühen keine Rosen,
auf einem Gangstergrab da blüht kein Blümelein;
der einzig Schmuck das sind die Freudentränen,
die brave Bürger ihm jetzt zu-, ja zugedacht..."

Oma & Opa marschierten ins Haus zurück und machten sich über einen Mitternachtssnack her. Dann, bevor sie die Betten aufsuchten, inspizierten sie noch einmal ihren Laden und stellten befriedigt fest, dass alles normal war und der Pulverrauch sich verzogen hatte.

„Was machen wir mit den Zweitausend?", fragte Oma.

„Die sind für unsere Unkosten", antwortete Opa.

Es gab Gelegenheiten, in denen sie ihre sonst mildtätige Art unterdrücken mussten. Nachdem Oma, - hier zeigte sich ihre durch und durch praktische Lebensauffassung -, zu bedenken gegeben hatte, dass Opa eine zweite Grabmulde schon jetzt hätte ausheben, vorbereiten können, gingen sie mit dem üblichen Gefühl der Rechtschaffenheit ins Bett und schliefen den Schlaf fleißiger Kaufleute und Bürger.

* * * * * *

„Ich hab solche Angst, Opa."

Oma sagte es beim Frühstück kurz vor Ladenöffnung.

„Ist doch alles gutgegangen, Oma."

„Ich habe trotzdem Angst."

„Zugegeben, mir ist auch nicht geheuer in der Haut."

„Wir haben uns mit Banditen abgegeben", sagt Oma, „die vor nichts zurückschrecken werden, wenn sie uns auf die Schliche kommen."

Opa kaute denkend an seiner Pfeife.

„Aber", fuhr Oma fort, „nun ist's gleichgültig, was passiert ist. Wir beide haben es so gewollt. Ich finde es großartig, dass du im Endeffekt das Gleiche vorhattest wie ich."

„Das war 'ne Klasseidee mit deinem Gift, Oma."

„Hatte das Zeugs noch von unserer letzten Aktion im Garten."

„Wir passen prima zusammen, Oma."

Opa paffte hektisch, weil seine Denkarbeit Früchte getragen hatte, Früchte, die ihm in der vorigen Woche der Wirt in den Mund gelegt hatte.

„Es kann uns gar nichts passieren", behauptete er, „wenn wir nicht beobachtet worden sind."

„Die Polizei?", fragte Oma.

„Sie weiß von nichts, Oma. Es sei denn, wir besprachen es bereits, sie hat uns beobachten lassen. Wenn ja, stände sie längst auf der Matte."

„Seine Kollegen, die anderen Gangster?", fragte Oma.

„Wenn sie seit gestern über sein Verschwinden im Unklaren sind", erklärte Opa, „dann wäre es Zufall, brächten sie uns damit in Verbindung."

„Wenn Mittwoch der Kleine kommt...?"

Das war das Hauptthema, welches mit der Volksweisheit „Wer A sagt muss auch B sagen" zusammenhing. Die Geschichte des Werdegangs der Kriminalität beweist eindeutig, dass allzu häufig aus einem Single- ein Massenmörder wurde, weil ihn widrige Umstände, zum Beispiel die Gefahr des Entdecktwerdens, zwangen, den einmal eingeschlagenen Pfad der Untugend weiter zu beschreiten. Drohte diese Gefahr bei Oma & Opa? Nein, dreimal das Nein! Denn ihr Zorn richtete sich, wir wissen es, haben es verfolgen können, speziell gegen zwei Personen. Ist jemand, der zwei Menschen umbringt, bereits in die Kategorie „Massenmörder" einzuordnen?

„Den machen wir auch kalt", beantwortete Opa Omas letzte Frage.

„Klar. Mit meinem leckeren Wermut?"

„Ja", sagte Opa, „nur wenn das nicht klappen sollte, donnere ich ihm eins vor den Latz."

Damit war der Kleine so gut wie ausgerottet, es sei denn, ein gütiges Schicksal, vielleicht in Form von Unpässlichkeiten körperlichen Ursprungs, ließ ihn am Mittwoch verhindert sein. Dass Oma & Opa ihre Ansicht ändern würden, war kaum denkbar. Oma kam noch einmal auf ihre Bedenken zurück:

„Und sie können uns wirklich nichts, Opa?"

„Pass auf", sagte er noch einmal, weiter ausholend, „ich will es dir darlegen: Niemand weiß, was gestern passiert ist. Sie werden den Großen und sein Inkasso vermissen, aber nicht auf die Idee kommen, dass er ihnen vorausgegangen ist, dass wir es besorgt haben. Sie werden nicht einmal bei uns oder bei den anderen Kaufleuten und Wirten nachforschen, um sich keine Blöße zu geben. Wenn sie doch kommen und blöd fragen sagen wir, er hätte kassiert wie immer und könnten sogar Andeutungen machen, wir hätten den Eindruck gehabt, er wolle sich verkrümeln, absetzen nennt man das, ins Ausland und so. Auch alle anderen Händler, die der Große nach uns aufzusuchen hatte, werden behaupten, er sei da gewesen, habe abkassiert. Sie werden einfach lügen, dass die Schwarte kracht. So müssen die ehrenwerten, geprellten Gangster denken, der Große sei mit ihren Moneten durchgebrannt. Denke, dass dieses bei ihnen gar nicht selten vorkommt. Sind doch alles verdorbene Subjekte."

„Leuchtet mir ein, Opa."

Ja, er konnte argumentieren, ihr Opa! Gegen ihn mochte mancher Anwalt blass aussehen.

„Der Kleine", fuhr Opa fort, „oder ein anderer wird wie gewohnt in der nächsten Woche kassieren kommen, zu uns, zu den anderen. Vielleicht versucht er sich nebenbei umzuhören, wo der Große zuletzt gesehen worden ist, besonders dann, wenn sie tatsächlich dicke Freunde waren."

„Die gibt's in diesem Milieu gewiss nicht", behauptete Oma.

„Wirst recht haben, Oma."

„Wenn der Große nun Familie hatte", sinnierte Oma, „Frau, Kinder?"

„Könnten einem persönlich leidtun", antwortete Opa, „doch ist es bevölkerungspolitisch von Vorteil, wenn Gangster nicht auch noch Familien gründen und sich maßlos vermehren."

Dieses Gespräch setzten Oma & Opa am Abend des Donnerstags fort, wir werden darauf zurückkommen. Am heutigen Tag verrichteten sie ihre Verkaufstätigkeit in einem inneren Spannungsfeld zwischen Bangen und Hoffen. Bangen: dass jederzeit ein Haus- und Gartendurchsuchungskommando hereingestürzt kommen könnte; Hoffen: dass alles so ablief wie von Opa geweissagt. Einmal schnürte der Kriminalbeamte vorbei, kam aber nicht in den Laden. Dann erklang durchdringend und das Gewissen erschütternd ein „Tatü" des Polizeiwagens, doch auch dieser verfolgte andere Ziele als Oma & Opa. In der Frühstückspause war Oma in den Garten gegangen, nach dem Rechten zu sehen und letzte Feinarbeit an die Ruhestätte des Großen zu legen, außerdem die Schleppspuren der Nacht zu vertuschen. Je länger der Tag ohne besondere Vorkommnisse dahinging, desto ruhiger schlug ihr Herzchen. Nach Ladenschluss erhob sie sich über alle

Maßen und schlug ihrem Opa vor, in seiner Stammkneipe Spionagetätigkeit zu betreiben.

„Willst'e nicht ‘nen Bierchen kippen? Tut deiner Verdauung so gut.”

„Danke Oma. Du hätt'st glattweg der Chef von 007 sein können.”

Der leutselige Wirt schien auf Opa gewartet zu haben und sagte wie ein Verschwörer:

„Auch heut ist keiner von diesen Doofmännern da gewesen.”

Opa tat erst begriffsstutzig, sagte dann:

„Du wirst noch drankommen, musst bis nächsten Mittwoch warten.”

Nach dem Inhalieren des ersten Bierchens fügte Opa hinzu:

„Vielleicht hat deine Frau ihn zwischenzeitlich umgebracht und du hast nichts davon bemerkt.”

„Wenn's doch so wäre...”

Opa wusste genug und trollte heim zur Oma.

Dort setzten sie das Frühstücksgespräch fort.

„Und wenn auch der Kleine weg ist?”, fragte Oma.

„Dann”, antwortete Opa fest, „können sie uns immer noch nichts, vorausgesetzt, es klappt wie beim ersten Mal.”

„Und dann, Opa?”

„Wenn die Gangster dann immer noch weitermachen, ihnen also der Abgang ihrer Kassierer nicht unheimlich wird, schalten wir kurzerhand die Polizei ein. Zahlen tun wir keinen müden Pfennig mehr.”

Omas Sorgenfalten waren nicht ganz geglättet.

„Versteh doch”, sagte Opa dringlich, „unser Vorteil ist, dass alle Erpressten sagen werden, auch nach dem zweiten Mal, dass sie gezahlt hätten. So wäre gar nicht nachzuprüfen, wo die irdischen Reisen des Großen und Kleinen endeten. Vermutlich werden sie nach dem Verschwinden des Kleinen ihre Wachsamkeit erhöhen, wieder zu zweit kommen oder sich gegenseitig beschatten.”

„Das kann uns gleichgültig sein", meinte Oma, „denn wir wollten doch nur die zwei, oder?"

„Natürlich, Oma", sagte Opa und tätschelte sie zärtlich, „wir sind doch keine Mordgesellen aus Passion."

„War auch zu schändlich", sagte Oma bitter, „wie sie uns reingelegt haben."

„Reue?"

„Keine Spur. Der Große hat das Fett weg, das ihm zustand. Und der Kleine bekommt auch seine Portion. Wer weiß, was sie früher schon alles angestellt haben und noch anrichten würden, wenn wir sie nicht stoppen würden."

„Also", bestimmte Opa, „wir können den Kleinen ohne weiteres in der gleichen Art und Weise kaltmachen, wenn er allein kommt. Hat er Begleitung, dann heißt das, dass sie misstrauisch geworden sind und achtgeben. Entweder zahlen wir dann oder wir zeigen uns bockig und riskieren alles."

„Es wird sich später eine weitere Gelegenheit ergeben", sagte Oma hoffend, „den Kleinen zu bedienen."

Sie dachten über den Großen nach, dem jetzt bereits die Recyclewürmer in die Nase krochen.

„Welch fiese Menschen", empörte sich Opa nachträglich.

„Aber was ist?", fragte Oma, „wenn im Garten nachgeforscht wird? Jeder mittelmäßige Spürhund findet die Gräber."

„Wenn wir erst einmal in Verdacht geraten", sagte Opa, „ist sowieso alles aus. Dann lügen wir nicht und erzählen die ganze Geschichte der Polizei."

„Uns alte Leute sperrt man gewiss nicht mehr ein", sagte Oma.

„Wir geben das Geschäft auf und gehen ins Heim", sagte Opa leichthin.

„Wenn alles gut geht", meditierte Oma, „findet man die beiden Kameraden erst nach unserem Tod. Wenn das Haus abgerissen und das Grundstück saniert wird."

„Welch eine Überraschung dann für die Arbeiter", sagte Opa.

Damit beendeten sie ihr Tagwerk und gingen ins Bett.

* * * * * *

Am nächsten Tag begann die Polizei langsam aber sicher Einblick in die Angelegenheit zu erhalten. Den Stein ins Rollen brachte jene Persönlichkeit, die über ihren neuen Stand als Witwe noch nicht informiert war: des Großen Ehefrau. Er hatte sie, verständlich, über seinen genauen Beruf im Ungewissen gelassen und sich ihr gegenüber als Reisender, was immer darunter zu verstehen sein mochte, ausgegeben. Jedenfalls hatte er es noch nie unterlassen, sie jeden Abend, wenn er nicht heimkommen konnte, anzurufen, mit den Kindern zu quasseln und sich eine Portion Aufmunterung zu holen. Mittwoch und Donnerstag, wir wissen es, hat er nicht anrufen können, und so begab sich seine Frau auf die nächste Polizeistation.

„Mein Mann ist hops."

Damit knallte sie sein Foto auf den Tisch. Wie konnte sie ahnen, dass er hier kein Unbekannter war? Kurz und bündig: Der Stein war losgetreten und rollte. Zwar nahm man ihre Vermisstenanzeige auf und begann mit der Suche, ließ sie aber, da man feststellte, dass sie ahnungslos war und an einen guten Leumund ihres Mannes glaubte, im Ungewissen über seine Umtriebe. Insgeheim hofften die Beamten auf interne Auseinandersetzungen zwischen rivalisierenden Banden, was viele Gerichtsverhandlungen mit allzu milden Urteilen ersparen würde, durften solche Ansichten aber nicht verlauten lassen und machten sich auf die Socken, des Großen Schicksal zu klären. Ein Test bei den von den Gangstern heimgesuchten Kaufleuten der Stadt verlief negativ: Niemand wollte das vorgehaltene Foto identifizieren, zu tief steckte die Angst in allen Knochen. Als Oma & Opa es präsentiert bekamen, ergriff sie eine Sekundenpanik, aber Opa fasste sich rasch und gab zu, dass dieser Herr regelmäßig hier seine Wybertpastillen kaufe.

„Es wird ihm doch nichts zugestoßen sein?"

Ansonsten hatte Opa genial, ja hellseherisch kalkuliert und prophezeit. Es tat sich nichts bis zum nächsten Mittwoch, weder erschien, - außer in dem geschilderten Fall -, die Polizei noch ein Repräsentant des Gangstersyndikats. Oma hatte, um sich zu entlasten, tausend Mark für „Brot für die Welt" eingezahlt.

„Solch eine Spende kann man vom steuerpflichtigen Einkommen absetzen", sagte sie.

Am Sonntag arbeitete Opa im Garten, klopfte den Komposthaufen fest und bereitete die Lagerstatt für den Kleinen vor: fünfzehn Zentimeter kürzer als die des Großen. Er gab sich insgeheim zu, dass diese Art der Gartengestaltung nicht seine Sache war, ihn sogar anwiderte, und er wollte sie auf gar keinen Fall zur Angewohnheit werden lassen. Im Gegensatz zu dem Großen wurden also die Vorbereitungen zum Ableben des Kleinen nicht einzeln und heimlich, sondern gemeinsam und offen betrieben. Was Oma & Opa beinahe noch reizvoller erschien als die erste Methode. Bei der hatte Oma die bedrückende Furcht gehabt, dass Opa versehentlich an die präparierte Wermutflasche geraten könnte. Die Tage bis zum Tag der Tage verrannen in geruhsamer Folge und erst mit dem Erwachen am Mittwoch stellte sich die erwartete Spannung wieder ein.

Der Kleine begann den letzten Tag seines an kriminellen Aktivitäten so reichen Lebens mit einem ausgiebigen und reichhaltigen Frühstück. Früher wurde Delinquenten, was eine wirklich humansoziale Einrichtung war, eine opulente Henkersmahlzeit gewährt, die oft das Beste gewesen sein mag, was sie je genossen. Heute ist das Empfinden für solche mitmenschlichen Feinheiten weitgehend abhanden gekommen, und weder der Kleine noch seine mit frühstückende Gemahlin hatten irgendeinen Verdacht, dass dieses das letzte gemeinsame Frühstück sein könnte. Zwar: Sie wusste um seinen gefahrvollen Beruf, obwohl er offiziell als kaufmännischer Angestellter firmierte, aber da sie damit auch wusste, dass es brutale Einsätze nach alter Chicagoer Art hier nicht gab, so machte sie sich keine Sorgen, gar ahnungsvolle

Gedanken. Zumal ihrer beider Horoskop von Zuversicht und Optimismus geradezu strotzte. Seines lautete für die heurige Woche:

„Die Zeit für wirtschaftliche Regelungen ist jetzt besonders günstig. Sie werden erfahren, dass Sie sich auf alte Freunde in jeder Weise verlassen können."

Ihres war mehr Mahnung als Vorhersage:

„Kämpfen Sie energisch gegen Ihre Depression an und glauben Sie nicht, dass die Rückschläge immer auf das Konto ihrer Mitmenschen gehen."

Wir werden das Beispiel erfahren, dass diese ganze Horoskoperei nichts als Nonsens ist: Hat jemals eines dieser Machwerke den Tod des Betroffenen vorhergesagt? Wo ist hier der Hinweis, dass des Kleinen Frau schon zehn Stunden später in den Witwenstand eingetreten sein wird! Omas & Opas Ruhm als friedfertige, humane und liebenswerte Individuen der Gattung Homo sapiens war bereits bis an diesen Frühstückstisch gedrungen und des Kleinen Frau hatte schon das Verlangen nach Kennenlernen derselben geäußert.

„Heute kann ich leider nicht, aber das nächste Mal gehe ich mit; versprochen."

So nimm denn, du grausam-scheußliches Schicksal, deinen Lauf! Das für sie beide unbegreifliche und spurlose Verschwinden des Großen warf zwar einen diffusdunklen Schatten auf diesen Frühstückstisch, aber in anderer Weise als redliche Bürger zu denken vermögen. Der Kleine hatte nämlich durchaus Verständnis für das Verduften des Großen, vorausgesetzt, er hatte es des Geldes wegen getan. Nur:

„Ich kapiere nicht, dass er wegen der paar Tausender abgehauen ist."

Erinnern wir uns: Mehr als diese paar Tausender war täglich nicht abzukassieren und sie mussten - selbstverständlich - jeden Abend dem Chef ausgehändigt werden.

„Ja", sagte des Kleinen Frau, „es muss sich schon lohnen."

Seit einiger Zeit liebäugelte dieses famose Ehepaar mit dem Gedanken, sich in gleicher Branche selbständig zu machen, ein Drang, den unser staatliches Wohlfahrtssystem sogar durch Jungunternehmerdarlehen zu unterstützen pflegt.

„Nun", sagte der Kleine beim Abschiednehmen, „ich werde heute meine beiden lieben Alten wiedersehen. Mein Rheila geht auch zu Ende."

„Grüß sie von mir, unbekannterweise."

„Arrividerla, Signora", scherzte der Kleine.

„Tschüss, mach's gut."

Es war wie beim Großen: Kein Todesengel segelte über ihm, nichts deutete darauf hin, dass sein Herz heuer übermäßig in Anspruch genommen werden würde...

Ab Mittwochnachmittag standen Oma & Opa ähnlich wie in der Vorwoche in ihrem Laden, jedoch deutlich gelöster, ja entspannt, mit der Sicherheit von Leuten, die nur der eigene Tod vom einmal gefassten Plan abhalten könnte. Ihre Überzeugung, die kommende schlechte Tat sei in Wirklichkeit eine gute, war so stark, dass sie sich gegenseitig nicht aufzurichten brauchten. Außerdem, meinte Oma, gäbe es wieder Geld für eine Spende, die dieses Mal der Caritas zugutekommen sollte.

„Man müsste", hakte Opa ein, „einen Beruf daraus machen, Verbrechern ihr Vermögen abzujagen. Was meinst du, was dann für wohltätige Zwecke zusammenkäme."

„Dafür sind wir jetzt zu alt", sagte Oma.

Sie wollte keinen Zweifel aufkommen lassen, dass mit der Abservierung des Kleinen das Gemetzel ein Ende haben müsse. Es hatte in der Woche viel und kalt geregnet, jetzt aber schien die Sonne, so dass Opa vor den Laden trat, wie es früher die Kaufleute gern getan haben. In Wirklichkeit hielt er Ausschau nach dem Kleinen, ob dieser allein käme oder ihm ein Schatten in Form eines Polizisten oder eines Konkurrenten oder Aufpassers folge. Die Luft vor dem Laden schien rein zu sein.

Nach der anstrengenden Abkassiertour näherte sich der Kleine gegen 18 Uhr seinem letzten Revierteil. Er hatte nur noch Oma & Opa, den uns bekannten Kneipenwirt und zwei andere Kleinunternehmer zu besuchen und hatte die Nase voll. Niveau und Milieu wurden von Einsatz zu Einsatz drückender, deprimierender; vielleicht auch gefährlicher, mahnte ihn ein Dauerjucken im Nacken. Was hatte er heute erleben, anhören und einstecken müssen:

„Da hast du dein Geld, Aasgeier!

„Schmarotzer sollte man mit einer riesigen Fliegenklatsche erschlagen."

„Warte nur, wirst es in der Hölle büßen müssen."

„Dann doch lieber Steuern zahlen als dir was geben."

„Wenn wir uns mal im Mondschein begegnen, kannste was erleben."

„Wirst nochmal ein schreckliches Ende finden."

Das war endlich mal etwas Konkretes. Sie murrten zwar, aber zahlten. Die Angst fraß ihre Seelen auf, doch der Kleine spürte wachsende Gefahr und nahm sich vor, den Chef zur Vorsicht zu mahnen. Inzwischen hatten er und sein Chef erfahren, dass die Polizei sich um die Aufklärung des Falles „der Große" bemühte. Wie leicht konnte das kunst- und mühevoll errichtete Gebäude von Abzockerei, Gewalt und Erpressung zusammenstürzen. 18 Uhr 25: Er bog in Omas & Opas Straße ein und sah letzteren vor dem Laden ein paar Kunden verabschieden...

Opa sah ihn auch und rief in den Laden zurück:

„Halte dich bereit, Oma. Er kommt."

„Allein?"

„Allein."

Kein Schreck ließ sie erstarren, sie hatte Zeit genug gehabt, sich auf diesen Augenblick einzurichten. Opa begrüßte den Kleinen, noch vor dem Laden, mit den Worten „Je später der Abend desto lieber der Gast" und hielt ihn dort mit Bemerkungen über das Wetter und die neuesten Zukunftsaussichten des Einzelhandels hin, bis es 18 Uhr 30 schlug.

„Feierabend, kommen Sie herein."

Das war dem Kleinen lieb, er war gut aufgelegt wie selten sonst und bohrte seine Blicke auf die von Oma gut platzierte Wermutflasche.

„Gott zum Gruß, ihr Lieben", sagte er.

Oma nickte mehrdeutig und dachte eindeutig.

„Nun übertreiben Sie man nicht", mahnte Opa.

„Endlich kommen Sie", sagte Oma.

Sie ging beiläufig zur Tür und schloss ab, was wegen des Feierabends nicht auffallen konnte.

„Habe mich etwas verspätet", sagte der Kleine, „aber bei Ihnen macht das ja nichts aus."

„Ganz richtig", sagte Opa, „so bleiben wir ungestört."

Die Zeit des Wartens war vorüber. Man sage nicht, dachte Oma, alte Leute könnten leichter und besser warten als junge, weil sie Lebenserfahrung besäßen und weniger Temperament, und eigentlich auf nichts Besonderes als den Tod zu warten hätten; das stimmt nicht. Sie selbst war kribbelig wie eine Maus vor der Falle, blinzelte die Flasche an und überlegte, ob es nicht einfacher und sinnvoller sei, diese dem Kleinen schnurstracks auf den Kopf zu dreschen. Doch warum umständlich abmurksen wenn's einfach geht. Und Opa? Er stand wie eine Eiche im Park gegenüber an seinem Lieblingsplatz, der Kasse, zwar schwer und unregelmäßig atmend, aber eben doch wie ein Baum, nämlich ziemlich schweigsam. Der Kleine bewies seinen Instinkt für veränderte Situationen, wohl überlebenswichtig für seinesgleichen.

„Ich kann nichts dafür", sagte er, „dass ihr jetzt auch zweihundert zahlen müsst."

„Schon gut", sagte Opa, „wir haben ja nichts dagegen gesagt."

„Schuld hat doch Ihr Chef", sagte Oma.

„Aber habt ihr nicht bemerkt", sagte der Kleine, „wie ruhig es in der Stadt geworden ist."

„Ja", sagte Oma, „nichts passiert mehr."

„Man kann wieder ruhig schlafen", bestätigte Opa.

„Alles hat seinen Preis", sagte der Kleine.

Er kaufte seine Rheila und schielte wie ein Chamäleon auf die Wermutflasche.

„Ja, alles", sagte Opa.

„Sogar das Leben", sagte Oma.

„Die Kleinen zahlen", sagte Opa, „und die Großen leben gut."

„Wie bei allen Versicherungen", sagte der Kleine.

Er lachte zum letzten Mal. Opa hätte gern gekontert, verkniff es sich aber aus Gründen der notwendigen Strategie. Oma schritt zur Tat und Flasche, weder wankte ihr Schritt noch schwankte die Flasche, ruhig war die Hand, die den Tod verteilte.

„Tod, du kommst gern unverhofft, das ist deine Stärke.
Wenn man dich nicht haben will bist du schon am Werke."

„Komm, trink einen", sagte Oma, „dann sieht die Welt anders aus."

Der Hang zum Makabren lag ihr offensichtlich und Opa bewunderte ihre zur rechten Zeit angebrachten gekonnten Formulierungen.

„Wo man trinkt, da lass dich ruhig nieder", zitierte er.

„Und zu euch, da komm ich gerne wieder", ergänzte der Kleine.

Sein letzter Reim. Er ist nicht der erste, dachte Opa jedoch, der leere Versprechungen macht. Die Augen des Kleinen verfolgten den steigenden Inhalt des Glases und hier hatte Opa zum ersten Mal den Gedanken, der Kleine könne Komödie machen, Täuschung, und alles wissen. Er war entschlossen, ihm, sollte er den letzten Trunk verweigern, unverzüglich und mirnichtsdirnichts anderes zum Einnehmen zu verabreichen, Bleihaltiges natürlich. Aber der Kleine kippte den Inhalt hinunter.

„Gluck-gluck", sagte Opa, „weg is'ses."

„Ein guter Schluck zur rechten Zeit", sagte Oma, „schafft Ruhe und Behaglichkeit."

Nach solch zynischer Diskussion sollte ein Absatz fällig sein. Die Ungeheuerlichkeit, Menschen wie Oma & Opa bei ihrem Tun sozusagen live zu erleben, mag dir die Sprache verschlagen, liebe Leserschaft, dich stumm machen, das Lesen unterbrechen. Erschreckend mag auch die Konsequenz erscheinen, mit der Oma & Opa ihre Tat planen und durchführen, zumal, wie wir erfahren werden, der gute Geschmack dabei bei weitem überschritten wird. Folgen wir also jetzt den Ereignissen, wie sie dem dramatischen Höhepunkt zusteuern.

„Ein guter Schluck...", hatte Oma zitiert.

„Pfui Teufel", unterbrach sie der Kleine, „das schmeckt aber kackig."

Oma hätte gern gesagt „kein Wunder", Opa am liebsten „so wie's dir zusteht", aber der Ernst der abendlichen Stunde verklebte ihre Münder zu schmalen Strichen. Jetzt sahen sie beide aus wie Rachegott nebst Rachegöttin. Der schon angeführte Volksaberglaube meint, kleine Menschen seien zäher als große; hier traf er zu. Der Kleine äugte wie eine in die Enge getriebene Ratte von Oma zu Opa, zurück von Opa zu Oma, schluckte und würgte und raffte alle seine Energien zusammen, um sich Klarheit über seine Lage zu verschaffen.

„Da habt ihr was reingetan!"

Oma & Opa schwiegen. Klar, dass Opa seinen Gefechtsstand hinter der Kasse um keinen Zentimeter verließ.

„Habt ihr das, sagt's!"

Oma & Opa schwiegen.

„Oh ihr schoflen Schweine!"

Die Stimme des Kleinen keuchte, sein Blutdruck schwoll an. Oma & Opa schwiegen.

„Das habt ihr mit meinem Kameraden auch gemacht!", rief der Kleine.

Seine Mörder nickten. Hastig steckte er seinen Zeigefinger tief in den Hals, wankte bereits, kotzte aber das ganze Zeugs aus sich heraus, auf die Theke, den Fußboden, es stank zum Erbarmen, da natürlich das vorverdaute Mittagessen, Erbsen mit Möhren und Kartoffeln und Wiener Schnitzel mit ins Freie traten.

„Pfui!", rief Oma, „benehmen Sie sich!"

Scheppernd fielen die Rheila nach unten.

„Er benimmt sich hier schauderhaft", sagte Oma zu Opa.

Dieser stand reglos und ließ keinen Blick von seinem Opfer. Er misstraute stets dem Gift, nun bahnten sich die Malessen an, außerdem diese unhygienische Ferkelei im Laden. Das hätte vermieden werden können. Der Kleine atmete tief ein, als ginge es nur um Rekonvaleszenz vom Suff, und tatsächlich, er bekriegte sich, sein Lebenswille schien das Unheil stoppen, den Sieg davontragen zu können. Er murmelte stöhnend „na wartet, ihr Teufelspärchen", „jetzt kommt ihr dran, ihr Höllenhunde" und „uns das anzutun", und seine rechte Hand verschwand in der Jackeninnentasche. Oma ging nicht in Deckung, was durchaus angemessen gewesen wäre, starrte nur auf ihren Opa, der mit der pervertierten Ruhe und Sachlichkeit eines routinierten Scharfrichters die Rache- und Überlebensbemühungen des Kleinen beobachtete.

Das Gift hatte im Kleinen schon gewirkt, vielleicht sandte sein vergewaltigter Magen Impulse rasender Schmerzen ins Gehirn, aber sie wurden dort überlagert von seinem Vorhaben, es den Alten heimzuzahlen. Jetzt ab mit ihm ins Krankenhaus - und er wäre vermutlich zu retten gewesen. Er schwankte ächzend und stöhnend wie ein Gummibaum im Sturm, Schüttelfrost und ein kapitaler Schluckauf, mit knarrenden Rülpsern begleitet, ließen ihn zusammenzucken und zittern, so das seine Hand in der Jacke fahrig und irre fummelte - da konnte Opa dieses Gehabe und die damit verbundene Gefahr für Oma und ihn nicht mehr mitansehen: er schoss. Dieses Mal nicht auf den Kopf, sondern in die Herzgegend. Der Kleine wurde vom Anprall der Kugel rückwärts gegen das Regal geschleudert, das bedenklich wackelte aber standhielt, er brüllte vor Wut und Empörung, kippte aber nicht um, trotz des Loches in der Jacke, kam wieder einen

Schritt vor und zog, zum Entsetzen Omas und Erstaunen Opas, die flache Pistole hervor. Oma ergriff einen Besenstiel. Opa hatte seine Waffe in Richtung des Kleinen belassen. Was geschehen war, kapierte er sofort: Er hatte die sich im Moment des Schusses vor dem Herzen befindliche Pistole getroffen.

„Opa!", rief Oma entsetzt, drosch aber mit dem Besenstiel ein.

Was Oma & Opa bisher in ihrer feinfühligen Art vermieden hatten, nämlich Schadenfreude, zeigte der Kleine nun unverhohlen, sein Mund, der seit dem Genuss des Giftes sowieso nicht mehr ganz geschlossen war, öffnete sich vollständig und stieß die hasserfüllten Worte „für dich, Opa!" aus, aber die Waffe des Kleinen fuhr herum zu Oma, die nicht abließ auf ihn einzudreschen. Opa schoss jedoch eher, wiederum aufs Herz, das nun ungeschützt hinter der Jacke lag. Es quittierte die Kugel mit Stillstand, gleichzeitig brummte der Schädel des Kleinen unter einem mächtigen Hieb des Besenstiels - das war zu viel für ihn. Der Mund des Kleinen klappte nun zu, ein dünnes Blutrinnsal entquoll ihm, auch ein Seufzer undefinierbaren Charakters, und der Kleine sackte wie eine abgelassene Gummipuppe zwischen Theke und Regal zusammen. Letzte Zuckungen, erst jetzt ließ seine Rechte die Pistole los, es war zu Ende mit ihm. Oma saß auf einer Waschmitteltonne und flennte, während Opa rasch eine Decke herbeiholte und sein Opfer einwickelte und aus dem Laden nach hinten schleifte. Von dort ging's wie üblich weiter, dem Großen nach, wo Opa die Taschen durchsuchte und 3.000 Mark konfiszieren konnte.

„Ich werd's morgen einzahlen", sagte Oma.

„Nein", sagte Opa, „halt es zurück für den Fall, dass wir doch noch weiter, aus welchem Grund auch immer, den Burschen was zahlen müssen."

Das war gut vorhergesehen von Opa. Sie versteckten den Kleinen im Gartenhaus und marschierten in den Laden zurück zum Großreinemachen. Sie sparten nicht mit Reinigungsmitteln, wussten aber doch genau, dass sie verratzt sein würden, wenn

Verdacht gegen sie aufkäme und der Fußboden nach Blutspuren untersucht würde.

* * * * * *

Das war das Ende der Morderei Omas & Opas, ist aber nicht das Ende der Geschichte. Zweifellos hatten sie der Erpresserbande einen schweren Schlag versetzt, aber war diese handlungsunfähig geworden? Das würde sich herausstellen. Bevor Oma & Opa den Kleinen beisetzen konnten, musste es dunkel werden. Zuvor aßen sie zu Abend und besprachen dabei ihr weiteres Vorgehen.

„Ich werde morgen zur Polizei gehen", sagte Opa, „und sie auf die Spur der Bande hetzen."

„Sei vorsichtig", mahnte Oma, „dass du dich nicht verplapperst."

„Keine Sorge, Oma. Ich sage nur, dass wir es leid seien, ausgenommen zu werden und unsere Mitarbeit anbieten möchten."

„Das geht in Ordnung, Opa."

„Einer muss es ja machen", sagte Opa, „wenn die anderen zu schissig sind, dann eben wir."

Oma fragte ihn, ob er auch heute wieder seinen Kneipenwirt aufsuchen wolle, um Neuigkeiten zu erfahren.

„Das kann ich morgen auch machen", antwortete er, „hab jetzt keine Lust dazu."

Zwischen 23 und 24 Uhr kam der Kleine unter die Erde, die hauptsächlich aus fein gegartem Kompost bestand.

„So ist er nun wieder mit seinem Freund vereint", sagte Opa, „wer gemeinsam Verbrechen begeht, soll auch entsprechend ruhen."

Oma fand das logisch, sie nahm sich trotzdem vor, anderntags ein paar Stiefmütterchen aufzupflanzen. Opa war froh, dass sie nicht jammernd und tränend einherlief und mit Selbstvorwürfen um sich warf.

Opa ging am Donnerstag nicht zur Polizei, sondern rief sie an und bat um den Besuch des zuständigen Beamten.

„Aber bitte unauffällig, es kann sein, dass wir beobachtet werden."

Dieses unauffällige Gespräch fand am Donnerstagnachmittag im Laden statt. Oma & Opa beäugten die Legitimation, also den Polizeiausweis, dreimal hin und her, vor- und rückwärts, wendeten ihn in ihren Pfoten und staunten Bauklötze. Warum? Der Besuch war nämlich äußerlich eine Hausfrau beim Einkauf, typisch nach landläufiger Vorstellung ausstaffiert, und im Kern eine Kommissarin des zuständigen Dezernats, hübsch zudem. Oma & Opa fühlten sich geschmeichelt ob der Bedeutung, die man ihren Aussagen höherenorts beizumessen schien, die Lage wurde nun also ernst. Lauerten draußen feindliche Beobachter? Feindliche nicht, wie die Beamtin beruhigend sagte:

„Dort hinten auf dem Parkplatz hockt mein Kollege im Auto. Er observiert."

Oma & Opa strahlten vor guter Laune, dennoch glaubte die Beamtin beruhigen zu müssen:

„Sie können ganz locker bleiben. Wir haben Sie unter unseren Schutz genommen, nichts kann Ihnen passieren."

Die üblichen Versprechungen, Oma & Opa wussten es; wer sollte sie vor einem bewaffneten Überfalls des Syndikats schützen können! Erst einmal zog die Beamtin ein bekanntes Foto aus der Tasche:

„Haben Sie diese Person die letzten Tage gesehen?"

Es war der Große.

„Nein", sagten Oma & Opa der Wahrheit gemäß.

„Er ist doch einer von denen, die hier abkassiert haben?"

„War - Verzeihung, ist er", sagte Opa.

„Und dieser hier?"

Ein hübsches Foto des Kleinen, wie er mit einem Unbekannten redete.

„Genauso", sagte Oma.

„Kam sonst noch eine Person in dieser Angelegenheit zu Ihnen?"

„Keine."

„Auch der andere Mann auf dem Bild nicht?"

„Niemand sonst", antwortete Opa, „wenigstens nicht zum Geld abholen."

„Verzeihen Sie uns?", fragte Oma, „dass wir Ihren Kollegen bisher belogen haben?"

„Da gibt's nichts zu verzeihen. Wir verstehen Ihre Lage."

„Erpressen ist schlimmer als Mord", sagte Oma und kassierte dafür einen heimlichen Fußtritt Opas.

„Wir haben am Anfang Angst gehabt wie Hasen beim Treibjagdsignal", sagte Opa, „aber nun wollen wir nichts mehr zahlen."

„Solchen Leuten darf man nicht nachgeben", sagte Oma.

Dann berichteten Oma & Opa sachlich, wie alles angefangen hatte, wie es weiterging, wie sie zu Anfang an ein ehrliches Unternehmen geglaubt hätten, dann ihnen jedoch das Licht der Erkenntnis aufgegangen sei.

„Wir sind alte Leute", sagte Opa.

„Die kann man leicht bescheißen", sagte Oma.

Sie wären es jetzt leid, sich ausnehmen zu lassen und legten ihr Schicksal in die Hände der hiesigen Polizei. Kein Wort natürlich vom schmählichen Ende des Großen und Kleinen, nur so viel, dass diese beiden Gangster stets am Mittwoch zum Absahnen kämen. So sagten sie für die Polizei wenig Neues, die seit langem auf der richtigen Fährte war, aber ohne unanfechtbare Beweise wenig ausrichten konnte. Dieses schien sich hier, bei den komischen und harmlosen Alten, nun ändern zu wollen. Die Beamtin versprach baldiges Erscheinen ihrer Kollegen und verabschiedete sich mit ein paar Einkäufen, um den Schein aufrechtzuerhalten.

* * * * * *

„Sie sind wieder nicht gekommen", jubelte der Kneipenwirt.

Er strahlte, als habe er den Großen und Kleinen persönlich ins Jenseits befördert. Opa suchte ihn am Abend des Donnerstag auf.

„Sie haben's aufgegeben oder jemand hat sie gekillt."

Opa sonnte sich in der Situation des Wissenden und genoss sein Bier wie selten sonst.

„Vielleicht", sagte er, „wenden sie sich von den Kleinen ab und den Großen zu."

„Ich jedenfalls", sagte der Wirt grollend und er sprach auch für seine im Hintergrund hantierende, resolute Ehefrau, „wir jedenfalls lassen uns nicht mehr schröpfen. Kommt einer von denen hier herein, so landet er dort."

Sein Daumen wies in den Keller.

„Ich habe schon alles vorbereitet, Zement und Steine und so."

„Möglichst lebend einmauern", riet Opa, „das hat man früher gern gemacht."

Während am Freitag der Chef tobte und den Abgang seines zweiten Kassierers zu ergründen suchte, bekam die Polizei die zweite Vermisstenmeldung präsentiert:

„Mein Mann ist verschwunden."

Die Frau des Kleinen war außer sich. Zwar traute sie ihrem Mann zu, den Chef und alle Kollegen ums Geld zu betrügen, aber:

„Er würde es nicht ohne mich tun, Wachtmeister."

„So geben Sie zu, dass er den Schutzgelderpressern angehört?"

„Klar doch. Ist doch ein Beruf wie jeder andere."

„Kannten Sie auch diesen hier?", fragte der Polizist.

Es war das Foto des Großen.

„Ja. Er besuchte uns manchmal."

Sie wurde ans Kommissariat verwiesen, wo man auf ihr Befragen durchaus zugab, dass ihr Mann, möglicherweise, bereits den ewigen Knast bezogen haben könnte. Sie war eine wichtige

Zeugin und nun, möglicherweise, als junge Witwe bereit, über das, was sie von der Organisation wusste, auszusagen.

„Kennen Sie den?"

Ein Foto des mutmaßlichen Chefs.

„Ist er auch mal bei Ihnen zu Hause gewesen?"

War er nicht. Typisch für Chefs, sich bei Übeltaten im Hintergrund zu halten. Dennoch war die Polizei sicher, jetzt, wo sich Steinchen zu Steinchen fügte, die ganze Bande bald hochnehmen zu können.

Wie Oma & Opa es sich ausgedacht und zurechtgelegt hatten: Niemand erschien, die Polizei ausgenommen, um sich nach dem Großen und Kleinen zu erkundigen.

„Solche Leute", sagte Opa, „werden in Wirklichkeit nirgendwo vermisst."

„Auch nicht von ihrer Familie, Opa?"

„Vielleicht, wenn sie die Ernährer und Rentenbeschaffer sind."

„Wird wohl stimmen, Opa."

„Besonders im Verbrechergewerbe", sagte Opa, „ist jedermann zu ersetzen."

In Zusammenarbeit mit der Polizei heckten Oma & Opa nun folgendes aus, das für den kommenden Mittwoch in die Tat umgesetzt werden sollte:

1.) Eine Videokamera wurde unauffällig installiert, ebenso, für alle Fälle, ein Tonbandgerät.

2.) Ein Beamter müsste im hinteren Raum sitzen und alles mithören, für den Fall, dass ein allzu liberaler Richter später Tonband- und Filmaufnahmen nicht anerkennen sollte.

3.) Oma & Opa sollten sich nicht weigern, das Schutzgeld zu zahlen, sollten nett und freundlich wie immer tun.

Sie wurden begeistert, nun, „wo es richtig ranging", und fieberten ungeduldig dem entscheidenden Tag entgegen. Trotz ihrer krämerischen Lebensentwicklung, wir wissen es ja bereits, waren sie Leute der Tat geblieben. Nun durften sie sich rücksichtslos in den Dienst der Gerechtigkeit stellen. Am Montag bereits waren alle Gerätschaften eingerichtet und die Beamten hofften, dass niemand von den Plänen Wind bekommen habe. Von seiner Kasse aus konnte Opa die Videokamera einschalten, was er nervös und aufgekratzt ein paar Mal übte.

Schon ab Montag saß ein Beamter im hinteren Raum, weil man nicht ausschließen mochte, dass die Banditen ihre Mittwochstour aufgegeben und auf einen anderen Tag gelegt hatten. Doch es tat sich nichts bis Mittwoch, ein Zeichen, dass die Organisation, wie jeder normale Bürger, die einmal festgelegte Ordnung nicht verlassen mochte.

* * * * * *

Mittwochnachmittag. Oma kribbelte es in allen Extremitäten, mehr als vordem, als sie den Großen und Kleinen abzuschaffen plante. Opa fühlte sich als Hauptdarsteller eines Dramas, das nun abzurollen begann. Wie es auch immer ausgehen mochte: Er würde seine Rolle so spielen, dass das gesamte Banditenpack dieser Stadt ein für allemal erledigt sein müsste. Wie die Polizei auch glaubten er und Oma an eine weitverzweigte, personell starke Organisation - dieser Irrtum stellte sich erst später heraus. Nichts tat sich bis zu der üblichen Zeit von 18 Uhr, dann sah Opa, vor dem Laden stehend, zwei Kerle kommen, von denen ihm einer bekannt vorkam. Verdammt, wo hatte er ihn oder sein Bild gesehen? Klar, zusammen mit dem verewigten Kleinen auf dem vorgelegten Polizeifoto. Sie waren's also! Er trat rasch in den Laden.

„Sie kommen. Zwei Mann."

Die Kamera, deren Objektiv kaum zu sehen war, eingeschaltet und dem Beamten im Hintergrund Bescheid gesagt. Los ging's, die Burschen standen bereits im Laden. Wenn Oma & Opa geglaubt hatten, mit dem Großen und Kleinen zwei typische Vertreter der Unterwelt kennengelernt zu haben, so wurden sie nun des Richtigen belehrt: Solch abscheulich-widerliche Typen waren ihnen in ihrem langen Geschäfts- und Privatleben noch nicht untergekommen! Der Große und Kleine waren richtige Friedensapostel gegen sie gewesen. Entsprechend waren Omas & Opas Reaktionen, die sie allerdings nur denken, denen sie keine öffentlichen Worte verleihen durften:

„Die würde ich viel lieber abgeknallt haben", dachte Opa.

„So etwas gehört unter die Erde", dachte Oma.

Bisher hatte die Polizei nicht erfahren, dass Opa bewaffnet war, dass seine Kanone nach wie vor im Kassenbereich lagerte. Wie gerne hätte er sie jetzt benutzt. Aber sich dabei filmen lassen? Nein, das wollte er sich und Oma nicht antun.

„Bitte schön?", fragte Oma höflich.

„Wir kaufen nichts", sagte derjenige, der sich später als Chef entpuppte.

„Dann gehen'se man wieder", sagte Oma, „wir kaufen auch nichts."

„Verschenken schon gar nichts", sagte Opa.

„Spenden erst recht nichts", sagte Oma.

„Wir holen die zweihundert Mäuse", sagte der eine.

Sie sprachen immer abwechselnd und taten wachsam wie Ratten im Katzenasyl: Flinke Augen huschten durch alle Winkel des Ladens, entdeckten aber die Kamera nicht. Opa sagte später, sie hätten geschnuppert wie Bluthunde auf der Fährte.

„Da kann jeder kommen", sagte er.

„Sonst kamen andere", sagte Oma.

„Wir kennen Sie ja nicht", fügte Opa hinzu, „weisen'Se sich mal aus."

„Heutzutage streicht so viel Gesindel umher", sagte Oma, „dass man niemandem mehr trauen kann."

„Sie sehen nicht gerade wie solvente Geschäftsleute aus", sagte Opa.

Oma & Opa hätten dieses Provokationsspiel gern noch länger ausgedehnt und weitergetrieben, wenn Strategie und Taktik dieses nicht verboten hätten. So lenkten sie ein.

„Dafür können wir nicht, Opachen", antwortete der andere auf Opas Vorwurf.

„Ja", sagte der eine, „Omachen, mit dem Gesindel, da haben Sie recht."

Opa öffnete die Kasse und zählte umständlich, damit die Kamera möglichst viele genüssliche Szenen einfangen möge, die 200 Mark in kleinen Scheinen ab.

„Gib her, Opachen."

Opachen gab's her, weil's so abgemacht war mit der Polizei, kochte aber wie ein Hexenkessel und wäre beinahe zum Drittmörder geworden. Omachen! Opachen! Unverschämte Mistkerle! Oh, wenn ihr wüsstet, wer euch dezimiert (genauer: halbiert) hat! Ohne Omas & Opas empörte Gesichter weiter zu studieren verließen die beiden Männer den Laden und trollten sich davon, vermutlich, wie Opa kalkulierte, zu seinem Freund, dem Wirt.

„Mensch, was für fiese Möpse", sagte Oma.

„Der Abschaum der Gesellschaft", sagte Opa.

Das Wichtigste war aber, dass mit dem Besuch dieser bösen Buben das erste handfeste Beweismaterial gewonnen war. Ihr Untergang war nur eine Frage der Zeit. Beinahe wäre dieser, nämlich der Untergang, doch anders ausgefallen als geplant...

Noch gleichen Abends, mit Zustimmung Omas, begab Opa sich in seine Kneipe. Er fand einen Wirt vor, der, auch ohne viel getrunken zu haben, einen verdächtig angeheiterten Eindruck machte. Er nahm Opa, während seine Frau die Zapfstelle bediente, mit in die hinteren Räume und in den Keller hinab, wo sie sich auf Fässer setzten und der Wirt geheimnisvoll um sich sehend zu reden begann.

„Sie waren da und haben kassiert."

„Wer? Der Große und der Kleine?", fragte Opa.

„Nein, zwei andere, fiesere."

„Habt ihr bezahlt?", fragte Opa.

„Ja, waren sie auch bei euch?"

„Waren sie. Wir haben bezahlt."

Der Wirt druckste sich auf dem Bierfass hin und her. Sein Problem bestand in der Frage, ob er sich Opa voll und ganz anvertrauen könne. Er tat es jetzt.

„Wir werden nächsten Mittwoch nicht zahlen", sagte er.

„Und dann?"

„Du meinst, sie hauen mir dann die Bude kaputt?"

„Mindestens."

„Dazu werden sie nicht mehr kommen."

Opas Blicke wurden fragend, obwohl er das Kommende ahnte.

„Wirst du?", fragte der Wirt, „wenn ich dir fürchterliche Pläne anvertraue und auch ausführe,

schweigen und nochmals schweigen?"

„Wie ein Maulwurf", antwortete Opa fest.

„Nun denn, es sei. Wir werden die beiden Halunken Mittwoch kaltmachen, für immer, stumm, tot, mausetot."

Das Gesicht des Wirts leuchtete im Vorgeschmack auf.

„Wie?", fragte Opa sachlich, „und wo? Hier im Keller?"

„Der Keller wird ihr Grab", sagte der Wirt, „ich knall sie oben, im Raum hinter der Schankstube, ab. Hab schon 'ne Knarre mit Schalldämpfer besorgt."

Opa erhob sich und schaute sich um und sah die beiden bereits halbwegs vorbereiteten Gräber, die man nach getaner Arbeit vollständig verkleiden und unsichtbar machen konnte. Als Fachmann fand er, dass sie zweckmäßig und gut seien. Auch hier würde man, dachte er, wie bei uns, nie etwas finden - vorausgesetzt, der Wirt und seine Wirtin erwiesen sich als ebenso begabt wie er und Oma und hielten jetzt und später zusammen und dicht.

„Solche Schurken", sagte der Wirt jetzt, „müssen vertilgt werden. Stimmt's?"

„Ganz meine Meinung."

Sie gingen nach oben und genehmigten sich ein paar Helle. Opas forschender Blick auf die Wirtin sagte ihm, dass auch sie die geeignete Person zum Morden von Gangstern sei.

„Ich schau nächsten Mittwoch wieder rein”, sagte er, „wenn's recht ist. Viel Glück.”

Ein paar Minuten später war Oma über das Vorhaben der Wirtsleute unterrichtet. Sie fand es im Prinzip logisch und folgerichtig, fürchtete aber ein Misslingen und damit Rückwirkungen auf ihre eigene Tat.

„Wenn ihnen”, sagte Opa und meinte die Bande, „vier Mitglieder in kurzer Zeit abhanden kommen, so geben sie vielleicht Ruhe. Das wäre auch unser Vorteil.”

Aber Oma wurde verdrießlich. Um Opa gegenüber nicht zuzugeben, dass sie um die Originalität ihrer Tat bangte, nannte sie ein falsches Gegenargument:

„Glaubst du, dass diese beiden Quasselköppe, wie alle Wirte sind, das schaffen, ohne sich in den Untergang zu reißen?”

Er glaubte es nicht, hatte schon in der Kneipe seine Bedenken gehabt.

„Wir können das nicht zulassen”, mahnte Oma, „wo willst du in Zukunft dein Bier trinken?”

„Du meinst doch nicht?”, fragte Opa düster ahnend, „dass wir es machen sollen?”

„Nein, nein, Opa. Keine Angst. Wir sorgen dafür, dass sie vorher gefasst werden.”

„Prima Idee, Oma!”, sagte Opa und gab ihr ein Küsschen.

Was Oma & Opa an diesem Abend ausheckten, hauptsächlich auf Opas Ideen basierend, verklarte dieser am nächsten Morgen seinem zuständigen Kommissar in dessen Dienstzimmer. Ursprünglich hatte die Polizei vorgehabt, die Gangster am Mittwoch in Omas & Opas Laden in flagranti zu packen, weil dann das Risiko für die Beteiligten, allen voran natürlich Oma & Opa, am geringsten sei.

„Drauf auf sie, wenn sie just euer Geld einstecken, und ab in den Knast.”

Das gefiel Oma & Opa durchaus, auch hatten sie keinerlei Angst vor einem Scharmützel in ihrem Laden, so war's nicht, aber sie hatten vor, sich noch einmal, bevor die ganze Angelegenheit beendet war und in Vergessenheit geriet, in Szene zu setzen: als wirkliche Überwinder, ja Vernichter dieser ganzen Bande. So lautete denn Opas Gegenvorschlag:

„Wir geben ihnen kein Geld und provozieren sie dermaßen, dass ihnen das Hören und Sehen vergeht, werfen sie beim Frechwerden aus dem Laden und..."

Opa ließ sich durch das bedenkenvolle Schütteln mehrerer Polizeihäupter nur sekundenweise aus der Fassung bringen.

„...und warten dann ab, wenn sie unseren Laden überfallen. Dann..."

„Aber das kann gefährlich werden und..."

„...dann drauf wie die Berserker und niedergeprügelt, dass die Schwarten krachen."

„Aber dann ist Ihre Schaufensterscheibe bereits hinüber", sagte der Kommissar.

„Nun", antwortete Opa gelassen, „wenn die Versicherung nicht zahlen sollte, so bleibt uns ja die kürzlich ausgelobte Belohnung."

Die Polizei *musste* Bedenken zeigen, *konnte* jedoch auch zustimmen. Neben der Vorbeugung von Verbrechen strebt sie nämlich eines besonders gern an: das Packen von Übeltätern auf frischer Tat, eben *in flagranti* genannt. Auch war es nicht ganz astrein, Bürger und deren Eigentum in Gefahr zu bringen. Den Ausschlag zur Entscheidung gab schließlich Opas starre Haltung, die er in fünf Drohsätzen zum Ausdruck zu bringen verstand:

„Geld kriegen diese Burschen nicht mehr, keinen Pfennig."

„Wir verweigern jede weitere Mithilfe, wenn Sie kneifen."

„Dann machen wir es eben allein."

„Wir können auch ganz anders, wenn wir gereizt werden."

„Es ist besser, Sie helfen uns dabei..."

Die Polizisten äugten wie Irrenhauswärter und waren endlich einverstanden, den vom Oma & Opa apostrophierten vernichtenden Schlag gegen das Gangstersyndikat zu führen. Und Opa trabte wie ein siegreicher Feldherr heim und berichtete seiner Oma:

„Ich haben ihnen unseren Willen aufgezwungen, Oma. Hätt'ste mal sehen sollen, wie sie ihre Lauscher lang machten und sich wunderten."

„Wer kann dir schon widerstehen", sagte Oma.

„Es ist gut", erklärte Opa, „wenn man die Initiative in den Pfoten behält."

Dann redeten sie noch einmal über den eigentlichen Grund dafür, dass sie sich, gegebenenfalls, ihren hübschen Laden zerdeppern lassen wollten, Oma hatte ihn gestern Abend dargelegt:

„Wir müssen verhindern, dass die Wirtsleute die beiden Kassierer am Mittwoch umbringen."

Und ihre Kalkulation sah vor, dass, wenn sie die Abzocker mit hämischer Acht und öffentlicher Schmach vondannen gejagt hätten, diese schnurstracks heimreisen würden, um den dann obligatorischen nächtlichen Überfall vorzubereiten.

„Dann besuchen sie an diesem Tag", meinte Oma mit Gewissheit, „die Opfer nach uns nicht mehr und deine Wirtsleut, Opa, brauchen sie nicht umzubringen."

„Fabelhaft, Oma, du bist 'ne Wucht!"

Opa schnappte sich sein Mädel und wuchtete es ein paar Mal begeistert durch das Zimmer. So ward's denn endgültig beschlossen, das Leben im Kampf gegen das Verbrechen und für die Gerechtigkeit einzusetzen.

* * * * * *

Derweil saß die Rumpfmannschaft des Syndikats Trübsal blasend beieinander. Die Zeit- und Geschäftsläufe waren momentan erschreckend und für die Zukunft befürchtend miserabel. Die

Stimmung bei den Opfern gärte, einige gar maßten sich provokante Äußerungen an.

„Damals in Chicago", sagte der eine, „hätte man ihnen sofort die Zähne, sprich Maschinenpistolen gezeigt."

„Ach, damals", sinnierte der andere, „welch goldne Zeiten für unsereinen."

„Lassen wir sie wiederkehren", schlug der eine vor.

Es waren die beiden Kassierer, die wir bei Oma & Opa bereits kennengelernt haben, die auf der Abschussliste der Wirtsleute standen, am nächsten Mittwoch bei Oma & Opa ihr blaues Wunder erleben sollten und von denen der eine der Chef, der andere der letzte seiner Angestellten war - aus dem Quartett war, nun wissen wir's endgültig, ein Duo geworden. Natürlich war in der einschlägigen Branche der Abgang des Großen und Kleinen das Tages-, Nacht- und Dauergespräch geworden, massiv verdiente die Post an diesen Gesprächen, aber die Reputation des Chefs litt beträchtlich, und jedermann weiß, wie schädlich dieses für die weitere Karriere sein kann.

„Als wir bei den zwei Alten reinkamen", sagte der eine, „dachte ich einen Augenblick, hier könnten unsere Kameraden abgeblieben sein. Der Alte hinter der Theke..."

„Red keinen Unsinn, das ist unmöglich", sagte der andere.

„...sieht aus wie ein Metzger, der nicht nur Tiere in die Wurst packt."

„Quatsch!"

„Und erst die Alte! Sah aus, als rühre sie mit ihren hageren Griffeln lieber im Blut als im Pudding. Wenn ich daran denke..."

„Idiotie, das gibt's doch nur im Fernsehen."

„Weiß ich ja. Hatte ja auch nur ganz kurz, einen Atemzug lang, als wir eintraten, diese unappetitliche Vision."

„Sie sind nur brummig", war die Antwort, „wie sie es alle allmählich werden. War immer so:

Nach einer bestimmten Zeit glauben sie, das Geld sparen zu können, weil nichts mehr passiert ist."

„Wird Zeit”, sagte der eine, „dass mal wieder ein Exempel statuiert, ein Laden hopp genommen wird.”

„Sage ich stets. Langer Friede tut nicht gut.”

Dann kam der Chef noch einmal auf das Verschwinden seiner Untergebenen zurück.

„Wo sie nur geblieben sind? Abgehauen?”

„Und ihre Familien im Stich gelassen?”

„Warum nicht. Hast du eine solch gute Ehe, dass du nicht bei dufter Gelegenheit auch verschwinden würdest?”

Das mochte der andere nicht beantworten.

„Vielleicht sind sie bei der Polizei.”

„Nein, dann hätten wir davon gehört.”

„Nun”, meinte der Chef, „mir schmeckt das nicht.”

„Ach, passen wir auf, wird sich alles aufklären.”

Sie beschlossen dann, bei Oma & Opa nicht viel Federlesens zu machen, sollten sich diese renitent gebärden, gar nicht auf die Zahlung zu warten und ihnen in der Folgenacht ein drastischen Besuch zu machen.

„Freu mich richtig drauf.”

Trotz seiner bekannten Scharfäugigkeit und seiner krummen Beziehungen war dem Chef bisher entgangen, dass die Polizei seinen Fall zu einem vorrangigen Fall gemacht hatte, den sie bald abzuschließen gedachte.

Die Tage bis zum Mittwoch vergingen für Oma & Opa in ehelicher Harmonie und merkantiler Eintracht.

„Was glaubst du”, sagte Opa, „wie die Leute bei uns kaufen werden, wenn erst einmal alles vorüber ist.”

„Die Presse, das Fernsehen”, sagte Oma, „das gibt ‘ne Masse Mäuse.”

Die Gewissheit, bald zu den Berühmtheiten der Stadt zu gehören, versetzte sie sozusagen in höhere, edlere Sphären. Aber, aber: Während sich Opa am Umsatzdenken berauschte, hütete seine Oma klammheimlich und innerlich nur ein kleines Geheimnis - ihr Gewissen. Es nagte. Wie ein Borkenkäfer im Holz.

Es pochte. Wie ein Holzbock im Dach. Es rief. Wie eine Nachtigall in Maiennacht. Es rumorte. Wie Koliken im Magen. Es erinnerte. Wie ein Steuerbescheid am frühen Morgen. Unablässig, Tag und Nacht, im Sitzen, Stehen und Liegen, beim Stuhl- und Kirchgang, Wachen und Schlafen. Würde sie dieses länger aushalten können? Um sie selbst ging es ihr nicht, nein, nur um Opa, ums Geschäft. Sie durfte beide nicht mit kleinlichen Gedanken gefährden, den einen ins Kittchen, das andere in den Ruin bringen. Oft sah sie ihn an, wenn er's nicht bemerkte, mit ihren großen, treuherzig-melancholischen Augen einer betagten Schleiereule; manchmal stapfte sie in den Garten, wenn er mittags schlief, mit dem Gehabe einer verarmten Gutsbesitzerin, blieb vor dem der Natur so angepassten Mausoleum stehen, auf dem die Flora in imponierender Geilheit wucherte, und sah aus, als gedächte sie wie ein Feldherr des unbekannten Soldaten. Hier ein Unkraut fort mit spitzen Fingern, dort eine Blume gerade gerichtet, einen Krümel geebnet. Kam ein Regenwurm aus dem fruchtbaren Boden, schloss sie wie andächtig, in Wirklichkeit im Ekel die Augen, bis das nackte Tier wieder in sein Reich eingetaucht war. Eines stand für sie fest: Mit diesem Kompost gedüngtes Obst und Gemüse würde sie nie essen können.

„Was machst du hier?"

Opa stand unverhofft hinter ihr.

„Nichts, Opa, nur so herumdösen."

„Weinst du denen da Tränen nach?"

„Nein, Opa."

Sie war tatsächlich trocken in der Augengegend. Er betatschte sie und führte sie ins Haus, war besonders zärtlich.

„Denk dran", sagte er, „welche Schurken sie waren. Bestimmt haben sie schon gemordet und Hunderte von Menschen erpresst, bedroht, geprügelt, malträtiert und geschändet."

„Ja, Opa. So schätze ich sie auch ein."

Oma & Opa waren in ihrem Entschluss, den Gangstern Paroli zu bieten, nicht einen Deut unsicher oder schwankend geworden.

Wie die Polizei, die Erfahrung mit Wankelmütigen hatte, insgeheim gehofft hatte. Sie brauchte gar nicht viel Vorbereitungen zu treffen, da Videokamera und Tonbandgerät installiert blieben und man nur, sollte es bereits am Nachmittag zum Krawall kommen, eine kleine Mannschaft in Ladennähe zu postieren brauchte. Auch für die Nacht auf Donnerstag war alles gerichtet: Ein Lieferwagen mit sechs unsichtbaren Polizisten darin würde in der Nähe sein, drei Beamte würden im Laden selbst auf der Lauer stehen. Für den Fall, dass die Gangster eine der späteren Nächte bevorzugen würden, stand ebenfalls alles bereit. Wie sich dann erwies, gelang die Geheimhaltung vollkommen.

Ein Mittwoch im Sommer, zu wunderschön zum Verbrechen. Die heiteren Gesichter der Kunden passten zum Wetter, nicht zu dem, was bevorstand, und sie steckten Oma & Opa an und der Umsatz folgte dem Barometer. Auch die beiden Halunken, gegen 18 Uhr herbeischnürend wie Füchse zum Hühnermaststall, konnten keine Eintrübung, ein Gewitter gar verursachen und wurden von Oma & Opa angelächelt wie Geldbriefträger. Oma holte Wermut hervor, nicht *die* Flasche, versteht sich wohl von selbst, denn die war längst beim Altglas, sondern eine neue, freilich bereits geöffnete.

„Genehmigt euch einen, Jungs."

Zwei Gläser lockten, des Chefs Pfote zuckte gierig, da hielt ihn der andere zurück.

„Vielleicht ist was drin", sagte er laut.

Oma & Opa tranken vor und dann nahmen die anderen auch was. Opa beugte sich jovial nach vorn und fragte den, der wie der Chef aussah:

„Sagen'se mal, Chef, zahlt ihr Steuern von dem Geld?"

Dem Chef blieb der Wermut im Hals stecken.

„Steuern? Wie meinen Sie das?"

„Nun, Einkommenssteuern, wie jeder von uns, der selbständig ist."

„Klar doch, Opachen."

Der Chef nahm, irrtümlich, die Fragen von der locker-lustigen Seite.

„Muss'te mir erst beweisen, sonst..."

Opas Einsatz der Generalpausen war genialer als bei Anton Bruckners Sinfonien.

„Wills'te etwa meinen Steuerbescheid sehen?", fragte der Chef, noch launig.

„Klar, Chefchen. Sonst..."

Nun ging den beiden Besuchern das Licht der bitteren Erkenntnis auf. Dieser hinausgezögerte Aufenthalt misshagte ihnen sowieso schon, zumal einige Kunden amüsiert lauschten und interessiert glotzten.

„Sonst", fragte der Chef, noch geduldig, „was sonst, Opachen?"

„Sonst", antwortete dieses tapfere Opachen, „sonst gibt's kein Geld mehr."

Sollen wir, liebe Leserschaft, erst einmal tief und hörbar Lauft holen? Wie alle es taten, die justemalen in Omas & Opas Etablissement versammelt waren? Das wäre wohl angebracht. Denn die Verwegenheit Opas, - und diejenige Omas ja auch, denn er handelte mit ihrem Einverständnis -, war atemberaubend und -stockend. Doch vielleicht war's auch so, dass unsere beiden Hauptdarsteller die ganze Sache als Jux und Dollerei ansahen, und in diesem Fall kann von Verwegenheit oder Mut natürlich kaum eine Rede sein. Und ganz unter uns: Sie sind wohl ein wenig mehr als schrullig, die beiden Alten, nicht wahr? Lassen wir sie weiteragieren...

„Lieber", fügte Oma Opas Feststellung hinzu, „lieber geben wir dem Staat unser Geld als Leuten wie ihr es seid."

„Ja", sagte Opa ergänzend, „man sollte freiwillig mehr Steuern zahlen."

„Dann", sagte Oma, „könnte der Staat besser für alle sorgen."

„Auch für euch sorgt der Staat", sagte Opa und blinzelte zweideutig.

„Könntet mal in die Lage kommen", sagte Oma im Ton einer Gefängnisdirektorin, „nicht mehr selbst für euch sorgen zu müssen."

Der Chef und sein Kollege sowie ein paar Kunden, die sich von dieser Szenerie nicht losreißen mochten, ließen diese treffsicheren und praktikablen Ausführungen eine Weile wortlos über sich ergehen, dann begann ersteren der Kamm zu schwellen; was sich am prompten Bluthochdruck unschwer ablesen ließ.

„Ja", sagte Opa im Kurzabton, um es kurz zu machen, „wir zahlen nichts mehr und damit basta, Schluss, Ende!"

„Am besten", riet Oma ihnen, „Sie trollen sich, ehe er wütend wird."

Oma & Opa standen nebeneinander und rieben sich die Hände, für den Extremfall lag ja die Knarre unter der Kasse. Ohne Gegenargumente aber mochte der Chef nicht das Feld räumen.

„Falsches Sparen kann teuer kommen", sagte er wie ein Sparkassendirektor.

„Ohne Investitionen kein Gewinn", sagte der andere wie ein Vermögensberater.

Noch fehlte ihren Worten die massive Drohung, weil sie nicht glauben mochten, dass ausgerechnet diese beiden verkalkten Alten Schwierigkeiten machen würden.

„Was sollen wir noch viel investieren", sagte Oma, „kratzen doch bald ab."

„Wir haben zwei Leben lang gespart", sagte Opa, „und machen so weiter."

„Hoffentlich tut's Ihnen nicht leid", sagte der eine.

„Wir können Sie dann nicht mehr schützen", sagte der andere.

„Es ist seit Wochen nichts passiert", sagte Opa.

„Wer sollte uns harmlosen Alten was tun?", fragte Oma.

Ihr hinterhältiger Blick entging den Ganoven.

„Wir garantieren für nichts", sagte der eine.

„Überlegen Sie es sich noch einmal", sagte der andere, „schon morgen kann es zu spät dazu sein."

„Ja", sagte der eine, „wenn die Kuh in den Brunnen gefallen ist gibt sie keine Milch mehr."

„Soll das eine Drohung sein?", fragten Oma & Opa.

„Nur eine gutgemeinte Warnung, Omachen und Opachen."

Damit wurde die lang erwartete Explosion ausgelöst. Die ersten Kunden verließen schleunigst den Laden, wohl bemerkend, dass hier kein Ulk getrieben wurde. Es war sowieso bereits nach 18 Uhr 30. Oma schenkte neuen Wermut ein und - kippte ihn in zwei Gesichter.

„Hinaus!", brüllte Opa wie ein Stier, „oder ich mach euch Beine, ihr Nichtsnutze ihr!"

„Aus dem Laden!", schrie Oma, „ihr dämliches Gesindel, ihr Schmarotzer ihr!"

Wie von Omas & Opas Pattex angeklebt blieben die beiden fünf Sekunden stehen, ehe sie vor dem anrückenden Seniorenpaar retirierten.

„Ihr seid wohl verrückt!", rief der andere und seine Hand zuckte automatisch zur Jacke. Husch-husch war Opa an der Kasse.

„Das werdet ihr büßen", kreischte der eine und seine Zähne knirschten wie ein Igel unterm Auto.

Oma ergriff eine Spraydose Insektenvertilgungsmittel und nebelte sie ein.

„Da", heulte sie, „das ist für eure Flöhe im Kopp!"

Sie hielt die Dose zwei Etagen tiefer.

„Und das für eure Filzläuse. Da habt ihr's!"

Es fehlte nur wenig zu einer Schlacht. Oma schubste und trat und bugsierte so die beiden zur Tür hinaus auf die Straße, sie immerzu einnebelnd und hysterisch kreischend. Ihr hexenhaftes Gelächter bannte die Passanten zum Halten und schadenfrohen Lachen. Draußen behämmerte sie das Auto der Gangster, sprühte die Windschutzscheibe ein, gab noch einen Strahl nach innen, dass des stoßweisen Hustens kein Ende war und Tränen flossen wie's Brünnlein in der Gossen. Brumm - weg waren sie, die ruhmreichen Gangster!

„Die sind für einige Tage desinfiziert", sagte Oma erleichtert.

Einem Passanten erklärte sie ernsthaft:

„Die wollten nicht einmal Lakritzen kaufen, empörend!"

Opa verschloss den Laden und marschierte ab in Richtung Kneipe, nachzusehen, ob die Flüchtlinge dort einkehren würden. Nein, wie erwartet taten sie es nicht.

* * * * * *

„Du warst herrlich", sagte Opa nachher zur Oma.

„Wunderbar ordinär", bestätigte sie, „ist aber sehr anstrengend."

„Ja", meinte Opa, „anständig sein ist die leichteste Lebensweise, ob man's glaubt oder nicht."

Dann unterhielten sie sich mit dem Beamten.

„Waren wir gut?"

„Fantastisch", sagte der und rieb sich die Lachtränen aus den Augen.

Der Videofilm wurde später ein echtes polizeiliches Lehr- und Lachstück.

„Wenn die heute Nacht nicht kommen", sagte Opa, „dann besitzen sie nicht einmal eine richtige Gangsterehre."

„Heute gibt es ein Gemetzel", sagte Oma und rieb sich die Hände wie ein Schlachthofdirektor.

Dann gingen sie nach hinten, aßen zu Abend und legten sich mit dem Versprechen des Beamten zu Bett, dass er sie gegen Mitternacht wecken werde.

Sieben Stunden später. Die laue Sommernacht, die viele Bürger zum Trinken, Scherzen und Paaren genutzt hatten, neigte sich bereits. Jetzt war es friedlich auf den Straßen, die richtige Zeit für Umtriebe. Oma & Opa hockten im hinteren Raum vor dem von der Kamera aufgenommenen Videobild, das ihren eigenen

Laden in Richtung Schaufenster aufnahm, so dass auch ein Teil der Straße erschien. Ein zweiter Beamter war mit einem Kollegen auswärts verbunden, der aus einem verdeckten Auto heraus das Umfeld beobachtete. Die versprochene Einsatzgruppe lag in einem Lieferwagen auf der Lauer. Gewiss: Eine echt professionelle Bande amerikanischen Formats hätte man mit diesen amateurhaft wirkenden Vorbereitungen schwerlich schnappen können. Die Schaufensterbeleuchtung hatte sich, wie jeden Abend, um 23 Uhr ausgeschaltet, aber das Licht der Straßenlaternen reichte vollkommen aus. Oma & Opa saßen Arm in Arm beisammen, an Opas Herzen ruhte die bewährte Pistole - „für alle Fälle". In der Straße erschien alles normal. Nur einige ältere Anlieger, von Schlaflosigkeit geplagt, lehnten in geöffneten Fenstern und genossen die hereinströmende frische Luft. Sie wunderten sich über die beiden bisher unbekannten VW-Bullis, welche nördlich und südlich vom Laden am Straßenrand parkten und mit reizvoller Reklame von Damenwäsche bemalt waren. Was ist die Bösebubenzeit? Natürlich die Stunden nach Mitternacht. Oma hatte auf 24 bis 1 Uhr getippt, Opa auf die Stunde danach. Er hatte recht damit.

Es ging los. Den verdeckten Polizisten fiel ein PKW auf, mit zwei Leuten besetzt, der nun zum dritten Mal die Straße durchzog und natürlich erkennungsdienstlich notiert wurde. Jetzt fing auch der Einsatzleiter an optimistisch zu werden, er, der am Morgen gesagt hatte:

„Die sind doch nicht so doof, sich von den Alten derartig provozieren zu lassen, dass sie sofort in der ersten Nacht den Laden zerdeppern."

Doch: Der Gangsterchef war noch doofer als gedacht. Trotz der warnenden Vorhaltungen seines Mitarbeiters befahl er „die Niederschmetterung dieser Klitsche, sofort und unerbittlich", dass dem verrückten alten Knacker und seiner niederträchtigen Vettel ein für allemal die Lust an solch enormen Beleidigungen verginge.

„Das mir, dem stärksten Boss der Stadt!"

„Was nun", mahnte der andere, „wenn es eine abgekartete Sache mit der Polizei ist?"

Der Chef lachte wie der Vogel „Lachender Hans" (*Dacelo gigas*) und erging sich in Beleidigungen gegen Oma & Opa, die darin gipfelten, dass er ihnen so etwas nie und nimmer zutraute.

„Die gehören in die Klapsmühle, sage ich dir."

Somit ward fest beschlossen, den Laden dem Erdboden gleich- und ihn „für alle Zeiten" unbrauchbar zu machen.

„Wenn wir jetzt noch einmal richtig zuschlagen", sagte der Chef, „haben wir für längere Zeit Ruhe damit."

Stimmte genau! Schon einen Teil der folgenden Nacht konnten sie in der erquickenden Ruhe einer Zelle verbringen...

Eine Juninacht ist kurz, lichtscheues Gesindel muss sich sputen, sie zu nutzen. Das besagte Auto rollte zum vierten Mal an, um 2 Uhr 30. Es hielt direkt vor dem Laden, die beiden Herren stiegen aus und machten sich unverzüglich an die Arbeit. Opa hielt sich die Ohren zu, als seine geliebte, dreißigjährige Schaufensterscheibe klirrte, Oma krallte sich an ihn wie eine an Gichtknoten leidende Krähe. Opa schüttelte sie ab, rannte in den Hausflur, öffnete die Haustür und preschte auf die Straße, seinen derbknotigen Spazierstock, Omas Geschenk zum Sechzigsten, unheilverkündend in der Rechten. Da - der Kopf des Chefs: Krach, die Hirnschale hielt zwar stand, aber eine Milchstraße von Sternen kreiste im Kopf des Betroffenen. Dort - der Schädel des anderen, glatzköpfig im Laternenlicht leuchtend: Rums, gutes deutsches Eichenholz versetzte ihm einen Denkzettel, dass eine Beule wie überreife Hefe aufquoll. Der Chef und sein Kumpan taumelten, gedachten nicht aufzugeben, sondern sich erst einmal mit dem Angreifer zu beschäftigen. Nun aber, ehe der Laden total hinüberging und der tapfere Opa niedergemacht wurde, quollen aus den beiden VWs die Polizisten wie Ratten aus dem letzten trockenen Deck eines untergehenden Schiffes und überschwemmten den Tatort, tauchten ihn und die Akteure in das gleißende

Licht der Öffentlichkeit, brüllten das vertraute „Händehoch" und „Sie sind umstellt, ergeben Sie sich" und pfiffen, dass alle Köter der Nachbarschaft in diese Serenata notturna einstimmten. Oma war aus dem Laden geeilt und feuerte ihren Opa mit gellendem Gekreisch zur Zuteilung weiterer Prügeleinheiten auf. Ehe ein beherzter Polizist Opa niederrang, hatten der Chef und der andere noch je drei weitere, überaus andenkensfähige Hiebe einkassieren müssen. Damit war Opa entkräftet und er ließ sich ohne Meckern in den Laden zurückführen.

„Opa - mein Opa!"

Nie mehr seit zwei Jahrzehnten hatte Oma diese drei Worte so zärtlich formuliert. Sie ging in die Küche, Kaffee zu machen für sich, Opa, die siegreiche Mannschaft und die herbeigeeilten Nachbarn.

* * * * * *

Unterdessen rollte draußen die Szene folgerichtig ab: Die Täter ergreifen, ihnen Handschellen verpassen, sie in die Autos schubsen. Dieser Krimi hatte zwar kein Millionenpublikum, aber ein Dutzend hatte sich eingefunden, stand herum, hing in den Fenstern, gab Kommentare, Ratschläge und Empfehlungen:

„Köppe ab!"

„Stracks unter die Guillotine!"

„Aufhängen!"

„Unter die Erde mit ihnen!"

„Nach Sibirien mit ihnen!"

„Hat's früher nicht gegeben!"

Der Chef und der andere konnten sich glücklich preisen, ihre heutige Untat nicht vor fünfzig Jahren vollbracht zu haben. Die Polizei begann die Menge zu erneutem Besuch der Betten aufzufordern und bewachte den Laden solange, bis der Glasernotdienst eintraf und eine provisorische Scheibe einsetzte. Außer der Scheibe war eigentlich nichts kaputt, aber ihre Scherben und

Splitter waren in alle Winkel des Ladens gesprungen und mussten anderntags mühevoll beseitigt werden.

„Gehen Sie auch ins Bett", sagte ein Polizist freundlich zu Oma & Opa, „Sie haben einen langen Tag hinter sich und schwere Zeiten durchmachen müssen."

Und siehe da! Wer kam denn nun noch? Das Möchtegernmörderehepaar, die verhinderten Schutzgelderpresserkiller! Die Leserschafft weiß es schon: Unsere famosen Wirtsleut, denen der Chef und der andere gestern durch die Finger gerutscht waren. Sie verschnabulierten mit Oma & Opa das allererste Frühstück, denn der Tag graute bereits, und wunderten sich nicht wenig über den Lauf des Schicksals.

„Jetzt könnt ihr wieder friedliche Gedanken hegen", sagte Opa zu ihnen, „und braucht euren Keller nicht umzubauen."

„Ja", schnurrte Oma, „wir haben die ganze Bande zur Sau gemacht."

So war's, wie Polizei und alle anderen Neugierigen zu ihrer Freude erfahren konnten. Die Bande hatte von vornherein nur aus vier Mitgliedern bestanden, denn:

„Je mehr man teilt
desto weniger Freud."

Nun war's aus damit, und wenn diese hartgesottenen Jungs auch immer ihr Geschnapptwerden mit einkalkuliert hatten: Von zwei solch ulkigen Schrullen des Seniorenstands eingesackt worden zu sein - das war schon deprimierend. Und: Wie eine dumpfbrütende Ahnung zog das immer noch ungeklärte Schicksal des Großen und des Kleinen durch die Gefilde der Stadt. Oma & Opa sonnten sich im Ruhm der Gegenwart. Nicht nur ihr Selbstbewusstsein, sondern auch ihr Umsatz schwoll wie erwartet an. Leute kauften albernes Zeug, das sie nie benötigten, nur um den Laden betreten zu können, schienen weder die höheren Preise zu bemerken noch sonst wie auf Vorteil bedacht zu sein. Selbst die schnoddrigen Reporter von Presse und Fernsehen kamen nicht aus dem Laden, ohne gekauft zu haben. Ganz enthusiastisch gebärdete sich ein auf unsere Senioren getrimmtes Blatt, konnte es doch nun bild- und glaubhaft darstellen, dass die Alten der Republik durchaus nicht nur vorm Fernseher, in Schrebergärten und Kirchen, Küchen und Kellern und hinter den Öfen hockten. Die Interviews mit Oma bedurften allerdings einer dringlichen redaktionellen Bearbeitung, denn ihr Originalton war kaum ohne das Einschreiten der Freiwilligen Selbstzensur druckbar:

„Und als ich ihre Fressen und Ärsche mit dem Insektenschutzmittel beklatschte..."

„Wir machen uns nicht in die Hosen, wenn solche Mistkerle kommen..."

„Opa drosch ihnen ihre Holzköppe ein, dass die Kopfläuse das Hecken vergaßen..."

„Wer solche Menschen ins Gras beißen lässt, sollte mit Bewährung davonkommen."

All diesen Rummel um ihre Personen konnte Oma, so willkommen er war, nur an der Seite Opas durchhalten, der wie ein *rocher de bronce* im Laden agierte, die Kasse klingeln ließ und den Reportern und Neugierigen wie ein Kanzler der vierten Amtszeit Rede und Antworten stand.

„Wenn die wüssten", sagte Oma einmal, als ein Schwung Leute den Laden verließ.

„Es würde sie nicht stören", sagte Opa, „denn es gibt eine Art Totmachung, welche die Gesellschaft akzeptiert, und andere Arten, die sie besonders verabscheut."

„Wenn sie es wüssten", wiederholte sich Oma und blickte gedankenvoll in den Garten.

„Vielleicht", sagte Opa, „käme der eine oder andere aus Empörung nicht wieder, aber desto mehr neue kämen, mit Erwartung des Schauers, der ihnen beim Eintritt in den Laden von Killern den Buckel herunterrutschen müsste."

* * * * * *

Natürlich konzentrierte die Polizei, nachdem sie den Chef und den anderen eingehend vernommen hatte, ihre Suche nach den verschwundenen Mitschuldigen. Von den beiden Ehefrauen war nichts zu erfahren und der Chef sagte aus, er glaube nicht an ein Untertauchen der beiden in die unterste Unterwelt.

„Warum nicht?"

„Es lohnte sich nicht. Jeden Mittag und Abend mussten sie mir ihre Einsammlungen bringen und darum konnten sie nie mehr als ein paar Tausender bei sich haben. Wegen der mageren Kröten desertiert doch keiner, der die Konsequenzen einzuschätzen weiß."

Eben. Und wo sie dann geblieben seien?

„Die Kaufleute haben sich zusammengetan und einen Killer angeheuert, der sie gekillt und abseits geschafft hat."

Klang logisch. Es würde also niemals etwas über ihr Schicksal herauskommen. Zum ersten Mal fasste Opa die Schließung des Geschäftes in seine listigen Äuglein, zumal gar nicht weit ein aggressiver Drogeriemarkt seine Umtriebe begann. Er und Oma müssten endlich ihre wohlverdiente Altersvorsorge genießen können...

* * * * * *

Wie hierzulande Usus, verging eine geraume Zeit, ehe der Prozess gegen die beiden überlebenden Gangster beginnen konnte. Was niemand recht einsehen mochte, da es Beweise wie selten gab und auch die Täter sich relativ aufgeschlossen zeigten. In der Zeit drohte Omas & Opas Ruhm zu verblassen, aber in der biederen Stadt passierte wenig Erwähnenswertes, so dass man lange über sie redete und dann möbelte die Ankündigung des Prozesstermins ihr Ansehen wieder auf. Hauptzeugen: Oma & Opa.

„Wir sagen nur gemeinsam aus", sagte Oma.

Sie machte in ihrem Schwarzen einen braven und verschüchterten Eindruck, wie eine Witwe, die sich jeden Monat ihre Achthundertmarksrente abholen darf, und lehnte sich an ihren Opa.

„Wir sagen nur gemeinsam aus", sagte Opa.

Er sah in seinem Konfirmandenanzug, einmal gewendet, zehnmal gereinigt und zweimal der veränderten Figur angepasst, wie ein Vikar der Schottischen Hochkirche aus und vertrat seine Rolle als Beschützer Omas in überzeugender Weise. Herzen, Sinne und Gemüter aller Anwesenden, - einschließlich der Täter und ihrer Verteidiger -, flogen ihnen schnurstracks zu, und auch die Lacher sollten auf ihre Kosten kommen. Vorerst mussten sie, als Zeugen, außerhalb des Gerichtssaales verbleiben. Als Opa zuerst hereingerufen wurde, nahm er Oma, sie am Arm führend, mit.

„Einzeln, bitte", sagte der Vorsitzende.

„Wir sagen nur gemeinsam aus", sagten Oma & Opa.

„Das geht nicht."

„Dann gehen wir wieder."

Nun, es ging dann doch, da niemand, gar die Verteidiger nicht, darüber verfahrensrechtliche Bedenken äußerte.

„Bäääh", sagte Oma, als sie an den Angeklagten vorbeiging und streckte ihnen ihre mundfüllende Zunge heraus, „bä-ä-ä-h!"

Erstes Gelächter.

„Alte Satansvettel!", heulte der Chef.

Opa blieb vor ihm stehen, griff an die Jacke und drohte:

„Noch einmal, du kriminelles Monstrum du!"

Zweites Gelächter.

„Ruhe im Gerichtssaal!"

Sie trat ein. Nicht nur der Vorsitzende schien zu spüren, dass er sich würde anstrengen müssen, hier kein Kabarett entstehen zu lassen. Milde wie eine Abendsonne in der Wüste richteten sich aller Augen auf diese netten, tapferen, humorvollen, freilich leicht betickten Alten. Sie strahlten die Unschuld des Paradieses aus und wirkten wie Adam und Eva als LVA-Rentner.

„Wir sagen nur gemeinsam aus", betonte Opa noch einmal.

Der Vorsitzende, der bis hierher die Verhandlung sachlich und juristisch einwandfrei geführt hatte, setzte für Oma & Opa sein mildestes Richtergesicht auf und schüttelte es humorvoll.

„Sie haben hier doch nichts zu befürchten", sagte er.

„Wer weiß", sagte Oma, „wer einmal in eurer Mühle drinsitzt, kann leicht zu Vollkorn zermahlen werden."

Drittes Gelächter.

„Justizirrtümer", sagte Opa ernst, „gibt's 'ne Masse, und wenn der Kopp erst ab ist..."

Viertes Gelächter

„Ich sage es noch einmal", drohte der Vorsitzende, „dass hier kein Zirkus ist und ich den Saal räumen lasse..."

Kein Gelächter. Die anwesenden Presseleute bedauerten den Umstand, dass in Deutschland das Livefilmen in Gerichtssälen verboten ist; das wäre ein millionenstarkes Programm geworden. Dann aber kam echte Spannung auf, als Oma & Opa abwechselnd berichteten, mit klaren, kaum vibrierenden Stimmen, sachlich, ruhig, nüchtern und konsequent, eine Berichterstattung, die sich die Reporter zum Beispiel nehmen konnten. Alle anderen Zuhörer nahmen sich Oma & Opa als Beispiel für brave, tolerante, in Frieden grau gewordene Bürger, als Exempel für eine Ehe, die auf gegenseitige Anteil- und Rücksichtnahme basierte und hier zwei Menschen aneinander geschmiedet hatte.

„Ehe des Jahres" titelte bereits ein Lokalredakteur.

Manche Träne rollte bei der Schilderung, wie schamlos man die Alten geprellt hatte, und wäre außer Opas noch eine Knarre im Saal gewesen, wer weiß, wie rasch dieser Prozess mangels Angeklagter gegenstandslos geworden wäre. Der Bürger als Mörder - steckt's nicht in unser aller Knochen!

„Und als wir erfuhren, dass der Große und der Kleine uns bemogelt hatten..."

„Der Große und der Kleine, wie Sie sie nennen", hakte der Staatsanwalt ein, „können Sie etwas über deren Aufenthalt sagen?"

„Können wir", sagten Oma & Opa.

Raunen und erstauntes Flüstern, der Chef und der andere horchten extrem stark auf.

„Ruhe im Saal! Bitte fahren Sie fort."

„Als wir also erfuhren", gehorchte Opa, „wie der Große und der Kleine uns bemogelt, hinters Licht geführt, betrogen, unser Vertrauen missbraucht hatten, da kannte unser Hass keine Grenzen mehr."

Eine seiner Generalpausen folgte. Er nahm Oma, die angegriffen wirkte, in seine Arme, ein paar Zuschauer fummelten mit Taschentüchern, schluchzten in sie hinein.

„Und dann? Erzählen Sie weiter. Nur Mut, es geschieht Ihnen nichts."

„Dann - dann haben wir sie gekillt", sagten Oma & Opa.

Erstes Großgelächter. Omas Gesicht strahlte, nicht wegen des Lachens im Saal, sondern weil es heraus war, was ihr wie ein Königsberger Klops den Hals verriegelt hatte. Opa barg sie an sich. In die Stille, die folgte und in der man einen Mäusepup hätte hören können, erhob sich das polternde Aufstehen des Chefs.

„Wir haben's ja gesagt, sie sind nicht richtig in den Birnen!"

Opa drehte sich wie ein Westernheld ihm zu, griff wieder in seine Konfirmationsjacke und fummelte die Pistole heraus. Zu langsam: Ein flinker Justizbeamter kam und entwaffnete ihn. Tumult wie in einem Parlament.

„Ich lass Oma nicht beleidigen!", schrie Opa aufgeregt.

Aber er beruhigte sich schneller als erwartet unter Omas liebender Fürsorge, und bald konnte es weitergehen. Dem Vorsitzenden hatte all dies natürlich nicht gefallen, aber noch immer hatte sich seine Milde Oma & Opa gegenüber nicht durch Strenge vertreiben lassen. Ein Antrag der Verteidiger, Oma & Opa als deppert zu bezeichnen und den Prozess zu vertagen, wurde abgelehnt.

„Woher haben Sie die Pistole?", fragte der Vorsitzende.

„Dem Kleinen abgenommen", antwortete Opa, „als er uns erschießen wollte."

„Erschießen? Sie erschießen!"

„Ja, als er unseren Wermut, der ihm nicht bekam, getrunken hatte."

„Ach ja, der Große und der Kleine. Was ist mit ihnen, fahren Sie fort."

„Sie liegen bei uns im Garten", sagte Opa.

„Unter dem Komposthaufen", ergänzte Oma.

„Mit Blümchen drauf", fügte Opa hinzu.

Fünftes Gelächter, jedoch wesentlich gedämpfter.

Man konnte die Schluckaufs der beiden Gangster hören, auch Seufzen und Stöhnen aus jener Richtung, wo die beiden Witwen Platz genommen hatten.

„Wissen Sie auch", knurrte der Vorsitzende, „was Sie da soeben gesagt haben?"

„Klar wissen wir das", sagte Oma.

„Sie können uns, Euer Hochwürden", sagte Opa, „ruhig ins Kittchen stecken, aber bitte nicht getrennt. Ohne Oma - das würde ich nicht aushalten."

„Ohne Opa", keuchte Oma, „das würde ich nicht überleben."

Sie fielen sich in die Arme, küssten sich, tauschten Tränen aus, jede Menge weitere Tränen rannen über die Gesichter der Mehrheit der Anwesenden, Staatsanwalt, Verteidiger, die Damen und Herren des Gerichts starrten sich an und überlegten, welcher Paragraph des Gesetzbuches nun anzuwenden wäre. Statt in Obhut musste der Vorsitzende Oma & Opa nun in Gewahrsam nehmen lassen und die Verhandlung vertagen.

„Wir wollten", sagte Opa, „sowieso bald ins Altenheim."

Und, im Abgeführtwerden, als alles sich erhoben hatte, rief er, sich kerzengerade aufrichtend, in den Saal hinein:

„Vergesst den Kummer dieser Welt
bevor euer letzter Küttel fällt!"

Der Bann löste sich: zweites, letztes, donnerndes Großgelächter toste durch den Gerichtssaal...

Ein todsicherer Safe

Da wohnt eine Ehefrau ein Jahr lang mit ihrem toten Ehemann im Eigenheim zusammen und weiß es nicht! Kann und darf das wahr sein? Diese Geschichte zeigt, wie es dazu kommen konnte, zeigt auch den typischen Bürger, den fast alle Menschen für einen mustergültigen, ja vorbildlichen halten und der doch ein „Bürger im Wolfsrock" ist. Er hielt sein Geheimnis für unentdeckbar, hatte aber dann doch, für kurze Zeit freilich nur, die Erkenntnis hinzunehmen, dass Gefahren von Seiten kommen können, die vertraut und vertrauenswürdig erscheinen...

Karin Beck, 50, war eine herzensgute Dame, die aber, wenn sie von Übeltaten und anderen Ungerechtigkeiten dieser Welt erfuhr, zur Furie werden konnte. Das hieß dann für ihre Umgebung: in Deckung gehen! Nicht, dass Teller, Tassen, Kugelschreiber und andere Gegenstände durch die Luft flogen, nein, nein, für solche Mätzchen war sie zu kultiviert und auch zu geizig. Aber verbal flog allerhand in der Gegend herum, ohne dass die Adressaten, die meist fernab ihres Wohnsitzes hausten, davon be- und getroffen wurden: Bankräuber, Mörder, Betrüger, Schänder, Diebe, Rauschgifthändler und anderes Gesocks. Besonders letztere nahm sie aufs Korn, seitdem in ihrer Stadt die ersten Typen von Rauschgiftnutzern sichtbar geworden waren und einige von ihnen, meist junge Leute aus gutem Haus, auf schäbige Art und Weise ums Leben gekommen waren.

„Die das Zeugs importieren und verkaufen gehören hopsgemacht!"

Basta! Karins Ehemann Dr. h.c. Fritz, 55, versuchte jedes Mal wegzuhören, denn er war ein ruhiger, besonnener Mann, der gern in sich gekehrt seine häusliche Freizeit verbrachte. Das Ehepaar Beck war erst ein Jahr lang verheiratet, im Ausgang ihres Mittelalters hatten sie noch einmal den Sprung ins Eheleben gewagt. Sie: Weil sie unbedingt einen Partner haben musste, dem sie ihren Hass auf das oben Genannte in die Ohren schleudern konnte. Er: Weil sie erstens viel Geld mitbrachte und zweitens einer der einflussreichsten Familien der Stadt angehörte.

„Meine Welt ist das Geld!“ –
„My world is the money!“ –
„Mon monde est l’argent!“

Nach diesem durchaus löblichen Grundsatz versuchte er sein Leben zu gestalten. Nach einer Stehl- und Klauphase zwischen 6 und 14, unter der sein Vater, seine Geschwister und Mitschüler zu leiden hatten, ging ihm mit 15 das Licht auf, dass Stehlen unseliger als Verdienen sein kann und das weiße Kragen mehr einzubringen pflegen als schmutzige. Noch immer, obwohl täglich das Gegenteil bewiesen wird, traut unsere Welt einem Mann in Designerklamotten mehr als jenem, der seinen Anzug im Bau-, Floh- oder Sekondhandmarkt kaufen muss. Bereits mit 16 kaufte sich Fritz seinen ersten Tresor, ein kleines Ding nur, einzig zu dem Zweck, in ihm Geld vor anderen Interessenten wie Banken und Freundinnen zu verstecken. Der Anblick eines Stapels von Scheinen versetzte ihn in Ekstase und gab ihm das Gefühl von Macht und Größe.

„Geld stinkt nicht!“ –
„Money does not stink!“ –
“L’argent ne pue pas!”

Doch: Männer wie Fritz Beck bleiben kleine Kröten und enden auch so.

Das Ehepaar Beck bewohnte ein mittelgroßes Einfamilienhaus, wo Karin es durchsetzte, nicht als Neureiche wie Wilhelm II. zu protzen, sondern mehr nach Moltkes Regel „Mehr sein als scheinen“ zu leben. An sich, entsprechend seinem Naturell, hätte Fritz lieber dem Kaiser nachgelebt, aber Karin war strikt dagegen und sein derzeitiger Nebenerwerb, - Thema unserer Abhandlung -, der in Wirklichkeit sein Haupterwerb war, ließ es geraten erscheinen, ziemlich bescheiden aufzutreten. Eines hoffentlich guten Tages, das wusste er, würde er Frau Frau und

Eigenheim Eigenheim sein lassen, allen bürgerlichen Firlefanz hinwerfen und auf ewiges Nimmerwiedersehen verschwinden – oh Schicksal, wie kannst du das Dasein nur so wörtlich nehmen! Jetzt, beim Frühstück, vernahm er einen der gutmütigen Befehle Karins, welche sie zwischen erstem und zweitem Brötchen abzugeben pflegte:

„Hör dir das an, Fritz! – Es wir immer schlimmer in unserer schönen Stadt“:

Und was sie jetzt aus dem Lokalblatt vorlas, entbehrte jeder Komik:

„**Wieder zwei tote Rauschgiftsüchtige.** Wie die Polizei mitteilt, fanden Angehörige der Bahnhofspolizei gestern auf einer Toilette zwei junge Männer im Alter von 22 bis 23 Jahren, die sich entweder eine zu hohe Dosis gespritzt hatten oder mit minderwertigem Rauschgift bedient worden waren. Der Rettungsdienst konnte nur noch ihren Tod feststellen. Damit erhöht sich die Zahl derartiger Toter in unserer Stadt, die noch vor einem Jahr dieses Problem nicht kannte, seit Januar auf sechs. Nach Ansicht der Polizei muss sich ein professioneller Drogenring etabliert haben, dem es wohl andernorts zu heiß geworden ist. Man kann nur hoffen, dass ihm bald das Handwerk gelegt wird.“

„Welch ein unser ehrliches Handwerk verunglimpfender Ausdruck dieser letzte Satz doch darstellt“, sagte Frau Beck, „meinst du nicht auch, Fritz?“

Fritz meinte das stumm. Er wusste, was nun kam, nämlich ein verbales Stoßtruppunternehmen gegen Rauschgifthändler. Doch zunächst fragte Karin:

„Was würdest du vorschlagen, mit denen zu machen, wenn du sie gepackt hättest?“

„An die Wand stellen“, antwortete er, um ihr gefällig zu sein, „aufhängen, köpfen, vierteilen durch starke Ackergäule wie früher.“

„Ich weiß Besseres“, sagte Karin versonnen, „nämlich sie mit ihrem eigenen Gift vollspritzen, bis es ihnen aus den Ohren rauskommt.“

„Das wäre nicht schlecht, Karin."

Beide ergötzten sich an solchen Gesprächen, wussten sie doch, dass ihre Vorschläge höheren Orts nicht akzeptiert würden. Aber Karin Becks Empörung war echt, seit Monaten machte sie in der Stadt Stimmung zu schärferen Maßnehmen gegen das Rauschgiftsystem und stellte große Geldmengen zur Gegensteuerung zur Verfügung.

* * * * * *

Dreimal im Jahr ließ Karin ihren Fritz allein, um zu kuren. Beim letzten Mal nahm er die Chance wahr, in seinem Arbeitszimmer einen Umbau vorzunehmen. Er ließ einen Teil der großen Schrankwand herausreißen und so neu gestalten, dass zwar die Fassade erhalten blieb, aber hinter ihr sich ein mächtiger Safe verbarg, dessen Ausmaße einem aufrecht stehenden Sarg glichen. Durch seine Tiefe rückte die eichenhölzerne Fassadenfront in den Raum hinein, ein Umstand, den seine Frau vorerst gar nicht bemerkte. Und dies hatte Fritz gewollt: Damit kein Uneingeweihter dahinter käme, dass sich jenseits ein Safe befindet.

„Endlich", stöhnte Fritz erleichtert, „jetzt habe ich die Möglichkeit, mein Geld sicher zu deponieren."

Er schloss sich abends ein, zog die Fenstervorhänge zu und spielte mit dem mächtigen Geldschrank Verstecken: Geld rein – Geld raus, Scheck- und Kreditkarten stapeln und hin und herschieben, Kontoauszüge ordnen, Devisen umrechnen und den Wert von Aktien kalkulieren.

„Meine Welt ist das Geld."

Wie viele Leute, denen Geld alles ist, bedachte Fritz Beck gar nicht, ob die Anhäufung desselben überhaupt Sinn und Zweck hat. Für ihn persönlich bedeutete dies, dass er schon jetzt nicht mehr in der Lage war, die angehäuften Vorräte auch auszugeben. Denn erstens hatte er ja das jugendliche Alter mit seinen Bocksprüngen hinter sich und zweitens hat ihn ein Infarkt, Vorbote kommenden Unheils, schon einmal auf die Couch geworfen.

* * * * * *

Zu den Persönlichkeiten der Stadt, die durch den Tod der beiden jungen Männer aus Ruhe und Beschaulichkeit jäh aufgeschreckt wurden, gehörte Heinz Pogalla, 34, Privatdetektiv. Er hatte vor Jahren selbst einmal mit der Szene geliebäugelt und Versuche gemacht, bis ihn der Ekel des ganzen Drum und Dran auf den Weg der Normalität zurückführte. Jetzt, am Tag der Meldung über die Toten, ließ er ein paar Stunden lang seine Aufträge ruhen, ging auch nicht mehr ans Telefon, wollte nur nachdenken. Als notorischem Schnüffler wurde ihm manches zugetragen und er wusste natürlich das Allbekannte: Dass die kleinen Fixer keine Ahnung hatten, auf welchen Wegen der Stoff in die Stadt kam und wie er verteilt wurde. Ebenso interessant schien Heinz Pogalla der Weg des zurückfließenden Geldes – und hier hatte er Winke und Tipps bekommen, zaghafte, verschämte, verschmitzte, verklausulierte und schleierhafte. Denn die Mafia des Rauschgifts lebt ja nicht nur von der Androhung der Gewalt, sondern auch vom Verrat. Wer große Teile seines eigenen Volkes, hier vor allem die Jugend, kaltblütig und gewinnsüchtig mit Rauschgift versorgt, ist nichts anderes als ein Verräter. Es muss in dieser Stadt, durchzog es das Gehirn Pogallas, eine Person geben, entweder hochgestellt und angesehen, darum unverdächtig, oder eine gleich geartete Gruppe von Personen, ein Duo, Trio oder Quartett gemeinsamer Zusammenarbeit.

Heinz Pogalla beschloss, unter Wahrung aller lebensbedrohenden Vorsicht, seine Fühler auszufahren, die Lauscher aufzustellen und die Äuglein hin und herwuseln zu lassen. Sein Beruf hatte ihn zwar gegen die Schlechtigkeiten der Welt neutralisiert, doch hatte er ihm soviel Emotionsfähigkeit gelassen, dass er einen gestellten Rauschgifthändlerboss ohne weiteres niederschießen würde, wenn sich dies ohne Folgen für die eigene Gesundheit machen ließe. Heinz Pogalla ahnte jetzt noch nicht, wie bald er eine äußerst wichtige Figur in jener Intrige werden würde, die sich gegen eine derart todeswürdige Persönlichkeit zusammenbraute.

* * * * * *

Beerdigungen müssen nicht, Kenner wissen es, traurige Veranstaltungen sein. Zum Beispiel dann nicht, wenn die Hauptperson uralt geworden, in Frieden gelebt, in Eintracht gestorben ist, einen netten Leichenschmaus spendiert, ein flottes Erbe hinterlassen hat, auf einem Friedhof zu liegen kommt, der dem Paradiesgarten entspricht und an einem Tag beigesetzt wird, der dem sechsten und letzten Schöpfungstag in allem Schönen zu gleichen scheint. Solche Tage gab es in der Vergangenheit auf diesem städtischen Waldfriedhof „Zur grünen Himmelspforte“: Vogelgezwitscher, sachtes Windsäuseln, ein Meer von Blumen und Blüten, goldene Sonnenstrahlen zwischen alten Buchen- und Eichenbeständen.

„Hier“, schrieb einmal ein Leser seiner Zeitung, „macht die letzte Ruhe Spaß.“

Ein solcher Tag, an dem zwei Beerdigungen angesetzt waren, herrschte heute, fünf Tage nach dem Tod der beiden Rauschgiftopfer Martin Schmitt, 22, und Friedhelm Lehmann, 23. Aber bei den Beisetzungen herrschte eine Stimmung der Finsternis und der niedersten Gewalt, ausgedrückt auf den Gesichtern der Beteiligten und auch nicht fortwischbar durch Worte des Trostes, der Zuversicht und Verheißung:

„Ich bin die Auferstehung und das Leben.“

Da die zwei betroffenen Familien weder Todesanzeigen noch Einladungen verschickt und sich jede Einmischung öffentlicher Anteilnahme verbeten hatten, waren sie unter sich, wenig zahlreich, nur Verwandte verschiedenen Grades, Trüppchen namenloser Trauer, sichtbaren Schmerzes und bodenlosen abgrundtiefen Hasses. Keine Kränze und Gebinde, für Floristen gab’s heut nichts zu verdienen, nur je Person eine Blume der Liebe, Rosen. Ein paar Schaufeln Erde polterten aufs Holz, dann Abschied und

Fortgehen. Da trat eine Person, die sich bisher im Hintergrund gehalten hatte, heran und schenkte Blumensträuße, weinte auch entsprechend ihrer hysterischen Veranlagung: Karin Beck. Dann verließ sie festen Schrittes den Friedhof und fuhr in die Stadt zurück, um einen angemeldeten Termin wahrzunehmen – einen Besuch bei Heinz Pogalla; instinktiv hatte sie es als klug empfunden, ihn nicht zu Hause zu empfangen.

* * * * * *

Heinz Pogalla äugte unterschiedlich: Mit dem linken Auge auf die Geldscheine, wie der Generaldirektor eines Konzerns seine Lohntüte, und mit dem rechten Karin Beck wie eine Prophetin einer anderen Welt. Sie war ja auch eine: Er der arme Schlucker, der von karger Hand in leeren Mund lebte, sie die Vertreterin der oberen Hundert der Stadt, voll gütigen Herzens und praller Konten.

„Wenn die einen Tausender ausgibt", schloss Pogalla die Beurteilung seiner Besucherin ab, „dann ist das mehr als bei mir ein kümmerlicher Euro."

Vorschüsse waren ihm einerseits willkommen, ganz klar, aber andererseits unsympathisch, weil sie zu Erfolgen verpflichteten und meistens verbraucht waren, wenn sie verrechnet werden sollten.

„Das ist kein Vorschuss", unterbrach Frau Beck seine Gedanken, „sondern eine Zahlung dafür, dass Sie den Auftrag überhaupt annehmen. Ein Spesenvorschuss ist extra drin", sie fummelte zehn 500er aus der Tasche, „und abrechnen können wir alle vier Wochen, wenn Sie wollen und einverstanden sind."

Welch eine Frage! Diese vielen Kröten, da konnte man sich schon mal ein paar Ohrfeigen, Backpfeifen, Kinn- und Bauchhaken einfangen und etwas Blei um die Nase schwirren lassen. Karin Beck stand auf und ging ruhelos wie ein Löwe im Zoo auf und nieder.

„Sie können sich", prophezeite sie, „eine ganz neue Büroausstattung leisten, wenn es Ihnen gelingt, eine der maßgebenden Personen des hiesigen Drogenhandels zur Strecke zu bringen."

„Wenn ich's überlebe", gab Pogalla zu bedenken.

„Es genügt", tröstete sie, „wenn Sie helfen, verhaften mag die Polizei."

Sie betrachtete versonnen die an den Wänden hängenden Konterfeis Al Capones, Dillingers und anderer prominenter Killer.

„Besser wär's freilich", fügte sie hinzu, „man könnte sie oder ihn in ein Feuergefecht verwickeln und voll Blei pumpen."

„Wir haben nicht 1935", antwortete Pogalla, „und sind nicht in Chikago."

Sie lachten herzlich bei ihrem Geschäft und genehmigten sich die dritte Runde Schnaps, und er bedachte, dass sie eine schwatzhafte Schrulle sein könnte:

„Sie sollten niemanden wissen lassen, dass Sie mich engagiert und ein Kopfgeld auf den Haupttäter ausgesetzt haben. Wer es auch sei?"

„Kopfgeld ist gut – ja, auf wen auch immer."

„Auch in Ihrer Familie sollten Sie mit niemanden darüber reden."

„Wir haben keine Kinder", versicherte sie.

„Ich denke auch an Ihren Mann", sagte er, „er verkehrt in seiner Eigenschaft als Berater namhafter Unternehmen mit hochstehenden Persönlichkeiten und unbedachte Bemerkungen können sich fatal auswirken. Wir sind uns doch einig, dass unsere Person auch in höchsten Kreisen gesucht werden muss."

„Klar, nur keine Rücksichtnahme."

Karin Beck versprach ihren Mund zu halten wie eine Erdkröte im Winterschlaf.

„Sie sind emotional dabei", warnte Pogalla noch einmal, „und sollen sich hüten, in Ihrem Bekannten- und Verwandtenkreis Stimmung gegen die Drogenszene zu machen."

„Fällt mir schwer."

„Verstehe ich. Aber eine geringste winzige Warnung an unseren Mann wird diesen veranlassen, entweder aufzugeben, zum

Angriff überzugehen oder sich auf Biegen und Brechen zu verteidigen.“

Nachdem seine Besucherin gegangen war, schrieb Pogalla auf seinen Schmierzettel:

„Warum unser Mann? Warum nicht unsere Frau...?“

Dann machte er sich mental an die Arbeit, bis seine Gehirnzellen überhitzt waren.

* * * * * *

Am Abend des Beerdigungstages saßen die Ehepaare Schmitt und Lehmann beisammen und versuchten, ihr düsteres Innenleben zu ordnen und sich von ihm nicht unterkriegen zu lassen. Wenn zwei junge Leben, zwar schon durch Dauergebrauch von Drogen ziemlich verratzt, endgültig dahin sind, dann bannt diese Tatsache die Nächstbetroffenen für eine Weile konsterniert und fassungslos ins Reich des Schweigens. Der Umstand, dass beide Elternpaare den Untergang ihrer Kinder sich vollenden sahen, beeinflusste ihre Stimmung der letzten Tage, die von Trauer und Entsetzen zu Entsetzen; Zorn und Rachedurst umgeschlagen war.

„Wer nicht betroffen ist“, stellte Joachim Schmitt, 58, bitter fest, „sieht über das Krebsgeschwür unserer Gesellschaft, das Rauschgift, geflissentlich hinweg und macht sich wenig Sorgen und Gedanken.“

„Vielleicht wäre das anders“, warf Klaus Lehmann, 46, ein, „wenn sich Bürger aktiv an einer Bekämpfung beteiligten.“

„Zur Zeit des Wilden Westens in Amerika“, sagte Schmitt, „bildeten manche Gemeinden oder auch Regionen so genannte Regulatoren, die sich der Niederwerfung des Bandensystems verschrieben. Das ging bis zur Selbstjustiz.“

Schmitt und Lehmann schauten sich an, aber noch sprang der Funke nicht über. Sie kannten sich seit zwei Jahren in ihren Berufen als Rechtsanwalt und Steuerberater und in dem Umstand, dass sie einige Kunden gemeinsam besaßen, darunter auch das

Ehepaar Beck.

„Unsere liberale Justiz ist im Prinzip zu begrüßen“, spann Lehmann das Thema fort, „und soll ja Beklagte vor Übergriffen schützen. Aber wenn Weißekragentäter, deren Schuld erwiesen ist, mangels des letzten Fitzelchens des Beweises davonkommen, dann kann einem schon die Galle überlaufen.“

Lehmann hatte als Steuerberater tiefe Einblicke in die Vermögensverhältnisse einer Reihe von Honoratioren der Stadt.

„Ich könnte Romane über Geldbeschaffung, Schwarzgeld, Steuerhinterziehung, Kapitalflucht und andere Delikte schreiben, dass den Leuten die Augen tränen würden.“

Für den übernächsten Tag, das war ein Sonntag, schlug Lehmann ein Treffen unter vier Augen vor, also die vier Ehefrauenaugen und –ohren auszuschließen, und sie trafen sich auf dem Friedhof in der Nähe der beiden Gräber.

„Dort steht eine Bank, wo wir nicht abgehört werden können.“

„Abgehört werden?“, fragte Lehmann.

„Ja“, antwortete Schmitt, „was ich mit Ihnen besprechen möchte, ist so brisant, dass wir erledigt sind, wenn's rauskommt.“

Und er ließ verbal ab, was seinen Kopf füllte: Dieser sei so voller Rachegefühle, dass für klare und vernünftige Gedanken kaum noch Platz sei. Es sei nicht nur der Verlust seines einzigen Sohnes, nein, er fühle sich von fremden Stimmen wach gerüttelt, dem Drogenspuk in der Stadt ein Ende zu bereiten.

„Das wird nicht gelingen“, antwortete Lehmann, „auch mit brutalsten Mitteln nicht. Aber ein Exempel zu statuieren kann nützlich sein. Auch mein Innerstes schreit nach Rache, die milden Sprüche des Geistlichen haben nichts daran geändert.“

„Das habe ich Ihnen angesehen“, sagte Schmitt, „und darum bin ich auf die Idee gekommen, mit Ihnen einen Bund der Rache zu schließen.“

„Bin dabei und verweise auf die kommende Lebensgefahr.“

„Ja, wenn wir es tölpelhaft anfangen.“

„Wir haben den Vorteil, erstens dass uns niemand derartige Nachforschungen zutraut und zweitens, dass wir als von unseren Berufen als besessen angesehen werden.“

„Darauf wollte ich hinaus“, sagte Schmitt, „denn ich vermute, auch Sie sind der Meinung, dass wir unter dieser Klientel suchen müssen.“

„Gewisse Sachen sind mir freilich zugetragen worden“, sagte Lehmann, „die ich bisher nicht beachtet habe. Erst jetzt, wo mein Sohn dort liegt, messe ich ihnen Bedeutung zu.“

„Mir geht es genauso.“

Sie schwiegen eine Weile. Dann schlug Schmitt vor, eine „Kampfgemeinschaft auf Gedeih und Verderb“ einzugehen. Lehmann war einverstanden, sie gaben sich die Hände und duzten sich seitdem. Dann schlug Schmitt vor, dass eines der Hauptprobleme, nämlich die Schweigepflicht ihrer Berufe, zurückzutreten habe. Er mahnte außerdem Bedächtigkeit und Vorsicht im Vorgehen an und jede freie Minute in Dienst und Freizeit der Sache zu widmen.

„Kein Wort an unsere Familien und Mitarbeiter.“

„Klar, kein Sterbenswörtchen und nichts Schriftliches.“

„Mach’s gut, Joachim.“

„Mach’s gut, Klaus.“

Eine Stunde später saßen beide in ihren Büros und taten beinahe das Gleiche: ihre Kartei der Kundschaft durchzusehen. Jeden der zahlreichen Namen ließen sie im Geist defilieren, suchten sich der Eigenarten betreffender Damen und Herren zu erinnern, ihr Vermögen zu taxieren, woher es stammt, Charakter und Vorlieben zu zeichnen und einzuschätzen, ob der oder die den krummen Pfad des Verbrechens betreten haben könnte. Die Schwäche ihrer Methode war ihnen klar, denn erstens vertraten sie nur einen kleinen Teil der Bürger dieser Stadt, zweitens war gar nicht sicher, dass ein Einheimischer hier alle Fäden zog, drittens war sein Herkommen völlig ungewiss und viertens konnte auch eine Gruppe, ein Triumvirat, die Macht in der Szene innehaben.

Doch eines wussten sie aus Erfahrung, besonders der Rechtsanwalt, dass, wenn man sich einer Fährte widmete, diese auch bald in eine bestimmte Richtung wies.

* * * * * *

Hier muss endlich mitgeteilt werden, dass Rechtsanwalt Joachim Schmitt und Detektiv Heinz Pogalla sich nicht nur beruflich ergänzten, sondern auch dicke Freunde waren. Und das, lange bevor eine derartiges Männerverhältnis durch eine gewisse Fernsehserie populär gemacht wurde. Vor dem nächsten Treffen mit Lehmann gedachte sich Schmitt bei Pogalla schlau zu machen: Gab es überhaupt eine Chance, an einen Drogenhändler heranzukommen oder sollte man alle Rachegelüste vergessen? Sollte man doch lieber mit der Polizei kooperieren? Wie hoch waren die Gefahren wirklich? Heinz Pogalla hatte seine Pfoten in manchem schmutzigen Topf stecken und kannte Leute, mit denen sich solide Bürger wie Schmitt und Lehmann nicht sehen lassen durften.

Jetzt saßen sich Schmitt und Pogalla in der Kanzlei gegenüber und der Detektiv wunderte sich, dass er zum zweiten Mal in wenigen Tagen mit der Angelegenheit befasst wurde; unbehaglich wurde es ihm nun. Auch er hatte Schweigepflicht und er vermied es erst noch, dem Anwalt mit seiner Verbindung zu Karin Beck zu berichten. Er hörte sich die Vorschläge Schmitts an und zuckte zusammen, als dieser seinen Partner Lehmann erwähnte.

„Je mehr Mitwisser“, sagte er, „desto eher fliegen wir auf.“

Schmitt winkte ab und verbürgte sich für Lehmann. Pogalla mokierte dann, dass eine emotionale Stimmung, entstanden durch den Tod der jungen Leute, keine gute Basis für ein lebensgefährliches Unternehmen sei, und stellte danach die Kernfrage:

„Was geschieht, wenn wir den oder die Hauptschuldige entlarvt haben?“

Schmitt antwortete nicht, obwohl er sich bereits eine sehr klare und deutliche Vorstellung gebildet hatte.

„Soll er oder sie der Polizei überantwortet werden?", bohrte Pogalla weiter.

„Das wird wohl vorteilhaft sein", log Schmitt.

„Und wie sollen wir herausgehalten werden?"

Klar, es ging darum, anonym zu bleiben, um nicht die Rache der Drogenunterwelt auf sich zu ziehen.

„Da sickert garantiert was durch", unkte Pogalla, „und dann Prost Mahlzeit."

„Lassen Sie uns erst einmal soweit kommen", schlug Schmitt vor, „dass wir Namen kennen."

Sie beschlossen, das Hauptquartier nicht in Pogallas Büro einzurichten, das eher gefährdet schien, sondern hier in der Kanzlei, wo es nicht auffallen konnte, dass ein Detektiv ein und ausging. Schmitt hatte bereits eine große Stadtkarte, wie die Polizei sie nutzte, an eine Wand gehängt, um mit Nadeln jene Punkte zu markieren, von denen Meldungen und Nachrichten eingingen. Pogalla, der natürlich auch daran dachte, für seine Tätigkeit im Dienst der guten Sache gehörig und protzig abzukassieren, berichtete über einen Fall aus den Vereinigten Staaten:

„Da sind vor einigen Jahren ein paar Burschen, die sich zusammengetan hatten, um einem Hai im Frack das Handwerk zu legen, auf die Idee gekommen, diesen körperlich unversehrt zu lassen aber auf moderne Weise vollständig auszuplündern. Sie haben ihn kurzerhand gepackt und ihm unter schwerster Folter seine Bank- und Kreditkarten nebst Geheimnummern abgenommen. Während zwei Leute ihn gefangen hielten, machten die anderen Jagd auf seine Konten, bis diese bis zum Gehtnichtmehr leer oder überzogen waren. Da soll eine sechsstellige Summer herausgekommen sein. Dann ließen sie den verarmten Mann frei, der selbstverständlich den Gang zur Polizei scheute. Ganz schön clever, nicht wahr?"

Schmitt nickte zustimmend. Lehmann kam inzwischen hinzu und man einigte sich, die Sache energisch anzupacken.

* * * * * *

„Bargeld lacht“ heißt es fälschlich, denn es muss ja „Bargeld macht lachen“ heißen. Diese Feststellung gilt heute besonders für freiberufliche Einmannbetriebe, wie Fritz Beck einen betreibt. Er wusste immer wieder Kunden zu überreden, ihn in knisternden Papieren auszuzahlen. Dass Fritz Beck ein gewiefter Mogler war, dürfte schon klar geworden sein. Seine Kunden schätzten es, wenn sie ohne Mehrwertsteuer (MWST) in bar zahlen konnten und er selbst, Fritz Beck, sparte sich damit nicht nur Abrechnungen, sondern auch jene Steuer, die Einkommen erfasste. So waren im Ruckzuckverfahren schnell einige Tausender dem Fiskus entzogen. Wenn Fritz Beck von seinen Fahrten und Kundenbesuchen heimkehrte und unanständig viel Geld kassiert hatte, dann deponierte er dieses erst einmal lustvoll im funkelnagelneuen Tresor, hübsch glatt gestrichen wie gebügelt und gebündelt in runden Summen gestapelt. Dann richtete er es so ein, dass er täglich eine mindere Summe zur Bank brachte, mal 1.000, 900 oder auch 2.500 Kröten, ordnungsgemäß in einer Kassette untergebracht und in den Banktresor eingeworfen – so wie es die Kaufleute der Stadt jeden Abend nach der Abrechnung taten. Um die heimischen Konten nicht übermäßig anschwellen zu lassen kauften er und seine Frau viel per Bargeld ein, auch größere Sachen wie Schmuck und das Stadtauto. Dabei sahen sie dann, dass Bargeld tatsächlich lachen machte. Im Zeitalter von Kredit- und EC-Karten wird ja wieder der Barzahler hofiert. Wenn es darum ging, den Fiskus zu prellen, versagte auch Karins gutes Herz:

„Wenn ich die eingesparten Steuern wohltätigen Zwecken zukommen lasse“, sagte sie, „dann ist das Geld gut angelegt.“

Eine Tatsache, die auch ein Finanzminister, sollte er danach gefragt werden, nicht würde leugnen können. Derartige steuerliche Niggelichkeiten konnten die Becks natürlich nicht mit ihrem Steuerberater besprechen, im Mogeln steht jeder für sich allein.

Wie weit war Steuerberater Klaus Lehmann über etwaige Machenschaften informiert? Das überlegte Fritz Beck jetzt, als dieser ihm gegenüber saß. Es ging um die Unterlagen der Einkommensteuer, die Lehmann zu besprechen wünschte.

„Wie sieht es mit dem neuen Tresor aus?“, fragte Beck, „können wir ihn absetzen?“

„Ein neuer Tresor?“

Beck zeigte ihn stolz her, öffnete die Schrankwand und präsentierte das Stück in seiner enormen Größe. Nun: Später wird darüber zu diskutieren sein, ob das vernünftig war oder nicht. Darüber zu spekulieren war noch zu früh, und Lehmann antwortete auf die Frage:

„Wir werden ihn zehn Jahre lang mit jährlich einem Zehntel des Wertes abschreiben können.“

Beck und Lehmann standen sich nicht so nahe, dass über familiäre Angelegenheiten gesprochen wurde, und da Lehmann den Tod seines Jungen nicht erwähnte, wusste Beck nichts hierüber. Man trennte sich, beide Männer ahnten nicht, unter welchen Umständen sie sich wiedersehen werden...

Der nächste Besucher Fritz Becks, eine Woche später, war Rechtsanwalt Joachim Schmitt. Sein Verhältnis zu Beck war enger als ein übliches geschäftliches, sie kannten sich länger und ihre Beziehung brachte es mit sich, dass auch über Privates gesprochen wurde. So kam denn auch die Frage Becks:

„Wie geht es den Kindern?“

Hieraus entnahm Schmitt, dass Beck nichts von seinem Unglück wusste, fand das recht so und konnte, weil er noch zwei Kinder besaß, unverfänglich antworten:

„Danke für die Nachfrage, gut.“

Dann kam Fritz Beck ernsten Gesichts zur Sache:

„Sie wissen, dass ich weitreichende Verbindungen habe und manches zu hören bekomme, was anderen verborgen bleibt, auch dass ich Konkurrenten habe, die vor Neid nicht ruhen können.“

Schmitt nickte zustimmend und sagte:

„Warum soll Ihr Beruf eine Ausnahme bilden."

„Nun", sagte Beck, ohne auf den Anflug von Humor einzugehen, „nun läutet es in meinen Ohren wie Alarm..."

Schmitt sah ihn fragend an.

„...und ich habe verlässliche Nachricht, dass Erkundigungen über mich eingezogen werden."

Ein Anwaltsgehirn sollte sicher und schnell schalten können, augenblicklich wenn nötig, und Schmitts hätte dies in gleicher Situation vor Gericht wohl getan.

„Dem sollte man nicht zuviel Bedeutung beimessen", sagte Schmitt beruhigend, „Sie erwähnen ja selbst Ihre Mitbewerber. In Ihrer Branche geht's halt um viel Geld, da hackt eine Krähe gern der anderen die Augen aus."

Fritz Beck war mehr besorgt, als er seinem Anwalt zeigen durfte; wir werden später erfahren, warum das so war.

„Sie haben mir einmal gesagt", fuhr er fort, „dass Sie einen tüchtigen und handfesten Detektiv zur Hand hätten."

„Ja, das stimmt. Er hat mir und meinen Klienten oft erstklassige Dienste geleistet."

„Nun, dann spannen Sie ihn für mich ein", sagte Beck, „und kriegen Sie heraus, was dahinter steckt. Ich muss es wissen."

Er ging zur Schrankwand, schob sie zurück, öffnete den großen Tresor und nahm ein Päckchen von 2.000 heraus.

„Hier, als Vorschuss, wir können später verrechnen."

Schmitt und Lehmann waren die einzigen Menschen, zu denen Beck Vertrauen hatte, freilich nur auf der Basis des Berufsgeheimnisses. Er konnte sich nicht vorstellen, dass sie es jemals verletzen würden.

* * * * * *

Einen Tag später traf sich unsere Troika, die sich die Unterminierung der hiesigen Drogenszene zur Aufgabe gemacht hatte.

„Hier", sagte Rechtsanwalt Schmitt zu Pogalla und warf die

2.000 auf den Tisch, „das ist für dich!“

Plötzliche Geldschwemmen mögen im allgemeinen angenehme Vorgänge sein, doch Detektive sind misstrauische Typen und entsprechend beäugte Pogalla das Bündel.

„Ein neuer Auftrag für dich“, erklärte der Rechtsanwalt.

Er hatte inzwischen vierundzwanzig Stunden Zeit gehabt, über diesen Auftrag nachzudenken, aber noch wollte er sich nicht eingestehen, dass es Zusammenhänge von großer, vielleicht weittragender Bedeutung geben könnte, und das sollte hier und jetzt besprochen werden. Schmitt erklärte seinen Partnern, wie der neue Auftrag zustande gekommen war.

„Du scheinst unvorsichtig gewesen zu sein“, sagte er zu Pogalla, „und hast ein Wespennest angestochen.“

„Habe doch kaum angefangen“, verteidigte sich Pogalla.

„Aber wir ersehen hieraus“, sagte Lehmann, „welch gefährliches Pflaster wir betreten haben.“

Dann berieten sie, ob die Gefahr, der Fritz Beck sich anscheinend ausgesetzt sah, im Zusammenhang mit ihrer Kampagne stehen könnte. Pogalla berichtete endlich über sein von Karin Beck erhaltenen Auftrag, und da freilich wurden drei Mienen bedenklich.

„Das scheint ein ungeheuerliches Kreuz und Quer zu werden“, sagte Lehmann, „du solltest den einen Auftrag zurückgeben und den anderen nicht annehmen.“

„Denke nicht daran“, wehrte Pogalla ab, „erstens brauche ich die Knete und zweitens befinden wir uns in einer Ausnahmesituation – wir bearbeiten nicht irgendeinen Fall, sondern wollen einen Verbrecher oder mehrere zu Fall bringen.“

„Wenn nun die dumme Zicke (er meinte Frau Beck)“, gab Lehmann zu bedenken, „in ihrem Eifer uns dazwischen fummelt?“

„Soll ihr eigenes Risiko sein.“

Alle drei Männer mochten ihr Sinnen und Trachten vom Haus Lortzingstraße 14, dort wohnten die Becks, fort und anderen Stellen, Spuren und Orten zuwenden, aber es wollte und wollte nicht gelingen.

„Übrigens“, sagte Lehmann zu Pogalla, „wenn du mal eine richtigen Tresor sehen willst, besuche deinen neuen Klienten.“

Auch Schmitt gab zu, dass der Tresor großen Eindruck auf ihn gemacht habe.

„Er schien gehörig stramm gefüllt zu sein.“

Schmitt ging zur Karte und steckte die erste Nadel im Wohngebiet „Musikerviertel“ ein, er hoffte, dass es dort nicht mehr werden würden. Pogalla berichtete jetzt von seinen neuesten „Stochereien“ im Wespennest der Drogenszene und dass er dabei sei, ein paar Individuen aufzubauen, die behilflich sein könnten.

„Die Stimmung unter diesen Leuten ist explosiv und selbstmörderisch, aber Geld bewirkt wahre Wunder, wenn man damit winken kann.“

Schmitt und Lehmann diskutierten darüber, ob einer bekannten Persönlichkeit wie Fritz Beck zuzutrauen sei, in kriminellen Geschäften tätig zu werden, von Schweigepflicht zwischen beiden war heute keine Rede mehr, Lehmann nannte Becks Vermögensverhältnisse, Schmitt sagte etwas über juristische Probleme aus, die in den letzten Jahren angefallen waren.

„Dass er mir unwahre Angaben über sein Einkommen macht“, sagte Lehmann, „halte ich für selbstverständlich, wie alle seinesgleichen tun, die Möglichkeiten haben, über Bargeld zu verfügen. Aber diese Art von Kriminalität interessiert uns hier nicht.“

Er sprach Pogalla wegen des Safes an:

„Für den Fall der Fälle: kann man solch ein Monstrum öffnen?“

„Kann man, wenn man einen Tag dort ungestört mit einem Schweißbrenner arbeiten dürfte.“

Schließlich einigten sich die Männer, Beck nicht weiter zu verdächtigen – es sei denn, neue Spuren konzentrierten sich auf ihn.

* * * * * *

Noch nie hat Heinz Pogalla einen Fall schwerer Kriminalität bearbeitet. Entgegen landläufiger Ansichten bearbeiten Privatdetektive hierzulande überwiegend Bagatellangelegenheiten privaten Charakters und nicht solche, die Aufgabe der Polizei sind. Wie viel Stunden hatte Pogalla schon in wartenden Autos verlungert, um das Umfeld von Ehebruch und Seitensprung zu observieren? Das war sein täglich Brot. Bei dem es oft genug temperamentvoll herging, aber Lebensgefahr hatte bisher nie bestanden. Und er war jetzt sicher, sich nie in diese neue Drogengeschichte eingelassen zu haben, wenn ihn nicht persönlicher Grimm über das Los der beiden jungen Opfer dazu getrieben hätte. Dem konnte und durfte er sich jetzt nicht mehr verschließen. Nun lümmelte er sich auf seinem „Nachdenksofa" und ließ den Rauch von Zigarren im Zimmer kreisen.

„Wie ist weiter vorzugehen?"

Er musste eine Person finden, die ihn in die zweit- oder dritthöchste Etage der Drogenhierarchie dieser Stadt führen konnte. Denn zum Glück, überlegte er weiter, kann auch der mächtigste und brutalste Boss nicht ohne Mitarbeiter agieren, irgendwie führte entweder eine Spur zu ihm oder auf eine andere von ihm her hinunter. Geld ist auch in dieser Branche das Sesam-öffne-dich, nur mit ihm war Bedeutendes zu bewerkstelligen. Einen kleinen Spion oder Verräter kann man mit einem Hunderter abspeisen, die nächste Stufe benötigt mindestens einen Fünfhunderter. Pogalla brachte dieses Problem auf der nächsten Vollsitzung zur Sprache.

„Erst einmal sollten wir hier klären, ob wir im Sinn unserer guten Sache die Person, die wir irgendwann als sicher schuldige identifizieren werden, einfach um die Ecke bringen oder bis auf den letzten Euro ausplündern wollen."

„Warum ist diese Frage jetzt schon wichtig?"

„Weil es um Geld geht, viel Geld."

Pogalla bemerkte, dass er diesen beiden soliden und redlichen

Bürgern nähere Erläuterungen geben müsse, und erklärte nun eindringlich:

„Dass wir die ertappte Person nicht im Sinn des Gesetzes bestrafen können, dürfte klar sein. Wenn die Justiz sie in die Fänge nimmt, erhält sie nach langwierigen Prozessen ein halbes Dutzend Jährchen oder mehr Knast, macht sich dann aber nach der Entlassung über die irgendwo versteckten und versammelten Geldvorräte her. Diese müssen wir vorher einkassieren."

Das hatten Lehmann und Schmitt bereits heimlich bedacht.

„Gesetzt also der Fall", fuhr Pogalla fort, „wie fassen einen solchen Typen wie den Beck – er muss es ja nicht sein – dann müssen wir achten, an sein Geld heranzukommen."

Ja, darauf einigte man sich, wenn es sich machen ließe, ohne in Lebensgefahr zu geraten.

„Ich kann mir allerdings nicht vorstellen", warf Lehmmann ein, „wie wir an ein Vermögen herankommen sollen, ohne später belangt zu werden."

Pogalla ließ sich nicht beirren, auf seinen Zweck zurückzukommen:

„Wenn ich jetzt in der Szene tätig werden soll und nicht mit Geld um mich werfe, kann ich sofort einpacken. Und nur wenn Aussicht besteht, später ein Vermögen zu kassieren, kann ich mich bereit erklären, vorzustrecken. Ihr werdet nicht anders denken."

Das taten sie. Damit war die große Linie abgesteckt. Allmählich wurde ihnen bewusst, was sie sich vorgenommen hatten und sie bildeten einen Topf, in den Lehmann und Schmitt je 5.000 einbrachten; Pogalla war zu arm, um sich beteiligen zu können.

„Ich werde Frau Beck angehen", sagte er, „mir 10.000 an Bestechungsgeldern zu überlassen."

Das warf diese Frage auf: Wie nun, wenn Fritz Beck der Gesuchte ist, wenn er mit Geldern seiner Frau entlarvt und zur Strecke gebracht wird?

„Das wäre der Hohn der bösen Tat."

„Ich habe einmal selbst kurz den Gedanken gehabt", sagte Pogalla, „dass Frau Beck selbst in den Rauschgifthandel verwickelt sein könnte. Ihr mildtätiges Getue würde passen, kein Mensch spendet soviel Geld ohne Neben- und Hintersinn."

Als letzten Punkt der heutigen Besprechung verriet Pogalla, im Rauschgiftdezernat einen guten Bekannten sitzen zu haben.

„Ich bin sicher, ihn ködern zu können, mir Informationen zu überlassen, die unsere Polizei mit Rücksicht darauf, faule Tricks nicht anwenden zu dürfen, nicht aus- und verwerten kann."

Das fanden die beiden Herren zwar bedenklich, weil schon wieder eine weitere Person in die Sache verstrickt werde, aber wohl unumgänglich.

„Auf in den Kampf!!", hieß es darum für Heinz Pogalla, der zweifellos die gefahrvollste Rolle auf sich nahm.

* * * * * *

Schon am nächsten Tag traf er sich mit Karin Beck, die mit ihm zur Bank ging und ohne mit ihren Wimpern zu zucken die 10.000 herausrückte.

„Ich hoffe", sagte sie, „das Geld trägt gute Zinsen."

„Haben Sie eigentlich Ihren Mann informiert", fragte Pofalla locker nebenbei, „wie Sie sich hier engagieren?"

„Bewahre, nein! Dann hätte ich keine ruhige Minute mehr. Ich muss doch auf sein Herz Rücksicht nehmen."

„Und das Geld?"

„Ich hab's mit in die Ehe gebracht", antwortete sie selbstbewusst, „so kann ich frei verfügen und er lebt von seinen eigenen Einnahmen – die übrigens erheblich sind, scheint mir."

Noch am Abend saßen Pogalla und Peter Schattner, 28, Sachbearbeiter, in einer Zweisamkeit beisammen, über der ein Schatten von Korruption schwebte wie eine Tabakswolke. In seiner Art und Weise gekonnter Menschenbehandlung brachte Pogalla dies auf folgenden Nenner:

„Korruption und Vertrauensbruch für einen guten Zweck."

Zwei dergleichen gab es nach seiner Ansicht: Erstens satte

5.000, die schnurstracks in der Tasche Schattners verschwanden und zweitens die Erledigung eines Rauschgiftbosses. Die Frustation kriminalpolizeilicher Ermittler wird verständlich, wenn man Schattner reden hörte:

„...da weißt du genau, dass der und der dazugehört, diese und jene beteiligt sind, lässt ein paar Burschen vorläufig festnehmen und dann windet der Mangel an stichhaltigen Beweisen sie dir aus den Händen. Manchmal möchte ich ein US-Sheriff sein...“

Nun, diese 5.000 lieferten einen Mann ans Messer, über dessen „Geständnis“ schließlich die letzte Runde eingeläutet werden konnte.

„Es geht unter Insidern die Runde“, begann Pogalla vorsichtig, „dass eine wohlhabende und angesehene Person dieser Stadt die Fäden in der Hand halte. Weiß deine Behörde etwas davon?“

Schattner nannte noch einmal die zwei Bedingungen, unter denen er, außer für Honorar natürlich, mitzuhelfen gewillt war:

„Vollkommene Verschwiegenheit und absolute Erledigung des Opfers.“

Pogalla sicherte dieses zu, ohne für das Letztere Vollmacht zu haben.

„Die Polizei darf gar nicht eingeschaltet werden“, riet Schattner dringlich, „das gefasste Opfer muss ohne Spuren verschwinden und sein Schicksal jahrelang ungeklärt bleiben.“

Dann bestätigte er, dass auch sein Dezernat den Verdacht hege, eine „Person erster Gesellschaft“ sei der Drahtzieher.

„Da kannst du dir vorstellen, wie behutsam meine Chefs sind, um niemandem auf den Fuß zu treten, wenn sie nicht todsichere Beweise haben.“

„Ist dir der Name Fritz Beck in dieser Beziehung geläufig?“, fragte Pogalla.

Schattner verneinte nach einer Überlegungspause.

„Er hat mich beauftragt“, erklärte Pogalla, „herauszubekommen, wer gegen ihn ermittle.“

„Nun, das kann eine private Affäre sein.“

„Ja, vermutlich.“

Dann unterhielten sie sich leicht scherzhaft über saubere Methoden, heutzutage Menschen verschwinden zu lassen:

A wie Steine an die Füße binden und absaufen lassen,

B wie Loch buddeln und begraben,

C wie bei 100° Celsius verbrennen,

D wie dauerhaft im Keller einmauern und,

da hier nicht das ganze Alphabet durchgenommen werden kann,

Z wie einzementieren und versenken.

Danach zurück zum Ernst der Situation. Schattner versprach, sich intensiver als sonst umzuhören, auch in den Reihen der Kollegen, Akten sorgfältiger als normal zu studieren und jeden engen Verdacht sofort Pogalla mitzuteilen.

„Du arbeitest doch im Auftrag?“, fragte er zum Schluss.

Pogalla bejahte.

„Ich denke“, fuhr Schattner fort, „du bist dir der Gefahr bewusst. Uns Beamte nippelt so schnell niemand ab, aber ein Privater wie du...?“

„Keine Angst, ich passe auf.“

Zwei Tage später traf sich Pogalla mit dem Empfänger eines Hunderters, der gegen weitere Lieferungen derartiger Scheine „etwas Wichtiges“ zu vermelden habe. Zuvor, um ihm die verständliche Furcht zu nehmen, als Verräter in irgendeiner Gosse ein schmähliches Ende zu nehmen, klärte Pogalla ihn auf:

„Ich arbeite weder mit der Polizei zusammen noch gegen die Drogenszene überhaupt. Es geht mir nur darum festzustellen, wer euch kleine Schlucker und Fixer auspresst wie faule Zitronen und dabei das große Geld macht.“

„Das sind die wirklichen Schufte“, bestätigte der Mann.

„Also: Ich glaube nicht, dass du den Namen des obersten Bosses kennst und erwarte das auch nicht von dir. Aber eines weißt du vielleicht, könnte in deinen Kreisen gemunkelt und gemauschelt werden: es soll eine angesehene Persönlichkeit sein.“

„Ja, das sagt man bei uns auch, aber ich wäre schon tot, wenn ich's wüsste."

„Ja, das wärst du gewiss."

Der Mann steckte den Hunderter ein.

„Kennst du die erste Stufe?", fragte Pogalla bohrend, „von dir aus gesehen?"

Da fiel der Name Jan Baruffke, der Pogalla nicht neu war: Aha, der saß also auch in der Szene!

„Welche Stellung nimmt er in der Hierarchie ein?"

„Wir kriegen von ihm den Stoff, er kassiert."

Pogalla sah das ängstliche Gesicht des Mannes und sagte:

„Noch einmal: keine Angst! Auch diesem Baruffke werde ich nichts tun, er bekommt wie du sein Geld und soll mir nur den nächsten Namen nennen."

„Dann ist's in Ordnung, ich möchte niemanden ans Messer liefern."

„Auch den Obersten nicht?"

„Doch, den wohl."

Damit waren sie sich einig. Mit der Ermahnung, dass ihm sein Ende drohe, wenn er nicht dichthalten sollte, entließ Pogalla seinen Spitzel und wandte sich seiner Kartei zu, die er im Computer installiert hatte. Dort las er:

„Jan Albert Baruffke, 30, undurchsichtiges Individuum, halbtags in einer Fabrik beschäftigt und auf großem Fuß lebend, der mit seinem Status nicht in Einklang zu bringen ist."

Also noch ein Nebenverdienst, der nicht versteuert wurde!

„Na, den werde ich mir mal vornehmen."

* * * * * *

Zu gleicher Zeit saß Joachim Schmitt seinem Klienten Fritz Beck gegenüber. Er befand sich selbst als einen cleveren, mit allen Wassern gewaschenen Juristen und hatte schon viele Prozesse gewonnen und auch in Zivilsachen große Erfolge erzielt. Jetzt aber lief er Fritz Beck in die Falle.

„Wie geht es den Kindern?", fragte dieser nach den üblichen

und höflichen Floskeln.

„Danke, gut."

Das hatte Fritz Beck hören wollen und ein Anflug von Genugtuung huschte über sein Gesicht. Er kannte seit kurzem die Namen der letzten beiden Rauschgiftopfer, ließ sich aber jetzt nichts anmerken.

„Wie weit sind Sie mit Ihrem Detektiv gekommen?", fragte er.

„Er hat bisher nichts feststellen können, außer..."

„Außer?"

„...außer der Tatsache, dass Ihre Frau ein wenig Stimmung gegen die Drogenszene macht, was Sie vielleicht schon wissen."

„Ja, das weiß ich, es ist ein Hobby von ihr und zu Hause tönt sie mir die Ohren voll damit. Sonst nichts?"

„Vorläufig nicht, ist wohl noch zu früh."

Als Schmitt gegangen war, trat Beck auf den Balkon hinaus und schaute versonnen den Hang hinauf, der sich hinter seinem Haus ausbreitete.

„Warum?", fragte er sich, „sagt er mir nichts vom Tod seines Sohnes?"

„Nun, werde bei nächster Gelegenheit auch dem Lehmann auf den Zahn fühlen."

Kein Türschloss dieser Stadt, war Heinz Pogalla überzeugt, kann meinen Bemühungen standhalten. Erst recht nicht jene billigen Dinger, die in Altbauten nachträglich von knickerigen Vermietern eingebaut wurden. Ja, Baruffke, überzeugte sich Pogalla beim ersten Erkundungsgang, wohnte in einem solchen Haus. Um festzustellen, ob er noch immer in der Fabrik arbeite, bezog Pogalla vor den Toren derselben am Donnerstagmorgen Posten und sah ihn wie erwartet um 8 Uhr hineingehen. Um 9 Uhr befand sich Pogalla in dessen kleiner Wohnung, sich umzuschauen. Nur mal ganz kurz freilich, denn am nächsten Tag wollte er ihn offiziell aufsuchen. Bei der Durchsicht seines Schreibtisches und der Regale und Schränke fand er nichts Verdächtiges, aber dennoch Merkwürdiges und einen Schnüffler wie ihn misstrauisch Machendes: Briefumschläge, Briefumschläge wie in einer Druckerei, die sie herzustellen hat! Mit folgenden Firmen- und Behördenaufdrucken: Finanzamt, Stadtwerke, Stadtverwaltung, Versicherungen, Industrie- und Handelskammer, Telekom, andere Telefongesellschaften, Stadtsparkasse, andere Banken, große Firmen der Stadt. Heinz Pogalla steckte je ein Exemplar ein und machte sich davon. Je länger er auf dem Heimweg über seinen Fund nachdachte, desto brisanter erschien er ihm.

Am Abend traf er sich mit Schmitt und Lehmann und berichtete ihnen über seine Funde und Aktivitäten der letzten Tage. Trotz eifrigem Hin und Herdenken wurden sie sich nicht einig, was es mit den Briefumschlägen auf sich haben könnte.

„Eine krumme Sache ist es jedenfalls“, meinte Schmitt.

Da man trotz allem der Ansicht war, nicht rasch genug voranzukommen, machte Lehmann jenen Vorschlag, der dann endgültig den Durchbruch bringen sollte:

„Ich bin gestern in der Gegend Becks, das so genannte Musikerviertel, geschäftlich unterwegs gewesen und habe festgestellt, dass man von einem Parkplatz oberhalb des Geländes sein Anwesen bestens beobachten kann. Er wird von unten nichts merken, da er nicht erkennen kann, ob ein oben stehender PKW besetzt ist oder nicht.“

Pogalla erinnerte daran, dass sie sich am Beginn ihrer Zusammenarbeit vorgenommen hatten, keinerlei Observierungen zu betreiben, weil sie auf Dauer doch auffallen müssten. Aber Lehmann und Schmitt meinten, hier sei das anders, günstiger, sogar einmalig günstig.

„Stell dir vor“, schwärmte Lehmann, „du siehst diesen Baruffke dort ein und ausgehen.“

„Das wäre ein Hammer“, gab Pogalla zu.

„Bedenke“, sagte Schmitt, „dass du nur nachmittags dort zu sein brauchst, weil Baruffke ja vormittags beruflich arbeitet.“

So wurde es dann abgemacht.

„Und die Umschläge?“, fragte Pogalla.

„Lassen wir erst einmal außen vor. Nichts spricht dafür, dass sie mit der Szene in Zusammenhang zu bringen sind.“

„Notfalls“, schlug Schmitt vor, „musst du noch einmal einen gründlicheren Besuch abstatten.“

* * * * * *

„Bist du ein Schnüffler?“

Nicht zum ersten Mal fiel diese Frage auf Heinz Pogalla. Diesmal war der Frager ein zehnjähriger Junge, der an sein Auto herantrat.

„Nein“, antwortete Pogalla, „ein Ornithologe, ein Vogelbeobachter.“

„Darf ich mit ins Auto kommen?“

In dieser Gegend, wo jedes Haus von einem hübschen Garten umrahmt war, konnte ein solcher Naturfreund nicht auffallen, mit ihm sein Fernglas nicht. So ergab sich an diesem Nachmittag die kuriose Situation, dass Pogalla tun musste, als beobachte er diese Drossel, jenen Finken und sogar die heimliche Nachtigall, in Wirklichkeit aber achtgab, wer alles bei Lortzingstraße 14 vorfuhr, und das in Gesellschaft eines neugierigen, geschwätzigen jungen Mannes. Bis 15 Uhr rührte sich drüben nichts, dann verließ Karin Beck das Haus und fuhr mit dem Auto davon. Eine halbe Stunde später erschien der Wagen des Handwerkerdienstes „Tiptop“, den Pogalla unter die Lupe, also ins Fernglas nahm. Nanu, wer steigt denn dort aus!

„Wenn das nicht der Baruffke ist, bin ich wirklich ein Ornithologe.“

Er war’s. In typischer Handwerkerkluft und mit dem üblichen Werkzeugkoffer in der Hand betrat er das Haus, nachdem er geklingelt und Fritz Beck ihm die Tür geöffnet hatte.

„Da war gerade ein interessanter Vogel“, sagte Pogalla zu seinem Besucher,

Zu seiner Freude spürte dieser nun Nachmittagshunger und

trollte sich davon.

„Wenn das kein Zufall ist“, sagte Pogalla sich selbst, „dann ist es ein Wunder.“

Er betrachtete das Auto genau, notierte das Kennzeichen und auch den Umstand, dass das ihm zugekehrte Firmenschild an der Wagentür eines der modernen und abnehmbaren war, das magnetisch an der Tür hielt.

„Jan Baruffke als Handwerker?“

Unmöglich war das nicht. Viele Handwerker sind Inhaber von Kleinbetrieben, die weder ausbilden noch Mitarbeiter beschäftigen, und Baruffke arbeitete, wie bekannt, nur halbtags abhängig. Diese Fakten wälzten sich in Pogallas Gehirn hin und her, während Baruffke dort unten entweder irgendetwas reparierte oder ein schmutziges Geschäft machte – dieses dann freilich nicht allein und in eigener Regie. Eine volle Stunde blieb Baruffke im Haus, Zeit genug für den Beobachter, am einmal angefangenen Puzzlespiel weiterzulegen. Dieses nahm nun doch einen Umfang an, den Pogalla am Beginn seiner jetzigen Tätigkeit nicht für möglich gehalten hatte. Wenn er gleich, am Anschluss an diese Aktion, seinen Auftraggeber Schmitt aufsuchen und Nadeln in dessen Stadtplan stecken würde, gäbe es die erste eindeutige Konzentration auf die Lortzingstraße 14. Pogalla konnte es immer noch nicht fassen, (wenn es denn stimmte?), dass in diesem gutbürgerlichen Haus ein bestsituiertes Ehepaar wohnte, dessen einer Teil sich tief in kriminelle Machenschaften verstrickt hatte. Um 16 Uhr 30 hatte Pogalla noch einmal Gelegenheit, Becks Besucher streng ins Fernglas zu nehmen: Kein Zweifel, das war Baruffke! Pogalla verkniff sich den Wunsch, ein Foto zu machen, wie leicht konnte dieses beobachtet werden. Auch vermied er es, dem Lieferwagen nachzufahren. Aber eine halbe Stunde später kurvte er durch Baruffkes Wohngebiet und fand den Lieferwagen, der nun durch Abnahme des Firmenschildes keiner mehr war, in der Nähe geparkt – wieder war ein Puzzlestück eingelegt!

So konnte es sich Pogalla sparen, seinen Polizeifreund Schattner auf das Kennzeichen anzusetzen. Da er Vorbereitungen für den morgigen Tag zu treffen hatte informierte er Schmitt diesmal telefonisch über die Ausbeute des heutigen Tages. Dann ging er an die erwähnten Vorbereitungen heran. Mit einigem Widerwillen, denn es beleidigte seine Berufsehre, übte er die Verkleidung für den morgigen Einsatz ein. Diesen nahm er auf die eigene Kappe, im voraus seine Mitstreiter zu informieren riskierte er nicht, denn sie würden wohl ablehnen.

* * * * * *

Karl Schubiak, bald 59, hatte als Zehnjähriger nur einen Wunsch gehabt, bescheiden wie er mitsamt seiner zahlreichen Familie war: Briefträger, auch Postbote zu werden. Nun war er es seit vier Jahrzehnten und gehörte folglich zu der aussterbenden Spezies „Postbeamter". Wie seine Altersangabe vermuten lässt, steuerte, vielmehr radelte er im Endspurt seiner Pension entgegen. Die Feierlichkeiten seiner Verabschiedung würden unter dem Motto „nie etwas passiert und immer korrekt gewesen" inszeniert werden – so jedenfalls rechnete Schubiak in seiner soliden Bescheidenheit. Ältere Statistiken weisen aus, dass der Beruf Briefträger zu jenen gehört, die am wenigsten durch Skandale wie Unterschlagung, Korruption und ähnliche Delikte disqualifiziert werden. Seit ein paar Monaten bediente Karl Schubiak das Dichterviertel und noch ein paar Straßen drumherum, im Sommer eine ganz angenehme Tour, die schon frühmorgens durch ein parkähnliches Waldgelände, als Abkürzung durch einen Schrebergarten und dann in dieses hübsche Wohnviertel führte. Wo so nette Menschen wohnten. Da der Schrebergarten eine öffentliche Anlage war, blieb er vom Frühjahr bis Herbst durchgehend offen.

8 Uhr war's, als Schubiak heute sein Fahrrad mit der zu verteilenden Post beladen hatte und munter tretend und lustig singend

seinem Verteilgebiet entgegenradelte. Da sein Magen seit Jahren ein unzufriedener Geselle war und große Portionen kategorisch ablehnte, hatte Schubiak sich Minipausen angewöhnt, die er auf geeigneten Sitzplätzen unterwegs absolvierte, oft nur fünf Minuten lang, in denen er sein zweites, drittes und auch viertes Frühstück verzehrte. Das war keine Vernachlässigung des Dienstes, sondern seine ureigene Angelegenheit, denn ob er mit seiner Post um 13, 14 oder 15 Uhr durch war, ging nur ihn etwas an. Dort, die Bank im Schrebergarten, war einer seiner Lieblingsplätze. Nichts wie hin, das Fahrrad abgestellt, auf die Bank gesetzt und her mit Butterbrot und Thermosflasche – schmatzschmatz, wie lecker doch Katenbrot mit Mettwurst und, gluckgluck, Ostfriesentee mit Zucker schmeckte!

Es gibt aber leider bei manchem Mahl den Begriff vom „im Hals stecken bleiben“ und manchmal wird er sogar in die Praxis umgesetzt. Schubiak fühlte plötzlich einen Gegenstand seinen Rücken bedrücken und hörte dabei die Wörter:

„Drehen Sie sich nicht um und bleiben Sie still und unauffällig sitzen! Kauen Sie weiter, sonst...“

Dieses „sonst“ stieß energisch in seinen Rücken und lähmte ihn. Jetzt hörte er, wie jemand die Post in der Lenkradtasche durchwühlte, während ihm selbst weitere Verhaltensweisen erteilt wurden:

„Für Sie ist es das Beste, Herr Postbote, sich nicht zu mucken und später kein Wort über die Sache zu verlieren. Ich nehme nur normale Post heraus und lasse Einschreiben und so was drin, damit Sie nicht in Verlegenheit kommen. Denken Sie an Ihre Pension, die ist wohl futsch, wenn herauskommt, was nun geschieht. Niemand sieht uns.“

Ein Päckchen Briefe verschwand in einer Jackentasche.

„So, jetzt gehe ich. Bleiben Sie noch ein Weilchen sitzen und essen Sie weiter, drehen Sie sich nicht nach mir um. Weiterhin guten Appetit!“

Karl Schubiak war das Gehorchen gewohnt, solange sinnvolle

Befehle erteilt wurden. Er hörte ein paar Dutzend Meter hinter sich ein Auto starten und abfahren, wartete noch wenige Minuten und inspizierte dann seine Post. Auf den ersten Blick konnte er nicht erkennen, was fehlte, und wie viel ihm mitgegeben worden war wusste er auch nicht, weil er die von flinken Damenhänden sortierten Briefe nicht zu kontrollieren brauchte. Da sein Magen sich mehr empörte als er selbst legte er das angebissene Brot fürs nächste Frühstück in die Dose zurück, trank einen Schluck Tee und hob sich aufs Fahrrad. Nur nicht nachdenken – ignorieren ist die Kunst des Wohlseins! Am Haus Lortzingstraße 14 erwartete ihn der Hausherr.

„Heute nichts dabei", sagte Karl Schubiak, „außer Reklamesachen und Ihre Zeitschrift."

Fritz Beck schaute ziemlich verwundert drein, schickte sich aber in die Tatsache. Erst am Nachmittag, nach Dienstschluss zu Hause, kam Schubiak dazu, das Ereignis des Tages an sich vorbeiziehen zu lassen:

„Man hat mich beklaut!"

In vierzig Jahren das erste Mal. Auf freiem Feld, in offener Landschaft, einfach so, als ob das ein Geschäft wie jedes andere gewesen wäre. Sein Pflichtgefühl empörte sich höchst, aber sein Selbsterhaltungstrieb reagierte ihn ab und führte ihm den heutigen Rat in Erinnerung:

„...gar kein Wort über die Sache zu verlieren...denken Sie an Ihre Pension..."

Karl Schubiak kam also leicht zur Einsicht, dies sei nicht nur ein freundlicher sondern auch ein guter Rat und er beschloss, ihn zu befolgen...

* * * * * *

In dieser Zeit hatte der Postdieb bereits den Nutzen seiner Tat gezogen und hockte finster brütend in seinem Zimmer. Neben ihm lagen die Utensilien, die ihn unkenntlich gemacht hatten, aber gar nicht notwendig gewesen waren, da der Postbote sich brav verhalten und ihn sonst niemand gesehen hatte. Welch ein Risiko war er eingegangen? Geschnappt zu werden hätte bedeutet, die Lizenz zu verlieren und in staatlich subventionierte Räumlichkeiten eingewiesen zu werden.

„Heinz, das hast du gut gemacht!"

Pogalla liebte es, - für einen Einzelgänger war das verständlich -, sich im Erfolgsfall selbst zu gratulieren. Und er hatte diesmal allen Grund dafür. Wir ahnen, dass seine Aktion auf die an Fritz Beck adressierte Post gerichtet war, eine ziemlich infame Idee, das gab er selbst zu, aber der Erfolg übertönte alle Bedenken und schnitt die aufkeimenden Gewissensbisse radikal ab.

Vor Heinz Pogalla lagen fünf Briefumschläge der Art, wie er sie bei dem uns bereits bekannten Baruffke vorgefunden und gestohlen hatte: Sie stammten laut Absender von der BEK, dem ADAC, der Handelskammer und der Stadtverwaltung. Geschäftspost also, mit dem unser Dieb nichts anzufangen wusste? Falsch geraten! Sie enthielten nicht einen gedruckten Buchstaben Mitteilung, es sei denn, man betrachtet die Angaben der Bundesbank auf ihren Noten als solche. Jawohl, sie waren allesamt mit Hundertern und Fünfzigern gefüllt! Das war ein Vorgang, den Pogalla als „einmalig in der Geschichte der Kriminalität" betrachtete und der ihm sehr imponierte. Voreilige Schlüsse wagte er allerdings noch nicht zu ziehen: Zwar war's wohl sicher, dass hier Schwarzgeld gemauschelt wurde, ob es aber aus Gewinnen des Rauschgiftgeschäfts stammte, war ungewiss. Doch als am Abend unsere drei Verfolger solcher Geschäfte beisammen saßen und eine weitere Nadel in die Karte des Musikerviertels steckten, breitete sich jene Stimmung aus, die Ungeheuerlichkeiten zu verursachen pflegen. Es fielen nur wenige Worte über Pogallas riskante Tat, das Ungeheuerliche war nämlich, dass nach Ansicht Lehmanns und Schmitts die Vermutung, Fritz Beck sein ein Rauschgiftboss, sich bis zur Fast-Gewissheit verdichtet hatte.

„Der Wolf in Menschenhaut!"

Bevor Pogalla zu ihnen gekommen war, hatten sich Lehmann und Schmitt eine Weile über das alte Thema unterhalten:

„Besteht unser Rachedurst ungebrochen? Soll der Übeltäter, wenn überführt, unschädlich gemacht werden oder nicht?“

Zwei Fragen, die am Beginn des Unternehmens, als Schmerz und Trauer noch frisch waren, ganz klar mit Ja beantwortet wurden. Aber bekanntlich heilt Zeit nicht nur Wunden seelischer und körperlicher Art, sondern auch Ansichten, Vorsätze und Anschauungen. Doch hier gab's kein Wenn und Aber. Schmitt und Lehmann blieben fest entschlossen, am Ball zu bleiben und gerade die sich heute festigende Vorstellung von einer Täterschaft Fritz Becks trieb ihren Rachedurst der Verdurstung entgegen. Allerdings waren beide übereingekommen, Heinz Pogalla nicht mit einer etwaigen Exekution zu belasten. Dieser wollte jetzt wissen, wie es weitergehen solle:

„Jan Baruffke in die Mangel nehmen?“

„Ich denke“, antwortete Lehmann, „dass es keinen anderen Weg gibt.“

„Da er“, sagte Schmitt, „mit Beck direkt verkehrt, scheint er der richtige Mann zu sein, um ihn auszupressen.“

„Mir kommt es vor“, bestätigte Pogalla, „dass zwischen diesen beiden Männern kein Dritter steht. Und das lässt meine Vermutung zu, dass wir es nicht wie vermutet mit einer straff organisierten und umfangreichen Bande zu tun haben, sondern eher mit einer lockeren, losen, amateurhaften.“

„Desto besser für uns“, meinten alle drei.

„Ehrlich gesagt“, meinte Schmitt, „kann ich mir den Beck nicht als Boss vorstellen.“

„Er ist zwar“, meinte auch Lehmann, „ein skrupelloser geldgieriger Bursche, aber keine brutale Anführerfigur, die um sich herum aufräumt wie ein Berserker.“

„Er sollte auch“, ergänzte Pogalla, „auf sein Herz achten. Wer schon einen Infarkt hinter sich hat, sollte jede Aufregung vermeiden.“

So waren sie sich klar darüber, dass sie, wenn überhaupt, mit Fritz Beck nicht einen jener brutalen Rauschgiftbosse gegen sich hatten, die erkannte und sie bedrohende Widersacher im Ruckzuckverfahren um die Ecke brachten. Es galt nun zu klären, wie weit das In-die-Mangel-Nehmen Baruffkes getrieben werden durfte.

„Ich schlage vor", sagte Pogalla, „dass ich ihn erstens mit Polizeidrohung unter Druck setze und ihm zweitens eine Summe biete, vielleicht 5.000, mit der Bedingung, für eine Weile oder für immer unterzutauchen. Sollte mich wundern, wenn er nicht anbeißt."

Das wurde genehmigt.

„Aber", rieten Lehmann und Schmitt besorgt, „pass gut auf dich auf und lass dich nicht von der Polizei erwischen."

* * * * * *

Bevor Heinz Pogalla am nächsten Tag dem Baruffke einen Besuch abstattete, bekam er einen Anruf von Karin Beck. Sie teilte mit, zur Kur abzureisen und in den nächsten vier Wochen nicht verfügbar zu sein.

„Mein Mann ist zur Zeit", verriet sie, „ungenießbar wie eine ranzige Mettwurst und verdächtigt mich, gegen ihn zu konspirieren."

„Vielleicht macht ihm das Herz zu schaffen", warf Pogalla ein.

„Bleiben Sie am Drücker", riet Karin Beck ungerührt, „ich erwarte Erfolgsmeldungen, wenn ich zurückkehre."

„Ja", meinte Pogalla, „bis dahin könnte sich etwas getan haben."

Jan Baruffke war, wie jeder verstehen mag, ein vorsichtiger Mann und verhielt sich hier in dieser Stadt vollkommen eremitisch. Wollte er einmal etwas erleben, auf die Pauke hauen und so, dann ging er nach auswärts, nach Mallorca zum Beispiel, wo so mancher Bürger, der zu Hause den Moralischen mimte, sich selbst nicht wiedererkannte. Aufgrund seiner versteckten Lebensweise hier in der Stadt konnte er eigentlich nie mit netten Besuchern rechnen, wenn die Türschelle klingelte. Dann pochte sein Herz höher, drohte in die Hose zu rutschen, obwohl ihm das Blut zu Kopf stieg und seinem Gesicht eine gewisse gesunde Färbung verlieh – alles konkrete Anzeichen schlechten Gewissens als Ergebnis böser Taten – unsere Natur weiß sich famos zu rächen! Es klingelte also. Baruffke öffnete die Wohnungstür den Spalt breit, den die Vorlegekette erlaubte.

„Wer sind Sie, was wollen Sie?"

„Wir kennen uns", antwortete Heinz Pogalla, „lassen Sie mich also ein."

„Warum sollte ich?"

„In Ihrem Interesse natürlich."

Der Türspalt genügte, einen Fuß in ihm zu platzieren, eine Kunst, die Pogalla durch lange Übung bis zur Unverschämtheit beherrschte.

„Hab mit Ihnen nichts zu bequatschen", wehrte sich Baruffke.

„Aber ich mit Ihnen. Machen Sie auf, sonst hört uns das ganze Haus."

„Ach, leck mich doch...!"

Baruffke entstammte guten Eltern, nahm den für solche Fälle bereit liegenden Hammer in die Hand und knallte ihn auf Pogallas Schuh; in ihm ging ein Hühnerauge hops. Rums, die Tür rumste zu.

„Ich werde Ihnen einen Zettel schreiben", rief Pogalla laut von draußen, „und unter der Tür reinschieben."

Und er schrieb in Eile.

„Wenn Sie mich dann nicht einlassen", sagte er dabei, „rufe ich per Notruf die Polizei, die ich in Ihrem Interesse gern außen vor lassen möchte."

Ratsch, unter die Tür gesteckt, flutsch, von Baruffke eingezogen und gelesen, knarr, die Tür öffnete sich und Pogalla durfte eintreten. Auch verstockte Kriminelle haben, mögen sie diese noch so vehement verachten, Angst vor Polizei wie die des Heiden vorm Missionar. Typen wie Baruffke, zur zweiten Garnitur gehörig, stark im Treten nach unten und ebenso geläufig im Buckeln nach oben, hassen das heutige, doch sehr humane Gefängniswesen derart, dass sie lieber in eigener karger Wohnung hausen als in lichten Zellen mit Vollpension. Ach, wie rasch kann man in diesen stecken!

„Was wollen Sie von mir?"

Pogalla erklärte zunächst, keine Waffe mitgebracht zu haben und zu erwarten, auch mit keiner bedroht zu werden. Dann stellte er fest:

„Habe bisher nicht gewusst, dass Sie der Inhaber von Tip und Top sind."

„Aha, daher weht der Wind", sagte Baruffke.

„Nicht ganz", sagte Pogalla, „es interessiert mich nicht, ob Sie an Handwerkskammer und Finanzamt vorbei schwarze Geschäfte machen oder graue. Aber mit dem Wind haben Sie recht – es weht hier ein übler, stinkender Wind."

Baruffke schnüffelte, konnte aber nichts feststellen.

„Ich habe gesehen", sagte Pogalla, „dass Sie Fritz Beck in Ihrem Tarnwagen aufsuchen und ihm reizende, aber dubiose Briefe eindeutigen Inhalts schicken."

Diese Hiebe saßen wie oberbayerische Waatschen, Baruffke zuckte zusammen und sein Gesicht verfärbte sich dunkelrot. Pogalla wusste sehr sensibel zu unterscheiden, wann die zärtliche, mittelzarte oder die Holzhammermethode angebracht war.

„Ich habe alles über Sie im Computer gespeichert", verriet er, „und es bedarf nur einer E-Mail ans Rauschgiftdezernats und Sie sind erledigt."

„Wollen Sie mich erpressen?"

„Klar, was sonst!"

„Ich habe kein Geld, ich versauf und verhur alles, was reinkommt."

„Klar, was sonst?"

„Also, was wollen Sie von mir?"

Baruffke war also durch Pogallas Volltreffer so zermürbt, dass er wohl gestehen und mitmachen würde.

„Namen und Fakten“, antwortete Pogalla..

„Bin doch kein Verräter“, trotzte Baruffke schwach.

„Doch, bist du“, erwiderte Pogalla, „ein kapitaler und mieser sogar. Versuchen wir die friedliche Art. Du kannst hier entweder unversehrt und relativ reich herauskommen oder für immer verarmt in den Knast kommen. Ich will’s dir erklären.“

Nun musste Pogalla ziemlich weit ausholen, um sein Angebot schmackhaft zu machen.

„Also“, fuhr er fort, „du merkst, dass deine Tätigkeit im Rauschgiftring mir ganz und gar offen liegt und geläufig ist. Aber ich will nicht kleine Kröten wie dich haben, sondern jene Fettsäcke, die ihren Hals nicht voll kriegen können. Willst du für sie deinen Specknacken hinhalten?“

Man beachte die pädagogischen Feinheiten in Pogallas Ausführungen! Baruffke jedenfalls überhörte sie nicht, er sah Licht am düsteren Horizont und wollte natürlich keinesfalls seinen Nacken opfern. Als echter Kleinkrimineller dachte er an die Zukunft:

„Was kriege ich dafür?“

* * * * * *

An dieser Stelle, die eine Pause im Geschehen markieren soll, sah sich Heinz Pogalla als Herr der Lage. Er glaubte, sich nicht mehr fürchten zu müssen, mit einer mächtigen Organisation anzubandeln und hier diesen kleinen Fisch so an der Angel zu haben, dass er, Heinz Pogalla, nun den großen Schlag landen konnte. Also:

„Was kriege ich dafür?“

Baruffkes Frage hatte den Ton ein klein beigebenden Schurken.

„Geld genug für eine Urlaubsreise, wo’s kühles Bier und heiße Mädchen gibt, bis unsere leidige Angelegenheit erledigt ist.“

„Und ich werde herausgehalten?“

„Ja, wenn du jetzt die Wahrheit sagst."

Pogallas Antworten waren ehrlich gemeint und überzeugten Baruffke.

„Bedenke aber", fügte Pogalla hinzu, „dass ich die Wahrheit kenne und dich kontrollieren kann. Auch werden Telefone, die du eventuell nach unserem Gespräch hier anrufen könntest, überwacht. Wenn du mich bekrückst, gehs'te hops für immer."

Das waren Drohungen in Baruffkes Sprache, er verstand und begriff sie.

„Also", begann Pogalla, „Fritz Beck ist der Chef eurer Organisation?"

„Ja", antwortete Baruffke, „aber Organisation ist gut, sehr gut – dass ich nicht lache!"

„Hier gibt's wenig zu lachen. Also es stimmt. Du hast ihm mit diesen Umschlägen", Pogalla wies die geklauten vor, „das Geld geschickt?"

„Ja, er wollte es so, kam sich mächtig schlau vor, dieser Edelamateur."

„Was war deine Aufgabe sonst noch?"

„Ich hab den Stoff verteilt", antwortete Baruffke, „an die kleinen Händler und Fixer und hab das Geld kassiert."

„Waren sonst noch Leute beteiligt, die von Bedeutung sind?"

„Ich habe keine bemerkt und kenne niemand."

„Was machtest du bei den Besuchen der Lortzingstraße 14?"

„Da gab er mir den Stoff", sagte Baruffke, „nannte mir neue Preise und ermahnte mich zu gesteigertem Verkauf."

„Hast du gesehen, wo er die Ware und das Geld aufbewahrt, im Tresor vielleicht?"

„Nein, ich wurde meist im Flur abgefertigt."

„Weißt du, ob seine Frau, diese beknackte Alte, mit von der Partie ist?"

„Glaub ich nicht", antwortete Baruffke verwundert, „hab nichts davon bemerkt."

Sie schwiegen eine Weile, in der Pogalla über den Wahrheitsgehalt der Antworten nachdachte und Baruffke seinen ferneren

Lebensweg zu berechnen versuchte.

„Wie sind Sie auf mich gekommen?“, fragte er schüchtern, „hat mich der Beck verpfiffen, um selbst davonzukommen?“

Pogalla hielt jetzt eine Lüge für angebracht:

„Das Rauschgiftdezernat hat über dich Wind bekommen und mich auf dich angesetzt, weil ich unauffälliger und unkonventionell arbeiten kann. Aber ich brauche ja nicht alles, was ich erfahre und mache, weiterzugeben...“

Pogalla spürte, diesen Baruffke nun genug gekocht und weich gemacht zu haben und platzierte einige Geldscheine auf dem Tisch; sie weiteten Baruffkes Augen erheblich.

„Nun sieh und hör her“, sagte Pogalla fest und energisch, „ich nenne dir deine Möglichkeiten: Die eine ist des Lebens, die andere des Todes. Wenn ich dir jetzt diese 5.000 vererbe und du verrätst mich, indem du den Beck warnst oder mich anderweitig verpfeifst, treibst du innerhalb vierundzwanzig Stunden wie eine vergiftete Wanderratte in der Kanalisation. Wir sind eine Organisation, die es sich zur Aufgabe gemacht hat, die Drahtzieher der hiesigen Drogenszene mit Stumpf und Stiel auszurotten, so dass nichts von ihnen bleibt als schäbige Leichname. Wir werden dich finden, wohin du auch flüchten, gehen, fahren oder fliegen magst.“

Pogallas Kunstpause galt der Verinnerlichung des Gesagten. Baruffke sah sehr verinnerlicht aus und begann zu schwitzen.

„Wenn du aber jetzt“, lockte Pogalla weiter, „und sofort mit mir diese Wohnung verlässt, sagen wir für drei Wochen, und nach Mallorca, Teneriffa oder anderswohin verduftest und bei deiner Rückkehr das Maul verklemmst wie ein sattes Chamäleon, dann freilich bringen dir diese 5.000 Glück und vielleicht ein langes Leben.“

Pogalla reichte das Geld hinüber, Baruffke nahm es. Er war natürlich soweit über die Gepflogenheiten von Gangstern informiert, dass er wusste: Trotz des lockeren Tons spaßte Pogalla nicht. Versprechungen, Ehrenworte und Handschläge wie auf dem Viehmarkt galten hier nichts – wer Gefordertes nicht annahm und tat, konnte schon die Friedhofsverwaltung von seinem Ableben informieren.

„Pack deine Sachen!“, befahl Pogalla, „ein Allerletztminutenticket ist direkt am Flugplatz immer zu kriegen.“

Und so brummte unser braver Jan Baruffke drei Stunden später gegen sonnige Gefilde ab und, - greifen wir ein wenig vor -, kam drei Wochen später ausgelaugt, abgemergelt und um zwanzig Kilo erleichtert zurück; diese hatte er bei sonnigen leichten Mädchen verloren. Für den Fortgang der Handlung können wir ihn vergessen.

* * * * * *

Jeder von uns, der in der antiken Geschichte Griechenlands bewandert ist, kennt das bedauernswerte Schicksal einer bekannten und prominenten Persönlichkeit dieses intelligenten Volkes. Es ist der Namenspatron eines Schwertes, das, an einem Haar aufgehängt, bei Tisch über seinem Haupt zu schweben pflegte: Dámokles, Höfling entweder des älteren Dionysios, 430 bis 367, oder des gleichnamigen Jüngeren, 396 bis 337 – Genaues über die Lebensdaten dieser beiden Homo s. tyrannus sind nicht verlässlich überliefert. Höfling war damals einer der begehrtesten Jobs, sofern man Humor genug besaß, die oft makabren Lustbarkeiten und teuflischen Zeitvertreibe der fürstlichen Bosse hinzunehmen. Es war wohl die Angst um den Verlust des Arbeitsplatzes oder sein verständliches Bemühen, in die Geschichte einzugehen, was Dámokles bewog, die ständige, den besten Appetit verderbende Bedrohung zu akzeptieren. Man bedenke: ein fehlerhaftes Rosshaar! Im Normalfall hätte das Schwert seinen Schädel gespießt, hätte er sich aber, zum Beispiel beim Suppelöffeln, vorgebeugt, wäre es ihm in den Nacken gefahren; hätte er sich gar einen Schluck des sauren syrakusischen Weins genehmigen wollen und sich dabei gemächlich zurückgelehnt, wäre es ihm in den Bauch gefallen – alle dreimal ein höchst unangenehmer Vorgang. Nun, der Bedrohte scheint Dauerglück gehabt zu haben, sein Name ist seitdem Synonym für drohende Gefahren geworden.

Im Sinn dieses wenig erbaulichen Gefühls ging Fritz Beck zur gleichen Zeit, als sein Mitarbeiter Jan Baruffke von Pogalla in die Mangel genommen wurde, grübelnd in seinem Arbeitszimmer auf und ab. Zwar gab es dort weder Rosshaar noch Schwert, aber es lag etwas in der Luft. Heute war keine Post gekommen, obwohl der Vertreter der Firma Tip und Top sie angekündigt hatte. Braute sich etwas zusammen? Gegen ihn persönlich gar? Mit der Witterung potentiell Verfolgter spürte Fritz Beck seine Kollegialität mit Dámokles. Er öffnete seinen Safe, - übrigens eine seiner liebsten Beschäftigungen -, zählte überschlägig die in der letzten Zeit zusammen gescheffelte Knete und ließ sie in den Händen knistern. Nach dem Schließen des Safes nahm er sich ein paar Reiseprospekte vor und studierte die seinem Stand angemessenen Urlaubsorte: St. Moritz zum Beispiel wäre nicht schlecht. Morgen würde erst einmal seine Karin abdampfen und ihn in den Status des Strohwitwers versetzen, am Abend dann würde er packen, um auf Gutglück loszufahren und eine unwirtlich werdende Gegend zu verlassen.

„Vielleicht", sagte er, sich selbst Aussicht gebend und Hoffnung machend, „werfe ich meinen jetzigen Nebenerwerb über Bord und genieße meinen Reichtum."

(Wir wollen hier durchblicken lassen, dass aus allen seinen Vorsätzen nichts mehr geworden ist.) Am Abend dieses Tages erreichte ihn der Anruf seines Steuerberaters Klaus Lehmann:

„Ich habe Ihre Steuererklärung fertiggestellt und möchte sie Ihnen morgen Nachmittag zur Unterschrift vorlegen. Passt Ihnen der Termin?"

Er passte. Damit war das Schicksal Fritz Becks besiegelt...

* * * * * *

Begeben wir uns nun an den Ort, wo die maßgeblichen Entscheidungen getroffen wurden: in Rechtsanwalt Joachim Schmitts Kanzlei. Das Wort führte soeben Heinz Pogalla, der sein Abenteuer mit Jan Baruffke zum Besten gab. Das nachfolgende allgemeine Schweigen war bedrückend und niederziehend, denn jeder hing Gedanken nach, die alles andere als stubenrein waren. Während Pogalla als nicht direkt Betroffener mit sich rang, was nun zu unternehmen sei, war die Entscheidung seiner beiden Arbeitgeber ja längst zu der Zeit gefallen, als sie ihre Söhne dem Erdreich überantworten mussten. Doch sie vergewisserten sich des Gewissens wegen:

„Meinst du, Heinz?“, fragte Schmitt, „dass an der Schuld Becks kein Zweifel besteht?“

„Meine ich.“

„Und glaubst du?“, fragte Lehmann, „dass er der Oberste ist?“

„Glaube ich – der Oberste von zweien.“

„So steht nicht zu befürchten?“, fragte Schmitt, „dass wir in der Szene allgemeine Panik verbreitet haben?“

„Sicher nicht.“

„Und auch nicht?“, fragte Lehmann, „dass uns sein rächender Arm erreichen könnte?“

„Keine Gefahr“, versicherte Pogalla.

Dann legte er noch einmal ausführlich dar, dass nach seiner Ansicht gar keine richtige Organisation bestanden, noch nicht bestanden habe.

„Ob der Beck“, sagte er, „jemals so etwas vorgehabt hat, bezweifle ich. Er ist in Wirklichkeit ein kleiner Krauter zweiter Garnitur, der, wenn er weitermacht, sich in der Drogenszene das Genick brechen wird.“

Soweit wollten es Schmitt und Lehmann, die sich beziehungsvoll anschauten, nicht kommen lassen. Pogalla ließ jetzt durchblicken, seinen Auftrag eigentlich erfüllt zu haben, „er sei müde wie ein Murmeltier im Herbst“ und erlaube sich, auszusteigen. Abrechnen könne man ja in den nächsten Tagen.

„Was habt ihr jetzt vor?“, fragte er im Hinausgehen.

„Das wollen wie zwei jetzt besprechen“, antwortete Schmitt.
„Wir werden’s dich wissen lassen“, versprach Lehmann.
„Wenn ihr mich braucht“, sagte Pogalla Abschied winkend, „bin ich immer für euch da.“

So war denn die Stunde des Entschlusses gekommen! Wer böse Taten plant, wusste vor allem der versierte Schmitt, muss einen Mitwisserkreis so gering wie möglich halten. Darum waren sie froh, Pogalla verabschiedet zu haben. Ein halbes Dutzend Fragen standen zur Beantwortung an:

1.) „Wie kommen wir in Fritz Becks gute Stube?“
2.) „Wann wollen wir ihn besuchen?“
3.) „Ist er verteidigungsbereit und /oder gefährlich?“
4.) „Wann treffen wir ihn allein an?“
5.) „Kann er schon Lunte gerochen haben?“
6.) „Steht er vielleicht schon unter Polizeibeobachtung?“

Nur eine Frage fiel noch nicht:
„Was machen wir mit ihm?“
Die erste Frage beantwortete Lehmann:
„Ich fertige noch heute seine Steuererklärung zu Ende und bringe sie ihm.“
Die zweite Frage beantwortete Schmitt:
„Schon morgen. Wer weiß, sonst türmt er uns noch davon.“
Die vier anderen möglichen Antworten erschienen ihnen unter dem Aspekt unbedeutend, dass die Sache schon morgen abgewickelt werden sollte. Klaus Lehmann griff zum Telefon und rief Fritz Beck an, (wie wir schon wissen):
„Ich habe Ihre Steuererklärung, eine Terminsache, schon fertig gestellt und möchte sie Ihnen morgen Nachmittag zur Unterschrift vorlegen. Passt Ihnen der Termin?“
„Sehr gut, Herr Lehmann“, antwortete Beck, „ich möchte nämlich übermorgen für einige Tage verreisen.“
„Gut, dann bin ich um 15 Uhr bei Ihnen.“
Lehmann und Schmitt schauten sich an, denn blümelant wurd’s ihnen schon ums Herz. Wie, wenn ihnen von Beck jene

Falle gestellt wurde, die sie für ihn parat hielten?

„Eigentlich“, sagte Schmitt, „wundere ich mich darüber, dass Beck uns gegenüber noch vertrauensselig zu sein scheint.“

Lehmann sah ihn fragend an.

„Sieh mal“, sagte Schmitt, „er hat mich schon zweimal ‚Wie geht es den Kindern’ gefragt, und ich habe floskelhaft geantwortet. Meinst du nicht, dass er als Boss der Szene nicht wissen müsste, wer die beiden Drogentoten gewesen sind?“

„Müsste er eigentlich wissen“, gab Lehmann zu, „aber er ist ja kein richtiger, mit allen Wassern gewaschener Boss.“

Was nun zwischen Schmitt und Lehmann beschlossen und im einzelnen vereinbart wurde, braucht nicht dargelegt zu werden; es ergibt sich aus der folgenden Handlung, die im Wesentlichen wie geplant ablief.

* * * * * *

Fritz Becks letzter Tag begann mit der Verabschiedung seiner geliebten Karin, die er zum Bahnhof brachte.

„Meine Liebe, erhol dich gut und ruh dich aus. Ich werde auch für einige Tage verreisen, habe es, glaube ich, auch nötig.“

„Mach’s gut, mein Lieber, überarbeite dich nicht.“

Küsschen hin – Küsschen her.

„Ich habe übrigens“, sagte Karin noch, damit nicht mehr dicht haltend, „einen Detektiv beauftragt, der Drogenszene ein wenig auf die Finger zu schauen.“

„Recht so, Karin, hast ein gutes Herz.“

Küsschen her – Küsschen hin; sie sah ihn erst in einem Jahr wieder.

„Da schau her“, murmelte sich Fritz Beck mehrmals zu, als er den Bahnhof verließ und heimfuhr, „der Feind hockt in der eigenen Familie. Ist wohl Zeit zum Aussteigen.“

Er nahm sich vor, noch vor der Abreise Schmitt zu veranlassen, die Nachforschungen des Detektivs nun zu stoppen. Er selbst holte seinen Terminkalender her und strich alle Termine, die mit der Beschaffung von Rauschgift zusammenhingen. Seinen engsten Mitarbeiter Jan Baruffke zu benachrichtigen, dass in das bisherige schöne Geschäft eine Pause eingeschoben oder es ganz aufgeben werden müsse, hielt er nicht für erforderlich. Wir erfahren: Auch bei Ratten, welche ein sinkendes Schiff verlassen, geht es nach dem Hierarchieprinzip: erst die fetten Großen, dann die mageren Kleinen...

In der Geschichte der Menschheit haben sich Attentäter stets um Unauffälligkeit bemüht. Beispiele könnten aufgeführt werden, gehören hier aber nicht ins Thema. Klaus Lehmann und Joachim Schmitt bildeten keine Ausnahme, zumal sie zwar als Rächerpaar, aber in einem unauffälligen PKW vorfuhren. Schmitt blieb fahrbereit im Wagen, der von Becks Zimmer aus nicht eingesehen werden konnte, wartend und auf eine Handynachricht hoffend sitzen. Lehmann griff seine Aktentasche und betrat pünktlich um 15 Uhr 05 das Haus – nun also hatte die Stunde der Wahrheit zu schlagen!

„Eine Tasse Tee oder Kaffee?“, fragte Fritz Beck höflich.

„Danke nein“, antwortete Lehmann, „mache nachmittags auf Schmalhans.“

Und beklopfte seinen Bauch.

„Gut so“, sagte Beck, „müssten ihn sich selbst machen, weil meine Frau verreist ist.“

Beck klopfte nicht den Bauch, sondern auf den Busch:

„Wie geht’s den Kindern?“

Täuschte sich Lehmann oder bemerkte er tatsächlich ein bewusstes Lauern?

„Sie wissen sicherlich, Herr Beck“, sagte er unbefangen, „von den beiden Rauschgifttoten vor einiger Zeit. Einer davon war mein Friedhelm.“

„Ja, mein Beileid. Eine schreckliche Sache.“

„Danke, wir sind bereits darüber hinweg“, log Lehmann.

„Warum?“, fragte Beck, „hat mir der Schmitt nichts davon gesagt, dass auch er betroffen ist, als ich ihn fragte?"

„Er genierte sich wohl, will überhaupt nichts mehr davon hören. Verstehen Sie das?"

Fritz Beck tat, als verstehe er es. Sein sachte aufkeimendes Misstrauen gegen seinen Steuerberater schwand dahin wie Speiseeis im Kindermund, womit die Zeit fürs Geschäftliche reif geworden war. Lehmann holte die Unterlagen heraus und legte sie für die Unterschriften vor. Danach legte er jene auf den Tisch, die nicht dem Finanzamt einzureichen waren. Er hatte im Verein mit seinem Klienten ein wenig gemogelt, wie's üblich ist in seinem Gewerbe, und er sagte jetzt:

„Ich bin erst dann vollständig beruhigt und kann nur traumlos schlafen, wenn sie", er wies auf die Papiere, „in Ihrem Safe verschwunden sind."

„Gewiss", sagte Fritz Beck und bewegte sich auf den Safe zu.

* * * * * *

Hier wird ein Absatz notwendig, denn die Zäsur geschah! Klaus Lehmann, der trotz seiner Mordlust bisher einen ruhigen Eindruck machte, war keineswegs der wild entschlossene Rächer, hatte überhaupt keinen Plan, wie er hier dem Beck an den Wickel gehen sollte. Er war durchaus gewillt, Alleintäter zu sein, ohne seinen Kollegen Schmitt zum Mitschuldigen werden zu lassen, Aber wie? Wie das anstellen? Er war Beck natürlich körperlich überlegen, ganz klar, aber diesem einfach einen Stuhl über den Kopf dreschen? Oder ihn so zu peinigen, dass sein lädiertes Herz das Pochen aufgab? Nein, nichts von alledem. Ein Satzteil war es, der die Zäsur machte:

„...wenn sie in Ihrem Safe untergebracht sind."

Heiß durchfuhr es Lehmann: Welch Doppelsinn dieses Satzes, wenn er, Lehmann, statt „sie" „Sie" gemeint hat! Nebel taten sich vor seinen Augen auf, als sie sich lichteten, wusste er, in ganz kurzer Kürze ein Täter sein zu müssen. Fritz Beck konnte von diesen Gedankengängen natürlich nichts spüren.

„Ganz richtig, danke“, entgegnete er jetzt, „Sie sind ein gewissenhafter Mensch, Herr Lehmann.“

Die Schrankverkleidung schwang auf, der prachtvolle Safe wurde sichtbar, Lehmann erhob sich aus dem Sessel, Beck drehte an der Kombination, das Schicksal wartete, gab aber keinen Hinweis; das tut es nämlich nur in Romanen und Filmen.

Also Fritz Beck drehte an der Öffnungskombination des Schlosses, setzte beide Hände an den Türgriff und zog die massive Tür auf. Schon prangte ihm sein Vermögen entgegen – sein letzter positiver Eindruck auf dieser Erde! Seine Losung „Meine Welt ist das Geld“ musste gleich in „Meine Welt war das Geld“ umbenannt werden. Klaus Lehmann nämlich bewies unverhoffte körperliche Behändigkeit, schob mit ebenso unverhoffter Schnelligkeit den Sessel so vor den Safe, dass die Tür nicht zugeworfen werden konnte und knallte dem verdutzten Fritz Beck die rechte Faust so an den Kopf, wie er es als Junge bei Karl Mays Old Shatterhand gelesen hatte. Zwar nicht so machtvoll, denn Beck taumelte nur und bedurfte eines zweiten Hiebes, ehe er in den anderen Sessel fiel. Schnurstracks, vielleicht deshalb der Name, fesselte Lehmann ihn mit einer abgerissenen Gardinenschnur Hände und Füße. Dann telefonierte er nach Schmitt, der zwei Minuten später im Raum stand. Beck schien nicht nur durch die beiden Hiebe benommen zu sein, denn er atmete schwer und hörbar und presste sich eine Hand aufs Herz – ein Infarkt im Kommen? Schmitt betrachtete die Szenerie beklommen und überrascht, erkannte aber sofort, dass es hier kein Zurück mehr geben könne.

„Was machen Sie?“, röchelte Beck, „was haben Sie vor?“

„Sie haben unsere beiden Jungen auf dem Gewissen“, antwortete Schmitt.

Da erst schien Beck zu erkennen, woher der Wind wehte, dass er nicht einfachen Räubern und Plünderern zum Opfer gefallen war, und wäre er gesund gewesen, wer weiß, er hätte wohl Einwände gegen sein Schicksal erhoben und sich wenigstens gewehrt. Doch sein Herz riet über den Verstand zur Ruhe. Inzwischen machten sich seine Besucher an die Inspektion des Safeinhalts und dabei lange Gesichter und Stielaugen. Ein Vermögen offenbarte sich ihnen.

„Donnerwetter!“, schimpfte Lehmann, „da sieht man, was wirklich Geld einbringt.“

„Zum Donner!“, drohte Schmitt, „da ist das Geld unserer Jungend dabei.“

Zorn, Abscheu und verdichteter Vergeltungsdrang erfassten Schmitt und Lehmann und ließen einen Rest schlechten Gewissens zum Nichts verkümmern. Beck atmete nun etwas ruhiger, die aschgraue Gesichtsfarbe Herzkranker wich einem besseren Aussehen, er erholte sich und begann sogleich mit Überlegungen zur Situation.

„Eigentlich“, sagte er sich, „können sie mich nur totmachen, das wäre logisch. Denn wohin wollen sie, wenn sie mich ausplündern und lebend hier zurücklassen!“

Er machte nun seinem Ruf als kluger Verhandlungspartner Ehre:

„Ich wollte sowieso aufgeben und verreisen, wie Sie an meinem gepackten Koffer dort erkennen können. Lassen Sie mir ein wenig Reisegeld da und nehmen Sie sich, was Sie wollen.“

Ein guter Vorschlag, der aber keine Antwort provozierte. Lehmann sichtete den Inhalts des Safes und Schmitt begann die Geldscheine in jenen Koffer zu packen, den Beck erwähnte. Im zweiten Regal des Safes von oben lagen drei EC-Karten friedlich mit ihren Geheimnummern vereint, entgegen den Empfehlungen jeder Bank hatte Fritz Beck hier einen Fauxpas gemacht. Dieser war aber als entschuldbar anzusehen, weil niemand hätte voraussehen können, dass er entdeckt würde. Zwei Kreditkarten lagen auch da. Lehmann als Geldexperte wusste, was man tunlichst liegen lassen sollte, da es später nur mit Risiken zu nutzen sei: Aktien, Fondanteile, Sparbücher, einen Bausparvertrag in hoher Summe. Mochte sich Erbin Karin Beck damit herumschlagen. So landeten im Koffer nur Bargeld, Devisen und die

EC-Karten nebst Geheimnummern. Koffer zu, an die Ausgangstür gelehnt, sich jetzt Fritz Beck zugewandt. Dieser sah Lehmann damit beschäftigt, die vier Regalböden des Safes herauszuziehen und unten auf den Safeboden zu legen, was enormen Stau- und Freiraum brachte, und plötzlich durchzuckte Fritz Beck das Ungeheuerlichste aller Ungeheuerlichkeiten des heutigen Tages.

„Das könnt ihr nicht tun!“, rief er.

Er duzte seine Besucher ganz unkonventionell, beinahe freundschaftlich, aber diese tauschten einen Blick letzten Einverständnisses und schritten zur Tat.

„Das könnt ihr nicht tun!“

Da geschriebene Wörter akustisch nichts hergeben und ihre Wirkung der Fantasie des Lesers überlassen bleibt, schreiben wir nur: Beck rief, schrie, zeterte, kreischte und brüllte schließlich, als sie ihn mitsamt Sessel dem Safe näher schoben und seine Fesseln loszubinden begannen.

„Mein Herz! Halt, nein...“

Letzte Worte! Fritz Beck konnte nicht strampeln wie ein Gesunder, er hing schlaff in vier starken Armen, wäre jetzt noch, trotz des dritten Infarkts, zu retten gewesen, aber schon klemmte er wie ein antiker Hockgrab-Beerdigter im Safe, sah das Tageslicht schwinden und hörte die Safetür zurumsen – damit war er erledigt, denn niemals würden seine beiden Mörder, selbst bei überzeugendster und innigster Reueanwandlung nicht, die Tür wieder aufbekommen.

„Seine Welt war das Geld.“

Sie schoben die Schrankwand vor, wischten sorgfältig alle Fingerabdrücke fort, nahmen den Koffer und verließen den Tatort. Das Haus würde wohlversorgt werden, denn Karin Beck hatte ihre Haushälterin beauftragt, täglich reinzuschauen, Post aus dem Kasten zu nehmen und rundum, einschließlich im Garten, die Ordnung aufrechtzuerhalten.

„Wie lange wird die Luft im Safe reichen?“

Fünf, acht, zehn Minuten? Schmitt und Lehmann rechneten sich auf dem Heimweg aus, dass Beck Jahre, Jahrzehnte lang, wenn sie beide es wollten, unentdeckt dort hocken bleiben würde, denn das Geheimnis des Safes hatte Beck mit in denselben genommen. Seine Frau wusste nichts davon und so blieben als Mitwisser nur sie beide und der oder die Mitarbeiter des Safeherstellers. R I P!

Der Koffer wurde in Schmitts Büro deponiert, um am Abend, nach Dienstschluss, Bilanz aus ihm zu ziehen. Lehmann ging mit den drei EC-Karten zum nächsten Bankautomaten und zog Kontoauszüge. Sie lauteten auf über 30.000. Das geraubte Bargeld im Koffer listete sich folgendermaßen auf:

In verschiedenen Scheinen von 50 bis 500: 90.500,
in kleineren Scheinen von 10 bis 20: 20.400,
britisches Pfund umgerechnet: 30.000 und
US-Dollar umgerechnet 80.000.

Wenn das kein Fischzug war! Aber war es denn ums Geld gegangen?

„Nein! – Nein!“

Doch musste es immerhin seine Rolle spielen. Am nächsten Tag bekam Heinz Pogalla, ohne dass ihm Einzelheiten mitgeteilt wurden, die Vollmacht über ein Konto.

„Du solltest aber“, erklärte Schmitt, „peu á peu abheben, an verschiedenen Zeiten und unterschiedlichen Banken und entfernteren Orten.“

Pogalla fragte nicht viel.

„Und bedenke“, sagte Lehmann, „den Überziehungskredit. Ihn kannst du auch nutzen.“

Pogalla fragte nicht viel. Wie sich später herausstellte, betrug er bei allen drei Konten jeweils 3.000, eine Summe, die der Endabrechnung zuzuschlagen war. Schmitt und Lehmann teilten sich die anderen beiden Konten als Ersatz für ihre durch die Beerdigungen entstandenen Unkosten. Sie hoben das Geld in den nächsten Monaten in der Weise ab, die sie dem Pogalla empfohlen hatten. Dann waren die Konten leer, die Karten wurden auf Nimmerwiedersehen vernichtet. Und der Hauptposten, der Batzen Bargeld? Wer kassierte ihn? Er ging Zug um Zug, in kleineren und mittleren Portionen und als zum Teil steuerlich absetzbare Spenden an allerlei große und kleine Bedürftige, meist anonym als Bares in Umschlägen und schaffte Freude, linderte Not und schuf Entzückensschreie, bis die letzte Kröte verteilt war...

* * * * * *

Unser Volksmund meint: „Die Reue ist ein Faulwanst, sie kommt meistens zu spät." Tatsache ist vielmehr, dass sie bei den meisten Tätern, ob erwischt oder nicht, überhaupt ausbleibt. Klaus Lehmann und Joachim Schmitt wurden nicht erwischt, wie sich wohl jeder Leser denken kann, der die bisherigen Vorgänge aufmerksam verfolgt hat. Sie sahen ihre Tat als eine nützliche an, auch wenn sie nicht genau wussten, ob Fritz Beck bald durch einen Nachfolger ersetzt würde oder nicht. Sie überlegten freilich hin und her, ob es sinnvoll sei, das Schicksal des Fritz Beck schon jetzt zu offenbaren – damit seine Nachfolger begriffen, auf welch heißen Stühlen sie saßen. Dann, ganz klar und logisch, müsste das Ende Becks so dargestellt werden, als ob er von seinen Konkurrenten der Szene hinübergeschafft worden sei. Lehmann und Schmitt machten sich auch Sorge um den Lebenslauf Karin Becks, jetzt Witwe. Wann würde sie, heimgekehrt aus der Kur, ihren Mann vermissen? In sechs Wochen, drei Monaten, einem halben Jahr? Überhaupt nicht? Was würde mit ihr geschehen, wenn der Safe gewaltsam geöffnet werden würde? Bekanntlich sucht die Polizei Mörder erst einmal im engsten Familienkreis und wird hier oft fündig. Schmitt und Lehmann beschlossen, der Entwicklung der Dinge gelassen und sachlich zuzuschauen und vor allem das Wichtigste nicht zu vergessen: die eigene Sicherheit.

Nach der Rückkehr Karin Becks musste Lehmann sie aufsuchen.

Es ging um ihre Unterschrift unter die gemeinsame Steuererklärung des Ehepaares.

„Ich wundere mich“, sagte sie, „dass mein Mann ohne Hinterlassung einer Nachricht abgereist ist und weder eine Karte geschrieben noch telefoniert hat.“

„Männer tun manchmal so“, sagte Lehmann.

„Auch hat er“, fuhr sie fort, „für einen längeren Aufenthalt wenig Garderobe mitgenommen.“

„Aha“, dachte Lehmann für sich, „da haben wir einen Fehler gemacht, hätten etwas Weiteres einpacken sollen.“

„Vielleicht“, wandte er ein, „kauft er sich unterwegs neue Klamotten.“

„Der?“, fragte Frau Beck, „der doch niemals.“ Nach einer Pause: „Halten Sie es für möglich, dass er mich verlassen hat?“

„Davor kann keine Ehefrau sicher sein“, antwortete er diplomatisch.

„Habe nämlich munkeln gehört“, fügte sie hinzu, „er sei in unkoschere Geschäfte verwickelt. Sie als sein Steuerberater könnten das doch wissen, oder?“

„Durchaus nicht“, antwortete Lehmann, „wenn unsere Klienten mogeln wollen, machen sie’s wohlweislich ohne unsere Mithilfe.“

Im materiellen Bereich brauchte sich Karin Beck keine Sorgen zu machen, ihr in die Ehe eingebrachtes Vermögen nebst ihren eigenen Konten war erheblich, aber zukunftorientiert dachte sie doch:

„Gesetzt den Fall, er bleibt fort, taucht unter, verkrümelt sich in einen der letzten Winkel unserer Erde: was geschieht dann?“

„Im Extremfall können Sie ihn aufrufen lassen“, sich zu melden, „tut er’s nicht, können Sie ihn für tot erklären lassen.“

„Vorher gibt’s nichts zu erben?“

„Ganz und gar nichts. Sollten Sie nicht genügend Mittel haben, kann vorher auf seine Konten gegriffen werden.“

Damit war Lehmann entlassen. Karin Becks nächster Termin

galt Heinz Pogalla, sie ließ ihn sogar ins Haus kommen. Trotz seines zur Schau getragenen Draufgängertums wurde es ihm etwas schwummerig im Magen: „Was nun, wenn diese Alte mehr weiß als ich?“

„Haben Sie in meiner Abwesenheit etwas entdeckt?“, fragte Frau Beck.

„Habe einen mittleren Dealer (Baruffke)“, antwortete Pogalla, „auf den rechten Weg gebracht, sonst laufe ich wie erwartet gegen eine Wand. Wir sollten aufgeben.“

„Ist es Ihnen zu gefährlich?“

„Ja, sogar sehr.“

Auch Karin Beck beherrschte das Buschklopfen:

„Was sagen Sie dazu, dass ich den Verdacht habe, mein Mann sei in was verstrickt?“

„Wie kommen Sie auf diese Idee?“, fragte Pogalla indigniert zurück.

„Er ist ohne jegliche Nachricht fortgefahren.“

„Das tun Männer manchmal“, sagte Pogalla und fügte hinzu, „muss Ihnen allerdings mitteilen, dass einige meiner Nachforschungen die Richtung auf Ihr Haus nehmen.“

„Also doch. Warum nicht gleich gesagt?“

„Hatte Bedenken Ihnen gegenüber.“

Karin Beck schritt walkürenhaft durch das Zimmer, Pogalla druckste verlegen auf dem Stuhl.

„Haben Sie Lust?“, fragte Frau Beck, „den Aufenthalt meines Mannes auszuforschen?“

„Nicht die geringste.“

Pogalla befand es als nützlich, nun auszuscheren und riet Karin Beck, nichts, vor allem jetzt noch nicht, irgendetwas zu unternehmen.

„Was sind vier Wochen“, sagte er leichthin, „für einen Mann, der einmal ausspannen möchte!“

Sie stimmte zu, entließ ihn für immer und fasste den Entschluss, die Zeit aufklären, eventuell heilen zu lassen.

* * * * * *

Man kann es hier unterlassen, auf Karin Becks Verhalten im Lauf der nächsten zwölf Monate näher einzugehen. Es glich zunächst dem Lebensstil einer Sitzengelassenen, dann dem einer Witwe. Da das Verschwinden Fritz Becks Stadtgespräch zu werden begann und die frechen Spatzen vom Dach pfiffen, dieser Herr sei keineswegs ein astreiner gewesen, ging Karin Beck in die Offensive. Lehmann und Schmitt sahen dieses kommen und überlegten die Möglichkeit, den Stoßkeil der Ersten Armee zu übernehmen, ohne selbst in die Kampfhandlungen verwickelt zu werden. Die Kernfrage lautete:

„Kann man uns etwas, wenn wir das Versteck Fritz Becks preisgeben?"

Die zweite Frage lautete:

„Oder ist es besser, ihn solange ruhen zu lassen, bis das Haus eines Tages abgerissen oder durch ein Erdbeben zerstört wird, so dass der Tresor zutage tritt?"

Die dritte Frage lautet:

„Wem nützt es, wenn Beck verborgen bleibt?"

Und die vierte Frage lautete:

„Wem nützt es, wenn Beck sichtbar gemacht wird?"

Lehmann und Beck behandelten nur die Kernfrage und beschlossen, dass Lehmann, der als einziger Außenstehender von der Existenz eines Tresors wissen musste, da er ihn ja steuerlich behandelt hatte, zu passender Gelegenheit bei Karin Beck anklingen lassen sollte, so ein Ding müsse im Haus vorhanden sein, er wisse allerdings nicht wo. Dann läge es an Karin Beck, anhand der Rechnungsunterlagen die Liefer- und Einbaufirma ausfindig zu machen und alles weitere zu veranlassen. Kurz und gut: So lief es dann auch ab. Den beiden Tätern war nach der Tat aufgegangen, dass sie, bevor sie Beck einsperrten, die aus dem Safe geholten Zwischenwände auf dem Fußboden liegengelassen hatten, statt sie wegzuräumen. Heiß fiel ihnen dieses nach einer Woche ein. Doch es geschah nichts. Wahrscheinlich hatte die Zugehfreu, welche einmal wöchentlich die Wohnung in Ordnung brachte, sie in den Keller gebracht.

Schon war fast ein Jahr seit Fritz Becks Verschwinden vergangen, da stand die nächste Einkommensteuererklärung an. Natürlich fungierten die Becks für das Finanzamt noch als normales Ehepaar, nur mit dem Unterschied, dass Einkommen Fritz Becks nicht angefallen waren und Karin Beck allein unterschreiben musste – was das Finanzamt erst einmal akzeptierte.

„Wenn ich Sie nicht hätte“, sagte Karin Beck zu Klaus Lehmann, „würde mir niemand helfen.“

„Das ist mein Beruf“, sagte Lehmann.

„Übrigens“, fuhr sie trocken-gelassen fort, „hat mein Wertester Spuren hinterlassen.“

Lehmann erschrak unbemerkbar und schaute gelassen-fragend drein.

„Ja“, fuhr Frau Beck fort, „ich habe unsere Bank aufgesucht und den Direktor gebeten, mir im Hinblick auf meine Lage Auskunft über die Konten meines Mannes zu geben. Wegen des Bankgeheimnisses wand er sich erst wie ein Lindwurm im Morast, gab mir aber schließlich dieses hier.“

Sie reichte Lehmann einen Zettel, der akribisch auflistete, wann und wo über Bankautomaten von den drei Konten Geld abgehoben worden war, zwar nicht die Summen, aber immerhin. Die Daten eines Kontos kamen Lehmann bekannt vor: hatte er sie doch selbst verursacht.

„Was mich hier stutzig macht“, sagte Karin Beck, „ist dieses Hin und Herfahren in der ganzen Republik, um mal hier mal dort abzuheben. Was soll das bedeuten?“

„Kennen Sie den Stand der Konten?“, fragte Lehmann.

„Nein, den wollte mir die Bank nicht verraten.“

„Haben Sie im Haus einmal?“, fragte Lehmann weiter, „nach Bank- und Kreditkarten und anderen Vermögensunterlagen geforscht?“

„Ja, wie ein Einbrecher, aber nichts gefunden. – Aber jetzt eine andere Frage an Sie: Was Geld betrifft, kennen Sie meinen Mann am besten, hat er Ihnen keine Andeutungen gemacht, wo er es aufbewahrt und seine Karten dazu? Er war doch vernarrt ins Bare."

Da war sie, diese Frage aller Fragen!

„Ich habe Ihrem Mann versprechen müssen", antwortete Lehmann, „mit niemandem darüber zu reden."

„Dann frage ich Sie", sagte Frau Beck resolut, „ob Sie glauben, dass mit ihm alles in Ordnung ist?"

„Glaube ich nicht."

„Na also. Halten Sie es für möglich, dass er nicht mehr unter den Lebenden weilt?"

„Ja, halte ich für möglich."

„Na also!", triumphierte Frau Beck noch einmal, „so sagen Sie mir das Geheimnis jetzt, nicht erst, wenn ich seine Todeserklärung in Händen halte."

Logischer kann man nicht argumentieren, dachte Lehmann und glaubte, sich nun genügend geziert zu haben. So tat er kund, dass es im Haus einen größeren Safe geben müsse.

„Ich habe die Rechnungsunterlagen vielleicht noch in meinem Büro und werde sie Ihnen hereinreichen lassen. Dann müssen Sie einen oder einige Experten des Lieferanten oder Herstellers herkommen lassen, der oder die anhand der Einbauunterlagen weiterhelfen und auch den Safe öffnen können."

„So wird es geschehen", versicherte Karin Beck.

* * * * * *

Sie stand in Habachtstellung und passte auf wie ein hungriger Luchs.

„Wenn Sie die Tür öffnen können", mahnte sie den Safefachmann, „dürfen Sie sie nicht aufziehen und nicht hineinschauen. Überlassen Sie alles Weitere mir. Verstanden?"

„Verstanden, Gnädige Frau, das gehört doch zu unserem Service."

Nach einer Weile war es soweit, der Mann zog die Safetür ganz leicht an und ein Spalt, keinen Finger breit, öffnete sich.

„Ich gehe nach draußen ins Auto“, sagte er, „und schreibe schon einmal den Lieferschein. Rufen Sie mich, wenn Sie mich vorher brauchen.“

Karin Beck hatte ein Gefühl, als müsse sie mit Wilhelm Müller und Franz Schubert „was schlägst du denn so wunderlich, mein Herz, mein Herz“ singen, als sie vor dem Safe stand und die rechte Hand zum endgültigen Öffnen hob und Sekunden lang zauderte. Ein leichter Müffelgeruch nach ägyptischen Mumien und Abdeckerei zog in ihre Nasenflügel, aber fest entschlossen öffnete sie die Tür vollständig.

„Jetzt weiß ich endlich“, sagte sie nach zehn Sekunden versonnen, „was mit dem Modewort ‚Grufti' gemeint ist.“

Ihr Mann war, wie nicht anders zu erwarten, gut erhalten, schaute ein wenig älter aus als nach seinem Alter zu erwarten war und verströmte jenen Geruch, den Karin Beck wahrgenommen hatte. Sie musste eben den Safetechniker an der Haustür abfertigen und kam dann zurück, ein Fenster zu öffnen. Sie war kein kalter und brutaler Typ von Ehefrau, wusste aber, als hätte sie Erfahrung in diesen Dingen, dass jetzt nur Richtiges zu tun sei und Gefühle in den Hintergrund rücken müssten. Im Safe liegengeblieben waren, man erinnere sich, einige Wertpapiere und Verträge, die in Geld zu verwandeln Lehmann und Schmitt sich gescheut hatten. Sie lauteten auf „Eheleute Beck“ und konnten also von Karin Beck in eben dieses Geld verwandelt werden. Nach einer Gedenkminute ohne Tränen, aber mit Blumen, die Karin Beck aus einer Vase nahm und dem Toten übereignete, warf sie den Safe/Sarg zu, verdrehte den Code und wuchtete die Schrankwand in die normale Stellung zurück. So, nach ihrem Ermessen und solange sie lebte, musste ihr guter Fritz dort hocken bleiben:

„Nach mir die Sintflut!“

Nach einem Tag der Ruhe und Besinnung ließ Karin Beck Fritz

Lehmann herkommen. Dieser besuchte vorher seine Bürotoilette, um, falls er sich bei seiner Klientin vor Angst in die Hose machen musste, diese Schererei so wenig umfangreich wie möglich zu halten. Aber der Besuch lief wie am Schnürchen ab.

„Hier“, sagte Karin Beck, ohne dass man ihr das frische Witwentum ansehen konnte, „diese Papiere waren im Safe, den ich auf Ihren Rat hin habe öffnen lassen. Sehen Sie zu, dass sie zu Geld gemacht oder wenigstens auf mich allein umgeschrieben werden. Beauftragen Sie auch Herrn Schmitt, dass das Verfahren der Todeserklärung so schnell wie möglich eingeleitet und abgeschlossen wird.“

„So glauben Sie nicht?“, fragte Lehmann gespannt, „dass er eines Tages wiederkehren wird?“

„Ich bin sogar überzeugt davon“, antwortete sie, „und wenn, dann kann er sich zum Teufel scheren.“

„Sie ist ein perfekter Lügenbold“, sagte sich Lehmann zufrieden.

„Wollen Sie den Safe“, fragte er vorsichtshalber, „weiterhin für Ihre Papiere und Wertsachen nutzen?“

„Nein“, antwortete sie, „habe ihn zugeknallt und brauche ihn doch nie. Wer soll mich denn hier beklauen?“

Klaus Lehmann trollte sich ins Büro und rief seinen Komplizen Joachim Schmitt an, um die Entwarnung fürs Leben zu geben. In dieser Zeit stand Karin Beck vor der Schrankwand, versonnen lächelnd, milde summend und ihr gutes Herz, - sie besaß es doch noch immer, man erinnere sich! -, und ihr mitfühlender Verstand gaben ihr letzte Worte ein, wie es sich nun einmal geziemt in unserer Kultur:

„Fritze, Fritze – welch einen Luxussarg hast du bekommen...“

Ehrgeiz frisst die Seele auf

Über den Begriff „Ehrgeiz" schreibt ein deutsches Wörterbuch: „...teilweise als unangenehm empfundene stark ausgeprägte Strebsamkeit." Nun, Gerhard Mittler besaß diese Eigenschaft, soll sie laut seinen Eltern bereits in der Wiege besessen haben, und so wurde aus ihm ein Ehrgeizling allerersten Garnitur, der immer und überall vorangehen musste, wollte er nicht vor Gram untergehen. Er brach sich beinahe das Genick dabei...

Er war eine Zeitlang ein hoffnungsvoller Bursche, unser Gerhard, genialisch veranlagt in rascher Auffassungsgabe und mit einem Gedächtnis gesegnet, mit dem kein Computer Schritt halten konnte. So besaß er denn auch später keinen, musste sich aber im Büro mit ihm beschäftigen. Den Sprung vom Kleinkind in den Kindergarten, - es gab einen wunderschönen privaten Kinderhort in seinem Stadtteil -, machte Gerhard erst gar nicht, er hüpfte von zu Hause direkt in die Schule. Auch dort langweilte er sich unsäglich, da er schon besser lesen, rechnen und schreiben konnte als manche, die dann die Schule verließen. So durfte er, „der Überhüpfer", nach ein paar Wochen als Erstklässler in die zweite Klasse gehen. Da war sein Ruf als Intelligenzbestie, Streber, Ehrgeizler und geistiger Drängler schon soweit gefestigt, dass er ihn nie wieder loswurde. Andere Jungens seines Alters spielten Fuß- oder Handball, betätigten sich in anderen Sportarten, machten und hörten Popmusik, malträtierten die Computer ihrer Eltern oder bereits eigene - Gerhard saß im Zimmer und las, studierte, rechnete: Karl May und auch höhere Literatur wie Friedrich II., Immanuel Kant, Karl Marx und Tacitus, löste mathematische Probleme per Hand und Bleistift im Stundentakt, für die ein Computer Sekunden benötigt hätte. Dazu ließ er sich mit Musik berieseln, die eigentlich von ihren Schöpfern nicht zum Berieseln gedacht war: Friedrich II., die ganzen vielen Bachs vom Großvater über Vater und Söhne, Götterdämmerung, Eine Nacht auf dem kahlen Berge, Anton Bruckners Achte mit Günter Wand und Sibelius' Zweite mit Wilhelm Furtwängler. Das war nun doch, fanden seine Eltern, denen die Absicht, aus ihrem Sprössling das Genie des Jahrhunderst zu machen, ein allzu starker geistiger Tobak für einen Jungen unter 10, und sie versuchten mit mehr lockerer Kost gegenzusteuern: Krimis von Edgar Wallace und Agatha Christie und über den unsterblichen FBI-Agenten Jerry Cotton. Damit, sie ahnten es freilich nicht, legten sie Gerhards Werdegang fest.

* * * * * *

Charakter, Intelligenz und Genialität, diese drei müssen sich nicht ergänzen, können sich feind sein wie Hund, Katze und Maus. Gerhards Intelligenz stand außer Zweifel, ob seine Genialität seine Pubertät überleben würde, musste abgewartet werden, sein Charakter allerdings gab früh zu Sorgen Anlass - jedoch nur für aufmerksame, in dieser Beziehung geschulte Beobachter. Ellenbogenstoßen, die übliche Art rücksichtslosen Fortkommens, war seine Sache nicht. Aber jeder, der selbst herumschubst oder geschubst wird weiß, dass es subtilere Methoden gibt, der Konkurrenz die Nase zu drehen oder Mitbewerbern den Hintern zu zeigen. Da wäre zum Beispiel zu nennen:

1.) Schulkameraden nicht abschreiben zu lassen.

2.) Ihnen gegenüber zu tun, als wüsste man selber nichts, während man das betreffende Thema bereits richtig abgehandelt hat.

3.) Ihnen sogar wissentlich das Falsche sagen in der Hoffnung, sie bekämen dann schlechtere

Noten als man selbst.

4.) Nachhilfestunden, die zu geben man in der Lage ist, zu verweigern.

5.) Schulkameraden, die man beim Mogeln beobachtet, hinterrücks auffliegen zu lassen.

Mit diesen fünf Beispielen, die unter der Rubrik „Kameradschaftslosigkeit" zusammengefasst werden können, soll's genug sein. Gerhard beherrschte sie perfekt, wendete sie aber, wohl wegen seiner Intelligenz, nur sparsam und gegen echte Konkurrenten an. Das war der Humus, auf dem Feindschaft gedieh, so dass es Schüler und andere Gleichaltrige gab, die ihm ein wenig an den Wickel wollten. Wehe diesen! Im Kontrast zur bürgerlichen Klischeevorstellung, Intelligenzler müssten schwachbrüstig bis schwindsüchtig sein, wenigstens keine Kämpfernaturen, war Gerhard durchaus offensiv veranlagt und schlug seine Widersacher in einer raschen Defensiv-Offensive in die Flucht: mit unverhofften Hieben auf die Nasen, harten Streichen an die Halsschlagader und überraschenden Tritten in den Genitalbereich. Schließlich bildeten sich, wie in einer Gesellschaft von Opportunisten und Oppositionellen üblich, zwei Parteien - die eine versuchte sich ihm anzuschließen, die andere ihm untergründig entgegenzuarbeiten. Dieser an sich sehr interessante und abwechslungsreiche Lebensverlauf setzte sich bis zum Abitur fort; das Gerhard mit 17 und Eins hinter sich brachte. Spätestens hier stand die Frage des Berufswunsches an. Innerhalb seines bisherigen Werdegangs hatte er folgende Wünsche und Anregungen vorgebracht:

„Mit 5 Kesselpauker zu Pferd, mit 7 Lokomotivführer, mit 8 Rennfahrer, mit 10 bester Bundeskanzler der Welt, mit 15 Spitzenmathematiker, mit 17 Jurist."

Wir sehen deutlich, wie sich sein Anspruch im Lauf der Jahre gesteigert hat. Also studierte er erst einmal Jura. Spätestens hier stand auch die Frage seines Wunsches nach seinem Verhältnis zum weiblichen Geschlecht an. Innerhalb seines bisherigen Werdegangs hatte er folgende Wünsche und Anregungen vorgebracht:

„Mit 5 eine Kesselpaukerin im Orchester, mit 7 eine Bundesbahnschaffnerin, mit 8 eine liebende Braut am Siegertreppchen, mit 10 eine Bundespräsidentin, um die hohen Ämter in einer Familie zu vereinigen, mit 15 eine reiche Braut, weil er das Gehalt eines Professors der Mathematik als unzureichend empfand, mit 17 eine Rechtsanwältin mit Dr. jur."

Wir sehen deutlich, wie sich seine Fantasie im Lauf der Jahre gesteigert hat.

* * * * * *

Auch wer es bis hierher nicht ahnt oder kombiniert, muss sich belehren lassen: In Gerhard Mittlers Leben waren Frauen das Schicksal; gar später noch, als er im Nachdenken seinen verpassten und verpatzten Chancen nachzugrübeln Zeit in Menge hatte. Von wer weiß welcher Witterung geleitet, stellten ihm weibliche Gestalten nach wie der Rattenbock seiner Rättin, ausdauernd, wuselnd und zirzend (von Zirze, Circe oder Kirke). Schon im häuslichen Sandkasten:

Martina, 6: „Liebst du mich?"

Gerhard, 3, also halb so alt: „Nein."

Martina: „Warum nicht?"

Gerhard: „Bist 'ne Zicke."

Martina: „Will'ste mich heiraten?"

Gerhard: „Nein."

Danach im zweiten Schuljahr:

Isabella, 7: „Ich mag dich sehr."

Gerhard, 6: „Ich dich gar nicht."

Isabella: „Warum nicht?"

Gerhard: „Siehst so hippig aus." (von Hippe = Ziege)

Danach in der Sexta:

Ruth, 10: „Ich könnt dich anbeißen."

Gerhard, 9: „Wart bis du die dritten Zähne hast."

Danach vor der Konfirmation:

Marianne, 15: „Ich liebe hübsche und kluge Jungens."

Gerhard, 14: „Dann such dir doch einen."

Marianne: „Geh'ste mit in'ne Disco?"

Gerhard: „Nein, hör lieber die Achte."

Danach als Primaner:

Susanne, 20, da zweimal sitzen geblieben: „Hätt Lust mit dir ins Bett zu gehen."

Gerhard, 17: „Bin jetzt nicht müde."

Nach dem Abitur:

Caroline, 16: „Ist's denn wirklich Sünde, wenn Junge und Mädchen zusammen schlafen?"

Gerhard, 17: „Nein - aber sie schlafen ja nicht."

Bis hierher war Gerhard ganz offensichtlich, biologisch gesehen, noch Jungmann. War er ein Frauenfeind, drohte er einer zu werden? Nein. Nur: Er mochte diese „oberflächlichen Girls" nicht leiden, die Schiller für den Erfinder der gleichnamigen Locke, Gerhard Hauptmann für einen Hauptmann und Oswald Spengler für einen Handwerker hielten.

„Hätte nicht gedacht", sagte Susanne einmal, „dass Beethoven noch lebt und die Europahymne komponiert hat."

Nun, ist Gerhard Mittler zu tadeln, dass ihm derartiger Umgang nicht behagte? In dieser Epoche, so zwischen 17 und 19 herum, war er zwar ein gutaussehender, darum begehrter junger Mann, mehr allgemein gebildet als seine Genossen und Genossinnen, aber der Vorsprung, den der Geist über den Körper bisher besaß und hielt, schrumpfte von Jahr zu Jahr dem Gleichstand entgegen. Hätte er sonst den Beruf „Jurist" gewählt? Also ging es ihm wie vielen Wunderkindern, deren Wunderbares auf Kindheit und Jugend beschränkt bleibt? Ja und nein. Unsere Gesellschaft, versessen aufs Sensationelle, erwartet Wunderkinder am liebsten im künstlerischen, vornehmlich musikalischen Bereich: hübsche Mädels und Buben à la Wolfgang Amadeus Mozart lassen sich am Klavier nieder, fiedeln niedlich angezogen auf der Violine oder pusten in die Blockflöte - das macht was her, füllt Yellowpressblätter. Aber die anderen, die mit 3 besser lesen und schreiben können als jene mit 15, mit 6 ihre Familie aufs Papier bannen, dass die Tränen fließen, mit 10 wissenschaftliche Forschungen betreiben oder mit 12 logischer kombinieren als die Chefinspektoren Scotland Yards!

„Scotland Yard!"

Als hätten die Deutschen und andere Verbrecher jagende Nationen keinen funktionierenden Polizei- und Detektivapparat, so übte diese britische Behörde auf Gerhard seit 15 eine Faszination aus, an die bestenfalls, mit Rückstand natürlich, die Buchstaben FBI heranreichten. Wusste nicht jeder Junge, der alle einschlägige Lektüre einschließlich Nick Knatterton, 007, Karl May, die bereits im vorigen erwähnte und allerlei mehr in sein Hirn gepackt hatte, ähnlich der Speicherung von Bites, dass nur noch der Beruf des Kriminalisten die Möglichkeit intensiven Denkens und erfolgversprechender Geistestätigkeit gab!

Vielleicht nicht jeder, aber Gerhard Mittler wusste es und dachte so. Schon hatte er ein paar Semester Jura studiert und Einblick in eine unendliche Monotonie gewonnen, da warf er nach einer Informationsreise zum Yard das Steuer seines Lebens herum in die endgültige Richtung: Er trat in den Polizeidienst ein. Jetzt kam ihm zupass, dass er nicht nur geistig sondern auch körperlich ein fähiger Bursche war...

* * * * * *

Nach diesen Angaben aus Gerhard Mittlers Vorleben wenden wir uns nun jenen Tagen zu, in denen unsere und seine Geschichte spielt, der Gegenwart. In der ist er 40 und Kriminalkommissar, „mehr nicht", wie seine Eltern murren. Es hätte zu weit geführt und es wäre wenig ergiebig gewesen, hätten wir auch sein Leben zwischen 20 und den jetzigen 40 vor unseren Lesern ausgebreitet. Nur ganz kurz: Gerhard war noch immer unbeweibt, Jungmann zwar nicht mehr laut Kenntnis einer Büromieze namens Cordula, 38, aber *die Richtige* hatte seine Fährte noch nicht gekreuzt. Er war keine tolle aber eine sichere Partie - Beamter.

„Mein Junge", so nannte seine Mutter ihn immer noch, „dass du nicht heiratest?"

„Mamma", so nannte er sie immer noch, „warum überstürzen?"

„Bub", so nannte sein Vater ihn immer noch, „der Mann ist nicht gern alleine."

„Pappa", so nannte er ihn immer noch, „späte Ehen - schöne Kinder."

Gerhard hasste diese Phrasendrescherei nach wie vor, ob sie nun zu Hause oder im Betrieb, dort besonders, vorgenommen wurden.

„Gerd", so nannten sie ihn am Arbeitsplatz, „jetzt bist du 40 geworden und fängst die Übeltäter am laufenden Band. Wirf auch private Netze aus oder spiel den fetten Fisch..."

Solche Anzüglichkeiten, verbales Mobbing genannt, hat jeder Arbeitnehmer, der Wert auf eine Dauerstellung legt, gefälligst und unhörbar zu schlucken. Natürlich hatte Gerhard seine durchaus paarungswilligen Augen die Runde machen lassen. Und siehe da: Wie es uns in den Fernsehkrimis dargeboten wird, tummelten sich im Weichbild seines Arbeitsplatzes Kolleginnen aller Art und Rasse, ledige wie vergebene, zugeknöpfte wie offenblusige, integre wie seitensprungwillige, vom knackigfrischen Büroazubi bis zur herbtrockenen Vorpensionsvettel - ein anschauliches Beispiel für die Variationsfähigkeit der Frau seit Eva. Welche von ihnen würde aus der „Schlacht um Gerhard" als Siegerin jubilieren können?

* * * * * *

Wenn Gerhard Mittler auch im Lauf der Vergangenheit von 1 bis 40 allerlei auf der Strecke verloren hatte, eines war geblieben und wie ein Reis kultiviert worden: sein Ehrgeiz. Er war hier eine der Ursachen seiner Erfolge, wodurch, entsprechend der in jedem Betrieb herrschenden Rivalität, seine männlichen Kollegen ihm ziemlich gram wurden. Es war halt wie im ganzen bisherigen Dasein Gerhard Mittlers: Wo er auftauchte und seine Arbeit verrichtete, da erschienen auch Neid, Missgunst und verhaltener Groll, das Arbeitsklima verschlechterte sich. Hierfür war der jeweilige Chef zuständig:

„Ich merke, Kollege Mittler, dass Ihre Kollegen Sie unverhohlen nicht mögen."

„Nur die Kollegen, nicht die Kolleginnen."

Schlagfertige Antworten sind bei allen Vorgesetzten unerwünscht, sogar unbeliebt. Sie beweisen die eigene Verletzlichkeit. Dieser Chef hier war jedoch, im Verein mit seinen eigenen noch höheren Chefs, von Gerhards kriminalistischen Fähigkeiten begeistert, schließlich färbt jedes gute Ergebnis von unten nach oben ab.

„Ich möchte mich", sagte er deshalb geduldig, „keinesfalls in Ihr Verhalten einmischen, es ist untadelig. Mir liegt nur an einem besten Betriebsklima."

„Dann sitzt hier die falsche Person", sagte Gerhard, „außerdem fördern ein gespanntes Klima und eine gewisse Dosis Neid den Fleiß der meisten Mitarbeiter."

Wer Erfolg hat, kann so etwas leicht reden. Dann besprachen die beiden Herren den letzten Fall, an dem ein anderer Kollege sich die Zähne ausbiss: Ein Mann stand unter dem Verdacht, sich seinen dicken Mercedes von der polnischen Mafia in Warschau klauen gelassen zu haben, war aber bisher nicht überführt worden.

„Ich habe die Akte hier", sagte der Chef, „und übergebe Ihnen den Fall, Herr Mittler."

Man sollte meinen, dieses wäre ein schwieriger Fall gewesen, aber das hieße unserer Kriminalpolizei zuviel Ehre antun: Nachdem Gerhard die Akte zu Hause durchstudiert hatte, in aller Ruhe und Abgeschiedenheit, wie es ihm am liebsten war, fand er die Unterlassungssünde des Kollegen und die Lösung: die Flugkarte des Verdächtigen von Warschau zurück. Ein Anruf bei der Lufthansa bestätigte, dass diese Karte v o r Antritt der Autofahrt von Deutschland nach Polen gebucht worden war; das war bisher übersehen worden. Der Verdächtigte gestand dann auch seine Untat ein und war geliefert. Das Lob gegen Gerhard fiel sparsam aus, weil Lob eines Einzelnen Tadel der anderen bedeutet. Im übrigen war Gerhard Mittler nach zwei Jahren von der Arbeit bei der Kripo enttäuscht, von den meist mickrigen Fällen dort, von der Kleinkrämerei, über die spießige Atmosphäre in der

Kantine, vom Strebertum der unteren, mittleren und oberen Chefs. Wie lange würde er das aushalten? Fünf, zehn, gar fünfzehn volle Jahre?

* * * * * *

Wenn Gerhard Mittler hierüber nachdachte, drehten sich seine Gedanken, wie konnte es anders sein, auch ums Finanzielle, den Lebensunterhalt jetzt und in der Zukunft. Zwar war er als Einzelkind Erbe seiner Eltern und würde das nette Eigenheim am Rand der Stadt einst besitzen, aber dass seine Eltern nennenswerte Barmittel angespart haben würden, hielt er für unmöglich. Seine Träume freilich, - ja, er hatte welche -, bewegten sich auf einer Basis, auf der einst und jetzt stets nur wenige Mitmenschen ihre Existenz hatten stellen können: die Schriftstellerei, auch Bücherschreiben genannt. Wohl dem, der einen Sponsor besitzt - und wenn es der eigene Ehepartner ist! Ah, das war doch die Idee!

„Wie wär's denn, Gerhard", führte er sein Selbstgespräch weiter, „wie wäre es denn, wenn du eine Ehefrau fändest, die einen netten und nett bezahlten Beruf ausübt, fleißig zum Dienst oder zur Arbeit geht, dir zwar den großen Teil der Hausarbeit überlässt aber auch soviel Zeit, dem Schreiben zu frönen?"

Cosi fan tutte - so machen's alle; nicht alle, viele. In der in seiner Branche gelesenen Fachpresse hatte Gerhard bereits Aufsehen mit einigen Artikeln und Abhandlungen erregt: Besprechungen von interessanten Fällen aus aller Welt, vornehmlich Amerika, und mit einer Serie, in der er die Fälle der populärsten Kriminalromane der Weltliteratur unter die Lupe nahm und aus seinem heutigen, moderneren Standpunkt zerpflückte und nachwies, wie läppisch manchmal die hochberühmten Detektive arbeiteten. Wenn er als Kommissar mit neuen, sich an der Realität des Alltags orientierenden Romanen auftreten würde - was konnte da schief gehen!

Plötzlich sah Gerhard seinen Beruf mit anderen Augen, durchaus noch nicht rosigen, aber weniger trüben als sonst und er beschritt die erste Stufe der Erfolgsleiter, indem er ausschlachtbare Fälle zu sammeln, zu ordnen und zu Hause abzuheften begann. Aus seinen vorigen Arbeiten wusste er, dass ihm Motive und Einfälle nur so zuflogen, wenn er erst einmal angefangen und sich an den Schreibcomputer gesetzt hatte.

* * * * * *

Die Vorstellung, doch nun ein nettes Frauchen zu benötigen, ließ ihn nicht mehr los. Zudem musste er sich selbst zugestehen, dass es Zeit zum Heiraten wäre, wenn er es überhaupt noch zu tun gedachte. Er ließ es sich nicht anmerken, dass er auf Jagd ging, fürchtend, das Wild stürme nur so auf ihn ein. Zunächst machte er es wie der Jäger auf dem Hochsitz: Augen auf und die nächste Umgebung beobachtet. Was kreuchte und fleuchte denn da?

1.): Anita, 35, Kommissarin. Noch vor wenigen Wochen hatte sie ihm Avancen gemacht,
sich jetzt jedoch zurückgezogen; vermutlich war sie dabei, woanders unter die Haube
zu geraten. Eine gleichberufliche Partnerin wäre nicht schlecht...

2.): Louise, 29, Sekretärin. Er hatte sie schon einmal in ziemlich enge Wahl gezogen, war
sogar mit ihr ausgegangen, weil sie ihn einlud, war aber an der Fünfprozentklausel
gescheitert: 95 Prozent albernes und eitles Getue, 5 Prozent hausfrauliche und sehr
mütterliche Fähigkeiten...

3.): Margarete, 31, Inspektorin. Eine der Sirenen, die Odysseus zur Strecke zu bringen
trachteten. Auf neudeutsch: eine scharfe Rakete. Gerhard hatte nichts gegen minimale

Röcke, die weniger Stoff benötigen als ein britisches Gentlemantaschentuch, wenn das

Geläuf (die Beine) dazu passten und die Damen stehen blieben, also sich nicht setzen

mussten. Auch war er Blicken in die obere Reizgegend nicht abgeneigt.

Zu diesen drei Kandidatinnen gesellte sich eine vierte, und das kam so. Gerhards direkter Chef, bereits erwähnt, besaß eine Schwester, Henriette, 38, die das Gespenst des Ewigledigseins vor sich aufsteigen sah, wenn nicht bald etwas geschah. Der Bruder half gern und entsann sich des famosen Untergebenen:

„Hätte gern mal mit Ihnen über Ihre literarischen Ambitionen gesprochen."

Soviel Entgegenkommen kam Gerhard verdächtig vor.

„Aber das sollten wir am besten im privaten Kreis machen. Wir wär's morgen Abend bei mit zu Hause?"

Eine Einladung also. Wenn Chefs privat werden, haben sie Hintergedanken; das wusste Gerhard. Nun denn, man wird sehen! Zur Ehrenrettung des Chefs muss gesagt werden, dass er Henriette nicht von seinem Anschlag unterrichtete, nur verlauten ließ, „dass ein interessanter Gast dabei sein werde". Sie war eine nette, ansehnliche Person, sozusagen in den „zweiten besten Jahren", die ja von 29 bis 39 laufen sollen, Herbst des Mittelalters und vorletzte Möglichkeit, seine Gene weiterzugeben. Sie taxierte Gerhard als „möglicherweise akzeptabel", er sie als „akzeptable Möglichkeit", beide strebten keine rasche Entscheidung an; waren doch schließlich aus den Jahren heraus, wo sexuelle Attraktivität, falls vorhanden, einen bestimmenden Faktor darstellte. Henriette konnte in einer entzückenden Weise zuhören, mit schräg abgewinkeltem Köpfchen, so wie artige Hündchen es tun, wenn Frauchen mit ihnen parliert; ob sie es als Ehefrau auch noch tun würde, ließ Gerhard dahingestellt sein.

Dieser Herr Mittler, dachte Henriette, hat eine zwingendlogische Redeweise und lässt auch andere zu Wort kommen; ob er es als Ehemann auch noch tun würde, ließ sie dahingestellt sein. Das Kreuz bei Heiratswilligen dieses Alters ist ja, - wer weiß das nicht? -, dass Wille und Risikoscheu bei ihnen in stetigem Clinch liegen. Immerhin: krasse Ablehnungen fanden beiderseits nicht statt, so dass „Ende offen" konstatiert werden konnte. Ja, wenn Gerhard Mittler, ein Zauderer wie Feldmarschall Daun im Siebenjährigen Krieg, hier einmal den Hüpfer über den eigenen Schatten gemacht hätte, dann - ja dann wäre seine Geschichte hier zu Ende oder nie geschrieben worden. Denn justemalen in dieser Phase seines Werdegangs geriet er an eine Person, die ihn vom Tugendpfad ab auf den der Untugend führte.

„Bleib auf dem Weg, dem graden,
auch wenn er schwierig ist
und steil. Den allergrößten Schaden
hat der, den Teufels (Weibes) List
auf einen krummen wies,
den er (sie) als leicht anpries,
weil er nach unten führte..."

Mit dieser Person, eine Unperson natürlich, müssen wir uns jetzt ein wenig befassen...

* * * * * *

Edith Roswitha Manuela Braske, geborene Hartauer, 28, Hausfrau und auch nicht (bald wird dieser Gegensatz aufgeklärt werden), und Karl Amadéus Hesékiel Braske, 30, freier Handelsvertreter, bildeten ein Ehepaar; mehr aber auch nicht. Sie wohnten im gleichen Sechzigfamilienhaus, auf derselben Etage sogar, in dem Gerhard Mittler vor ein paar Wochen sich eine Eigentumswohnung gekauft hatte, um nun endlich aus dem Elternhaus ziehen zu können. So lernten sich die Braskes und er kennen. Diese hatten noch nicht einmal „die zwei verflixten Jahre" hinter sich und schon war die Ehe erledigt, kaputt, hops, perdu, im Eimer - um nur die geläufigsten Ausdrücke dieser Gegend zu zitieren. Edith hatte Karl geheiratet, weil er damals infolge günstiger

Produkte enorm viel verdiente, fünfstellige Summen monatlich, die knapp ausreichten, ihre Lebensansprüche zu befriedigen. Von ihrem ganzen Habitus her war sie die geborene Prostituierte, nachdem sie mit 23 aber einmal in diesen Beruf hineingerochen hatte, stank er ihr zu sehr, zu viele Kolleginnen sah sie, die kurz vor der Bauchlandung in die Gosse standen, und so sann sie auf die Alternative: heiraten. Eine Ehe kann, muss nicht, noch Sicherheit bieten, wenn der Lack zu bröckeln beginnt. Karl hatte Edith geheiratet, weil sie die Kunst des Verführens redlicher und weibliche Kameradschaft suchender Männer derartig verstand, dass selbst der härteste Transvestit seinen gegenwärtigen Status vergessen hätte und zu ihr übergelaufen wäre. Der Täuschung, dass Edith ihn mehr liebe, wenigstens genauso, als sein Einkommen, erlag er solange, bis dasselbe zu schrumpfen begann: infolge Konkurrenz, allgemeiner Kaufunlust und verfehlter Dispositionen auf 6.000 im Monat. Das waren herbe Verluste und war für einen strammen Verdiener bitter, doch rangierte Karl damit noch weit über den meisten Arbeitnehmern unserer Republik. Doch Edith wechselte ihr verführerisches Lächeln aus wie man es mit den Dritten Zähnen tun kann: auf erst schmollendes, dann mokantes und schließlich verächtliches; dann sah sie besonders ordinär aus. Dieses traf den gutmütigen Karl bis in die Herzvorkammern, die zu vibrieren begannen und ihn warnten, sich weiteren derartigen Belastungen auszusetzen.

Aber die infamste Tat Ediths bestand darin, dass sie ihn für zeugungsunfähig deklarierte - in Wirklichkeit aber heimlich die Pille schluckte. Außerdem weigerte sie sich ihn zu bekochen - was sich eigentlich sowieso nur im Öffnen von Dosen, Aufschneiden von Tüten und Aufreißen von Beuteln, Ausschütten und Warmmachen deren Inhalte und Stürzen derselben auf Teller erschöpft hatte. Wir sehen: Es war eine Ehe, die ohne irgendeine Drehbuchkorrektur in die Serie „Ehen vor Gericht" gepasst hätte. Dorthin, nämlich vors Gericht, gedachte Karl sie dann auch zu schleppen. Zunächst aber wollen wir die Reihenfolge der Ereignisse einhalten...

* * * * * *

Gerhard Mittler zog also in die unmittelbare Nachbarschaft dieser Leute, als er die Eigentumswohnung erwarb. Da war bereits das geschehen, was der Volksmund so poetisch zu umschreiben versucht:

„Ehestand - Wehestand",

aber es war noch nicht soweit gediehen, dass man nach außen hin nicht noch den Schein zu wahren suchte. Darum bemerkte Gerhard Mittler trotz seines kriminalistischen Scharfblicks nichts von der Krise der Braskes, als er sie zum Einstand in seine Wohnung einlud,

„...als diejenigen Nachbarn, die mir am nächsten wohnen."

Kein Wunder: Karl und Edith turtelten wie Brieftauben, wenn der Täuberich nach langem Ausflug endlich zur Täuberin zurückkehrt.

„Gurr'n die Tauben auf dem Dach,
ist in der Ehe meistens Krach."

Nach der kleinen Feier, bei der die Braskes den überragenden Intellekt ihres Gastgebers anerkannten, bildeten sich drei verschiedene Ansichten.

Gerhard: „Da habe ich ja Glück mit so netten Nachbarn nebenan. Sie geben ein Beispiel: 'Die Ehe ist doch kein leerer Wahn'."

Karl: „Mit diesem Kriminalen möchte ich nicht aneinandergeraten. Der überführt jeden."

Edith: „Das ist ein Teufelmordskerl! Den krall ich mir."

Nun sollte man informiert werden, wie Karl und Edith die Tage und Nächte von Montagmorgen bis Freitagabend verbrachten: Jeden Montag brach Karl zu seiner bis Freitag andauernden Überlandtour auf, die ihn bis in die fernsten Winkel der Republik brachte, wo er Groß- und Einzelhändlern seine Waren verkaufte, die ihnen dann ab Fabrik geliefert wurden. Er aß und trank in Kneipen, Restaurants und Bistros und schlief in Mo- und Hotels. Viele seinesgleichen sprangen, der leichten Gelegenheiten wegen, oftmals seitwärts, Karl aber dachte daran als gut verheirateter Mann niemals. Im Gegenteil: Fünftägige Abstinenz ließ ihn am Freitagabend zu einem sexuellen Berserker werden, was, wie er wähnte, Edith von ihm verlangte, jedenfalls schadlos verkraftete. Edith ihrerseits fand die Zeit von Montag bis Freitag langweilig wie das Paradies- oder Haremsleben, so ganz ohne Gesellschaft, im Abwartestand, nichts zu bekochen, Hausputz und Wäschemachen waren in wenigen Stunden erledigt. Zum Lesen, selbst der anspruchslosesten Wochen- und Liebeshefte, hatte sie zu wenig Sitzfleisch, zur sinnvollen Handarbeit war sie zu blöde, und so blieb das Ausgehen: Sommers im kürzestmöglichen Minirock und knappst-strammer Bluse, um die gierigen Blicke angegeilter Herren in Empfang zu nehmen, winters im fünfstellig teuren Pelz, um die Zugehörigkeit bei den oberen Tausend der Stadt darzustellen. Und die Wochenenden? Da war Karl, bei Tausenden hinter sich gebrachten Kilometern, nach Ruhe, häuslicher Behaglichkeit, heimischer Küche und wohlgedecktem Tisch zumute, während Edith nach schicken Restaurants, flotten Discos und Ausflügen lechzte. Wie lange, werden sich nun diejenigen Leser fragen, die bereits einschlägige Erfahrungen sammeln konnten, wie lange also mochte solch Zusammenleben krassester Gegensätze währen? Wie viel Kilogramm Toleranz musste jeder mit sich schleppen, säckeweise Freizügigkeit und Eimer voll Großzügigkeit nach sich ziehen oder voranschieben! Wir haben gehört, dass Geld die Hauptantriebskraft für Ediths Liebe zu Karl war; folglich würde er verratzt und verloren sein, sollte er einmal nicht genug von ihm herbeischaffen können. Bis jetzt mag der Eindruck entstanden sein, als ob wir Edith negativer darzustellen beabsichtigten als Karl; das ist nicht der Fall. So soll denn noch mitgeteilt werden, dass Edith bis zum Eintritt Gerhard Mittlers in ihr Leben jeden, auch den allerklitzekleinsten Seitensprung abgelehnt hat, so oft auch zügige Sportler dieser Disziplin an sie herantraten.

* * * * * *

Über die Sündenfälle dieser Welt unterrichtete Mitbürger glauben jetzt gewiss zu ahnen, wenn nicht zu wissen, wie's weitergehen wird mit unseren drei Hauptdarstellern. Andere, die sich nicht sicher fühlen, mögen verschiedene Möglichkeiten erwägen:

Erstens dass sich ein Dreiecksverhältnis aufbaut, ein Terzett von Sternen vielleicht, mit Edith als Fixstern und Karl und Gerhard als um sie kreisende Planeten, die allmählich infolge

Überbeanspruchung verglühen und erkalten, mit ein wenig Nachhilfe vielleicht - genau wie unsere Erde; zweitens dass Karl beiseite geschafft wird, - schließlich bearbeiten wir hier ja einen Mordfall -, und die beiden Überlebenden zunächst frivol und schandbar, dennoch fröhlich und munter weitermachen, bis auch sie das verdiente Los ereilt; drittens dass Edith, mit insgeheim bereitwillig gegebener Zustimmung Karls, die Seiten und damit die Hemden wechselt, ohne dass es zu irgendeiner kriminellen Tätigkeit kommt; viertens - nun, werden wir nicht voreilig! Mitteilen müssen wir jedoch, dass auch in dieser Geschichte ein Mord passiert, so dass wir hier die Frage stellen: Wer mordet wen? Folgende Möglichkeiten gibt es:

Gerhard ermordet Edith, Gerhard ermordet Karl, Karl ermordet Edith, Karl ermordet Gerhard, Edith ermordet Gerhard und Edith ermordet Karl. Doch halt! Diese drei Täter- und Mordkandidaten werden nicht unter sich bleiben: Gerhard Mittler weiß es um diese Zeit noch nicht, aber die große Liebe seines Lebens, jene, bei der es funken wird wie im Achtzylinder, sie tummelt sich bereits in seinem Umfeld und wird - unschuldig an allem - den Stein des Anstoßes ins Rollen bringen.

* * * * * *

Edith Braske gehört, jeder wird wohl so denken, zu jener Art von Turtelflittchen, die im ersten Moment einen ungeheuren Eindruck verursachen, Männerblicke auf sich ziehen, Herrengedanken beeinflussen, Starke schwach und Schwache stark machen. Es gibt namhafte Kolleginnen aus Geschichte und Vergangenheit, denen sie zuzuordnen ist, deren Namen wir aus Gründen der Pietät jedoch nicht nennen wollen; Interessierte mögen in entsprechenden Nachschlagewerken unter H, D, P, N, M und anderen Buchstaben suchen. Auch Gerhard Mittler, seit eh aufgeschlossen den Achterbahnen und anderen kurvenreichen Linien hübscher weiblicher Körper, verbrachte einige Tage unter ihrem hinterlassenen Eindruck, träumte sogar davon, sie habe ihn im Bett und er habe sie auf dem Sofa besucht, aber als reifer Jüngling ahnte er, dass hier von Liebe keine Rede sein konnte. In einer Kategorie zur Einteilung aller Frauentypen dieser Erde würde sie unter „für gewisse Stunden", was eigentlich „für gewisse Minuten" heißen müsste, rangieren - fürwahr kein Ehrenplatz! Edith konnte also niemals ihren ersten Eindruck erhalten oder gar erhärten und musste stets gewärtig sein, wie ein Gebrauchtprodukt abgestoßen und weiterveräußert zu werden. Hätte Gerhard Mittler sie ab dem Besuchsabend nie wiedergesehen, schon nach wenigen Tagen wäre sie aus seinem Gehirn verbannt gewesen. Aber sie wohnten ja nahe beieinander und sie arrangierte es, dass sie sich sahen: morgens wenn er zum Dienst ging, holte sie die Zeitung herauf, abends wenn er heimkam, hatte sie unten bei den Mülltonnen zu tun. Er machte einige Tests, kam zu unterschiedlichen Zeiten nach Hause, was in seinem Beruf nichts Besonderes war - sie bekam dieses spitz mit dem Spürsinn eines sexuellen Pfadfinders. War er abends zu Hause, auch mal an einem freien Nachmittag, dann ließ sie das Repertoire alleingelassener Hausfrauen spielen:

„Oh, Herr Mittler, hab vergessen Salz einzukaufen, könnten Sie aushelfen?"

Er konnte und tat's auch. Nach dem Salz waren es Eier, Butter, Marmelade, Zigaretten.

„Natürlich geliehen, Herr Mittler, ich bring's zurück, ehrlich."

Er drängte nicht darauf, war immer höflich und hoffte auf seine längere Ausdauer. Natürlich fanden diese erotischen Vorgeplänkel Ediths nur unter der Woche statt, wenn Karl seinem Gelderwerb nachfuhr. Alles in allem kann gesagt werden, dass zu diesem Zeitpunkt sich die ganze Angelegenheit in einer „stillen Eskalation" befand - das ist bekanntlich ein Zustand, der einer Mittagspause des Geysirs entspricht: unten brodelt und oben ruht es...

* * * * * *

Einem Geysir begann auch Karl Braske zu gleichen, doch spielten sexuelle Strömungen hier nicht mit. Die Nase war's mehr: er hatte sie voll, zwar noch nicht gestrichen, aber doch zu achtzig Prozent. Er sah das Ende seiner Ehe voraus und sorgte sich als guter Kaufmann erst einmal um die Konten. Nach der Hochzeit hatte er sie so eingerichtet, dass Edith mit über sie verfügen konnte, Geld war genug vorhanden und Vertrauen ehrt ja bekanntlich; nicht so bei Edith. Sie gab mindestens soviel aus wie hereinkam, eine Methode gut zu leben aber die, zum Beispiel, Altersvorsorge zu vernachlässigen. Sanfte Ermahnungen Karls, fünfundzwanzig Paar Schuhe, jede Woche ein neues Kleid und jeden Tag neue Strümpfe seien wohl nicht lebensnotwendig, ignorierte Edith mit dem charmantesten Lächeln der Welt. Schluss damit! Da Karl die beiden Girokonten nicht ohne ihre Zustimmung auf sich allein umschreiben lassen konnte, erleichterte er sie bis auf je fünf Euro und richtete zwei neue ein, über die er allein die Verfügung besaß. Damit war Edith der Geldhahn abgedreht und sie wurde plötzlich vom Tropf namens Karl abhängig.

„Soll das jetzt immer so bleiben?", herrschte sie ihn an.

„Solange wir etwas maßhalten müssen, ja."

„Und was soll ich anziehen, wenn wir mal ausgehen?"

„Schau doch in deine Schränke, sie quellen von Kleidern über."

Sein trotziger Ton hätte sie warnen müssen, aber für solche Feinheiten besaß sie keinen Nerv. Zum ersten Mal auch, als er diesen Freitag heimkam, umbalzte er sie nicht, fuhr am Montag wieder hinaus in die Welt des unbarmherzigen Kommerz, ohne ihr beigewohnt zu haben - wie es im richterlichen Jargon so blumig heißt. Jetzt plötzlich begann es ihm zu gefallen, noch kein Vater geworden zu sein, denn dann gab's bei einer etwaigen Trennung bedeutend weniger zu verhandeln. Wann roch Edith Lunte? Wäre ihr eine Scheidung zu diesem kritischen Zeitpunkt überhaupt genehm gewesen? Wohl nicht, denn keineswegs wollte sie sie leichtfertig heraufbeschwören, ohne den nächsten Fisch schon an der Angel zu haben. Hieß dieser Gerhard Mittler? Möglicherweise.

„Das ist ein toller Hecht", beschwor sie sich selbst immer wieder.

Um für alle Eventualitäten gewappnet zu sein, mehrere Eisen im Feuer glühen zu lassen, tat sie erst einmal folgendes: Sie setzte die Pille ab. Gleichgültig, wer ihr nächster Beischläfer wäre, einen würde sie am Kragen festhalten.

* * * * * *

Während Edith Braske, geben wir es zu, in frivoler und moralisch bedenklicher Weise ihr Leben zu meistern suchte, dachte nur drei Kilometer Luftlinie entfernt eine weitere junge Dame über ihre Zukunft nach. Bisher hatte sie ein solches Thema locker vor sich hergeschoben und mehr an Selbständigkeit und Karriere gedacht, aber gestern war ihr 35. Geburtstag gewesen und heute hatte sie Gerhard Mittler gesehen. Zwar nur durch das Türfenster ihres Büros, aber doch sehr nah und genau und vor allem mit Herz und Verstand. Diese beiden, das eine ein schnöder, aber recht fleißiger Muskelapparat, der andere weder auf einen Röntgenfilm zu bannen noch sonst irgendwie zu greifen, bilden in Gemeinschaft das bestfundierte Fundament für eine funktionierende Ehe voller rosiger Zukunftsaussichten. Hätte Gerhard Mittler an diesem schicksalschweren Tag in entgegengesetzte Richtung geschaut, also ins Büro hinein, so wären sich wahrscheinlich die beiden überspringenden Funken begegnet, so zündete vorerst nur der eine und entfachte jenes leise, erwärmende Glimmen, das man keimende Liebe nennen kann.

Früher, so lehren uns die in gehobenen Kreisen gern gelesenen Liebesromane, warteten die von solchen Funken angebrannten Jungfrauen brav und sittsam im Kämmerlein und unter Mamas Fittichen auf die weitere Entwicklung. Diese als voremanzipatorische Epoche zu bezeichnenden Zeiten sind vorbei und auch zurückhaltend veranlagte Damen können es wagen, den Schießkünsten Amors nachzuhelfen, ohne in der Ruch der Eilfertigkeit in ehelichen Belangen zu geraten. So jedenfalls dachte Renate Berger, just 35 geworden, ein Spätling der Evolution, denn im Gegensatz zu ihren Kolleginnen und den meisten anderen Frauen dieser Stadt stand sie in diesem Alter im Zenit ihrer Attraktivität. Machen wir uns den Scherz Renate mit Edith zu vergleichen, so genügen zwei Feststellungen.

Renate: „Blickfang durch Qualität."

Edith: „Blicke fangen durch Quantität."

Untersuchen wir in diesem Stadium schon einmal, ob Renate eine zu Gerhard passende Partnerin wäre. Sie war stellvertretende Direktorin der Universitätsbibliothek und würde dereinst, nach der Frühpensionierung ihrer Chefin, gewiss deren Nachfolgerin werden. Das war ein Job im Landesdienst mit geregelten Arbeitszeiten, ohne Überstunden, in angemessener, für nicht überkandidelte Lebensführung ausreichender Besoldung, er würde das Fundament bilden für Gerhards beabsichtigten Ausstieg aus dem Kriminaldienst. Renates Abstammung und Werdegang garantierten ihre hohe, überdurchschnittliche Allgemeinbildung, ihre gepflegte Erscheinung und ihr kultiviertes Auftreten: geschmackvoll vom Scheitel bis zur Sohle. Warum, wird mancher oder manche nun in Anbetracht dieser Lobpreisung fragen, warum, wieso, weshalb ist ein solches Geschöpf mit 35 nicht verheiratet? Eine derartig ungeschickte Fragerei ist bei uns ja immer noch üblich. Die Antwort ist so kurz wie konsequent:

„Bis jetzt ist der Richtige noch nicht aufgetaucht."

Genau diesen Satz hielt Renate für dumme Frager bereit. Die Duplizität der Schicksalsschläge zeigt, dass er auch für Gerhard Mittler gilt, mit der Veränderung auf „die". Schicksalsschläge? Nun, wo sind sie? Wen treffen sie? Jetzt noch niemanden, aber wir verraten, dass Renate getroffen und schwerst angeschlagen wird. Jetzt saß sie zu Hause auf dem Balkon, genoss frische Luft und Aussicht ins Grüne der Gärten, lauschte den Vogelstimmen und dem Verkehrrauschen der Straße nebenan und dachte nach. Sie war sich durchaus ihrer körperlichen Vorzüge bewusst, hatte aber, im Kontrast zu Edith, mehr einzusetzen, zu bieten als dieses leichtlebig-lose Geschöpf, und gedachte entsprechend zu operieren. Zu ihrem Leidwesen hatte sie in der Vergangenheit erfahren müssen, dass qualitätvolle Männer, besonders im kritischen Alter von 35 bis 45, recht schüchtern sein können, unentschlossen und mit wenig Initiative zum Herumreißen des Lebenssteuers begabt.

„Sie sind schon saturiert."

„Sie haben zu lange Mutters Bratkartoffeln gefuttert."

Psychiater und Psychologen lächeln natürlich über derartig knappe Definitionen, das ist ja ihr Beruf, was aber an deren Treffsicherheit nichts ändern kann. Renate wusste nichts über Gerhard Mittler, hatte ihn erst jetzt, obwohl er regelmäßiger Nutzer der Bibliothek war, zu Gesicht bekommen und war sich der Gefahr bewusst, die das Herangehen ihrerseits mit sich bringen konnte. War er verheiratet? Ein Eigenbrödler oder gar Eigenblödler, die gar nicht, äußerlich unerkennbar und selten sein sollen? Hatte er schon Schrullen angesetzt, die selbst die liebevollste Ehefrau auf Dauer nicht ertragen mochte? Als da sind: Pedanterie bis zum Gehtnichtmehr; Frömmigkeit bis zum Grün- und Blauwerden; Geiz bis zur Askese; Ungeselligkeit bis zum Eremitentum; Tyrannenverhalten bis zum Erbarmen und dergleichen Fehlverhalten von Menschen, die aller materiellen Sorgen ledig und doch ungenießbar sind.

„Die Ehe ist ein Würfelspiel -

wir würfeln alle Tage.
Dem einen bringt dies Würfeln viel,
dem andren wird's zur Plage."

Renate bedachte jetzt ganz logisch, dass der erste Schritt, ginge er schief, nicht einen zweiten nach sich ziehen müsste. Klar, sie könnte diesem ihrem Kandidaten einen Detektiv an die Fersen heften lassen - aber war das ein guter Start in ein eventuell neues Leben!

* * * * * *

Karl Braske war in seiner Eigenschaft als Kaufmann ein verschmitzt-verschlagen-raffinierter Partner, der sein Gegenüber bis auf die Socken ausziehen konnte, wenn dadurch ein paar Kröten mehr eingeheimst werden konnten - im Privatleben aber, sozusagen als psychologischen Kontrast, pflegte er seine natürlichen Anlagen: Aufrichtigkeit, Offenheit und Einfachheit bis es nicht mehr ging. Darum traf ihn Ediths neueste Attacke tief und äußerst beleidigend.

„Es kann der Friedlichste nicht in Frieden leben
wenn es dem bösen Partner nicht gefällt..."

Soeben war Karl von einer anstrengenden, an Aufwand und Lukrativität nicht voll und ganz übereinstimmenden Wochentour zurückgekehrt, 18 Uhr 30 war's just, als er bass erstaunt und trotz seiner oben geschilderten Anlagen misstrauisch Ediths Metamorphose feststellen musste: von der Saula zur Paula. Sie servierte ihm nämlich einen strammen Teller Bratkartoffeln, und selbstgemachte gar, nicht aus der Tüte, garniert mit Spiegeleiern, Gurken und Tomaten - ein Lieblingsfutter, für das er sich ohne weiteres füsilieren lassen würde, müsste es auf diese umständliche Weise bezahlt werden. Außerdem schnurrte sie wie ein Kätzchen um ihn herum, ließ ihr aufreizendes, ihn bereits unendlich langweilendes Gehabe sein und hatte ihre übliche freizügige Kleidung gegen eine hausfrauliche gewechselt - die anscheinend perfekte Verwandlung des Leoparden in ein Zicklein. Zu Ediths

Unglück aber hatte Karl in seinem Inneren und heimlich wie ein Schwarzseher bereits einen Schluss-Strich gezogen: unter sein bisheriges Leben. Und im kommenden sollte kein Platz mehr sein für Kreaturen wie Edith. So leicht er damals ihren messalinaischen Künsten erlegen war - so schwerelos erleichterte er sich jetzt von ihr. Menschen wie Edith leben - und sterben manchmal - an ihren Übertreibungen, die sie meist nie als solche erkennen.

„Hast du", säuselte sie, „diese Woche gute Geschäfte gemacht?"

„Mäßige", gab er zurück, „die verdammte Bande will zur Zeit nichts kaufen."

Die Kargheit seines Verhaltens brachte sie innerlich zum Kochen, aber sie hatte sich vorgenommen, ihn heutigentags zu verführen, und für dieses Ziel gedachte sie Entbehrungen auf sich zu nehmen. Nach dem Essen verkroch er sich auf sein Zimmer.

„Ich muss die Wochenabrechnungen machen und dann die Steuererklärung."

„Soll'n wir nicht lieber fernsehen?"

Noch hatte sie nicht bemerkt, dass er die Fächer seines Schreibtisches und die Laden des Stahlschranks abschloss, auch andere Zeichen des Misstrauens vornahm, und seine sonntägliche Auszahlung des Wochenwirtschaftsgeldes - 500 - wertete sie nicht als Voralarm kommender Geschehnisse. Zwar maulte sie unhörbar „Wie soll ich denn mit 2.000 im Monat auskommen?", aber sie war sich ihrer Macht über ihn so sicher, dass sie an wirklich Arges nicht zu denken vermochte. Am Abend, als er bereits seitlich gerollt im Bett lag und ihr seine Hinterpartie zukehrte, versuchte sie sich in die große und lange Reihe der Verführerinnen der Weltgeschichte einzuordnen. Früher hatte hierzu verhaltenes Stöhnen, unterdrücktes Keuchen und das Heranführen einer ihrer Hände an seinen Korpus genügt: Wie der Bulle vom Dienst war er über sie hergefallen. Doch heute? Er grunzte wie ein seniler Keiler und rollte sich wie ein hinterindisches Stachelschwein zusammen. Aus diesem Grund kam es zu einer ehelichen Schlafzimmerszene, über die du, liebe Leserschaft, gewiss nicht berichten würdest, wenn sie dir zustieße!

„Du bist ein unfruchtbarer lahmer Fettsack!"

Edith boxte die Kissen, als seien diese schuldvoll.

„Ich hab mir ein Kind gewünscht", log sie frechdreist, „aber ein Enuche kann ja keine machen."

Sie haute in die Matratze, als sei diese schuldig.

„Der von gegenüber", keifte sie als höchsten Trumpf, „dieser Mittler, der würde mir sofort eins machen."

Hier horchte Karl Braske immerhin auf. Vielleicht wäre es die beste Lösung der verfahrenen Situation, wenn er Edith an den Nachbar abträte. Das würde vieles, vor allem das Finanzielle, erleichtern. Er ließ Edith keifen, lamentieren, schimpfen und heulen und begab sich auf die Couch im Wohnzimmer, den Rest der Nacht zu verbringen.

* * * * * *

Am Samstagmorgen suchte er seinen Nachbarn auf, mit dem er in der letzten Zeit hin und wieder ein paar Worte gewechselt hatte. Da er noch nicht gefrühstückt hatte, nahm er Gerhard Mittlers Vorschlag zum Mitfrühstücken an.

„Sie hatten gestern", sagte Gerhard launisch, „ein ziemlich lautes Programm eingestellt."

„Das war live", antwortete Karl lächelnd.

„Ja, manche mögen's laut."

„Sie können sie haben", sagte Karl unerschrocken, „ich werde mich von ihr trennen."

„Sich von jemandem trennen" - überlegte Gerhard Mittler in Gedanken und lautlos, „kann auf verschiedene Methoden geschehen. Welche meint der wohl?"

Im Guten? In die Wüste schicken? Aus dem Haus jagen? Verschwinden lassen? Ermorden? Es ist bezeichnend, dachte Gerhard weiter, dass unsere Sprache für diesen Vorgang so viele Ausdrucksmöglichkeiten gefunden hat.

„In jeder Ehe", sagte er, „gibt's mal 'ne Krise. Wenn alle sich sogleich trennen wollten...?"

„Mag sein", antwortete Karl, „aber meine ist kaputt."

Zu dem Angebot der Übernahme sagte Gerhard natürlich nichts. Ihm war hier sofort klar, dass er Edith nur dann „übernehmen" würde, wenn die Scheidung nach allen Regeln des Anstands und der Fairness durchgeführt werden würde. Für Strandgut war er nicht zuständig. Aber, aber, aber: Satanas, der Chef aller Versucher und Organisator des unverhofft Bösen, postierte sich bereits hinter ihm! Zwei Montage der kommenden Zeit sollten ihm und einer anderen, vorerst ungenannten Person, zum Verhängnis werden. Wie kann es geschehen, mag man sich gelegentlich fragen, dass Menschen, die jahrzehntelang den geraden Weg, den Pfad der Tugend gegangen sind, plötzlich, bei der ersten Probe ihrer Integrität, moralisch zusammenbrechen und etwas tun, das sie schon Minuten später bereuen oder durch noch schlimmere Handlungen ungeschehen machen möchten?

* * * * * *

Der Montag nach diesem unerquicklichen Wochenende sah Edith Braske als Furie. Zunächst nur als innere. Ohne ein Wort des Abschieds, ohne das sonst zwischen Küssen hervorgenuschelte „Tschüss" hatten sich Karl und Edith am Morgen getrennt. Er um die unumgänglichen Umsätze zu tätigen, sie um heute, vermutlich am Abend, „Nägel mit Köpfen" zu machen. Je nach Umstand versteht jeder unter dieser Floskel etwas anderes, das durchaus positiv sein kann. Ediths finstere Gedanken schienen sich auf halbem Weg mit denen Gerhard Mittlers zu treffen. Denn er war heute in seinem Büro bei der Routinearbeit, die nie viel Geisteskräfte erforderte, faselig, gedankenfern und -verloren und doch auf ein Ziel fixiert: diese verdammte Edith Braske! Wie war es möglich, dass er von ihr eingenommen sein konnte? Lag's an dem Umstand, dass er sie vom Ehemann aufgegeben, sozusagen vogelfrei wusste? Diese Möglichkeit, erwogen und bedacht, gefiel ihm gar nicht, denn sie war anrüchig und bedenklich für einen Mann seines Schlages. Seines Schlages? War er etwas Besseres als Edith?

Ohne eine Antwort anzustreben und zu finden machte Gerhard Mittler heute seine Arbeit, unlustig, übelgelaunt ohne diesen Zustand zu zeigen und war froh, dass nichts Besonderes vorlag und er zur pünktlichen Zeit sein Büro verlassen konnte. Während der Heimfahrt dachte er an den angenehmen Vorteil, im Falle des Verheiratetseins nun von einer sorgenden Gattin empfangen zu werden.

„Seltsam", sagte er, „der eine hat's und will es lossein und der andere wünscht es und hat es nicht."

Unten am Hauseingang lungerte Edith „wie zufällig" herum und nutzte die Gelegenheit den Aufzug mitzubenutzen. Ihre dezente Aufmachung ließ sie solider erscheinen als sie war, so dass Gerhard Mittler ihrer Aufforderung „Ich habe ein hübsches Abendessen gemacht, wenn Sie wollen, Herr Mittler" keine Absage erteilen mochte.

„Gut, dann in einer halben Stunde."

War Satanas, den wir vorhin zitiert haben, schon mit von der Partie? Durchaus nicht. Natürlich war Gerhard nicht so blauäugig zu glauben, dass Edith nicht gewisse Absichten hege, aber erstens war er sexuell unterernährt, zweitens prickelte in ihm die Lust am Risiko und drittens war er fest entschlossen, das Material für seine Romane auch der Wirklichkeit eines ganz normalen Alltags zu entnehmen.

„Wer nur solide vor sich hin lebt", sagte er, „in den von Überlieferung und Konfession vorgezeichneten Bahnen, der weiß nichts zu erzählen."

Als Gerhard Mittler pünktlich, wie es seine Art war, nach einer halben Stunde vor dem gedeckten Tisch stand, - eine große rote Rose hatte er seiner Balkonbepflanzung entnommen -, gewann er die Überzeugung, Edith voreilig beurteilt zu haben, vielleicht angestiftet von der Stimmung, die ihr Mann über sie verbreitet hatte. Eine Frau, die so aussah wie sie jetzt, ganz Dame des Hauses, der gepflegte Tisch, der eine Esskultur oberer Klasse dokumentierte, auf dem sogar seine Lieblingssuppe Hühnerbrühe mit Einlage stand, dazu Schnittchen prangten, die dem Chefkoch eines Sechssternerestaurants Ehre gemacht hätten - er wäre der Unmensch dieses Jahres geworden, hätte er hier abgesagt. Edith hatte all ihr Wissen und Können aufgeboten, um zum ersten Mal in ihrem Leben als kultivierte Dame zu erscheinen: Nichts war über einen gewissen minimalen Reiz hinweg übertrieben, das Gesicht nicht überschminkt, das Haar nach hinten zu einem Schwänzchen zusammengefasst, was ihrem Köpfchen einen Ausdruck antiker Bravheit gab, ihren Busen bannte eine zugeknöpfte Bluse und ein freilich eng anliegendes Kostümjäckchen und von ihren lecker aussehenden Beinen war nur die Strecke von den Knien abwärts zu sehen. Es war so, dass Gerhard, wäre er ein gesellschaftlich versierter Mann gewesen, hätte sagen müssen:

„Gnädige Frau sehen heute wieder ganz bezaubernd aus."

Er sagte es nicht, war aber bezaubert. Immerhin war er so versiert zu wissen, dass hier und heute wohl nicht nur gespeist und getrunken werden sollte. Auch überlegte er, ob ihm dieser dusselige Ehemann, Karl, nicht einen Bären aufgebunden hatte mit der Behauptung, seine Edith sei ein dummes und lockeres Luder. Das Essen verlief in guter Atmosphäre, beinahe wie bei Frischgetrauten, Gerhard führte die Unterhaltung, auch nachher, als sie im Wohnzimmer beieinander, jedoch sich gegenüber saßen, und er von seinem Beruf erzählte, den vielen Morden und anderen Moritaten, die seinen Arbeitsplatz erhielten. Er war überzeugt, dass sie nun das ergreifen würde, was man sexuelle Initiative oder erotische Handgreiflichkeit nannte, aber entweder wartete sie auf ihn oder sie wollte tatsächlich den Abend harmlos ausklingen lassen. So erhob er sich um 22 Uhr, dankte mit netten Worten und einem Handkuss und trollte sich vondannen, trocken unter der Zunge und feucht hinter den Ohren. In der Wohnung rutschte er in seinen Sessel hin und her, kämpfend zwischen Erleichterung und Beschimpfung wegen erwiesener Dummheit und kaum begreifend, dass dieser nette Abend nicht netter zu Ende gegangen war...

* * * * * *

Er begann erst! Verführer und Verführerinnen, denen das Verführen noch nicht zur Routine geartet ist, haben meist das „Gefühl der verpatzten Gelegenheiten", wenn ein Abend, Morgen oder eine Nacht so wie beschrieben zu Ende gehen. Nur durch Treppenhausflur und zwei Türen voneinander getrennt, unterlagen Edith und Gerhard momentan diesem Gefühl. „Verpatzte" und „verpasste" Gelegenheiten bergen aber die Gelegenheit des Nachholens in sich. Gerhard erhob sich just, dieses auszuführen, als seine Klingel klingelte. Ohne erst durch den Spion zu äugen öffnete er die Tür, Edith schritt herein, durch den Garderobenflur stracks ins Wohnzimmer, zog sich mit der Geschwindigkeit und Hektik eines übernervösen Wiesels aus und platzierte sich splitterfasernackicht auf dem weißgrauen Berber. Die Arme unter dem Kopf verschränkt und mit Blicken, die Gier, Erwartung, Hoffnung und Dreistigkeit in einer unverschämten Weise in sich vereinigten. Derartige sexuelle Handstreiche,- beinahe war's ja ein Überfall -, war Gerhard Mittler natürlich nicht gewohnt, aber ebenso natürlich wusste er, was zu tun sei.

Es ist nicht Zweck und Thema unserer Abhandlung, den Rest des Montagabend auszumalen. Es geht mehr um die Folgen. Wer nun ein dauerhaftes Intimverhältnis zwischen Gerhard und Edith erwartet, befindet sich auf dem Holzweg. Das Ereignis vom Montag hatte nichts mit gegenseitiger Sympathie zu tun, Herzenswärme stellte sich nicht ein, es war ein Brunft- und Sündenfall, wie er auf dieser Erde täglich tausendfach vorkommt. Dass einer der Teilnehmer, wer sonst als Edith, weiterführende Absichten hegte und trotz aller körperlichen Hingabe den Blick nicht nur an die Zimmerdecke sondern auch in die Zukunft gerichtet hielt, darf als selbstverständlich angenommen werden; ihr späteres Verhalten beweist dieses. Im übrigen begab sie sich nach Vollzug durchaus nicht froh gestimmt in ihre Behausung zurück, denn dieses war ihr erster Seitensprung, der ihr weder süß schmeckte noch leicht von der Hand gegangen war.

Doch „Vorsorge ist der erste Schritt zu weniger Sorge", und wenn der liebe Karl sie dereinst verlassen würde, so musste Ersatz gefunden werden. Auch bei unserem guten Gerhard Mittler hinterließ der Abend sowohl einen bitteren Nach- als auch einen faden Vorgeschmack. Wie so viele seinesgleichen in ähnlicher Situation und Stimmung beschloss er nach dieser Entbrunftung dieselbe nicht wieder geschehen zu lassen; oft ein unhaltbares inneres Versprechen, wenn der Verführer vis á vis wohnt. Tatsache ist, dass Gerhard seit diesem Tag weniger an Edith dachte als vorher, was für seinen Geschmack spricht, und er es einzurichten versuchte, zu unregelmäßigen Zeiten heimzukommen. Doch Edith dachte gar nicht daran, ihn abzufangen, nochmals zu bewirten und ihm zur Verfügung zu liegen, denn im Sinn der erwähnten Vorsorge gingen ihre Blicke viel weiter in die Zukunft als die Gerhards. Dachte dieser wirklich, bei einem derartigen Abenteuer, - honoriert hatte er ja nicht -, ungerupft davonzukommen? Er dachte eigentlich gar nichts, hielt die Affäre für den Augenblick als beendet, den er bestimmte. Da er kein hartgesottener Bursche war, blieb nun folgende Entwicklung vorstellbar: Edith konfrontierte ihn mit der Tatsache der Schwangerschaft, die nur seine sein könne, da ihr Karl sich ja in der Vergangenheit als bevölkerungspolitischer Blindgänger erwiesen habe. Je nach der Methode, wie Edith Gerhard diese Neuigkeit beibrachte, ob triumphierend-feixend oder liebreizend-bedauernd, könnte es weitergehen: Gerhard verwies entweder schroff auf die Abtreibungsmöglichkeit oder er nahm sie zärtlich in die Arme und versprach, sie nach der Trennung von Karl weiterhin in seinen Armen zu halten. Wären diese beiden Möglichkeiten eingetreten, nun - dann wären diese Blätter hier ungeschrieben geblieben, denn wir verfassen ja keinen Liebesroman! Wer scharfsinnig kombiniert oder ein wenig zurückblättert, der wird im Zusammenhang mit jener Person, die wir bisher am geringsten berücksichtigt haben, eine dritte Variante für möglich halten...

* * * * * *

Es ist nicht von Karl, dem meist abwesenden, die Rede. Aber auch er lässt sich die Werbefloskel der Versicherungsbranche

„Vorsorge schützt vor Sorge"

durch den Kopf gehen. Nach dem letzten Krach mit Edith hatte er ja nicht nur Veränderungen auf den Konten getätigt, sondern sich auch vorgenommen, schnurstracks einen Anwalt zu konsultieren und eine Scheidung so schnell wie möglich durchzuziehen.

„Halt halt!", rief er sich in einem lichten Moment zu, „das mit dem schnurstracks lassen wir erst einmal!"

Stattdessen nahm er sich die Zeit, eines der Konten aufzulösen und in Bargeld zu verwandeln, und so verfuhr er auch mit dem Sparkonto, einem Aktienpäckchen und anderen Anlagen, die verhältnismäßig leicht zu Barem zu machen waren. Nichts bereitete ihm schon jetzt mehr Verdruss als die Vorstellung, demnächst mit Edith alle diese feinen Sachen teilen zu müssen. Also schien es geboten, diese Transaktionen noch vor dem Einreichen der Scheidung durchzuziehen. So füllte sich der Safe in seinem Arbeitszimmer langsam aber stetig mit zukunftsichernden Scheinen. Für dieses sein Verhalten hat der Volksmund das Vulgärwort „schofel" konstituiert, was soviel wie „gemein" bedeutet, und wir erfahren, dass derjenige, der die Hände am Geldhahn hat, am leichtesten und ungestraft schofel sein kann. Edith freilich hätte gut getan beizeiten, als Karl der Geldumsichwerfer war, einiges davon auf die Hohe Kante zu legen, was soviel heißt wie es der Bank anzuvertrauen. Aber wer denkt in guten Zeiten an schlechte, das tun ja nicht einmal die Finanzminister...

* * * * * *

In den ruhigen fünf Wochen zwischen den beiden bewussten Montagen lernten sich Gerhard und Renate kennen. Eine Romanze hob an, die alle Seiten der Klatschpresse hätte füllen können - wäre Gerhard der Prinz, Renate die Prinzessin gewesen. Wie solche Herrschaften sich heutzutage kennenlernen, mag hier unerwähnt bleiben, unsere Formen des Alltags bieten ohnehin kaum Gelegenheiten zu romantischen Abenteuern, und so fand denn auch das erste Stelldichein unserer beiden Protagonisten in den profanen Räumen einer Bibliothek statt, nur wenige Meter vom Arbeitsplatz Renates entfernt. Sie hatte sich nach der ersten Sichtung Gerhards angewöhnt, öfter als früher ihre Blicke, von ihrem Schreibtisch aus versteht sich, über den Computersaal der Bibliothek schweifen zu lassen, dort wo die Nutzer die Computer nach dem Buchbestand befragten und ihre Bestellungen eingeben konnten. Eingedenk der Tatsache, dass es kaum Benutzer gab, die nicht regelmäßig erschienen, - ob nun Studenten, ihre Lehrkräfte und andere Angehörige der Universität oder Privatpersonen -, war sie überzeugt, auch Gerhard Mittler eines Tages wiederzuentdecken. Dieser Tag sollte keinesfalls ungenutzt vorübergehen. Sie war zwar noch nicht soweit, ihn fiebernd herbeizusehnen, aber Gerhard hatte doch bereits einen bedenklich großen Teil ihrer Denkkapazität mit Beschlag belegt. Zuviel Unwägbarkeiten gab es noch: Würde der erste positive Eindruck sich bestätigen? War er gar einer dieser mittelalten Kerle, deren Befähigung zu einer Ehe auf Gegenseitigkeit bereits erloschen war?

Nun, Renate bildete sich anhand ihrer Menschenkenntnis ein, schon bei der Premiere zu wissen, woran sie mit diesem Mann war. Und er war unterwegs, dieser Mann! Gerhard Mittler nutzte diesen Tag, den er in Abgeltung von Überstunden frei hatte, zu einem Besuch in der Universitätsbibliothek. Dort hatte er seit geraumer Zeit begonnen, nach Material zu seiner Schriftstellerei zu forschen: spektakuläre Fälle wie Massenmörder Haarmann zum Beispiel, Fiege, ein Sohn seiner Stadt, besonders die unaufgeklärten wie Rohrbach und Nitribitt, Gutachten, Stellungnahmen, Verläufe der Verfahren und so weiter. Die aus diesem Studium gewonnenen Erkenntnisse hatte er bereits nutzbringend bei der Kollegenschaft in die Diskussionen werfen können, was seinem Ansehen mächtigen Auftrieb gab. Alle seiner Kollegen und erst recht seine Kolleginnen warfen die Belastungen ihres Berufs wie einen schäbigen Mantel ab, sobald sie die Bürotür hinter sich zuwarfen; denn im Gegensatz zu ihren Pseudokollegen im Fernsehen mochten sie außerhalb der regulären Dienstzeiten nichts mehr mit der Aufklärung all der vielen Fälle zu tun haben, die ihnen werktags auf den Schreibtisch geknallt wurden. Kriminalromane lesen? Lachhaft, welch ein Unsinn! Schon der Umstand, dass in ihnen alle Verbrecher gefasst werden, machte sie zu Abstinenzlern.

Gerhard Mittler betrat gegen 10 Uhr die Bibliothek und den Computersaal, um 10 Uhr 02 wurde er dort von Renate Berger gesichtet und als mögliche Beute noch einmal unter die Lupe genommen: Auf denn, Schicksal, schlag endlich zu! Nachdem Gerhard einige Minuten am Computer verweilt und seine Bestellungen eingetippt hatte, bemerkte er neben sich eine junge Dame, - na, wie lange ist eine Dame jung? -, die scheinbar mit leichter Verzweiflung den Computer zu beherrschen suchte. Dieser schien gar nicht so charmant wie Gerhard zu sein. Kann ein Mann, der sich noch ein Quäntchen vormaligen Ritter- und Kavaliertums bewahrt hat, beim Anblick einer hilflosen Dame unbeteiligt bleiben? Wohl kaum. Aber: Ist jede Dame, die den Eindruck von Hilflosigkeit erweckt, tatsächlich hilflos? Wohl kaum. Viele Ehen der Menschheitsgeschichte wären nie geschlossen worden, hätten unsere Frauen es nicht verstanden, den Herren der Schöpfung Rat- und Hilflosigkeit vorzugaukeln. Mit zielgerechtem Blick hatte Renate Berger, - klar dass es sich um sie handelt! -, bemerkt, dass Gerhard Mittler keinen Ehering trug; zwar ist das Fehlen eines solchen Attributs der Zweisamkeit kein vollwertiges Indiz mehr, aber sie konnte doch davon ausgehen, dass ein Herr seines Alters ihn tragen würde.

Als Gerhard den Blick nach rechts warf, traf ihn des Liebesgotts mit Curare-amore vergifteter Pfeil mitten ins Gehirn. (Früher hätte man schreiben müssen „ins Herz", aber wir wissen ja seit der ersten Verpflanzung, dass unser Herz nichts als ein Muskelpaket ist, bar jeder sentimentalen Regung.) Starr vor Verwunderung, getroffen zu sein, erschreckt von der Erkenntnis, dass es - also doch! - so etwas gab in dieser Welt der alltäglichen Banalitäten, ausgerechnet hier im staubig-trockenen Saal, verhoffte er wie ein Rehbock nach nicht ganz artgerechtem Blattschuss (Schuss ins Rehherz) und starrte in Renates Gesicht, als sei sie die Schützin. Dieses Gesicht war von sachter, kaum wahrnehmbarer Verzweiflung gezeichnet und auch von jenem zarten Hauch Unschuld, dem normale Männer unmöglich widerstehen können. Als Gerhard länger als eigentlich schicklich starrte, erlöste Renate ihn:

„Und wenn ich jeden Tag mit ihnen zu tun hätte, begriffe ich diese Maschinen doch nicht."

Das war - Amor möge verzeihen - schlichtweg gelogen.

„Darf ich Ihnen helfen?", fragte Gerhard artig.

Wie viel Verbindungen und Verbindlichkeiten mögen mit diesen vier Wörtern eingeleitet worden sein?

„Ja bitte", antwortete sie, „ich schaffe das niemals."

Das war - „Eros verzeihe!" - mehr als geschwindelt.

„Geben Sie mir Ihre Ausweiskarte", bat Gerhard hintergedanklich, „dann mache ich es Ihnen einmal vor."

Ein Blick darauf: er hatte ihren Namen. Zur Aufgabe einer Bestellung genügte jedoch nicht nur die Nutzernummer, sondern auch eine Geheimzahl, ähnlich einer PIN, zwecks leichter Merkbarkeit zusammengesetzt aus Tag und Monat des Geburtsdatums. Sie sagte ihm die vier Ziffern, er gab sie ein.

„Na", sagte er, „man kann ja noch gratulieren."

Insgeheim dachte er: Wie alt? 29, 32, 34? Insgeheim dachte sie: Wie alt, 36, 39, 42? So vergingen fünf Minuten für ihre

Computeranfrage, mit der sie später doch nichts anstellte, fünf Minuten aber, in denen ein Faden hin und zurück gesponnen wurde, ohne dass ein Netz entstand.

„Darauf sollten wir uns einen Kaffee genehmigen", schlug Gerhard vor.

Sie gingen in die Cafeteria und taten's. An einem runden Tischchen saßen sie sich gegenüber, hatten Ausblick auf die Giebel der Stadt und auf sich selbst. Die sonst übliche Befangenheit gab es nicht, sie machten den Eindruck eines Pärchens, das sich aufgrund einer Heiratsannonce gefunden hat. Sie klärte ihn auf, hier Angestellte, er sagte vorerst nur, im Landesdienst tätig zu sein und warum er hier herumstöbere. Dazwischen tauschten sie ihre Karten aus und er bat, sie einmal anrufen zu dürfen.

„Sie haben doch auch Samstags frei wie ich?"

„Ja, Katalog- und Bestellsaal sind zwar samstags für die Studenten geöffnet, aber die Verwaltung hat geschlossen."

Beide fanden dieses, auf die Zukunft bezogen, recht passend. Die Klammer des Gesprächs bildete beider Interesse für Bücher und Literatur, so dass nach einer halben Stunde, als sie wieder ins Büro musste, die Plattform für weitere Zusammenkünfte erstellt war.

* * * * * *

Der Schuss, den Gerhard Mittler verpasst bekommen hatte, erwies sich als Volltreffer. Da war es endlich, das weibliche Wesen, das seine Träume seit 18 gefüllt und beschwingt hatte! Nicht die blendende Schönheit, („blendend" ist doch ein negativer Begriff, nicht wahr?), der heutige Modeltyp, mit dem kaum jemand etwas Vernünftiges anzufangen vermag, aber eben deshalb eine Klassefrau durch und durch; das spürte er, schließlich bildete der Umgang mit Menschen sein tägliches Brot. Um seine Gedanken zur Ruhe zu bringen und die Urteilsfähigkeit nicht zu verlieren, marschierte Gerhard einige Runden im städtischen

Park, ehe nach Hause fuhr. Dort steckte er Renates Karte ans Telefon und machte sich dann, voreilig, wie er durchaus erkannte, Gedanken über die Zukunft. In diesen Gedanken und Überlegungen tauchte auch Edith auf, die nur wenige Schritte nebenan wohnte, aber schon so verblasst erschien, als wäre sie die Frau im Mond. Es war ihm ganz recht, dass sie nicht mehr anklopfte oder ihm unten und im Fahrstuhl auflauerte.

Renate Berger, in Sachen eventuellen Verliebtwerdens Gerhard ein paar Tage voraus, legte nach Feierabend daheim ebenfalls eine besinnliche Stunde ein. Der heutige zweite Eindruck, den sie von Gerhard bekommen hatte, bestätigte den ersten, so dass nach ihrer Auffassung weiteren nichts im Weg stand. Auch sie hatte seine Karte ans Telefon gesteckt. Welches nun läutete und seine Stimme übertrug:

„Noch nie hat mir ein Kaffee so gut geschmeckt", sagte er.

Das war zwar auch eine Lüge, denn das Gesöff hatte abscheulich geschmeckt, aber eine lässliche doch wohl, unter dem bekannten Motto, dass der Zweck die Mittel heiligen könne.

„Ich koche noch besseren", antwortete sie, „nur lohnt es sich für eine Person kaum."

„So laden Sie mich ein?"

„Wenn Sie möchten, ja."

Dieser kurze Dialog war natürlich mehr aufschluss- als geistreich. Das anschließende Kaffeetrinken und Kuchenessen brachte auch noch nicht den Durchbruch, der geschah erst bei einer Fahrt ins Grüne mit dem obligatorischen Spaziergang. Amor und sein Kollege Eros scheinen die freie Landschaft besonders geeignet für Schießübungen zu halten, was übrigens mit der Tätigkeit ihrer Nachfolger, der Jäger und Bogenschützen der Antike, übereinstimmt.

„Immer wenn ich mal unwirsch bin", sagte Renate, „ergehe ich mich in der Natur."

„Woran kann eine Frau wie Sie unwirsch werden?", fragte Gerhard.

„Nun, der Kampf um Mittel, aus dem sich meine Arbeit hauptsächlich zusammensetzt, und die Querelen mit männlichen Kollegen."

Und sie berichtete davon, dass Frauen ihres Alters, wenn noch nicht unter der Haube, von gewissen Herren, meist verheirateten, als eine Art Freiwild ohne Schonzeit betrachtet werden.

„Eine Frau wie Sie", sagte Gerhard, „und noch nicht verheiratet?"

„Ein Mann Ihres Alters und noch nicht verheiratet?"

Sie lachten wie Backfisch und Lausbube. Aus seinen Erzählungen über seine beruflichen Erfolge entnahm Renate seine schwache Stelle: der Ehrgeiz. Ist er tatsächlich eine Schwachstelle? Kommt es nicht darauf an, ob man seiner Herr zu werden vermag?

Auf einem Wandererrastplatz mit guter Sitzmöglichkeit ging die gegenseitige Abtastung weiter: welche Hobbys und Liebhabereien? Sie stimmten in der erwähnten Literatur und mit der Liebe zur klassischen Musik überein, ebenfalls in der sogenannten Religionszugehörigkeit und im Bestreben, sich in der Malerei zu versuchen.

„Aber Gegensätze sollen sich anziehen", sagte Renate.

„Mag sein, dass Liebe sie überbrückt", sagte Gerhard, „dennoch glaube ich, dass Übereinstimmung in wichtigen Bereichen positiver anzusehen ist."

Als er ihr einen hübschen Strauß Wildblumen pflückte und überreichte, war das wohl die erste Liebeserklärung. Beide legten keinen Wert auf rasches Fortschreiten ihrer Beziehung, besonders nicht auf den meist zu schnell und unüberlegt herbeigeführten sexuellen Fortgang. Wer zwei Jahrzehnte auf die Erfüllung solcher Wünsche hat warten können, braucht sich nicht zu beeilen. Zarte Beweise ihrer Liebe waren heute sein Angebot, auf dem Heimweg seinen Arm anzunehmen und ihre klitzekleine, millimeternahe Anlehnung an ihn. Haben wir vorher schon von einer Romanze gesprochen? Haben wir, sie fand jetzt un-

unterbrochen statt. Ein Lexikon nennt diesen Vorgang „umgangssprachlich für Liebesgeschichte".

* * * * * *

Bei unserem anderen Pärchen, den Braskes, herrschte die meiste Zeit über jedoch Funkstille. Karls tägliche Anrufe von auswärts, früher eine liebgewordene Gewohnheit, blieben ebenso aus wie seine Verkaufsberichte nach der Heimkehr. Nur das Nötigste, vom Haushalt meist, wurde besprochen. Edith glaubte drohendes Unheil zu spüren und ging in Deckung, worunter sie auch die Wahrnehmung ihrer Pflichten als Hausfrau verstand. Die meisten Paare, die sich auseinandergelebt und innerlich bereits getrennt haben, obwohl von Scheidung noch gar keine Rede gewesen ist, die meisten Paare also machen's falsch in dieser Phase: Sie bekeifen sich wie gereizte Schimpansen, lassen's schludern in Arbeit und Sorge für den anderen, werfen sich häusliche Einrichtungen an die Köpfe und liefern sich somit das Material für die anstehende Scheidungsschlacht. Edith war willens im Ernstfall, vor Gericht nämlich, als bravmütterliche Hausfrau und liebsorgende Gattin zu erscheinen und sich nichts Negatives nachsagen zu lassen, es sollte Karl, obwohl ja das Verschuldungsprinzip, wie früher, nicht mehr zog, nicht gelingen, sie als die Urheberin des Scheiterns der Ehe hinzustellen. Natürlich dachte sie wie jede Frau in ihrer Lage daran, musste so denken, Karl soviel wie möglich zu rupfen. Wäre Edith auf dem relativ geradem Pfad, auf dem sie sich zur Zeit befand, konsequent fortgeschritten, so hätten all ihre Berechnungen aufgehen können...

* * * * * *

Gerhard Mittler und Renate Berger waren sich eine Woche vor den dramatischen Ereignissen so nahe gekommen, dass sie sich duzten und den ersten zaghaften Kuss tauschten - ihre gemeinsame Zukunft hatte also begonnen. Ihre Hochstimmung war unbeschreiblich und nahm die Formen kindlichen Übermuts an, sie freiten umeinander wie die Paradiesvögel der Südsee und Gerhard nahm sich vor, Renate am Samstag dem 23. August die Verlobung anzutragen. Aber am 22. startete Edith ihre große Kampagne, in der sie, als Siegerin, einen von zwei Männern endgültig erobern wollte. Der Hauptangriff galt Karl und sollte, ohne dass sie es jetzt erahnen konnte, ihr letzter Streit mit ihm sein. Er war am Freitag von seiner Verkaufsfahrt zurückgekommen und aß mit Edith das verspätete Mittagessen, als sie zum Angriff blies:

„Ich bin schwanger."

Er wartete mit seiner Antwort, um sich das Dessert nicht zu verderben.

„Nun, seit wann denn wohl?"

„Seit zwei Monaten."

Karl zog seinen Terminkalender zu Rate und sagte trocken:

„Aber nicht von mir, meine Liebe."

Damit brachte er sie eine halbe Minute zum Schweigen.

„Glaubst du, ich hätte einen Seitensprung gemacht!", kreischte sie aus voller Lunge.

„Ja", antwortete er, „außerdem weißt du ja, dass ich impotent bin."

„Habe ich nicht gesagt", heulte sie, „habe nur gesagt, dass du zeugungsunfähig bist."

„Aber das Gegenteil von Zeugen, nämlich Umbringen, das kann ich."

Nun, es wird allerlei gesagt in derartigen Szenen, Edith brauchte dieses Eingeständnis nicht ernst zu nehmen.

„Könnte dir so passen, mich loszuwerden!"

Als dieser Streit dadurch zu Ende ging, dass Karl in sein Arbeitszimmer flüchtete, klingelte gegenüber, bei Gerhard Mittler das Telefon.

„Hast du mal davon gehört?", fragte Renate, „dass es im Krieg eine Ferntrauung gab? Das Pärchen brauchte gar nicht beieinander zu sein und wurde separat, er an der Front, sie in der Heimat getraut."

„Ja", antwortete Gerhard herzklopfend, „ich erinnere mich, dass darüber gesprochen wurde."

„Dann müsste es doch auch eine Fernverlobung gegeben haben, nicht wahr?"

„Eigentlich logisch, ja."

„Nun, dann machen wir sie jetzt."

Stille in beiden Ohrmuscheln, dann erlösendes Gelächter. Diese Renate, dachte Gerhard, ist doch ein Teufelmordsweib!

„Das bedeutet", sagte er, „dass ich ab jetzt verlobt bin?"

„Bedeutet es."

„Mit dir?"

„Mit mir."

„Und du bist auch verlobt?"

„Ja, bin ich."

„Mit wem?"

„Mit dir."

Na, das war doch einmal ein Dialog! Gerhard Mittlers Herz klopfte zum Zerspringen - aber auch an seiner Tür klopfte es. Ein Blick durch den Spion offenbarte ihm, wie eng Glück und Unglück im Leben verknüpft sein können: Edith, Edith Braske! Diese nymphomanische Vettel! (Stimmte gar nicht!) Aufmachen oder nicht?, das war hier die Frage. Aufmachen - denn sie kann zu allem fähig sein. Sie sah ein wenig derangiert aus und verlegte sich aufs Lügen:

„Ich bin schwanger."

Diese drei Wörter machten auch in der Wiederholung nicht den von Edith erhofften Eindruck, darum ließ sie vier weitere folgen:

„Von Ihnen, Herr Mittler."

Gelogen oder nicht gelogen? - das war hier zum zweiten Mal die Frage. Was nun Herrn Mittler den Hals zuschnürte, dass er nichts sagte, Zorn, Enttäuschung, Angst, darüber ist nichts mitgeteilt worden. Jedenfalls öffnete er wort- und grußlos die Tür und machte die bekannte „Hau ab!"-Bewegung mit Kopf und Hand. Ediths zweiter Angriff war gescheitert, sie „haute ab", zurück in ihre Behausung. Aber was hatte sie angerichtet! Beobachten wir doch die beiden angegriffenen Herren durch die Schlüssellöcher.

Karl: Er hatte sich eingeschlossen und saß in seinem Chefsessel und hatte den Blick nach oben gerichtet, wo nach ein paar weiteren Zimmerdecken und dem Dach der Himmel sich ausbreiten müsste. Seine Gedanken freilich, die sich auszubreiten begannen wie Metastasen, waren eher gegenpolig gerichtet und dem Teufel, sollte es ihn geben, sehr genehm. Eine Scheidung allein, noch vor wenigen Minuten das Maß seiner Dinge, erschien ihm plötzlich nicht mehr ausreichend, stärkere Sachen müssten her, wollte er jemals wieder im Leben Ruhe haben. Wir ahnen es: Schwarze, rabenschwarze Gedanken füllten sein Gehirn, ein Apparat, den er bisher nur zum Aushecken erfolgreicher Verkaufsstrategien genutzt hatte. Wie tief getroffen muss ein Kaufmann, seit Menschengedenken ein lebensfördernder Beruf, wie existenziell muss er angegangen worden sein, um einen Mitmenschen, - denn ein jeder kann sein Kunde sein! -, dem Jenseits vorzeitig näher bringen zu wollen?

Gerhard: Er brauchte sich als Single nicht einzuschließen. Er hatte sich einen Kognak eingegossen, einer der ganz seltenen Fälle, wo er Alkohol als Medizin brauchte, lag auf dem Sofa und starrte wie Karl himmelwärts. Dort, an der weißen Decke, liefen zwei Filme gleichzeitig und sich gegenseitig überlappend ab. Der eine hieß „Ein Sommer mit Renate" und der andere „In den Krallen der Hexe" oder so ähnlich, auf jeden Fall kamen Krallen darin vor und Edith Braske. Also fand der alte Kampf des Guten mit dem Bösen statt. Ja, auch Gerhard Mittler, obwohl Beamter, litt wie Kaufmann Karl Braske an diesem Freitag die unsäglichen Qualen der Doppelentscheidung zwischen Gut und Böse. Muss ausdrücklich erwähnt werden, dass Gerhard aufgrund seines höheren Intellekts auch in höheren Sphären dachte? Er trat nach einer Weile an seinen Bücherschrank und griff das bedeutende Werk „Das perfekte Verbrechen" heraus, wog es überlegend in der Hand, blätterte in ihm und wies es dann zurück: Nein, das war kein Lehrbuch! Eine solche Situation, in der er sich augenblicklich befand, war dort nicht abgehandelt.

Wir wollen hier nicht ausbreiten, was die schwarzen, fürs Makabre zuständigen Fächer der Gehirne Karls und Gerhards erbrütet haben, im Lauf der zu schildernden Handlungen, die allesamt sich auf wenige Augenblicke des kommenden Montag konzentrieren, wird das zu erfahren sein. Wir werden staunen, was Zeitgenossen, die jedermann für normal hielt, sich in extremen Situationen auszudenken vermögen; schließlich ist der Beruf des Verbrechers kein Lehrberuf, auch fehlt wirklich zuverlässige Lektüre über ihn.

* * * * * *

Das folgende Wochenende von Samstag bis Sonntag war...

...Edith Braskes letztes;

...Karl Braskes letztes in der Ehe mit Edith;

...Gerhard Mittlers letztes mit unblutigen Händen;

...Renates vorletztes in ihrer Verlobungszeit mit Gerhard.

Wir stellen also fest, dass lausige Zeiten auf unsere Hauptdarsteller zukommen. Während das Ehepaar Braske die Zeit bis Montagmorgen zwar räumlich eng beieinander aber in dumpfem Stumpfsinn und meist wortkarg verbrachte, blühte die zarte Liebespflanze zwischen Gerhard und Renate frisch gedüngt, wie unter den Händen der Gärtnerin der Liebe, mächtig und imponierend auf. Die Verlobungsfeier im kleinstmöglichen Kreis fand erst am Sonntag statt, da Gerhard wegen krimineller Machenschaften unverbesserlicher Zeitgenossen am Samstag ins Büro gebannt blieb. „Verlobung" bedeutet nach dem schon mehrmals zitierten Wörterbuch „feierliches Versprechen der Ehe" und war hier, zwischen Gerhard und Renate, natürlich auch so gemeint. Sie waren dem Ziel ihrer Wünsche so nahe, dass sie sich nicht vorstellen konnten, es nicht zu erreichen.

Renate bemerkte im Verhalten Gerhards zwar eine gewisse Veränderung zum Melancholischen und vielleicht auch Ängstlichen hin, aber da Liebe bekanntlich blind, im mindestens kurzsichtig macht, maß sie dem keine Bedeutung bei. Die Aussicht, am nächsten Freitag eine gemeinsame Reise antreten zu können, tat ein übriges, Lebensfreude und keine Bedenken aufkommen zu lassen. Als Gerhard und Renate zusammensaßen und Händchen hielten, sprachlos und träumend, konnte Renate zu Recht erwarten, Gerhards Träume auszufüllen - ein Irrtum. Hinter einem glücklichen Gesicht verbarg er Pläne und Planungen finstersten Charakters, schon dass in diesen Träumen Edith mehr vorkam als Renate bezeugte den Aufruhr seines Inneren. Die Frau des Lebens in den Armen halten und gleichzeitig ein perfektes Verbrechen vorbereiten? Wem ist das schon beschieden! Wenn er nun Abschied von Renate nahm und sie am nächsten Abend wiedersah - war er dann ein anderer Mensch geworden...?

* * * * * *

Die Schilderung der Abläufe des Montag, - eigentlich ist nur die Zeit von 7 Uhr bis 9 Uhr interessant und von Belang -, wollen wir mit der Tätigkeit Karl Braskes beginnen. Er musste sich nach dem Aufstehen und Waschen sein Frühstück selbst richten, da Edith nun aufs Ganze ging, nichts mehr für ihn tun wollte und aus diesem Grund „eine rasende Migräne mit nie da gewesenen Schmerzen" vortäuschte. Deshalb blieb die Gardine vorm Fenster und das eheliche Schlafzimmer im Dunkeln. Um 7 Uhr 30 fuhr Karl mit dem Fahrstuhl zu den Briefkästen im Parterre hinunter, die Zeitung zu holen, und nach seiner Gewohnheit trieb ihn die Neugier einen Blick auf die Schlagzeilen zu werfen. Dadurch bekam er heute zur Rückfahrt erst die übernächste Auffahrt mit, so dass er um 7 Uhr 35 seine Wohnung wieder betrat. Eine zweite morgendliche Gewohnheit von ihm war, in dieser Zeit die Wohnungstür nur angelehnt zu lassen, statt sie hinter sich zuzuziehen. Viele Menschen tun dies, aus Bequemlichkeit und Lässigkeit, und der Prozentsatz der Fälle, dass dadurch Verbrechen Vorschub geleistet worden ist, wird extrem niedrig sein, vielleicht 0,0001%. Um 8 Uhr hat Karl Braske sein Frühstück hinter sich, zog leichte Handschuhe über und manipulierte, von außen her, mit einem Schaber so an seiner Haustür, genau in Höhe des Schlosses, herum, dass einige Kratz- und Schleifspuren entstanden, leise und sachte und stets mit Ohr und Blick aufs Treppenhaus, ob er beobachtet würde. Auch Edith durfte, versteht sich, nichts davon mitbekommen; na, sie schien ja fest und tief zu ruhen. Karl begutachtete sein Werk und fand, dass es genauso aussah, als ob Einbrecher mit dem Trick (oft im Fernsehen gezeigt), eine Kredit- oder EC-Karte zwischen Tür und Zarge zu schieben, hier Einlass gefunden hätten. Die niedergefallenen weißen Farbkrümel ließ er am Boden liegen. Dann verschloss er die Tür von innen, zog seine leichte Autofahrerjacke an, stellte sich Reiseköfferchen und Aktentasche bereit und betrat, die Handschuhe noch an den Händen, das Schlafzimmer. Da lag sie, ruhig und entspannt, dadurch natürlich nichtsahnend: Edith, seine Ehefrau.

„Ist nicht schad um sie", sagte er unhörbar.

Dann trat er hinzu, - es war inzwischen 8 Uhr 30 geworden -, umfasste mit aller Kraft ihren Hals, während er sie mit seinem Körper niederdrückte, und würgte sie solange, bis sie mucksmäuschenstill liegenblieb. Hatte sie sich überhaupt gewehrt, wehren können?

„Donnerwetter!", keuchte Karl, „das ging ja leichter als erwartet und vorgestellt."

Noch ein letzter Blick im Dreivierteldunkel des Zimmers, die Bettdecke zurechtgezupft, auch letzte Abschiedsworte:

„Nun ist deine Migräne vorüber."

Wegen der Fingerabdrücke noch immer behandschuht zog Karl die Wohnungstür hinter sich zu und fuhr nach unten. Vom Auto aus, als er Koffer und Tasche im Kofferraum verstaute, schaute er die Hausfassade empor, wie er es früher stets getan hatte, als zwischen ihm und Edith noch alles bestens bestellt war, und er sah jetzt zwei Nachbarinnen, eine über, eine unter seiner Wohnung, an den Fenstern stehend. In einem spontanen Einfall winkte er in ihre Richtung, warf zwei Kusshände nach oben - natürlich wussten die beiden Damen, dass sie nicht gemeint waren!

„Der ist immer furchtbar nett zu seiner Frau", sagte die eine neidisch.

„So einen netten Kerl möchte ich auch mal haben", sagte die andere sehnsuchtsvoll.

Es war 8 Uhr 45, als Karl Braske abfuhr, noch einmal heraufwinkend. Was er in einer Viertelstunde tat, so gegen 9 Uhr, darüber werden wir später berichten.

* * * * * *

Zunächst erscheint es opportun, auch von Gerhard Mittler zu berichten, und zwar ebenfalls über den Zeitraum vom Aufstehen bis zum Verlassen des Hauses zwecks Dienstantritt. Um 7 Uhr wie üblich das Aufstehen, danach waschen, rasieren, anziehen. Ein Morgen wie jeder andere in diesem Leben von Ordnung und Regelmäßigkeit, auch die erstrebte Ehe würde hieran nichts ändern können. Ab 7 Uhr 25 postierte sich Gerhard hinter seiner Wohnungstür und begann das Gelände gegenüber durch den Spion zu observieren. Dass er seine Hände mit von seinem Arbeitsplatz entwendeten dünnen Handschuhen überzogen hatte, ließ auf ein besonderes und ungewöhnliches Vorhaben schließen. Um 7 Uhr 30, diese Zeit ist uns bereits bekannt, sah er Karl Braske die Wohnung verlassen. (Wir erinnern uns: Zeitung holen und so.) Vollkommen geräuschlos und auf leisen Sohlen, - wörtlich zu nehmen -, huschte Gerhard auf den Flur, äugte und horchte wie ein Fuchs im Schlafzimmer der Hühner und huschte in die Braskesche Wohnung weiter. (Wir erinnern uns: Die Tür ließ Karl angelehnt.) Husch-husch war er in dessen Schlafzimmer, warf einen Blick auf Edith, sich dann auf sie, nicht ohne

Sekundenbruchteile vorher ihren zarten Hals wie mit ehernen Griffeln zu umklammern und ihr so die Luft solange abzuschnüren, bis sie sich röchelnd streckte und ihren Geist aufgab. Der Sicherheit halber, er ließ mit Blick auf den Zeiger seiner Uhr eine Minute verstreichen, hielt er den Hals weiterhin zu, bis er am Rumpeln des Aufzuges hörte, dass Karl zurückkommen könnte. Noch einmal Husch-Husch-Husch und Gerhard Mittler befand sich wieder in seinem Domizil; 7 Uhr 34 und 30 Sekunden. Nach einem ausgiebigen Frühstück, einem Wochenanfangstelefonat mit Renate und der kurzen Autofahrt betrat er um 9 Uhr sein Büro; bereit, seine Tätigkeit in den Dienst der Gerechtigkeit zu stellen...

* * * * * *

Bevor es weitergeht, sei die Frage erlaubt:

„Was focht diese beiden Männer an, Edith umzubringen?"

Gab es keine andere Lösung ihrer Probleme? Klar, gibt es immer. Doch hieße es Geschichte und Herkunft menschlicher Verbrechen zu ergründen, wollten wir die Frage einigermaßen gerecht beantworten. Diese Verbrechen basieren ja großenteils darauf, dass sie die scheinbar leichter zu bewerkstelligende Lösung darstellen. Beispiele: Der Bankräuber beschafft sich unter Einsatz von Leib und Leben eine Summe, für die er im Regelfall ein Jahr oder auch zwei und drei in irgendeinem Büro oder einer Autofabrik arbeiten müsste, je nachdem. Dem Einbrecher in die Villa eines Reichen geht es ähnlich, auch er hat einen gleich großen Stundenlohn. Und der Betrüger, der seinem Chef, seiner Bank oder Behörde das Geld aus den Taschen mogelt... Der Erbe knobelt, da ihm die Geduld des Abwartens fehlt, das unauffällige Ableben des Erblassers aus, was ihm allerdings einen ungeheuer hohen Stundenverdienst einbringen k a n n.

Alle diese Herrschaften, ob nun männlich oder weiblich, hätten Alternativen gehabt, ganz gewiss, und nahmen sie doch nicht wahr. Warum nicht? Wir haben es angedeutet: Allen Kriminellen, auch jenen, die einen großen Coup landen und die nie erwischt werden, fehlt die Gelassenheit strategischen Denkens, die Kunst des Abwartens geht ihnen ebenso ab wie die Geduld des rechten Augenblicks; sie sind in Wirklichkeit keine Zukunftsplaner und -gestalter. Ehe wir nun untersuchen, ob Gerhard Mittler und Karl Braske in diese Kategorie Menschen einzuordnen sind, müssen wir erfahren, was ihr Ziel war, dessentwegen sie Ediths junges Leben beiseiteschafften. Karl: Sein Ziel scheint klar auf der Hand zu liegen, denn Edith hing ihm, - salopp formuliert -, zum Hals heraus und er hatte das Gefühl, sie bedrohe seine fernere Existenz. Außerdem war er festen Glaubens, sie betrüge ihn, ginge fremd und wolle ihm das Produkt dieser Aktionen, einen Fremdling also, volksmundlich auch Bankert genannt, unterschieben. Wohl richtig war seine Auffassung, mit dieser Person Zeit seines Lebens zu Unruhe, neudeutsch Trouble geheißen, und Subkultur verurteilt zu sein. Hätte er, seines Zeichens ein guter Kaufmann und Jünger Hermes', ein wenig vernünftig gerechnet, so hätte er zur Erkenntnis gelangen müssen, mit einer regulären Scheidung besser wegzukommen.

Gerhard: Dieser geniale Herr und Pächter der Klugheit muss wohl, seit Edith ihm die mögliche Vaterschaft eröffnete, einen Langzeitblackout gehabt haben, der schließlich zur Tat eskalieren m u s s t e. Auch ihm stand damit, wie Karl, die bedauerliche aber dümmliche Edith im Weg. Diese Gefahr wuchs dem Frischverliebten offensichtlich als riesiges, unübersteigbares Gebirge vorm inneren Auge auf, übertrieben und überschätzt - wissen wir doch, dass kein Gebirge dieser Erde menschlichem Steigvermögen hat standhalten können. Bei allem Glück, das sich in Renate ihm eröffnete, war sie sein Unglück: Ohne sie hätte er gar dem Antrag Ediths stattgegeben...

Was hätten unsere beiden Mörder zu fürchten gehabt, wären sie keine geworden? Der eine ein Scheidungsverfahren unbestimmter Dauer, aber bestimmten Ausgangs, unbestimmt vorerst nur in Sache Vaterschaft; diese wäre nach der Geburt des angedrohten Kindes stracks ermittelt worden - nach Stand der Dinge zwischen Karl und Gerhard. Keinesfalls wäre Karl von irgendeinem Ausgang des kompletten Verfahrens, inklusive Unterhaltsregelungen für Mutter und Kind, in den finanziellen Ruin getrieben worden. Der andere, Gerhard nämlich, stand noch viel günstiger da. Für ihn wäre es nur um die Vaterschaft gegangen, die vermutlich zu seinen Ungunsten, - welch unschöne Formulierung -, ausgegangen wäre. Damit hätte er den Ballast Edith gar nicht am Hals zu haben brauchen. So trieb ihn also die Sorge um Entwicklung und Fortbestand seines Verhältnisses zu Renate? Musste er sich ihretwegen Vorwürfe machen in punkto Treue? Nein! Erinnern wir uns doch, dass seine nächtliche Eskapade mit Edith in die Zeit fiel, b e v o r er Renate kennenlernte! Fazit unserer kurzen Untersuchung über Ursache und Wirkung der beiden bösen Taten:

„War wohl alles für die Katz'."

* * * * * *

Kurz nach 9 Uhr an diesem Montag betrat Karl die Kanzlei eines bekannten Rechtsanwalts, der sich auch mit Scheidungssachen befasste. Das gehörte zu Karls Plan, aus der Sache ungeschoren davonzukommen, ein Plan, den er trotz seines friedfertig-jovial angelegten Charakters mit diabolischer Konsequenz verfolgte. Er schilderte dem Anwalt nun seine seit Monaten schon bedauerliche eheliche Lage, betonte seine nur leicht angebrochene Liebe, die man gewiss wieder kleben könne, zu Edith und machte den Vorschlag, ihr mit einem Scheidungsantrag einen Schuss vor den Bug zu geben. (Welch sinnige Formulierung für eine Frau, die bugmäßig hervorragend ausgestattet war!)

„Die Situation ist insofern günstig", erklärte Karl dem Anwalt, „als ich wie üblich von heute bis Freitag unterwegs bin und meine Frau, wenn sie Ihren Brief, Herr Doktor, am Mittwoch oder Donnerstag erhält, in sich gehen und bereuen kann."

„So wollen Sie nicht unbedingt geschieden werden?"

„Natürlich nicht."

Oh warum ist der Mensch so geschaffen, dass ihm Lügen flott wie Schmeicheleien über die Lippen gehen! Karl Braske kam sich mächtig schlau vor, diesen Plan auf seinem eigenen Mist zum Gedeihen gebracht zu haben. Doch Anwälte haben auch die Pflicht, Streitigkeiten wenn möglich niederzuhalten, ehe sie sich zu Kriegen auswachsen.

„Vielleicht", schlug er vor, „sollten Sie noch vor der Einreichung der Scheidung ans Gericht mit Ihrer Frau eine Einigung suchen."

„Alles schon geschehen", winkte Karl ab, „sie wird mir erst glauben, dass ich es bitterernst meine, wenn sie den Antrag vor sich liegen hat."

„Nun gut, dann machen wir's so."

Es geschah. Karl blieb in dieser Woche auf seiner üblichen Geschäftstour und rief jeden Abend zu Hause an, natürlich auf den Anrufbeantworter, am Dienstag zum Beispiel so:

„Liebling, ich verstehe wenn du nicht drangehen möchtest. So hör mich wenigstens an. Wir können noch alles wieder einrenken, wenn wir uns ein wenig am Riemen reißen... Ich liebe dich wirklich!"

Dieses Geschnulze war natürlich für Ermittler, Staatsanwalt und Richter gedacht. Am Donnerstag war der Ton zwar etwas strenger, doch bot er noch Aussichten:

„Liebling, du wirst inzwischen den Brief von meinem Anwalt bekommen haben. Lies ihn gut durch und denke an die Folgen... Ich liebe dich."

Dieser Brief war tatsächlich angekommen, lag mit anderer Post im allmählich sich füllenden Briefkasten. Einige größere Postsachen hatten Nachbarn, unter ihnen auch Gerhard Mittler, mit hochgenommen und vor Braskes Tür gelegt. Fiel ihnen nichts auf, machte sie nichts stutzig? Nein, eine Woche blieb schon einmal mancher fort, ohne den nächsten Nachbarn zu informieren.

Unterdes, wir müssen auch aufs Unappetitliche kommen, weste Edith infolge der sommerlichen Temperaturen still vor sich hin, nur die dicht schließende Wohnungstür verhinderte, dass ihr Geruch nach draußen drängte und Nachbarn vorzeitig alarmierte. „Vorzeitig?" Ja, im Plan Karls war doch vorgesehen, dass er selbst und als erster seinen neuen Stand als Witwer entdecken sollte! Am Freitag, zur gewohnten Heimkehrzeit. Da galt es freilich sich stramm zusammenzureißen, keine Schwäche zu zeigen und auch Fehler zu vermeiden. Karl hatte hierfür Vorbereitungszeit genug, wenn er nachts in seinen Hotelbetten lag. Am Donnerstagabend ließ er seinen letzten Anruf ab:

„Liebling, ich komme am Freitag schon mittags heim, mach was Leckeres. Ich liebe dich."

* * * * * *

Und Gerhard Mittler? Inszenierte auch er ein frivoles Spiel? Nein, ein heimtückisches, eines, das den vielen Verratsfällen dieser Welt sozusagen die Spitze aufsetzte. Ziel seiner Bestrebungen war, wir ahnen's schon, Karl Braske eine Suppe löffeln zu lassen, die dieser gar nicht angerührt hatte. Zunächst, so am Mittwoch, als aus der Sicht Gerhards das erste Gras über der Sache zu keimen begann, gratulierte er sich aus einem innigsten Triumphgefühl heraus: Es schien jenes nicht eintreten zu wollen, wovor die meisten Täter sich fürchten, bewusst oder gar nicht bewusst, nämlich entweder Reue (Gewissensbisse) oder dieses bekannte, viel gefährlichere Nicht-mit-der-Tat-Fertigwerden. Keine Spur von Schwäche zeigte sich, sein Gemüt strahlte die Heiterkeit und Fröhlichkeit aus, die er seinem Status als Frischverlobter und Baldverheirateter schuldig war. Renate schwebte auf allen Wolken, ihn so zu erleben, schon beschlossen sie, in drei Monaten verheiratet zu sein und auch ihre und Gerhards paar Tage Urlaub übers kommende Wochenende waren gesichert.

„Warum?", versuchte Gerhard vorm Einschlafen zu ergründen, „warum tangiert mich sowohl Ediths Schicksal als auch Karl kommendes, wohl fünfzehn Jahre im Knast sich vollendendes, in gar keiner Art und Weise?"

Er kam zu dem Schluss, dass die meisten bösen Taten von Menschen mit zu wenig Grips im Kopf begangen wurden. Ja, es stimmte, was man ihm früher in den Schulen und später im weiteren Lebensweg immer nachgesagt hatte:

„Dem gelingt auch alles..."

Kurz bevor Karl Braske am Freitagmittag sein Auto auf den häuslichen Parkplatz fuhr, bestieg Gerhard Mittler seinen Wagen, um Renate abzuholen und mit ihr bis Montag einschließlich ein paar schöne Stunden und Nächte zu verleben. Er sah seinen Nachbarn erst im Untersuchungsgefängnis wieder...

* * * * * *

Freitag, 12 Uhr 30. Karl Braske wurde unten auf dem Parkplatz sogleich vom Hausmeister angesprochen:

„Ich dachte, Ihre Frau käme auch mit Ihnen zurück. Fürs nächste Mal wär's am besten, Sie sagten mir Bescheid, wenn Sie die Wohnung leer stehen ließen, wegen der Post und so. Ich und ein paar Nachbarn haben sie Ihnen vor die Tür gelegt..."

Karl tat erst verwundert, dann erschreckt, spielte seine Rolle überzeugend. Das traf sich gut, dass der Hausmeister ihn hier ansprach.

„Wieso", sagte er, „meine Frau ist daheim, nicht mitgefahren..."

„Aber die Post im Kasten läuft über", verwies der Hausmeister, „auch hat niemand Ihre Frau in der Woche gesehen, einkaufen, mal ein Schwätzchen hier unten und so."

Karl ließ seine Blicke ängstlich und irre werden, warf sie an der Fassade hinauf nach oben.

„Ja, seltsam", murmelte er stockend, „meist begrüßt sie mich bereits aus dem Fenster dort."

Er tat wie überlegend und rief dann:

„Es ist was passiert, kommen Sie bitte mit herauf!"

Rasch waren sie im Aufzug oben vor der Wohnungstür, der Hausmeister nahm sie, ehe Karl den Schlüssel zücken konnte, unter die Lupe und sah die Kratzspuren:

„Hier, Herr Braske, da ist jemand dran gewesen! Wir sollten die Polizei holen..."

„Meine Frau!", rief Karl Braske und stieß die Tür auf, „Edith!"

Das war bühnenreif. Beide Männer prallten jedoch vor der Luft zurück, die ihnen aus der Wohnung entgegenschlug: Leichengeruch. Dann stürmte Karl vorwärts, ins Wohnzimmer, in die Küche, ins zweite Wohnzimmer, ins Esszimmer, ins Schlafzimmer - um dort fündig zu werden. Wie angewurzelt blieb er vor Ediths Leichnam stehen, verkniff es sich aber, sich aus theatralischen Effekten über sie zu werfen. Nein, das nicht, das brachte er nicht fertig. Der Hausmeister war zögernd nachgekommen und sah die Bescherung, behielt die Nerven und riss alle Fenster auf, schloss aber die Wohnungstür - schließlich war er dafür verantwortlich, dass sein Haus bewohnbar blieb und der fatale Geruch sich nicht in alle Etagen ausbreitete. Er nahm dann Karl bei den Schultern und bugsierte ihn ins Wohnzimmer.

„Beruhigen Sie sich. Ich rufe den Rettungsdienst an."

„Gibt's da was zu retten?"

„Nein. Die Polizei wird auch kommen müssen." „Polizei!"

Nachdem der Hausmeister das besorgt hatte, nahm er Karl mit hinunter in seine Wohnung.

„Vergessen Sie den Schlüssel nicht. Sie können bei mir wohnen bleiben, bis Sie wieder einziehen möchten."

* * * * * *

Der Rest des Freitag ist schnell erzählt, schon am Spätnachmittag saß Karl Braske per vorläufigem Haftbefehl im Untersuchungsgefängnis. Der Kripo war gar nichts anderes übriggeblieben, nachdem der Rechtsmediziner in der ersten flüchtigen Untersuchung den Tod Ediths durch Erwürgen konstatiert hatte.

Für die näheren Umstände und die Todeszeit erbat er sich eine längere Frist. Karl war in eine Art Apathie verfallen und ließ alles mit sich geschehen, denn die jetzigen Prozeduren hatte er ja vorhergesehen. Nur jetzt nicht schwach werden! Sie werden versuchen, dir alles in die Schuhe zu schieben und er würde sich erst wirksam verteidigen, wenn er sich erholt habe; sagte er ihnen. Ihre Indizien würde er zerpflücken wie Kopfsalat. Man ließ ihn auch in Ruhe, denn erstens war man unterbesetzt (Gerhard Mittler fehlte), zweitens war Wochenende und drittens war es besser, die Ergebnisse der Ermittlungen vor Ort abzuwarten: Spurensicherung, Fingerabdrücke, das Tonband des Anrufbeantworters. In der Aktentasche fanden die Polizisten das akribisch geführte Fahrtenbuch Karls - noch nie war es so wertvoll wie heute!

Gerhard Mittler, bereits mit Renate im Urlaubsort angekommen, konnte, - was wohl ganz verständlich war -, seine Gedanken doch nicht ganz von dem Ereignis des Morgens lösen. Selbst dann nicht, wenn Renate, zum ersten Mal erotisch inspiriert, schmusend und balzend an ihm hing. Sein Polizistengehirn verglich die Zeit: Zwischen 17 und 18 Uhr würde Karl Braske heimkehren und die Bescherung bemerken, wenn er nicht zusammenklappte, stünden eine halbe Stunde später Arzt und Polizei in der Wohnung, die ihn entweder gleich an Ort und Stelle oder etwas später verhaften würde. Wenn er, Gerhard, am Dienstag wieder im Büro sei, dann müsste der Fall geklärt sein und alle etwaigen Gefahren wären vorüber. Mit dieser Gewissheit im Rücken widmete sich Gerhard für ein paar Tage seiner heißgeliebten Renate - nicht ahnend, dass diese Liebelei zwar seine erste richtige, aber auch seine letzte sein könnte. Schon am Samstag war die Kunde vom „Mord an einer jungen Frau" bis hier in den Harz gedrungen. Durch einen Telefonanruf, den Renate mit einer Freundin daheim führte:

„Du, denk dir, da haben'se eine erwürgt und die hat mindestens 'ne Woche in ihrer Wohnung im Bett gelegen und soll schon verwest gewesen sein."

„Wie schrecklich. Und wer hat's getan?"

„Der Ehemann natürlich, wer sonst - sagen sie. Übrigens in der Wohngegend deines lieben Gerhard."

Dieser Gerhard blieb ganz gelassen, als Renate das schaurige Gespräch wiederholte. Mit der Verhaftung Karl Braskes war alles so gekommen, wer er es berechnet hatte; keine Gründe zur Sorge.

„Nur gut", sagte Renate, „dass du nicht hinterlassen hast, wo wir sind. Sonst würden sie dich vielleicht zurückrufen und dir den Fall übertragen."

Den Fall übertragen bekommen! An diese Möglichkeit hatte Gerhard noch gar nicht gedacht. Aber das kann nicht vorkommen, dachte er, da einer seiner Kollegen ihn gewiss schon fleißig bearbeiten wird.

„Dass es Menschen gibt", sagte Renate, „die einen anderen umbringen können."

„Jeden Tag", sagte Gerhard, „sterben Hunderte Menschen durch Mord."

Es beruhigte ihn, dass er völlig unbefangen und kaltblütig über dieses Thema sprechen mochte. Am Montag beendeten die beiden ihren Kurzurlaub und fuhren heim. Als Gerhard seine Renate in der Wohnung abgeliefert und sich von ihr verabschiedet hatte, ahnte er nicht, dass sein Leben als gutbürgerliches bald beendet sein könnte. Er hatte mit ihr verabredet, dass sie heute nicht mehr anrufen würde - so konnte er es sich erlauben, die ankommenden Gespräche zu ignorieren. Es konnte nicht ausbleiben, dass man ihn, den Kriminalkommissar, entweder vorm Haus und im Aufzug abfing oder sogleich nach Eintritt in seine Wohnung aufsuchte:

„Haben Sie schon gehört, Herr Kommissar, bei Ihnen gegenüber...?"

„Hätten Sie's gedacht, Herr Kommissar, bei einem solch netten Ehepaar...?"

„Ich hab's ja immer gesagt, Herr Kommissar, dass dieses Weib so enden würde..."

„Na, Herr Kommissar, den Mörder hat man ja schnell erwischt, der wird seine fünfzehn Jahre kriegen..."

Am Dienstagmorgen fand Gerhard Mittler die Nachricht auf dem Schreibtisch vor, sich „sofort und umgehend" beim Chef zu melden. Noch immer klingelte nichts in ihm. Der Chef konfrontierte ihn mit der Neuigkeit,

„...dass Kollege Müller, der den Fall Braske unter sich hatte, am Sonntag einen Autounfall hatte und für eine ganze Woche ausfallen wird. Ich beauftrage Sie mit der Bearbeitung."

Gerhard Mittler nickte abwesend.

„Der Mord ist ja", scherzte der Chef, „sozusagen in Ihrem Weichbild passiert, ein seltenes Ereignis übrigens, und wird unter Ihrer Bearbeitung nicht lange auf die Lösung warten lassen."

„Ich meine in der Zeitung gelesen zu haben", sagte Gerhard, „dass er praktisch geklärt ist und der Täter bereits einsitzt. Ich kenne ihn übrigens und fürchte befangen zu sein."

„Wie nah kennen Sie ihn?"

Hier durfte Gerhard nichts Falsches sagen.

„Wie Nachbarn sich halt kennen."

„Nun, das macht Sie ja nicht befangen. Nur soviel: Die Anklage wackelt ein wenig und wenn wir nicht mehr zusammentragen, werden wir den Ehemann wohl laufen lassen müssen."

Dann ergriff der Chef ein Aktenbündel und übergab es Gerhard.

„Viel Erfolg, Kollege, Sie sind ja unser bester Mann. Weidmannsheil!"

* * * * * *

Während Karl Braske, der es für taktisch genehm hielt, nun nicht mehr den Erschöpften und Niedergeschmetterten zu spielen, in seiner Zelle auf sein erstes, richtiges, ernsthaftes Verhör wartete, hockte Gerhard Mittler vorm Schreibtisch und studierte die bisher angelegte Akte über ihn. Braskes Anwalt, derselbe der die Scheidung hätte durchführen sollen und der sich nun um sein Honorar geprellt sah, war für 12 Uhr angemeldet. Also wollte Gerhard den Beschuldigten vorher vernehmen. Er ließ ihn herbringen, begrüßte ihn freundlich und höflich, reichte Kaffee und Zigaretten und fragte ihn nach dem allgemeinen Befinden.

„Den Umständen entsprechend, Herr Mittler."

Die Untersuchungshaft wird in großen Teilen unserer Bevölkerung mit richtigem Knastaufenthalt gleichgesetzt und entsprechend scheel angesehen.

„Berichten Sie mir aufs Tonband, Herr Braske, wie Sie am Montag den Tag verbracht haben."

Wir wissen um die Nebensächlichkeiten ja schon Bescheid, darum lassen wir sie fort und konzentrieren uns auf die Passagen, wo Karl Braske lügen m u s s t e, wollte er sich nicht selbst das Grab bereiten.

„Ich ging am Montag wie üblich aus dem Haus. Meine Frau hatte mir das Frühstück gemacht und geleitete mich bis zur Tür, stand dann noch am Fenster und winkte mir nach unten zu, als ich abfuhr."

In welcher Schwierigkeit sich hier nicht der zu Vernehmende, sondern in erster Linie der Vernehmer befand, erkennen wir daraus, dass Gerhard Mittler als einziger um den wirklichen Tathergang wusste. So erkannte er Braskes Angabe über diese Abschiedswinkerei als glatte Lüge, durfte über diese Erkenntnis aber nicht sprechen. Nur fast nebenbei sei festgestellt, dass Gerhard keineswegs vorhatte, den bedauernswerten Karl als Schuldigen zu entlarven und für eineinhalb Jahrzehnte im Kerker verschwinden zu lassen; nur das nicht. Sein Ziel musste sein, den Fall „Edith Braske" als unlösbar sozusagen im Sande des Vergessen gemächlich verlaufen zu lassen.

„Haben Sie vielleicht Zeugen", fragte er, „die Ihre Frau am Fenster gesehen haben?"

Karl tat überlegend, nur nicht zu schnell die Antworten geben!

„Keine direkten", antwortete er, „nur indirekte."

„Indirekte? Solche Zeugen gibt's nicht."

„Doch", entgegnete Karl, „nämlich zwei Frauen, die über und unter uns wohnen und die mein Winken beobachtet haben. Sie können sie befragen."

„Das beweist aber nicht, dass Ihre Frau am Fenster stand."

„Freilich nicht", gab Karl zu, „aber sollte ich einem leeren Fenster zuwinken?"

Karls Unerschrockenheit und dreiste Lügerei imponierte Gerhard.

„Sie lebten mit Ihrer Frau bereits in Scheidung?", fragte er dennoch.

„Als ich abfuhr noch nicht", sagte Karl, „erst eine halbe Stunde später, als ich sie bei meinem Anwalt beantragte."

„Und turtelten doch mit ihr herum?"

„Wenn Sie's so nennen wollen, Herr Kommissar", gab Karl zurück, „warum nicht? Mein Anwalt wird Ihnen bestätigen, dass der Scheidungsantrag ein Warnschuss an Edith sein sollte."

Ja, dieser Beklagte war vorerst nicht zu packen, Gerhard entließ ihn:

„Bis gleich, zusammen mit Ihrem Anwalt."

Karl Braske hatte das Gefühl, mit diesem Kommissar einen guten Vernehmer gefunden zu haben, der schien nicht sonderlich versessen auf den Fall, vielleicht gar wenig intelligent zu sein. Dieser Irrtum Braskes war verständlich. Um gegen den Anwalt gewappnet zu sein, studierte Gerhard rasch noch die neuesten Untersuchungsergebnisse. Nach ihnen war Edith Braske eindeutig erwürgt worden, und zwar mit ziemlich brachialer Gewalt. Karl Braskes Würgearbeit n a c h ihrem Tod war, wohl wegen des Verwesungsgrades der Leiche, nicht erkannt worden. Für die

Todeszeit legte sich der Mediziner auf „von Sonntagabend bis Montagnachmittag" fest.

„Frau Braske war nicht schwanger."

Die Beschädigungen an der Wohnungstür deuteten auf einen Einbruch hin, ebenso das Fehlen aller fremden Fingerabdrücke. War etwas gestohlen worden?

„Ja", sagte Karl Braske aus, „das Haushaltsgeld von 3.000, das ich meiner Frau stets in eine Schublade des Wohnzimmerschranks lege."

Na also, da war doch das Motiv. Und da Braske hartnäckig dabei blieb, die Wohnungstür unversehrt hinterlassen zu haben, begannen seine Aktien immer mehr zu steigen. Gerhards Kollege Müller hatte Braskes Fahrtenbuch minutiös, beinahe sekundiös zerpflückt und die Zeit- und Kilometerangaben miteinander verglichen; sie stimmten. Gerhard Mittlers Vormittag sah ruhig und gemütlich aus, da er sein Büro nicht zu verlassen brauchte, aber in seinem Hirn brodelte es; obgleich er die inzwischen zu ihm unterwegs befindliche Gefahr noch nicht erkannte.

„Wer eigentlich?", fragte er sich heimlich, „hat hier das perfekte Verbrechen begangen, *er* oder *ich*?"

Er knobelte an Braskes Verhalten herum und definierte zwei Möglichkeiten:

1.) Entweder hatte dieser am Montagmorgen bei seiner Abfahrt die Leiche Ediths gar nicht entdeckt und war tatsächlich bei der Heimkehr am Freitag ahnungslos in die Wohnung gekommen. 2.) Oder er hatte sie entdeckt und es für gut befunden, am Freitag den Ahnungslosen zu spielen. Auf die dritte, die wahre Möglichkeit, konnte Gerhard Mittler nicht kommen. Dass Braske sich bei beiden Möglichkeiten in höchster Gefahr fühlte, kam Gerhard selbstverständlich vor, schließlich sagt die Statistik aus, dass die meisten Ehefrauen nicht von fremden, sondern von ihren Ehemännern umgebracht werden.

* * * * * *

Während Gerhard Mittlers kurzem Urlaub hatte Karl Braske sich bereits mit seinem Anwalt abgesprochen, ihn über das Wichtigste informiert, so dass der Kommissar sich nun einer heftigen Offensive desselben ausgesetzt war. Doch blieb der Ton sachlich und neutral, der Anwalt spürte, dass ihm mit Gerhard ein fairer „Gegner" gegenübersaß. *Gegen* seinen Mandanten hatte er gar nichts mitgebracht, desto mehr *für* ihn:

1.)Es gab kein Motiv für ihn, seine Frau beiseite zu schaffen, die beantragte Scheidung wäre nur dann weiterverfolgt worden, wenn Frau Braske weiterhin ihre hausfraulichen Pflichten vernachlässigt hätte, 2.) es kann als erwiesen gelten, dass im Lauf des Montag ein Einbrecher die Wohnung heimgesucht, Frau Braske ermordet und die 3.000 Mark gestohlen habe. 3.) Ebenso kann als erwiesen gelten, dass Herr Braske von ihm, dem Anwalt aus, sogleich seine Verkaufstour angetreten habe. Die Auswertung seines Fahrtenbuchs beweise, „lasse nicht nur den Schluss zu", dass er unmöglich bis Montag oder Dienstag, Tage, an denen Frau Braske „noch gelebt haben könnte", zurückgekehrt sei und sie ermordet habe. 4.) Er hat seiner Frau zum Abschied zugewinkt. 5.) Er hat mit ihr zu telefonieren versucht, sie hat aber, verständlicherweise, nicht abheben können, so dass sich der Anrufbeantworter einschaltete. „Es ist sicher kein Problem, die Herkunft der Anrufe festzustellen." 6.) Noch einmal, zur Wiederholung, es gab kein Motiv, die Ehe kriselte zwar, sollte aber möglichst weitergeführt werden.

„Herr Kommissar", sagte der Anwalt, „Sie wohnen im selben Haus mit meinem Mandanten, sogar auf der Etage. Hatten sogar einmal Besuch vom Ehepaar Braske. Sollten *Sie* nicht bemerkt haben, wenn etwas nicht stimmte mit der Ehe!"

Nun, Gerhard wusste bestens Bescheid, hatte ja eine lautstarke Ehediskussion mit anhören können. Doch was tat's hier zur Sache?

„Donnerstag beim Haftprüfungstermin", sagte der Anwalt, „werde ich Herrn Braske freikriegen und sofort mit nach Hause nehmen. Verlassen Sie sich drauf."

* * * * * *

Normalerweise entgegnen Kriminalkommissare, wir kennen's aus Filmen, auf solche Prognosen mit Hohn und Spott und mit gegenteiligen Äußerungen. Gerhard Mittler schwieg und geleitete seine Besucher hinaus. Oben in der Kantine, beim Mittagessen, glaubte er zum ersten Mal jene Blicke und Anzüglichkeiten der Kollegen und Kolleginnen zu bemerken, die Ermittlern zugedacht werden, die nicht recht vorankommen.

„Na, Herr Kollege, ‘ne harte Nuss, was?"

„Nun, Herr Kollege, Sherlock Holmes hat auch nicht jeden Fall gelöst."

„Nur nicht aufgeben, Sie schaffen's schon, Kollege."

Dieses *Kollege* klang so zynisch, gar mitleidig! Warum freuten sie sich, ihn demütigen zu können? Wenigstens sein Chef stimmte in diesen Chor nicht ein, als er am Nachmittag mit ihm zu sprechen wünschte. Sie kamen überein, dass der Haftbefehl gegen Karl Braske nicht aufrechterhalten werden könne und dass sie sich diesem Ansinnen des Anwalts nicht entgegenstellen würden.

„Schon oft", sagte der Chef, „sind Täter nur dadurch gefasst worden, dass man sie vorübergehend freiließ."

Er betrachtete Gerhard Mittler mit sonderbaren Blicken und fuhr fort:

„Grämen Sie sich nicht, auch wenn dieses Ihr erster bedeutender Fall sein sollte, den Sie nicht lösen können. Bleiben Sie diesem Braske auf der Spur, überlegen Sie, ob wir irgendetwas unterlassen haben, was zur Aufklärung führen könnte."

Am Donnerstag gab die Haftrichterin dem Antrag des Anwalts statt, der jene Gründe dafür anführte, die wir bereits kennengelernt haben. Karl Braske durfte nach Hause gehen, seine Frau Edith, die sich so viele Hoffnungen auf Männereroberungen gemacht hatte und ein großes Leben hatte führen wollen, wurde unauffällig beigesetzt. Die Versicherung, die schon insgeheim gehofft hatte, „wegen Mordes" nicht zahlen zu müssen, musste nun doch die 100 „Riesen" herausrücken, die Karl Braske, im Verein mit dem Erlös aus dem Verkauf der Eigentumswohnung, in die Lage versetzten, ein Einfamilienhaus zu erwerben. Von dort ging er, nun auch ein Single, hinaus auf seine Verkaufstouren und es würde wohl nicht lange dauern, schätzte Gerhard Mittler, bis Ehefrau II. dort einziehen könnte...

* * * * * *

Wir haben in der Sache Karl Braske vorgegriffen und wollen uns nun wieder Gerhard Mittler und seiner Renate zuwenden. Sie sahen sich jeden Abend in der Woche nach ihrem Urlaub und Renate glaubte feststellen zu können, dass bei ihrem Gerhard das Gegenteil von dem eingetreten sei, was man von Urlaub allgemein erwartet: Erholung, Rekonvaleszens von den Querelen des Berufs und Zuhauses.

„Du fühlst dich nicht wohl."

Kein Frageton dabei. Ihre nüchterne-sorgende Art stellte nur fest.

„Es ist dieser Mordfall?"

Zwar ein Frageton, aber ohne Hoffnung auf Antwort. Doch Gerhard antwortete:

„Sie lachen mich aus, machen mich lächerlich, halten mich für einen Versager!"

Renate ahnte, dass dieses übertrieben sein müsse; Konkurrenzdenken und -handeln, sie wusste es, war in allen Verwaltungs- und behördenähnlichen Betrieben gang und gäbe. Wer nicht in der Lage war, diesem seine eigenen Gedanken und die Ohren zu verschließen, mochte freilich im Dauerstress leben.

„Ja, sie freuen sich", bestätigte Renate, „dass du einen Fall nicht löst, der vermutlich nicht zu lösen ist, so sind Kollegen eben,..."

„Aber er ist zu lösen!", rief Gerhard zeternd.

„...und man sollte es hinnehmen als das was es ist: Neid."
„Ich weiß die Lösung, weiß sie!" rief Gerhard nörgelnd.
Aus diesem Dialog, dessen unwichtige, rein emotionale Passagen wir weggelassen haben, erkennen wir bereits den höchst gefährdeten Zustand Gerhard Mittlers. Er bedurfte des Trostes, konnte keine bessere Trösterin als Renate finden, aber *den* Tröster oder *die* Trösterin, die hätten helfen können, gab's wohl auf Erden nicht - oder doch? Sagten nicht schon die alten Chinesen so weise:

„Wer sein Herz dem Ehrgeiz öffnet
verschließt es der Ruhe."

Und Shakespeare lässt seinen Hamlet sagen:

„Das eigentliche Wesen des Ehrgeizes
ist nur der Schatten eines Traumes."

Sicher ist, dass Renate sich niemals mit Gerhard eingelassen hätte, wäre er schon in der ersten Phase ihrer Bekanntschaft in diesem Zustand gewesen; Zeterer, Nörgler und Selbstbemitleider hätte sie an jeder Straßenecke aufgabeln können. Aber natürlich hielt sie jetzt zu ihm. Er benötigte Hilfe, die sie nicht geben konnte. Als er am Freitagabend nach Dienstschluss bei ihr auftauchte, von weiteren Leiden im Büro in Form von „Anzüglichkeiten und scheelen Blicken" berichtete und tatsächlich den Eindruck eines Delinquenten machte, dem man sogar den letzten Wunsch, nämlich eine ordentliche Mahlzeit verweigert hatte, da versuchte sie die Holzhammermethode:
„Solltest dich ein wenig mehr zusammenreißen, bist doch kein Anfänger mehr in deinem Beruf, dem man etwas weismachen kann!"
Doch sein Leiden war schon zu weit fortgeschritten, er war unheilbar geworden, tat zwar nicht beleidigt und pikiert, aber doch getroffen und sagte:
„Es ist wohl besser ich gehe jetzt."
Dieses war der erste und letzte Streit, wenn wir ihn so nennen wollen, zwischen Gerhard und Renate. Ein Kuss, flüchtiger als sonst - sie sahen sich unter anderen Verhältnissen wieder!

Nun ging es Schlag auf Schlag. Gerhard Mittler nahm ein Taxi und ließ sich zu seinem Chef chauffieren. Wie alle Chefs liebte dieser es nicht, von Untergebenen und Kollegen zu Hause aufgesucht zu werden, zumal ohne Anmeldung. Aber ein kurzer Kennerblick auf diesen Mann und die Worte „Kommen Sie herein, Herr Mittler" waren eine Handlung.

„Wo brennt's? Sie sehen ja aus wie überlagertes Bier."

„Ich habe den Fall gelöst", sagte Gerhard.

Hörte man Triumph heraus? Vielleicht klang's mehr nach Erleichterung.

„Gratuliere Kollege. Und so rasch."

„Ich habe den Täter."

„Gratuliere. War's doch dieser Ehemann?"

„Nein, der ist unschuldig, dachte mir's gleich."

„Nun, heraus damit, wer war's, Herr Kollege?"

Noch immer sah der Chef nicht ein, warum er nach Dienstschluss aufgesucht worden war, aber dieser Zustand wurde nun beendet.

„Er sitzt vor Ihnen, Chef," wollte Gerhard sagen, aber urplötzlich packte ihn eine Raserei und er raste aus dem Zimmer hinaus auf die Straße, wo sein Auto parkte.

Wundert es, dass der Chef in der minutenlangen Pause, die nun entstand, nicht ein noch aus wusste und dem Entschwindenden nachstarrte wie ein Ungläubiger!

* * * * * *

Die Bundesstraße 69 war eine von jenen der Republik, welche infolge geringer Unfallstatistik am Ende der Liste rangierte. Das rührte wohl aus ihrer guten Bauweise her, die Übersicht auf Gefahrenstellen bot und wegen der hervorragenden Beschilderung: Alle fünf Kilometer waren in jeder Fahrtrichtung makabre Schilder angebracht, welche Verkehrsopfer zeigten, die durch Unfälle entstellt, auseinandergerissen, plattgemacht oder schon eingesargt waren. Und auch an Selbstmörder war gedacht worden: Auf einem Plakat warnte ein Geistlicher nicht definierbarer

Glaubensrichtung und mit gehobenem Zeigefinger: „Tu es nicht, der Himmel entgeht dir dann!“

Um diese Tageszeit, Gerhard Mittler hatte seinen Chef vor einer halben Stunde verlassen, brauste außer ihm auch Saufbold Peter Voss, 19 und voll mit 2,2 Promille, durch das Gefilde, welches die 69 in sanften Kurven und leichten Steigungen durchschnitt. Gerhard Mittler, wie Peter Voss mit mindestens 3,5 Promille angefüllt, - jedoch nicht alkoholisch, sondern rein mental mit akuter Raserei -, hatte ein Zehnkilometerstück der Straße abgefahren und nach einer Stelle Ausschau gehalten, die er für einen kompletten und sofort wirkenden Selbstmord geeignet fand: die Stütze einer Überführung, einen starken Baum, der etwas aushalten konnte, eine steinerne Mauer oder dergleichen mehr. Ehrgeiz fraß seine Seele an und bald auf und dann könnte er nicht mehr steuern.

„Adjeu Renate, Geliebte und Teure! So kannst du keine Witwe werden und dir einen anderen Mann suchen! Ich aber habe mein *Requiescat in pace...“*

Da, ein mächtiger Betonbrückenpfeiler nicht abgerundet, so dass er ein anprallendes Auto nicht vorbeirutschen lassen konnte! Gerhard Mittler nahm ein wenig Fahrt weg, um im Fahren das Bauwerk beurteilen zu können und stellte fest, dass er es auch von der Gegenseite her ansteuern konnte. So fuhr er weiter bis zur nächsten Abfahrt der 69, querte sie und fuhr in Gegenrichtung wieder auf. Noch einmal tief Luftholen, dann Gasgeben und das Fahrzeug auf 150 Sachen bringen!

„Doch mit des Geschickes Mächten ist kein ew'ger Bund zu flechten!“

Justemalen, als Gerhard Mittler von seiner Ewigkeit nur noch einen Fahrkilometer entfernt war, brauste Peter Voss heran, ließ das Steuer wegen eines Niesanfalls los und knallte mit einem Urkrach in Gerhard Mittlers linkes Hinterrad...

* * * * * *

Den Begriff „Ohnmacht“ definiert Wikimedia folgendermaßen:

„Ohnmacht (Psychologie), psychische Macht- und Hilflosigkeit in einer Situation“ oder „kurz andauernde Bewusstseinsstörung, siehe Synkope (Medizin).“ Und zu „Synkope“ steht dort zu lesen: „In der Medizin ist eine Synkope...eine plötzlich einsetzende, kurz andauernde Bewusstlosigkeit, die mit einem Verlust der Haltungskontrolle einhergeht und ohne besondere Behandlung spontan wieder aufhört.“

Was nun hatte Gerhard Mittler so unverhofft und „plötzlich“ ergriffen? Der erste oder zweite Begriff? Das war ihm natürlich nicht relevant und war Renate auch völlig schnurz, als er fünf Stunden später glaubte, im Himmel angekommen zu sein. Denn was seine getrübten Augen sahen, konnte nur ein Engel sein, wahrscheinlich die Tochter des Pförtners Petrus, die ihn lächelnd und sogar erleichtert „Willkommen!“ hieß.

„Aber-aber“, seine Kripoaugen schweiften bereits hin und her, vor und zurück, „haben die hier oben auch Krankenhäuser?“

Unterlassen wir zum Schluss dieser Geschichte alle Scherze! Gerhard Mittler überlebte, im Gegensatz zu Peter Voss, diesen Unfall und war innerhalb einer Stunde, in welcher Renate Händchen und auch ihren Mund hielt, „wieder auf den Beinen“, freilich ziemlich symbolisch. Denn er konnte natürlich weder stehen noch gehen. Auch sein Kripogehirn schien in einer Art Vorkammer lädiert zu sein.

„Wo wolltest du hinfahren, Gerhard?“

„Weiß ich nicht, Renate.“

„Du sollst bei deinem Chef allerlei dummes Zeug dahergeredet haben?“

„Weiß nichts davon, Renate.“

„Du sollst behauptet haben, den Täter zu kennen.“

„Ich kann mich an nichts erinnern, Renate.“

Da gab sie die Fragerei auf. Gerhard Mittler musste noch drei Wochen im Krankenhaus bleiben, und empfing unter anderen seinen Chef, der sehr neugierig tat, aber schließlich doch den Fall zu den vorerst ungelösten deklarierte. Und wenn Renate und Gerhard nicht inzwischen verstorben sind, dann – ja dann leben sie noch heute...

Eine Entführung

Die Entführung seiner Tochter Irene bricht in Fritz Kleins Leben wie ein Ungewitter. Doch er stellt sich der unerwarteten, für unmöglich gehaltenen Situation und bringt die Tochter wieder an sich und den Entführer zur Strecke.

Einer jener Bagatellunfälle, wie sie heutzutage zur Gewohnheit geworden sind: quietschende Reifen, quiekende Passanten, klirrendes Blech von Fahrrad und Auto, Schimpfereien und Flüche. Ein Radfahrer lag halb unter seinem Vehikel und halb unter dem Auto, dessen Motorhaube aufgesprungen war und das dadurch wie ein fressgieriges Untier erschien. Im Nu war der Tatort von Neugierigen und Sensationslüsternen umstellt, von denen niemand auf die Idee kam, dem Verunglückten zu helfen, so dass dieser allein hochkrabbeln musste. Er war einer jener 55-jährigen Männer, die man seit kurzem vermehrt in den Gängen und Zimmern der Arbeitsämter beobachten konnte: Das Selbstbewusstsein früherer Jahre war ihnen aus den Gesichtern genommen worden, Hoffnungslosigkeit und Verdruss über die momentanen Zeiten hatten sie stattdessen geprägt und aus den Augen fielen Blicke, die eine Zukunft nicht kannten; wenigstens jene Zukunft nicht, die man großenteils selbst gestaltete. Diese Typen von Arbeitnehmern wurden und werden zu Tausenden aus Werks- und Firmentoren und -ausgängen an die frische Luft gesetzt. Manche von ihnen haben dennoch Humor und Lebensweisheit nicht verloren. Zu ihnen schien Paul Strawinski, das Unfallopfer hier, zu gehören. Denn noch stand er nicht wieder ganz auf den Füßen, da ließ er sich verlauten:

„Da sage einer, Radfahren sei gesünder wie Auto fahren."

Die Zuschauer lachten und klatschten Beifall. Paul richtete seine Blicke auf den aussteigenden Autofahrer, den er zu gern ein wenig zur Schnecke gemacht hätte, aber dieser erwies sich als ein Brocken von Kerl, so an die einsneunzig lang und gewiss 125 Kilo schwer. So verging ihm die Lust am Krawall, er untersuchte und erprobte erst einmal sein Gebein nach Sachschäden, Hose und Jacke nach geplatzten Nähten und Schürfstellen, das Fahrrad nach Verbiegungen und beschloss dann, damit konform mit seinem Kontrahenten, die Angelegenheit gütlich zu regeln. Aber einer der Passanten hatte bereits einen Polizisten herbeigewinkt, und so wurde der Unfall protokolliert.

„Für alle Fälle”, sagte eine Frau.

„Man weiß doch nie”, sagte ein Mann, „wie schnell man beschissen wird von den raffinierten Anwälten.”

Dies hier war eine Radfahrerstadt, und Sportwagenfahrer, wie dieser Verursacher, waren nicht sonderlich angesehen, zumal wenn sie von auswärts kamen.

„Diese Autos”, sagte ein anderer Radfahrer, „sollte man aus den Innenstädten ausweisen.”

Eine Frau, die Paul offenbar gern bemuttert hätte, klopfte ihm den Straßenstaub von Rücken und Popo.

„Der Hintern ist noch dran”, sagte er, „mehr Glück gehabt wie Verstand.”

Nachdem die Polizei den Unfall aufgenommen hatte, drückte der Autofahrer Paul einen Hunderter in die Hand, den Paul Strawinski mit „besser wie nichts“ quittierte und in die Hosentasche schob. Die Menge trollte sich und dieser Unfall wäre der Vergessenheit anheimgefallen, wenn Paul nicht den Fehler seines Lebens gemacht hätte: nämlich in die kriminelle Laufbahn einzusteigen.

* * * * * *

Er sah freilich finanzielle Bedrängnis auf sich zukommen, seit Monaten schon, denn sein Eigenheimchen am Rand der Stadt war noch nicht abbezahlt und er würde mit den Ratenzahlungen in Verdrückung geraten, wenn das Regelwerk der Arbeitslosigkeit auch ihn ergriffe: erst Arbeitslosengeld, dann Arbeitslosenhilfe, schließlich der Trott zum Sozialamt. Und wer ein Haus besaß, wie er, musste sich sagen und es sich auch schriftlich geben lassen, sei ein Vermögender, der, bitteschön, erst einmal sein Vermögen verbrauchen solle, ehe er die Stufen zum Sozialamt beschreite. In solchen Situationen dachte Herr Strawinski intensiv nach: über einen Nebenverdienst, den man steuerfrei einstreichen könne. Die Möglichkeiten, so etwas zu realisieren, ohne mit den Gesetzen aneinanderzugeraten, waren, das wusste er, so gering, dass man über solche gar nicht nachzudenken brauchte. Und um die Ideenleere in seinem Kopf auszugleichen, studierte er die Tagespresse, deren Seiten, neben viel Sport und wenig Politik, sich ja intensiv mit unserer Kriminalität auseinandersetzen: Banküberfälle, Geiselnahmen, Entführungen, Korruption, Vergewaltigungen, Einbrüche, Autoklaus und dergleichen mehr. Für alles, was mit roher Gewalt und gefahrvollem körperlichen Einsatz zusammenhing, konnte er sich nicht erwärmen, und wenn er auch ein Single war, dem kaum jemand nachweinen würde, so wollte er dennoch nicht vor der Zeit draufgehen. Das jedoch wurde ihm zuteil, wie wir in der Folgezeit in dramatischer Art und Weise erfahren werden...

* * * * * *

Einer der zufälligen Zuschauer des Auto-Fahrradunfalls, aufgeschreckt durch das Knirschen des Zusammenstoßes, war Fritz Klein gewesen. Nur beiläufig hatte er sich zugesellt und nur mit einem Ohr die Diskussion über den Hergang verfolgt, ehe er sich nach fünf Minuten entfernte. Danach hätte er, befragt, kaum noch etwas über den Unfall von sich geben können, und kaum saß er wieder an seinem Arbeitsplatz, da hatte sein Gedächtnis ihn abgetan. Dieses wäre endgültig gewesen, wenn nicht in der nächsten Zeit dieses im Vorspann erwähnte Ungewitter über ihn hereingebrochen wäre. Das menschliche Gehirn ist in mancher Weise dem von ihm ersonnenen Gehirn, Computer genannt, stark überlegen, nämlich dann, wenn es gilt, einmal Wahrgenommenes zur rechten Zeit zuoberst zu kehren. Ein nicht ganz ausgenutzter Festplattenplatz in Fritz Kleins Gehirn hatte die markanten Punkte des Unfalls gespeichert und gab sie im entscheidenden Moment frei.

Fritz Klein war einer von diesen Bürgern unserer Republik, auch Heinis genannt, die eine Wirtschaft in Schwung halten, womit, klargestellt, nicht eine Schankwirtschaft gemeint ist. Dieser löblichen Einrichtung kehrte er seit jener Sprechstunde den Rücken zu, in der ein bedenklich dreinblickender Facharzt ihm den Zustand seiner Leber eröffnete:

„Noch ein paar Jährchen so und ich habe einen Patienten verloren."

Immer nur auf Achse, nur immer Verkaufen, Verkaufsdenkweise eines Verkäufergehirns, Geschäftsbrabbelei auch im Privaten, kein Nerv für Politik, Soziales, Menschen, Tiere und Zukunft, wenn nicht gleichzeitig Profit winkte. Trotzdem war er im Besitz von Frau und Kind, für ihn waren sie Statussymbole wie das fette Auto. Fritz Klein war also ein Vertreter einer Vertretergeneration, die zwischen 30 und 40 horrend verdient, zwischen 40 und 50 jedoch im Eimer ist. Seine Lebensdaten sind so banal und wenig aussagefähig, dass man kein Wort über sie verlieren sollte. Nur so viel: Er war das achte und letzte Kind äußerst fruchtbarer Eltern, die eigentlich außer Vermehrung nichts gelernt hatten. Schon vor der Einschulung mussten sie, sozusagen, auf sich allein gestellt sein, und wer dies nicht schaffte war halt nicht lebenswert und lebensfähig. Diese pädagogische Fixeinstellung ergab dann Leute wie Fritz Klein.

Seine Frau, ein fad-nettes Wesen mit dem Fernblick übersehener Individuen, saß den ganzen Tag herum, oder auch eine Woche, je nachdem wie lange er unterwegs war, wartete auf ihn, ohne von ihm bei der Heimkehr, meist Freitagnachmittag, sonderlich beachtet zu werden. Denn Lichtblick und Hauptattraktion der Familie war Irene, 5, mit Absicht einziges Kind, das er abgöttisch liebte und sein bester Lebenstrost war - neben den eingehenden Geldern aus seiner Vertretertätigkeit. Aber die Natur zeigt gern ihre strafende Hand: Seinen Überschwang an Liebe, so das Abknutschen, Hinternstreicheln, Hoppehoppereiterspielen, - Nützlichkeiten, die er besser seiner Frau zugutekommen lassen sollte -, ließ Irene nur über sich ergehen, wenn er sie mit Bringseln wie fressbaren Süßigkeiten und einer Großauswahl an Spielzeug garnierte. Sonst sagte sie schlicht „Hau ab!”, was ihn beinahe so viel schmerzte als wenn ihm ein Kunde die Tür wies. So konnte auf diese Ehe getrost die folgende Volksmundweisheit gerichtet werden:

„Ist Vati immer auf der Achs
hat die Ehe bald ‘nen Knacks.”

Eine Ehe also wie ein Asyl, in dem jedes Mitglied seine Frustrationen bis zur erwartenden Explosion kultivieren konnte wie andere Leute ihre Champignons im Keller. Immerhin war in Fritz Klein vor Jahren eine Wandlung eingetreten: Früher als Kleinverdiener unter 4.000 Mark war er geizig bis zum Exzess gewesen, knickrig wie ein Finanzminister vergangener Zeiten; jetzt, als fünfstelliger Verdiener, da die Geschäfte mit lukrativen Artikeln wie verrückt liefen, war er großzügiger geworden und genehmigte, als Beispiel, seiner Frau ein Taschengeld von 100 Mark monatlich. Sparen war seine Leidenschaft: Getreu der antiquierten Ansicht, dass Schulden nicht gemacht werden dürften, wollte er erst dann ein Haus bauen, wenn er es bis auf den allerletzten Klinker bezahlen könne. So hockte er denn wochenends vor seinen Umsatzunterlagen, rechnete, summierte und verglich. Für seine Einkommenssteuererklärung, selbst gefertigt versteht sich, brauchte er volle sechs Monate und musste doch, trotz aller Frisuren an ihr, stets Steuern nachzahlen.

In der hintersten Kammer von Fritz Kleins Gehirn hatte er Platz für ein geheimes Vorhaben, seit der Jugend geträumt, frei gelassen: einmal ein Held sein. So einer wie Old Shatterhand! War nicht auch Karl May, der Schöpfer desselben, von Haus aus ein kleiner unbedeutender Mickersammy gewesen? Einmal ein Held sein! War das zuviel verlangt im Leben? Nur einmal ein

Individualist in diesem Leben des scheinheiligen Alltags und des Egalisierungstrotts. Ehe die letzte Gehirnzelle verseucht und nicht mehr zu renaturieren war.

Zu derartigen Gedanken und Vorstellungen hatte Fritz Klein, wenn überhaupt, nur an Wochenenden Zeit, wenn er Ehefrau und Irene das sein ließ, was sie waren und er sich aufs Fahrrad schwang und in die umliegende Natur retirierte. Doch wie sein Widersacher in spe, nämlich Paul Strawinski, suchte er verzweifelt und vorerst vergeblich nach dem Steuer, welches er greifen und in eine neue Richtung drehen könne.

* * * * * *

An einem folgenreichen Abend dieser Zeit saßen sowohl Fritz Klein als auch Paul Strawinski im Verein mit Millionen Zuschauern vor dem Fernsehschirm und beäugten sich einen Krimi, in dem ein Kind entführt wurde. Um natürlich von den Eltern Geld zu erpressen. Wenden wir uns zuerst Herrn Strawinski zu. Er war, wie erwähnt, allein lebend, was gerade fürs Ferngucken wenig attraktiv ist. Darum gewann er ihm auch meist kaum Begeisterung ab. Dieses Mal jedoch packte ihn die Handlung richtiggehend am Wickel, obwohl sie klischiert wie immer war. Eine Einzelperson nämlich war's, die sich den infamen Streich ausgedacht hatte, ein Kind vom Spielplatz weg zu stehlen und mit nach Hause zu nehmen.

„Donnerwetter! Ist das nichts für mich?"

Seine Neigung zu Selbstgesprächen war seit seiner Arbeitslosigkeit ins Enorme gestiegen. Jeder Psychiater weiß um diese ganz normale Entwicklung. Zwar musste Peter Mefferten nach fünfundvierzig Minuten feststellen, dass das Unternehmen gescheitert, der Kidnapper nicht reich geworden war, aber Fernsehgeschichten sind keine Lebensgeschichten; wo kämen wir hin, wenn's so wäre! Jedenfalls: Dieser Abend bildete den Knackpunkt in der Vita Paul Strawinskis. Er äußerte sich zunächst in der Anhebung seiner Stimmung von Moll nach Dur, der Stimmungsumschwung verursachte ein Aufheitern der dumpfen inneren Verfassung, und dieses Aufheitern, durchaus Beethovens „Erwachen heiterer Gefühle bei der Ankunft auf dem Lande" vergleichbar, ließ jene Hoffnung keimen, ohne die weder ein Sektfrühstück schmeckt noch das Leben beachtenswert ist. Man kann getrost behaupten, dass Paul Strawinski der einzige Fernsehzuschauer war, der diese Sendung wirklich ernst genommen hat.

Naturgemäß ging es bei Kleins zu gleicher Zeit lebhafter zu. Das entführte Kind hatte mit ihrer Irene zwar das Alter gemein, aber die Eltern waren viel jünger, zudem war Irene, meinte Frau Klein, wesentlich niedlicher, vorlauter und schlagfertiger. Im Verlauf der Handlung begannen sie sich mit Kind und Eltern zu identifizieren. Besonders Fritz Klein pfiff die fünfundvierzig Minuten lang auf allen Mammon dieser Welt und durchlitt alle Stationen bis zum guten Ende, hasste den Entführer und sann über Mittel, wie man es ihm und seinesgleichen am besten heimzahlen sollte. Er kannte noch die Erzählungen seines Großvaters, in denen derartigen Verbrechern ein kurzer Prozess, ein echter Eintagesprozess gemacht wurde, und, sollte ihnen der Tod zudiktiert worden sein, dieser schnurstracks herbeigeführt wurde. Großvater schwärmte von diesen Zeiten, sein Enkel Fritz aber lebte in einer Epoche, wo auch das schwerste Verbrechen nicht mehr als fünfzehn Jahre einzubringen pflegte.

„Was tätest du, wenn sie so etwas mit Irene machten?"

Diese Frage seiner Frau durchschnitt die Stille nach der Sendung. Sie fragte stets „Was tätest *du*?" statt „Was täten *wir*?" Weil sie erstens nicht viel zu sagen und zweitens ein solches Vertrauen in seine Fähigkeiten hatte, dass sie ihm das Denken überließ. Er kaute Erdnüsse und antwortete nicht sogleich. Es kam ihm unvorstellbar vor, dass in dem gepflegten Neubauviertel, in dem sie wohnten, ein Kind geklaut werden könnte, und er empfand die Frage als Beitrag seiner Frau zur abendlichen Konversation. Doch allmählich freundete er sich mit dem Thema an.

Wie, wenn er einmal im Mittelpunkt einer solchen Handlung stände? Was täte er? Es galt also, seiner Frau Antwort zu geben.

„Man sollte solchen Verbrechern niemals nachgeben."

„Und das Opfer?", fragte seine Frau.

„Sie werden es schon nicht kaputtmachen."

„Aber man kann es doch darauf nicht ankommen lassen!"

Frau Klein, mit einem Hang zur Hysterie versehen, brauchte nur einen kleinen Anstoß, um aus der Haut zu fahren.

„Und wenn man kein Geld hat!", trotzte Fritz Klein. „Wer besitzt schon so viel Geld, wie Kidnapper zu verlangen pflegen?"

Seiner Frau gegenüber tat er, trotz beträchtlich angeschwollener Konten, als verdiene er just den Lebensunterhalt, nicht mehr. Latentes Misstrauen, gesunder Kaufmannsgeist, kultivierter Geiz und Angst vor den Sonderwünschen von Frau und Kind zwangen ihn dazu; so jedenfalls rechtfertigte er sein Verhalten.

„Wenn sich alle einig sind", fügte er jetzt seinen letzten Worten hinzu, „und Entführern nichts zahlen, wird dieses ungute Gewerbe Pleite gehen."

„Und wenn sie das Opfer umbringen?"

„Immer", beharrte er starrsinnig, „hat die Gesellschaft Opfer bringen müssen, wenn einem Übelstand abgeholfen werden sollte..."

Erdnüsse krachten in seinem Gebiss, ein Stück Schokolade folgte.

„...warum nicht auch auf diesem Gebiet?"

„Ja, wenn's nicht das eigene Kind ist."

„Vielleicht, möglich", lenkte er ein.

Sie verfolgten nun wieder die Handlung des Films und stöhnten genüsslich vor Spannung. Es sollte sich entscheiden, ob das Kind gekillt werden sollte oder nicht, der Täter befand sich vor der Zäsur seines Lebens. Das Gefühl der Sicherheit, das Wissen, dass in ihrem sterilen Stadtteil solch eine Untat unmöglich war, bannte das Ehepaar Klein gelassen und locker in die Fernsehsessel.

„Andere", meinte Fritz Klein höhnend, „stehen jetzt auf und sehen nach, ob ihre Kinder noch vorhanden sind. Sogar Familien, die im zehnten Stock wohnen."

„Für manche", sagte seine Frau, „mag so ein Fall interessante Abwechslung im Alltagseinerlei sein."

„Und Kinderreiche", antwortete er, „wären recht dumm, ein paar Tausender zu berappen."

„Man kann billiger eins neu machen", sagte sie.

Ihre Frivolitäten erheiterten sie mehr als jedes Fernsehprogramm. Der Entführer knickte soeben im Feuer mehrerer FBI-Männer zusammen und röchelte sein unwirsches Leben aus, während das Opfer papa- und mamaschreiend seinen Eltern in die Arme eilte. Nach ausgiebigen Busserln und einem mahnenden Schwenk auf die Leiche des Entführers endete der Film.

„Ob's immer so ausgeht?", fragte Frau Klein.

„Die Gerechtigkeit siegt", sagte er, „dieses lehrt uns das Fernsehen - jedenfalls jeden Freitagabend."

So schnell wie sie diesen und andere Krimis verkonsumierten, so eilig vergaßen sie ihn. Was dort geschah, war nicht ihr Milieu. Doch das Schicksal hatte bereits den Hobel geschärft und begann ihn anzusetzen, schließlich zuzuschlagen. Fritz Klein bekam seine Gelegenheit sehr unkonventionell serviert und es spricht für ihn, dass er sie ebenso unkonventionell zu nutzen verstand...

* * * * * *

Sollte es, wie die Menschheit trotz tausender Jahre alter gegenteiliger Erfahrungen immer noch glaubt, fundierte Ahnungen kommenden Unheils geben, so hätte Paul Strawinskis Treiben der folgenden Tage nicht unbemerkt bleiben, es hätte entdeckt werden müssen. Doch es fiel niemandem auf. Nicht, weil er es besonders raffiniert und nach Strich und Faden professionell anstellte; dazu war er erstens gar nicht in der Lage und zweitens war dieses nicht nötig: Sein Habitus als potentieller Verbrecher war so unauffällig, eine angeborene Unauffälligkeit sozusagen, dass der schärfstäugige FBI- oder Scotland Yard-Mann niemals auf die Idee gekommen wäre, in ihm einen Täter zu erblicken.

„Die beste Verkleidung bietet der Alltag."

Diese Polizeiweisheit charakterisierte Herrn Strawinski besser als jede Abhandlung mit vielen Worten. Was tat dieses nützliche Mitglied der Gesellschaft, das bald ein schädliches sein wird, am Tag nach der Ausstrahlung besagten Krimis? Am Samstag also. *Offen*sichtlich nichts der Erwähnung Wertes, *un*sichtbar, nämlich im Innersten seiner Gedanken, höchst Verwerfliches: Er inspizierte Spielplätze. Aber im Gegensatz zu seinen Kollegen der städtischen Aufsicht interessierte ihn der Allgemeinzustand dieser Einrichtungen herzlich wenig, sein von bösen Vorstellungen finsterumwölkter Blick taxierte ihre Brauchbarkeit für Pläne, die nichts mit sozialen Themen zu tun hatten - es sei denn, man betrachtete *auch* die Aufbesserung des Taschengeldes armer Schlucker als eine soziale Wohltat. Mit dem Fahrrad radelte Paul Strawinski die verschiedenen öffentlichen Spiel- und Abenteuerplätze ab, die an diesem Tag ziemlich belebt waren, da viele Väter frei hatten. Sie gefielen ihm allesamt nicht, und so kam er auf die Idee, die privaten in den neuen und modernen Wohngebieten aufzusuchen und eingehender Prüfungen zu unterziehen. Und siehe da: Sie waren weniger umfangreich, intim sogar einige in ihrer schattigen, ruhigen und gepflegten Lage, und hier sah er sogar Kinder zwischen 5 und 7, die seine bevorzugte Beute sein sollten, allein und ohne Aufsicht in den Sandkästen spielen. Klar, einige waren von den Fenstern der umliegenden Häuser aus einsehbar, andere nicht, aber welche Hausfrau würde alltags, wenn, wie bei den Kleins, der Ehemann unterwegs war, alle paar Sekunden aus dem Fenster blicken? Im Lauf seiner Entdeckungstour kam Strawinski auch - wir ahnen es wohl schon? - an den Spielplatz, den Irene Klein, diese süße Maus, als ihren liebsten ansah. Wie ein Frühpensionär erster Klasse, mild und väterlich dreinsehend, umradelte er die Gegend von Fritz Kleins Wohngebiet, wie ein Gewohnheitskrimineller alles aus den Augenwinkeln begutachtend und in seine Pläne einbeziehend. Zum ersten Mal seit seiner Entlassung aus dem Erwerbsleben kam sich Paul Strawinski wichtig und nützlich vor und hockte sich mal wieder an seinen Schreibtisch, um in raschen Strichen und Buchstaben sein Vorhaben zu skizzieren. Das Fernsehen blieb an diesem Abend ausgeschaltet, weil er zu seiner Denkarbeit absolute Ruhe benötigte.

An diesem Wochenende widmete sich Fritz Klein so intensiv seiner Irene, als wüsste er mit Gewissheit, dass er sie bald für ein paar Tage entbehren müsste. Das kleine Luder entsprach bereits weitgehend einem von der Werbung herangezüchteten Verbrauchsmenschen, denn entweder schleppte es seinen Vater in Läden oder, wenn diese geschlossen waren, in Cafés und an Süßigkeitsstände und -kioske. Da er selbst zu heiterem Zeitvertreib wenig Fantasie zu entfalten vermochte, gefiel ihm die Rolle des spendablen Vaters ganz gut, sie stärkte sein Selbstbewusstsein, das in der Woche durch seine berufliche Inanspruchnahme stets ein wenig in Mitleidenschaft gezogen wurde. Wenn Irene zu ihm aufblickte, seine Autofahrerkünste bewunderte und seine Grandezza, mit der er im Lokal bestellte, dann fühlte er sich erhoben und gehoben. Er gestand sich ein: Außer der Geldscheffelei hatte er nicht viel im Kasten, desto mehr war die kleine Irene sein Lebensinhalt. Schade, und es war nicht immer so gewesen. Er hatte seine Frau zu Anfang geliebt wie ein frierender Teufel seine Hölle, er hatte ihr nachgestellt wie ein amputierter Fuchs dem lahmen Puter, sie hatten gebrunftet wie Rotwild in einer Mondnacht im September - jetzt glich das Ehebiotop mehr einer Mondlandschaft. Schade und traurig - doch was konnte man tun, um wieder aneinander zu wachsen? Am Sonntagvormittag beaufsichtige Fritz Klein seine Irene beim Spielen im besagten, von Paul Strawinski ausgekundschafteten Spielplatz nahe des Hauses. Er bemerkte ihn nicht, wie er, zum zweiten Mal hier aufkreuzend, mit dem Fahrrad den Hausparkplatz umrundete und seinen zukünftigen Tatort observierte. Ja, dieser sollte es sein! Dieser Spielplatz lag günstig, da man ihn mit dem Auto nah anfahren und rasch verlassen konnte.

* * * * * *

So kam es, dass am Abend des Sonntag Paul Strawinski dem Fernsehen keine Aufmerksamkeit schenkte, während Fritz Klein im Arbeitszimmer seine Wochentour vorbereitete und geistig durchlebte. Nicht immer war er eine volle Woche unterwegs, manchmal, wenn seine Kundschaft nicht weit entfernt wohnte, kam er abends zurück. In Paul Strawinskis krudem Gehirn nahm die Entführung jetzt konkrete Gestalt an. Er wusste aus einschlägiger Literatur, mehr noch vom Fernsehen her, dass jedes Vorhaben, ob Untat oder nicht, peinlicher Planung und penibler innerer Vorbereitung bedurfte, Durchdenken nannte er das jetzt, und in einer Checkliste notierte er mit Minutenangaben Punkt für Punkt der kommenden Unternehmung. Endlich überzeugte er sich selbst, dass alles haargenau klappen würde, verscheuchte er die allerletzten Zweifel an einem Gelingen seines Streiches. Mit Genugtuung dachte er jetzt daran, dass sein Haus günstig lag, nämlich fernab, mindestens fünfhundert Meter vom nächsten Nachbarn, mit dem er zudem keinen Kontakt pflegte. Somit war auch das Problem der Unterbringung der Geisel gelöst. Er hatte noch für Lebensmittel und Spielzeug zu sorgen, damit es dieser an nichts fehle. Nun denn, frisch auf zur Tat...

Als Fritz Klein am Montagmorgen in sein Auto stieg, um an diesem Tag einige Kunden mit seinem Erscheinen zu beglücken, ahnte er nicht, wie schnell aus einem normalen Familienidyll die Hölle werden konnte. Seine Frau und Irene winkten ihm aus dem Fenster nach, nicht sonderlich intensiv, denn schon am Nachmittag wollte er zurück sein. Ein herrlicher Schönwettertag ließ sich an, den man zu einem Familienspaziergang nutzen sollte statt zum Gelderwerb. So dachte Frau Klein verhärmt und wusste doch, dass auch dieser Tag sich durch Stunden der Langeweile hinläppern würde. Am Beginn ihrer Ehe hatte sie sich gefreut, viel freie Zeit zu haben, kein Mittagessen herrichten zu müssen, meist nicht einmal das Abendessen, und jetzt gäbe sie viel dafür, wenn's umgekehrt wäre: Ein mittags heimkehrender Mann, der ordentlich ins Essen hineinhauen, dann seine Füße auf den Couchtisch knallen würde, ein paar Minuten des Nickerchens zu genießen, ehe es wieder herausginge ins Berufsleben. Jetzt, am Nachmittag, hockte Frau Klein mit Etagen- und Hausnachbarinnen am Spielplatz, wo Irene mit ähnlich- und gleichaltrigen Kindern spielte. „Ach", sagte die eine, „wenn mein Mann nicht da ist, mache ich gar kein Mittagessen. Lohnt doch nicht."

„Meiner isst immer in der Kantine", sagte eine andere, „weil er die Fahrkosten sparen will."

„Ich würde ganz gern kochen", sagte eine dritte, „wenn das Abwaschen nicht wäre."

So gammelten sie dahin, diese Damen, nicht beschäftigt und doch mürrisch wie Maulwürfe im Treibsand, naschten und quasselten sich durch den Tag und waren am Abend zu faul, ein ordentliches Essen auf den Tisch zu bringen.

Frau Klein fiel ein, dass sie noch ein paar Besorgungen im nahen Supermarkt machen müsse und sie zog davon, nachdem sie die Kolleginnen um Obacht auf Irene gebeten hatte. Damit begann sich die Situation zugunsten des Paul Strawinski zu gestalten, der davon natürlich noch nichts wusste und sich überhaupt nicht auf heute festgelegt, sondern nur eine lockere Erkundungstour durch die Gegend geplant hatte. Soeben ließ er seinen Wagen auf einen Platz rollen, von dem aus er Irenes Sandkasten einsehen konnte, und beobachtete fasziniert, wie die drei Mütter, die bisher noch die Stellung gehalten hatten, diese zusammen mit ihren Kindern verließen.

„Kannst du hier allein spielen?", fragte die eine, „bis deine Mutter oder dein Vater bald zurückkommen?"

„Klar, kann ich."

„Wird ja nur ein paar Minuten dauern, nicht?"

„Macht nichts, ich bleib hier."

Natürlich hatte auch Irene ihre Unterweisungen in Sachen „mit fremden Personen, vor allem Männern, nicht mitgehen dürfen" erhalten und vorgehalten bekommen, aber diese Personen waren ihr in drastischer, der Wirklichkeit nicht entsprechender Form beschrieben worden, als Kinderlocker finsteren Aussehens mit gewalttätigen Manieren oder als böse blickende Onkels mit einem Sack auf dem Rücken, eventuell in Begleitung krummrückiger Hexen. Das sind Klischees, die mit der heutigen, modernen Tätergeneration, wir wissen es alle, nichts mehr gemein haben. Vor Irene stand plötzlich ein bürgerlich aussehender Mann, wie aus dem Sandkasten gewachsen, es war natürlich Herr Strawinski, der einen solch freundlichen Eindruck machte, dass Irene ihn sogleich sympathisch fand. Dazu diese noch sympathischere Frage:

„Magst du ein Eis?"

Wo ist das Kind, das diese heimtückische Frage je mit „nein" beantwortet hat? Für eine Portion Eis vergaß Irene sogar ihren Vater.

„Klar, Opa", antwortete sie.

Paul Strawinski zuckte zusammen wie von einem Pfeil getroffen.

„Ich geb eins aus", sagte er.

Seine Blicke huschten sowohl in die Runde als auch über die Hausfront, aber keine der zahlreichen Hausfrauen zeigte sich am Fenster.

„Komm, wir fahren ins nächste Eiscafé."

Irene betrachtete ihn zwar mit dem abschätzenden Blick aufgeschlossen-frecher Jugend, doch war in ihrem Gehirn die Abteilung Argwohn noch nicht genügend ausgebildet, und Paul Strawinski hatte bereits ihr Handgelenk im Griff und bugsierte sie mit sanft-frecher Gewalt zum Auto. Tür auf, Irene auf den frisch gekauften Kindersitz geschnallt, selbst vorn eingestiegen und schon rollte der Wagen aus der Sichtweite etwaiger Beobachter. Der eigentliche Kindesraub schien also geglückt zu sein.

Wenig später fuhr Fritz Klein auf den hauseigenen Parkplatz. Er äugte in den Sandkasten, wo er Irene zu finden gehofft hatte. Sie war nicht da, Fritz Klein begab sich in die Wohnung, wo er Irene zu finden hoffte. Sie war nicht da.

„Na, wird noch mit Mutter zum Einkaufen sein", sagte er sich.

Eine Viertelstunde später kehrte Frau Klein zurück. Sie hatte sich auf dem Marktplatz, wie es ihre Gewohnheit war, festgeschwatzt und darüber ihre Tochter vergessen. Bevor sie das Haus betrat, ging sie zum Sandkasten hinüber, nach Irene zu sehen. Sie war nicht da.

„Na, wird mit Vater nach oben gegangen sein", sagte sie sich.

Oben, wir wissen es: sie war nicht da.

„Wo ist Irene?", fragte Herr Klein.

„Ich dachte, mit dir ins Haus gekommen", antwortete Frau Klein.

Wir haben vorhin bereits übers Ahnungsvermögen gesprochen. Es funktionierte auch jetzt absolut nicht, kein Voralarm, kein Anklingen jenes Nervs, der dafür zuständig war. Das hatte den Grund in dem Umstand, dass Irene oft mit anderen benachbarten Kindern und deren Müttern fortging, entweder in deren Wohnungen oder zu einem Spaziergang in der wald- und buschreichen Umgebung.

„So wird's wohl sein", sagten sich beide Kleins.

Sie machte sich an die Bereitung des Abendessens, er wusch sich den Staub eines anstrengenden Arbeitstages ab und lümmelte sich dann mit der Tageszeitung auf die Couch. Aber er konnte sich auf die Banalitäten von großer und kleiner Politik nicht konzentrieren und trat immer wieder auf den Balkon hinaus. Also doch das Ahnungsvermögen...?

* * * * * *

Paul Strawinski bugsierte seinen Wagen in eine wenig befahrene Seitenstraße und hielt an. Bevor er Irenes erstes Verhör begann, reckte er erleichtert seine Arme und holte tief Luft. Dann drehte er sich um, verschloss die hinteren Türen und betrachtete seine Beute lange und ausgiebig. Wie viel war sie wert? 50.000? 100.000? Mehr? Viel mehr? Was konnte ihr Vater berappen? Das waren Fragen, die sorgfältig bearbeitet werden mussten.

„Wann krieg ich mein Eis?"

Wo war Irenes Ahnungsvermögen? Konnte eine Fünfjährige es hier entwickeln? Wir werden sehen.

„Wie heißt du?", fragte Paul Strawinski.

Sie nannte ihren Namen.

„Mein Eis, bitte."

„Und wie heißt dein Vater?"

Sie sagte auch dieses. Damit wusste er vorerst genug und er setzte die Heimfahrt fort. Er überhörte Irenes sachdienliche Hinweise auf die am Straßenrand liegenden Cafés und Eisdielen.

„Bei mir zu Hause bekommst du dein Eis."

„Da vorn fährt ein Polizeiwagen", sagte Irene an einer Ampel.

Paul Strawinski zuckte zum zweiten Mal unter Irenes Worten zusammen, beim dritten Mal hätte er beinahe alles verpatzt und einen Unfall gebaut.

„Opa, hast du mich jetzt geklaut?", fragte Irene wie beiläufig.

Da er nicht antwortete fuhr sie fort:

„Mein Vater wird dich totmachen, wenn er dich erwischt, Opa."

Donnerwetter, dachte Paul, - den wir ab jetzt wegen seines ausländischen Hausnamens so kurz nennen wollen -, was habe ich mir da angelacht! Schon, die Tat war noch keine Stunde alt, begann das übliche Selbstmitleid des Täters. Dann waren sie zu Hause in Pauls Einfamilienhaus. Er schob Irene ins zweite Wohnzimmer, besorgte ihr aus der Truhe eine gehörige Portion Eis und schloss sie ein. Er schaute zur Uhr: Laut Zeitplan, ohne den kein Verbrecher agieren sollte, war jetzt das Telefonat an der Reihe - auf keinen Fall durfte das Ehepaar Klein schon jetzt so verbiestert sein, dass es die Polizei alarmierte!

Und tatsächlich machte sich Frau Klein just auf die Socken, den Aufenthalt Irenes zu erfragen. Fritz Klein war noch immer nicht beunruhigt. Auch dann noch nicht, als seine Frau nach vergeblicher Suche zur Tür hereinkam und gleichzeitig das Telefon klingelte.

„Ich habe sie...", begann Frau Klein zu berichten.

Fritz Klein winkte ab und nahm den Hörer in die Hand.

„Sie suchen Ihr Kind."

Eine Feststellung ohne Frage- und Ausrufungszeichen, nur so. Wie die Zeitangabe bei der Telekom, nur so. Der gegenüber seiner Kundschaft sonst so geistesgegenwärtige Fritz Klein versteinerte wie die bekannte Säule, sein Mund öffnete sich ohne zu sprechen, die Augen traten aus ohne besser sehen zu können, Schweißperlen bedeckten seine Stirn.

„Sie suchen Ihr Kind?"

„Ja, tun wir."

„Wir haben Ihr Kind."

Fritz Klein würgte.

„Wir haben Ihre Irene."

Beiderseitige Pause, in der Frau Klein zusammenfiel und in einem Sessel landete. Sie hatte kein Wort mitgehört, erkannte aber am Verhalten ihres Mannes das Dramatische der Situation.

„Wenn Sie die Polizei verständigen machen wir Gehacktes aus ihr, verstanden?"

„Verstanden, ja."

„Wir überwachen Sie jede Sekunde, verstanden?"

„Ja, verstanden."

„Hören Sie Ihre Kröte mal an, damit Sie glauben, dass wir sie haben."

Irene wurde ans Telefon gezogen und krähte, gar nicht besorgt:

„Der Opa hat mich geklaut, Vati. Du musst ihn totmachen!"

„Wie geht es dir, mein Schatz?"

„Ganz gut, jede Menge Eis..."

Dann wieder der Entführer:

„Also keine Polizei oder ähnliche Mätzchen, klar? Wir rufen in Kürze wieder an, unternehmen Sie nichts, sonst..."

„Klar", hauchte Fritz Klein.

Paul legte auf, Fritz Klein legte auf. Seine Frau hatte sich inzwischen an ihn gekrallt und drohte ihn zu Boden zu ziehen. Jetzt, folgerte er daraufhin, muss einer standhaft bleiben. Da war nun das Ungewitter hereingebrochen. Über seine kleine Familie, die unbedeutende, Millionen mal ähnlich vorhandene!

* * * * * *

Pauls Stimmung näherte sich dagegen der Euphorie. Er wähnte seinen Clou außerordentlich perfekt eingefädelt und machte sich daran, für sich und seinen kleinen Gast das Abendessen zu bereiten. Höflich fragte er nach Irenes Wünschen, ob sie außer Eis auch Normales äße.

„Brötchen mit Leberwurst, Brötchen mit Käse."

„Zu trinken?"

„Milch mit Zucker drin."

Nun, als vorsorgender Entführer hatte er dieses alles im Haus, und so aßen die beiden in fröhlicher Laune dahin. Dieses erste Telefonat, das soeben zitiert wurde, führte Paul von seinem eigenen Telefon, die weiteren, das wusste er, müsste er draußen in einer Zelle führen. Man konnte nicht wissen, ob die verängstigten Eltern nicht doch die Polizei informierten.

„Bist du ein armer Schlucker, Opa?"

„Sei lieb und lass den Opa weg, nenn mich einfach Piet. - Nein, ich glaube nicht."

„Und warum klaust du dann Kinder?"

Wenn Paul auch alle Eventualitäten einkalkuliert hatte, eine nicht: ein Verhör durch sein Opfer. Dieser kleine Naseweis war ja ein nettes Früchtchen! Da er auf Irenes Frage nicht sogleich antwortete fuhr sie fort:

„Von meinem Vati wirst du kein Geld bekommen."

Das klang so überzeugend, dass er nachhaken musste:

„Und warum meinst du das? Hat er dich nicht lieb?"

„Doch, sehr. Aber Mutti sagt, er ist ein Geizkragen."

Sie wurde allmählich müde und wusste nicht, warum so früh am Abend: In ihrer Milch hatte Paul eine Schlaftablette aufgelöst. So kam es, dass sie um 20 Uhr im Gästebett des Hauses lag und einen traumlosen Schlaf schlief, während Paul sich für Punkt 3 seiner Aktion bereit machte. Ehepaar Klein müsste nun genügend im eigenen Saft geschmort und für den zweiten Anruf empfänglich sein.

„Sie haben sie", sagte Fritz Klein zu seiner Frau.

„Wer sie?", fragte sie tonlos.

„Entführer haben Irene gekidnappt. Ich habe ihre Stimme gehört."

Frau Klein fiel wieder um, er hob sie auf und trug sie auf die Couch, holte einen feuchten Lappen zum Kühlen ihrer Stirn. Sie war nahe dran abzutreten. Ein Grund mehr für ihn, nun der Standhafte zu bleiben.

„Sie haben sie?", fragte seine Frau mit ersterbender Stimme.

„Ja", wiederholte er, „sie haben sie ans Telefon geholt."

Seine Frau begann zu kreischen und sich auf der Couch zu wälzen, so dass er fortging und ihr einen Drink machte, in den er, - welch Duplizität der Ereignisse -, ihr eine Schlaftablette untermischte. So war sie in einer Viertelstunde eingeschlafen und ließ ihm Zeit und Raum zum Nachdenken und Sichsammeln. Nur jetzt keine Panik. Das Telefon klingelte.

„Eins vorab nochmals als Warnung", hörte Fritz Klein, „damit Sie keine Dummheiten machen: Uns ist alles egal und gleichgültig, wir machen Ihre Kleine kaputt, wenn wir merken, dass Sie uns hereinlegen wollen. Und wenn wir selbst draufgehen - das Kind in jedem Fall. Kapiert?"

Fritz Klein kapierte und sagte es.

„Tun Sie alles, was wir Ihnen vorschreiben, dann passiert nichts. Kapiert?"

„Kapiert", sagte Fritz Klein, „was sollen wir tun?"

„Das sagen wir Ihnen im nächsten Gespräch."

Aufgelegt. Fritz Klein vertiefte sich in seinen Sessel und genehmigte sich einen Cognac, was im Prinzip ein unerhörter Vorgang war. Nun, der nächste Anruf würde sich dann wohl ums Geld drehen, ums liebe Geld. Da er später nicht ganz doof dastehen wollte und doch vielleicht einen Beitrag zum Ergreifen der Täter liefern könnte, kramte er sein Diktiergerät hervor, versorgte es mit frischen Batterien und platzierte es neben dem Telefon. Dieses war die beste Idee seines ideenlosen Lebens, wie der Lauf der Dinge beweisen sollte.

Von der Telefonzelle kehrte Paul vorsichtshalber nach Hause zurück, um nach Irene zu sehen und später Punkt 4 zu realisieren: die Geldforderung, natürlich von einer wiederum anderen Zelle aus. Bis Mitternacht würde er freilich die Kleins schmachten lassen; je heißer die Angst desto schneller würde er sich durchsetzen. Er fand sich besonders clever, weil er die Kleins in den Glauben gebracht hatte, dass eine ganze Bande beteiligt sei - „wir"! Nun, wenn alles klappte, würde die ganze Angelegenheit morgen oder spätestens übermorgen erledigt sein. Länger würde er den kleinen Frechdachs auch nicht halten wollen. Nachdem er sich noch einmal von dessen Tiefschlaf überzeugt hatte, radelte er vergnügt zur Telefonzelle. Er hatte aus Krimis gelernt, dass, falls die Kleins wider Erwarten bereits durch die Polizei eine Fangschaltung installiert hätten, diese wenigstens vier bis fünf Minuten brauche, um den Ort des Anrufs zu lokalisieren.

Kurz vor Mitternacht wankte Frau Klein aus dem Schlafzimmer und ließ sich auf der Wohnzimmercouch nieder. Angst und Entsetzen waren stärker als e i n e Schlaftablette. Ihr Mann gab ihr einen Cognac und tat sehr besorgt um sie.

„Es wird wohl nicht so schlimm werden", tröstete er, „wir kriegen Irene wieder."

„Haben sie noch einmal angerufen?"

Fritz Klein berichtete vom Anruf und dass er auf den nächsten warten müsse. Inzwischen hatte er über die Höhe der Forderung nachgedacht und war zu dem Entschluss gekommen, in seiner altbewährten Manier zu handeln. Das Bild düsterer Armut, das Frau Klein jetzt auszumalen begann - Haus adé, Gang zum Sozialamt, gar betteln auf der Straße - verwarf er als unrealistisch und ganz und gar unpassend. Man würde ihn, Fritz Klein, kennenlernen! 24 Uhr, das Telefon klingelte, er presste das Mikrofon des Diktiergeräts an den Hörer.

„Wie geht es ihr?", brüllte Fritz Klein, die Offensive startend, „was habt ihr mit ihr gemacht?"

Paul verschlug's erst einmal die Sprache. Dann antwortete er:

„Beruhigen Sie sich, wir haben sie ins Bett gebracht und sie schläft jetzt fest."

„Wenn ich euch packe...", drohte Fritz Klein.

„Ja, wenn. Jetzt hören Sie mal gut zu, wenn Sie Ihre Tochter wiederhaben wollen."

„Was soll ich tun?"

„Morgen 100.000 Piepen besorgen."

Fritz Klein schluckte und hustete, glaubte sich verhört zu haben.

„Wofür haltet ihr mich?", rief er frech.

„Für reich genug, um 100.000 zahlen zu können."

Fritz Klein wäre nicht Kaufmann gewesen, wenn er nicht den Versuch zum Handeln unternommen hätte.

„Kann ich nicht zahlen", antwortete er, „wo soll ich die herkriegen?"

„Sie haben doch gespart, prämiensparen, bausparen, Steuern hinterziehen. Sie sind doch der Typ, der alles rafft, soweit die Pfoten reichen."

Dieses Lob schmeichelte Fritz Klein sehr. Aus dieser Diskussion schloss er, dass sein Gegenüber kein Unmensch sei und einer, mit dem sich reden lasse.

„So viel habe ich nicht", log er fest, „kann ich auch nicht besorgen. Sie sind an den Falschen geraten, mein Lieber."

Seine gesamten Konten, Spar- und Wertpapiere beliefen sich auf 200.000 Mark, gerade so viel, dass er die Zinsabschlagsteuer nicht zu bezahlen brauchte, und wenn seine Frau im Zuge der Ereignisse davon erfuhr, war er genauso verratzt wie jetzt.

„Dann leihen Sie sich gefälligst was", hörte er nun, „alle Banken sind froh, ihr Geld hergeben zu dürfen."

„Kann ich nicht", jammerte Fritz Klein, „hab nirgendwo mehr Kredit."

„Dann kriegt Ihre Irene eins vor den Kopp."

Rums, der Hörer wurde aufgelegt. Pauls Sprechzeit war abgelaufen.

„Na, was sagte er?", fragte Frau Klein.

„Er will 100.000 haben."

Sie sackte zusammen. Zwar zählte sie sich und ihre Familie zum mittleren Bildungsbürgertum, aber zu so viel Geld konnte ihres Mannes Tätigkeit nicht gereicht haben, meinte sie.

„Ich habe 5.000 auf meinem Konto", sagte sie, „und wenn ich meinen Schmuck verkaufe, kommen vielleicht nochmal 5.000 dazu."

„Das reicht nicht", sagte Fritz Klein.

Seine eigene Verwandtschaft und die seiner Frau war relativ gut situiert, würde in diesem Gefahrenmoment auch wohl herausrücken, aber er mochte weder die eine noch die andere und wäre sich fies vorgekommen, hätte er angefragt.

„Dann sollten wir einen Kredit aufnehmen", sagte seine Frau.

„Erst mal sehen, ob ich handeln kann."

„Handeln! Pfui Teufel, dass du's nicht lassen kannst!"

Er wollte Streit vermeiden und schwieg. Gern hätte er schon in dieser Nacht Klarheit gehabt, wie viel letztendlich zu zahlen wäre, wann er Irene wiederbekommen würde.

„Sollen wir nicht doch lieber die Polizei...?", fragte Frau Klein.

„Das ist viel zu gefährlich", antwortete er, „sie merken's doch und dann ist es aus mit unserer kleinen Irene."

Da klingelte erneut das Telefon, Fritz Klein manipulierte wie vorhin.

„Wie viel können Sie Geizkragen denn zusammenkratzen?"

Na also! Fritz Klein atmete tief ein und aus und sah bestätigt, dass zäher Kaufmannsgeist stets zum Ziel führe. Der andere fragte, befahl nicht - war das nicht ein halber Sieg!

„40.000", antwortete er.

„Dann geht Irene kaputt."

„50.000", sagte Fritz Klein.

„Nun, Sie trüber Feilscher, abgemacht. Ist besser wie nichts."

Fritz Klein zuckte instinktiv zusammen.

„Besorgen Sie das Geld bis morgen Nachmittag", hörte er nun, „und halten Sie sich bereit. Wir rufen an und geben weitere Anweisungen. Klar?"

„Nicht ganz", sagte Fritz Klein, der Eingebung folgend, dass Zeitgewinn großer Gewinn sein könnte, „so schnell kriege ich das Geld unmöglich zusammen, muss viel herumlaufen und umherfahren."

„Sputen Sie sich und keine Fisimatenten, verstanden!"

„Schon gut, machen wir nicht."

„Sonst können Sie morgen ein neues Kind machen, wenn Sie noch können."

„Drohen Sie nicht so, ich tu alles, was Sie wollen."

Aufgelegt, aufatmen, sich auf die Couch setzen...

* * * * * *

Haben wir schon erwähnt, dass Fritz Klein zu allen properen Eigenschaften, die er besaß, ein Pedant erster Klasse war? Nein? Nun denn: Verwundern kann's ja nicht nach allem, was wir über ihn erfahren haben. Seine Pedanterie erstreckte sich aber nicht nur, wie bei den meisten seinesgleichen, auf konkrete, materielle Bereiche: nämlich wie Bleistifte gerade legen, Staubwischen kontrollieren, Blätter der Klorollen und Erbsen zählen und dergleichen fröhliche Beschäftigung mehr; nein, sondern auch: gerade Linien zeichnen, die Aussprache prüfen und schlecht gesprochenes Deutsch korrigieren. Letzteres konnte ihn rasend, unhöflich und abschreckend machen. Seit seinem Schulabgang verfolgte ihn ein brutaler Spruch eines ebenso brutalen Lehrers und beide bewirkten, dass er sich noch niemals in dieser Beziehung versprochen oder verschrieben hatte:

„Der gute alte Komp'rativ,
der braucht das Wörtchen *als*.
Merkt euch dies besonders tief
in eurem dreck'gen Hals!"

Was hatte der Entführer am Telefon gesagt:

„...Ist besser *wie* nichts."

Und in der kurzen Zeit zwischen diesen Worten und dem Auflegen des Telefonhörers waren Fritz Kleins graue Hirnzellen in solch eine rasende Tätigkeit getreten, dass sein Kopf eigentlich hätte zerspringen müssen. Doch nur außen zeigte sich, kurzfristig, eine Folge des inneren Vorgangs: Ein Grinsen überzog das Gesicht, wie es selbst Satanas zu Zeiten des Ablasshandels nicht besser hätte demonstrieren können, wie gesagt kurzfristig nur, als huschender Schatten, und als seine Frau nach dem Telefonat fragte und er sich ihr zuwandte, war es verschwunden und hatte seinem Normalbürgergesicht Platz gemacht.

„Sie wollen 50.000 haben", erklärte er.

„Immerhin", antwortete seine Frau erleichtert, „die werden wir wohl noch zusammenkratzen können."

Und sie ging in ihr Zimmer und kratzte ihren Schmuck zusammen. Fritz Klein winkte ab und meinte, dass man vielleicht ohne ihn auskommen könnte. Seine Gedanken kreisten in jenen Regionen und Sphären, wo Geld keine Rolle mehr spielte. Seine vordringliche Aufgabe war es, seine Frau zu beruhigen, ihr jede Angst um das Kind zu nehmen. Sie selbst war nicht vorgesehen, noch irgendeine Rolle zu spielen.

„Nun müssen wir noch ein paar Stunden schlafen", schlug Fritz Klein vor, „um morgen ausgeruht und frisch zu sein und keinen Fehler zu machen. Morgen werde ich den ganzen Tag unterwegs sein, das Geld aufzutreiben."

Der letzte Satz war eine satte Lüge. Auch jetzt beschummelte er seine Frau: Während er vorgab, in beide Wassergläser ein mildes Schlafmittel getan zu haben, tat er es für sich selbst aber nicht - er wollte den Rest der Nacht wachliegen und nachdenken, grübeln, konzipieren, planen und entwerfen. Und als der Morgen graute hatte er einen Plan gemacht, der sich von dem des Herrn Paul in einem wesentlichen Punkt unterschied: er gelang!

* * * * * *

Paul ahnte nicht, dass seine Tage, ja Stunden schon gezählt waren. Zwar trollte er jetzt missmutig von der Telefonzelle heim, denn das letzte Gespräch mit dem Vater Irenes gefiel ihm gar nicht, aber er war guter Hoffnung. Die Aussicht auf fünfzig Riesen erheiterte sein Gemüt, für so viel netto hatte er früher ein ganzes Jahr arbeiten müssen. Und wenn er in wenigen Stunden dieses frech-vorlaute Kind wieder los war, würde Friede und eitel Sonnenschein in seine Behausung einziehen. Er schaute kurz zu Irene herein, die tief schlief, machte sich ein paar Schnittchen und Bier und legte sich dann zu Bett, die in der Dunkelheit unsichtbare Decke anstarrend. Es galt zu überlegen, wie Geld- und Kindübergabe am besten zu bewerkstelligen wären. Er wusste es: Das waren die heiklen Punkte des Unternehmens, bei denen nicht ganz clevere Kidnapper am häufigsten Fehler machten. Morgen also:

1.) Anruf bei den Kleins, ob das Geld verfügbar sei.
2.) Dann Festlegung von Übergabezeit und -ort.
3.) Dann das Geld kassieren und
4.) Irene in die Freiheit entlassen.

Zur Ehrenrettung Pauls muss gesagt werden, dass er nicht eine Sekunde daran dachte, sie umzubringen, wenn die Eltern die

Zahlung verweigern sollten. Er müsste dann den ganzen Vorgang mit mehr willigen Eltern wiederholen.

Schon am frühen Morgen gerieten Pauls Kalkulationen und Zeitpläne durcheinander. Als er behutsam Irenes Schlafzimmer aufschloss und betrat, flog ihm als erstes ein Kissen an den Kopf, danach ein Schuh.

„Ich will nach Hause zu Papa!", zeterte Irene.

„Bald", tröstete Paul.

„Gehen wir heute aus und Eis essen?"

„Nein. Nun steh auf, wasch dich und komm zum Frühstück."

Irene befolgte den Befehl, weigerte sich aber, am Frühstück teilzunehmen: Leberwurst, gekochtes Ei, Knäckebrot und Rübenkraut (Zuckerrübensirup) waren nicht nach ihrer Gewohnheit und ihrem Geschmack. Als Paul ratlos dreinschaute sagte sie:

„Du bist ein Doofmann, Onkel Piet."

Sie sah die Wirkung ihrer Worte und setzte nach:

„Vati wird mich hier rausholen und dich totmachen, weisste das?"

Und sie begann zu heulen. So musste denn Paul zum (eigenen) Telefon greifen und den Vati anrufen:

„Ihr Kind ist unzufrieden, will nicht essen. Womit kann ich es beruhigen?"

„Morgens Cornflakes mit Honig", antwortete Herr Klein, „und ein Rosinenbrötchen mit Butter, Nutella oder Erdbeermarmelade. Soll ich es Ihnen vorbeibringen?"

„Ansprüche sind das", murrte Paul, „aber wir sind ja Kinderfreunde."

„Mittags", fuhr Fritz Klein fort, „isst sie gern Pommes mit Majo und Apfelsaft..."

Paul ärgerte sich über den forschen Ton.

„...nachmittags Torte mit Schlagsahne und abends Toast und Käse in Würfel geschnitten."

„Verwöhntes Biest das."

„Wehe Ihnen", drohte Fritz Klein beherzt, „wenn Sie sie hungern lassen!"

Paul beschloss, böse Miene zum guten Spiel zu machen, sperrte Irene ein und verließ das Haus zum Einkaufen der gewünschten Sachen.

„Länger als zwei Tage nicht", knurrte er dabei.

Seine Rolle als Kindermädchen war ihm so neu wie die des Kidnappers. Nachdem Irenc dann ihren Vorstellungen entsprechend gefrühstückt hatte, wurde sie ganz manierlich und gesprächig.

„Ich habe einen Onkel, der heißt Willi", sagte sie, „und der sieht genauso doof aus wie du."

Paul zog sich zusammen wie eine Weinbergschnecke, die angepinkelt wird. Doof aussehen - das ist es, was man ihm ein Leben lang vor die Rübe warf, zu Hause, im Kindergarten, in der Schule, beim Konfirmandenunterricht, beim Militär, in der Ausbildung und im Beruf; lückenlos, gründlich und satanisch. Gleichgültig, ob er sich jede Art von Bärten wachsen ließ, sich modisch kleidete, fesch gab und im Wachstum veränderte - er blieb doof. Selbst jetzt, wo er sich mit Brille und Schnurrbart unkenntlich gemacht hatte, damit ihn dieses junge Ding da später nicht identifizieren könne, selbst jetzt musste er sich derartige Anwürfe anhören. Um Irene nicht den ganzen Vormittag anhören und -sehen zu müssen, sperrte er sie wieder, mit einigem Spielzeug und Bilderbüchern versorgt, versteht sich, ins Zimmer ein und machte sich auf in die Stadt, um das Wohnhaus der Kleins zu observieren: Mal sehen, ob es verdächtige Bewegungen und Erscheinungen gab. Er hatte gut daran getan, Irene gründlich einzuschließen, auch zur Fensterseite hin, denn das kleine Biest dachte tatsächlich ans Ausbüxen, aber vergeblich.

* * * * * *

„Wie kannst du so mit dem Entführer sprechen!", regte sich Frau Klein über das soeben geführte Telefonat auf.

„Man muss solchen Burschen die Zähne zeigen."

Fritz Klein hatte in den wenigen Stunden nach dem Zubettgehen die Wandlung zum Tatmenschen vollzogen: unauffällig, unsichtbar sogar für seine Frau. Und war er um Mitternacht noch verzagt wegen des möglichen Schicksals Irenes gewesen, so brannte nun die Gewissheit in ihm, dass alles gut ausgehen würde; vielleicht nicht für alle Teilnehmer der Veranstaltung. Doch galt es, sich zu tarnen - vor der eigenen Frau! Wenn sie wüsste oder ahnte, wozu er ganz und gar fest entschlossen war, dann würde er seinen Plan nie und nimmer durchführen können.

„Ich laufe nun die Banken ab", log er beim Frühstück, „um das Geld zusammen zu holen. Bei jeder ein wenig, so gegen 10.000 bis 15.000, dann zieren sie sich nicht so. Sie nennen diese blöde Verleiherei Verbraucher-, Konsumenten- und Kundendarlehen."

„Wenn sie bei der Schufa nachfragen", sorgte sich Frau Klein, „kriegen sie's doch raus, dass du bei verschiedenen Banken warst."

„Muss ich riskieren."

Dann beschlossen sie, dass sie, Frau Klein zu Hause bleiben und am Telefon verfügbar sein müsse und den Kidnappern getrost sagen solle, dass er unterwegs sei, das Geld zu besorgen.

„Sag ihnen vorsichtshalber", riet Fritz Klein, „dass ich erst morgen Spätnachmittag im Besitz der erforderlichen Summe sei."

Er log wie gedruckt, musste es tun, um erfolgreich zu sein

„Fast wie in meinem Beruf", murmelte er sich zu.

Dann herzte und küsste er seine Frau wie lange nicht mehr, sprach ihr Haltung und Mut zu und verabschiedete sich.

„Ich ruf dich an, ob ich zum Mittagessen da sein kann."

Wir ahnen wohl schon, dass Fritz Klein gar nicht vorhatte, seine verschiedenen Banken aufzusuchen, gar Kredite aufzunehmen. Sollte er die 50.000 Mark tatsächlich benötigen, so würde er sie wie geplant in kleinen Stücken abheben. Sein erster Weg führte ihn zur Polizeiwache der Innenstadt. Dort war einer seiner wenigen guten Bekannten beschäftigt, der Wachtmeister Karl Krause, heute sogar an seinem Arbeitsplatz anwesend.

„Vor etwa acht Tagen", erzählte Fritz Klein, „hat einer deiner Kollegen in der Innenstadt einen harmlosen Unfall zwischen einem Rad- und einem Autofahrer aufgenommen."

Fritz Klein wies auf die Wandkarte des Reviers und bezeichnete die Stelle genau, auch die Uhrzeit, machte nähere Angaben zum Hergang aus seiner Sicht und bald lag die Akte auf dem Tisch.

„Hier", sagte Karl Krause und blätterte, „wir haben das auf Wunsch des Radfahrers aufgenommen. Aber dann wollten sich die beiden Beteiligten doch außergerichtlich einigen."

„Ich weiß es", sagte Fritz Klein, „war ja Zeuge. Ich bitte dich, mir Namen und Anschrift des Radfahrers zu geben, damit ich mit ihm sprechen kann. In der Eile habe ich damals nicht daran gedacht, dass ihm meine Aussage nützlich sein kann."

„Sehr löblich", sagte Karl Krause, „die meisten Zeugen sind leider zu bequem oder zu ängstlich und gleichgültig sich zu melden."

Er beschrieb einen Zettel und gab ihn Fritz Klein.

„Vielen Dank, du hast mir sehr geholfen."

„Keine Ursache - die Polizei dein Freund und Helfer."

In diesen Stunden trieb der Entführungsfall seinem ersten kuriosen Höhepunkt zu. Während nämlich, wie bekannt, Paul in seinem Auto Posten bezogen hatte, um Fritz Kleins Kommen und Gehen zu beobachten, saß dieser, ebenfalls im Auto, nur zweihundert Meter Luftlinie vom Haus Pauls entfernt und tat das Gleiche: Das Fernglas neben sich wartete er auf ein Lebenszeichen im Haus oder um dasselbe herum. Er parkte auf einem kleinen Platz, der für Besucher der nahen Schrebergärten eingerichtet worden war, so dass er keinesfalls auffallen konnte. Immer wieder, mit Zeichen der Befriedigung im Gesicht, nahm Fritz Klein den Zettel Karl Krauses zur Hand und las ihn:

„Paul Strawinski, Nachtigallenweg 13".

Welch eine Fügung des Schicksals! Er, Fritz Klein, hatte das Nest der Entführer (des Entführers?) aufgespürt, vielleicht auch damit den Ort, wo Irene sich befand. Ein Fenster der Wohnzimmerseite des Hauses dort war durch Jalousien abgedunkelt - war Irene dahinter? Ins Haus eingelassen, zur Waldseite hin, war die Garage, deren Tor offen stand, das Auto fehlte. Fritz Klein war entschlossen, hier solange auszuhalten, bis er den Besitzer heimkommen sähe und identifizieren könne. Denn noch war er sich nicht sicher genug, mit Paul Strawinski den Entführer gefunden zu haben, es fehlten weitere Anhaltspunkte. Fritz Klein wurde es gegen 12 Uhr zu langweilig im Auto, nichts tat sich, weder Verdächtiges noch Normales, so dass er sich beruhigte und beschloss, die Beobachtung gegen 13 Uhr einzustellen. Außerdem war ihm nicht ganz geheuer bei dem Gedanken, hier selbst aufzufallen und Gegenstand der Beobachtung zu werden. Er brach vorher nicht ab. So kam es, dass Fritz Klein um 12 Uhr 45 Paul aufs Grundstück einbiegen sah. Als erstes notierte er das Kennzeichen des Wagens, das er per Fernglas einwandfrei ablesen konnte. Dann behielt er Paul, den er beim Aussteigen mit Sicherheit als das Opfer des Fahrrad-Autounfalls wiedererkannte, solange im Glas, bis dieser durch die Garage her sein Haus betreten hatte. Ein Indiz fiel ihm dabei auf: Dieser Kerl hatte eingekauft, eine Flasche Apfelsaft, Brötchen, etwas in Stanniol Eingepacktes, derart, wie man an Buden und Kiosken erhält, wenn man eine Portion Pommes frites hübsch warm mit nach Hause nehmen will - hier für Irene?

Fritz Klein sah auch, dass am besagten Fenster die Jalousien hochgezogen wurden. Leider war sein Blickwinkel so, dass sein Blick im schrägen Winkel auf das Fenster fiel, so dass er, auch mit dem komprimierenden Fernglas nicht, nichts hinter der Scheibe erkennen konnte. Er könnte den Standort wechseln, erkannte er mit raschem Blick, um direkt im Winkel von neunzig Grad einzusehen, aber dann würde er mit seinem Auto so exponiert halten, dass er Gefahr lief, vom Entführer (von den Entführern?) entdeckt zu werden. Nun griff er erst einmal zum Handy-Telefon und rief die Straßenverkehrsbehörde an:

„Ich habe einen Autofahrer beobachtet", sagte er, „der seine Geldbörse aufs Autodach legte und dann abgefahren ist. Sie fiel natürlich auf die Straße, wo ich sie an mich nahm. Ich habe sein Kennzeichen notieren können. Wenn Sie mir Namen und Anschrift des Autobesitzers nennen würden, könnte ich ihm sein Geld zustellen."

„Einen Moment bitte."

Ein Computer schnurrte, Fritz Klein wusste natürlich, dass die Ämter Namen und Anschriften eigentlich nicht preisgeben dürfen - außer bei triftigem Grund. Nun, war dieses keiner?

„Hören Sie noch? Paul Strawinski, Nachtigallenweg 13."

„Herzlichen Dank."

Nun begann die ganze Angelegenheit Gestalt anzunehmen, mit der Fritz Klein außerordentlich zufrieden, die für Paul aber höchst bedenklich war. Fritz Klein hegte nur noch Zweifel von, geschätzt, zehn Prozent, dass er auf richtiger Fährte war, und diesen Rest galt es über einen raffinierten Einfall zu beseitigen.

* * * * * *

Fritz Klein konnte nicht ahnen, dass es gleichzeitig, während er nun heimfuhr, im Haushalt Pauls zu entzückenden Szenen kam: Denn Entführer und Entführte machten sich mit Heißhunger und allerlei Albernheiten über die Pommes mit Majo her. Mal bugsierte er ihr einen langen Pommes in den Hals, mal sie ihm ein krummes Stück zwischen die Zähne. Dann zupfte sie seinen Schnurrbart, der sich teilweise löste, wodurch Irene in nicht enden wollendes Gelächter ausbrach.

„Wann bringst du mich zu Vati zurück?", fragte Irene plötzlich.

„Heute oder morgen Abend", antwortete Paul.

Er ertappte seine Gedanken dabei, sich für dieses Mädchen zu erwärmen. Das durfte nicht geschehen, wenn er sich selbst nicht in Frage stellen wollte. Darum: Tatsächlich spätestens morgen musste die Geldübergabe erfolgen.

„Muss mein Vati viel für mich bezahlen?"

Verdammt, dieses kleine Biest wusste über die einschlägigen Gepflogenheiten Bescheid.

„Viel zu wenig für solch ein Schatz wie du bist", antwortete Paul.

Da huschte sie wie ein Blitz zur Tür, die er nicht beim Eintritt geschlossen hatte, war wie ein Wiesel draußen und zur Haustür. Aber diese war von innen verschlossen, weil Paul sich angewöhnt hatte, durch die Garage, wo auch sein Fahrrad stand, das Haus zu verlassen.

„Zurück ins Zimmer mit dir!", befahl er aufgebracht, „du böses Balg."

„Doofmann!"

Er sperrte sie ein und beschloss, sich bei den Kleins zu erkundigen, ob das Geld nun vorhanden sei oder nicht. Also ab zur nächsten Telefonzelle...

Wir haben Fritz Klein alleingelassen, als er Pauls Identität bestätigt bekommen hatte. Nun hielt ihn nichts mehr am Ort, er musste nach Hause, um seine Frau nicht am Telefon allein schmoren zu lassen. In einer halben Stunde war er da und sprach dem Mittagessen in einer Weise zu, dass seine Frau sich ganz verwunderte.

„Du machst einen optimistischen Eindruck", sagte sie, „scheinst also bei den Banken Erfolg gehabt zu haben."

Ja richtig, die Banken! Das Gebäude, welches Fritz Klein vor seiner Frau aufzurichten begann, war ein potemkinsches, mit anderen Worten eines der Lüge. Was er vorhatte, was in seinem Kopf reale Gestalt annahm, musste und durfte er nur allein durchziehen.

„Ja", antwortete er darum, „sie waren ganz zuvorkommend und stellen das Geld bis morgen bereit."

„Also heute nicht mehr?"

„Nein. War zu erwarten, mein Schatz."

„Noch einen Tag länger ohne Irene."

„Und ich muss", log er weiter, „deswegen noch den ganzen Nachmittag herumfahren."

„Wenn nur alles gut geht", seufzte Frau Klein.

„Geht es gewiss", sagte er ehrlich, „ich habe den Eindruck, dass der Anrufer kein Unmensch ist und sein Wort halten wird, wenn das Geld übergeben ist."

Weil Paul sich am Vormittag nicht gemeldet hatte, erwartete er den nächsten Anruf jetzt, in der Zeit nach dem Mittagessen; dann, dachte er in sich hinein, werden dieser Paul Strawinski und Irene wohl ihre Pommes gegessen haben. Richtig kalkuliert. 14 Uhr, das Telefon:

„Haben Sie das Geld?"

„Erst morgen...", (beinahe hätte Fritz Klein „...Herr Strawinski" hinzugefügt.)

„Hören Sie", tönte dieser energischer als sonst, „unsere Geduld geht zu Ende."

„Es ging nicht eher wegen der Banken", verteidigte sich Fritz Klein.

„Also morgen Mittag?"

„Morgen Mittag."

„Wollen es für Sie und Irene hoffen", sagte Paul, „ist übrigens ein selten unruhiges Ding, diese Göre."

„Sie können sie einen ganzen Tag beruhigen", schlug Fritz Klein vor, „wenn Sie ihr zwei oder drei Luftballons kaufen. Damit spielt sie am liebsten."

„Okay, woll'n mal sehen."

Aufgelegt. Fritz Klein hörte noch den verwunderten Satz seiner Frau „Was redest du denn da von Luftballons, die kann Irene doch nicht ausstehen!", doch da war er schon aus dem Haus gerannt.

Nun kam's eventuell auf die Zeit an. Eine halbe Stunde später hatte Fritz Klein seinen Beobachtungsplatz an den Schrebergärten eingenommen und richtete seine Blicke auf das Grundstück

Nachtigallenweg 13. Und siehe da: Sowohl das Auto Strawinskis fehlte als auch die Jalousien vor „Irenes Fenster" waren herabgelassen.

„Dort hat er sie eingesperrt", knurrte Fritz Klein böse.

Ihn juckte es in den Füßen - nun hinüber, Tür oder Fenster eingeschlagen und Irene in einer bravourösen Aktion befreien! Doch er beherrschte sich. Sein Gefühl sagte ihm, dass sie dort sei, sein Verstand mahnte, dass dieses nicht sicher und nichts zu überstürzen sei. Kein Anhaltspunkt war da, dass Paul Strawinski allein im Haus sei, die Ehefrau konnte Kumpanin sein, Mittäter konnten sich im Haus befinden.

„So etwas zieht doch normalerweise niemand allein durch", dachte Fritz Klein.

Normalerweise! Er glaubte, Vernunft hin - Logik her, an Strawinskis Alleintäterschaft. Da wurde es plötzlich kritisch: Dieser kehrte zurück, jedoch nicht über die Hauptanfahrtsstraße, den Nachtigallenweg, sondern durch die Schrebergartenanlage, womit er Fritz Klein beinahe hautnah passieren musste. Dieser sah ihn und duckte sich rechtzeitig hinters Lenkrad - noch einmal gutgegangen, aufatmen. Als Ausgleich durfte Fritz Klein eine Minute später jubeln. Denn der Beobachtete hielt in der Garage und beförderte aus dem Kofferraum... Nun, Fritz Klein mochte es kaum glauben, sein Fernglas vibrierte in zitternden Händen, beschlug unter seinem heißen Atem - also der Beobachtete beförderte aus dem Kofferraum drei Luftballons, hübsche, bunte, in die Höhe strebende!

„Das darf eigentlich nicht wahr sein", zitierte Fritz Klein einen abgedroschenen Volksmundsatz.

Er lehnte sich zurück, wischte die Stirn trocken und versuchte das Ungeheuerliche zu fassen, dass er einen Volltreffer gelandet hatte.

„Das kleine Wörtchen *als*
sitzt manchen schräg im Hals.
Sie brauchen's selten oder nie
und sagen lieber *wie*."

Um sich zu beruhigen und nun der Versuchung zu einem Sturm auf die Entführerfestung zu entgehen, begab Fritz Klein sich von hinnen. Beinahe wie selbständig steuerte sein Auto die ländlichen Gefilde des Stadtrands an, wo es geparkt wurde und seinen Herrn entlassen musste. Spaziergänge im Grünen - auf wie viel von ihnen mag Weltgeschichte überlegt und gemacht worden sein? Fritz Klein war so ruhig wie nie seit der ersten Erkenntnis der Entführung Irenes und nichts konnte seine Zuversicht erschüttern, sie zurückzuerobern. Aber wie? Das zu ergründen war er hier, zwischen den wogenden Kornfeldern mit den blauen und roten Punkten der Kornblumen und des Klatschmohns. Leiser Wind umrieselte seine umwölkte Stirn, Vogelgesang füllte seine Ohren, die in den letzten Tagen schreckliche Sachen hatten vernehmen müssen, und wacker schritt er aus, um Körper und Geist zu fordern und zu erfrischen. Nach einer Stunde setzte er sich auf einen Baumstamm, Bilanz zu ziehen.

Erstens könnte er jetzt ins Haus Nachtigallenweg 13 eindringen und Irene, notfalls gewaltsam, befreien. Zweitens hätte er die Möglichkeit, zur Polizei zu gehen und diese zum Einschreiten aufzufordern. Drittens wäre der Plan nicht übel, diesem Möchtegernbanditen Strawinski telefonisch mitzuteilen, dass er als Entführer erkannt sei, man ihm aber nichts tun wolle, wenn er herüberkäme und Irene unversehrt abliefere. Viertens könnte man ihn aus dem Haus locken und dann Irene herausholen.

Fritz Klein kaute auf diesen Möglichkeiten herum und verwarf drei von ihnen. Als er zum Auto zurückmarschierte, pfiff er frohen Mutes:

„So selten kommt der Augenblick im Leben,
der wahrhaft wichtig ist und groß",

sprang herum und hüpfte wie ein australisches Känguru und war, natürlich per Automobil, in fünfundvierzig Minuten zu Hause bei seiner Frau.

„Ich habe die 50.000", log er vergnügt, „heute Nacht haben wir unsere Irene wieder."

* * * * * *

Paul und Irene verlebten ihre letzten gemeinsamen Stunden in ziemlicher Verdrießlichkeit. „Letzte Stunden"? Nun, bei ihm war's wörtlich zu nehmen, für sie waren's die letzten der Gefangenschaft. Sie hatte ihren Entführer und Bewacher, der doch so freundlich war, ihr diese Luftballons zu überreichen, mit empörten Rufen wie „ekelhafte Dinger" und „die mag ich gar nicht" empfangen und beleidigt.

„Du Doofmann du!"

Paul hatte, bevor er zur Tat schritt, allerlei Unvorhergesehenes und möglicherweise Unersprießliches einkalkuliert, einen solchen Ärger mit diesem unverschämten Kind aber nicht.

„Wenn ich sie morgen noch den ganzen Tag behalten muss", versprach er sich grimmig, „werde ich sie ruhig stellen."

Trotz seiner langwierigen Planungen, - wir wissen, dass er sie Punkt für Punkt fixiert hatte -, war er noch nicht einmal mit dem letzten Akt fertig: die Geldübergabe. Ihn graute davor. Wie, wenn sie ihn dabei packten? Wenn im letzten Moment alles für die Katz' wäre? Schon die heutige Verzögerung, dadurch, dass dieser Herr Klein nicht in der Lage war, lächerliche 50.000 mit einem Schlag, in Minuten auf den Tisch zu legen, war ihm nicht geheuer, bereitete ihm das Kribbeln des Misslingens hinter den Ohren. Wie, wenn dahinter die übliche polizeiliche Verzögerungstaktik läge? Ja, er hätte nicht gedacht, dass das Berufsrisiko für Entführer so hoch angesiedelt ist. Doch fort mit den trüben Gedanken - wer in den süßen *Apfel* beißt muss auch die bittere *Orange* genießen!

„Wenn ich morgen nicht nach Hause komme, esse ich nichts mehr."

Irene bedachte ihn bei dieser Feststellung mit grollenden Blicken.

„Was du kochst mag ich sowieso nicht. Immer Pommes und so'n Zeugs."

„Ist doch dein Lieblingsfutter", verteidigte sich Paul.

„Wenn ich hier verhungere", sagte Irene, „bist du mein Mörder."

„So schnell verhungert man nicht."

„Mördern, sagt mein Vati, muss man den Kopf abschlagen."

„Du scheinst einen grausamen Vater zu haben."

„Ja, wenn ich wieder zu Hause bin, werde ich ihm sagen, dass er dich totmachen soll, du Doofmann du dämlicher."

Auch durch Gewohnheit im Ausdruck wurde Paul dieser „Doofmann" nicht erträglicher und er beschloss, dass morgen alles zu Ende sein müsse.

„Morgen bist du wieder zu Hause", sagte er, „ich rufe jetzt deinen Vater an und wenn ich zurückkomme, essen wir zum letzten Mal gemeinsam zu Abend. Wirst du dann nett sein und mich nicht mehr Doofmann nennen?"

Irene versprach dieses, er schloss sie im Zimmer ein und begab sich zu einer seiner bevorzugten Telefonzellen.

* * * * * *

Fritz Klein besprach mit seiner ahnungslosen Frau die Vorgehensweise der nächsten Stunden, ohne sie einzuweihen.

„Die Geldübergabe wird also heute Nacht stattfinden", sagte er.

„Soll ich nicht lieber mitfahren?"

„Nein, das geht nicht."

„Aber das kannst du doch nicht allein machen", mahnte sie verängstigt.

„Doch. Das kann und muss ich", sagte er bestimmt, „wir können nicht Gefahr laufen, dass etwas schief geht."

„Kann es sein, dass du mir etwas verschweigst?"

Da war die von ihm erwartete, aber nicht befürchtete Frage.

„Ja, es ist so", antwortete er zu ihrer Überraschung, „ich muss es tun."

„Warum? Hast du kein Vertrauen zu mir?"

„Zu deinen Nerven nicht, ja so ist es."

Da sie bedrückt schwieg, nahm er sie in seine Arme, versuchte zu erklären:

„Hab du Vertrauen zu mir! Ich weiß genau was ich tue und werde dir später alles erklären, wenn die Zeit dazu reif ist."

„Also doch die Polizei mit im Spiel?"

Aber er gedachte, sich nicht total aushorchen zu lassen und gab ihr jetzt die entscheidenden Verhaltensmaßregeln:

„Er wird gleich anrufen, bestimmt, denn er sitzt auf heißen Kohlen..."

„Wieso *er*? Woher weißt du, dass es nur einer ist?"

„...und wird das Geld bitter nötig haben. Er wird mir die Bedingungen der Geldübergabe mitteilen und ich werde dann wohl mit Einbruch der Dunkelheit hinaus müssen mit dem Geld. Er wird, denn das sieht mein Plan vor, dich dann in der Nacht anrufen und nach meinem Verbleib fragen. Du antwortest ihm wörtlich: '*Mein Mann hat nicht kommen können, er hat einen Herzanfall bekommen und muss ein paar Stunden liegen*'. Er wird dann neue Anweisungen für die nächste Nacht geben, die du entgegennimmst."

Fritz Klein beruhigte seine blass gewordene Frau und zerstreute ihre Ängste:

„Aber die nächste Nacht gibt es nicht. Denn ich bringe Irene heute Nacht zurück."

Diese Aussicht beruhigte sie tatsächlich, denn ihr Vertrauen in ihn war unerschütterlich. Als sie das Abendessen zu richten begann, klingelte das Telefon. Mit dem Gehabe eines Direktors, der einen fetten Auftrag an Land zu ziehen hat, ergriff Fritz Klein den Hörer.

„Haben Sie das Geld?"

„Ja, ich habe es, es raschelt in meiner Hosentasche."

Zehn Sekunden Pause vor lauter Verblüffung.

„Die vollen 50.000 in normalen Scheinen?"

„Ja, Piepen in Zwanzigern, Fünfzigern und Hundertern."

„Das ging ja schneller *wie* gedacht, nicht wahr."

„Hören Sie und reden Sie nicht so viel, ich will unsere Tochter wiederhaben!"

„Kriegen Sie. Wir melden uns gleich wieder."

Das war Pauls vorletztes Telefonat. Fritz Klein war so von seinem Plan überzeugt, dass er mit dem Schmacht des Nachholbedarfs in die Bratkartoffeln mit Rührei und Schinken reinhaute. Das hierzu gewohnte Bier verschmähte er zwar:

„Muss noch Auto fahren..."

* * * * * *

Paul rieb sich seine Verbrecherhände und radelte heim, mit der niedlich-frechen Irene zu Abend zu essen, sie ins Bett zu bringen, die letzten Punkte des Planes zu überdenken und dann diesen dreist-frechen Vater Klein für die Geldübergabe einzuweisen. Hierüber hat ein gewisser Albert Lortzing „eine fürtreffliche Musike gekomponiret":

„50.000 Demark! Träum oder lach ich?
Zittre und zag ich, wein oder lach ich?
Götter, was mach ich!
...das Glück ist kugelrund.
Vor kurzem war ich noch
ein rechter Lumpenhund...
und nun auf einmal Kapitalist..."

Nach dem Abendessen, das zu verdauen Paul nicht mehr Gelegenheit haben wird, das, wie zum letzten Trost, in einer ungeahnten Zweieinigkeit verlief, nickte Irene infolge des heimtückisch verabreichten Schlafmittels rasch und, wie wir erfahren werden, dauerhaft ein. Damit bekam Paul die notwendige Ruhe für die letzte Phase seiner einträglichen Unternehmung. Nach einigem Hin und Her und Rekapitulieren einschlägiger Werke, die er gesehen und studiert hatte, entschied er sich für die einfache Variante: Kein mehrfaches Herumdirigieren des Geldboten, um etwaige Verfolger irrezuführen, sondern kurz und knapp das Ansteuern des ersten Punktes und her mit den Moneten. Denn eines schien Paul sicher und unausweichlich: Sollten die Kleins die Polizei eingeschaltet haben, dann könne er anstellen was er wolle, sie würden ihn kassieren. Und sei dieses nicht der Fall, dann wäre es beinahe gleichgültig, welche Vorsichtsmaßnahmen er anwenden würde. Eine dritte Möglichkeit zog er gar nicht in Betracht. Derartige Überlegungen waren der Grund, dass er für sein jetziges Telefonat seinen eigenen Apparat benutzte. Seine Stimme klang forsch und stramm befehlend:

„Hören Sie gut zu, ich sage alles nur einmal. Keine Zicken und Mätzchen, wenn Sie Ihre Tochter wiedersehen wollen. Verstanden?"

„Verstanden."

„Sie fahren so auf die Autobahn, dass Sie Punkt Mitternacht den Rastplatz Klosterholz West erreichen. Dort nehmen Sie die äußerste rechte Fahrspur bis an den Picknickplatz, wo drei Steintische mit Bänken stehen. Unter den mittleren Tisch stellen Sie den Koffer mit dem Geld und entfernen sich augenblicklich. Keine Verräterei, verstanden?"

„Verstanden."

„Wir beobachten Sie scharf und jede Sekunde. Sollte uns irgendetwas nicht koscher vorkommen, brechen wir sofort ab und Ihre Irene ist erledigt. Kapiert?"

„Kapiert. Wann kriege ich sie zurück?"

„Warten Sie's ab. Wir melden uns, wenn wir die Scheine geprüft haben. - Ende!"

Paul kam sich mächtig klugscheißig und originell vor. Zu seiner Ehre sei eingeräumt, dass er, - schließlich war's seine erste Entführung -, ziemlich gute Arbeit leistete und mancher Profi von ihm hätte lernen können. Jeder Leser wird dies einsehen, wenn wir Pauls weitere nächtliche Aktivitäten bald ausbreiten werden. Jetzt sah er zur Uhr, dann noch einmal nach Irene, fand sie bestens versorgt und eingesperrt, packte für die lange Nacht ein paar Butterstullen ein und schwang sich wohlgemut in sein Auto:

„Wartet ihr 50.000 - ich komme und hole euch!"

* * * * * *

Fritz Klein hatte das Telefonat gelassen und in der Pose dessen, der am Drücker sitzt, entgegengenommen und nur halben Ohrs hingehört. Was dieser Paul Strawinski da von sich gab, interessierte ihn nunmehr herzlich wenig. Auch er steckte einige Stullen ein, da die Nacht lang werden *konnte*, aber nicht *musste*, und gab seiner Frau je einen kapitalen Schmatz auf beide Wangen, die in rosigeren Zeiten gewiss eine vorhersehbare Wirkung gehabt hätten. Dann schwang auch er sich ins Auto, ohne Koffer, ohne das Geld, welches ja brav auf seinen Konten ruhte und fleißig zinste, nur mit dem Fernglas bewaffnet. Entgegen dem Versprechen, die Ortsangabe des Entführers verstanden zu haben, lenkte er seinen Wagen auf den allen Lesern bereits bekannten Parkplatz bei den Schrebergärten. Nur um fünfhundert Meter kreuzte sich seine Fahrt mit der des ausrückenden Kidnappers. Nachdem sich seine Augen an die Dunkelheit gewöhnt hatten, setzte er das Glas an und stellte fest, dass im und am Haus Nachtigallenweg 13 tiefe Ruhe und Finsternis herrschten, das Kipptor der Garage jedoch offen stand und das Auto fehlte.

„Aha", sagte Fritz Klein laut, „der Herr ist noch ausgegangen."

Dann schaute er zur Uhr, 23 war's, und überlegte, dabei selbstredend:

„Um 24 Uhr werde ich am Autobahnrastplatz erwartet. Fünf bis zehn Minuten wird der Herr wohl zulegen, vielleicht auch bis 0 Uhr 30 warten, dann jedoch Fracksausen bekommen und ans Telefon eilen, um bei uns anzurufen. Dann noch einmal eine halbe Stunde, bis er hier zu Hause eintrifft. Dann ist es zwischen 1 Uhr 30 und 2 Uhr geworden."

Zeit genug, dem Haus dort einen Besuch abzustatten. Dreist fuhr er mit gelöschten Scheinwerfern bis in unmittelbare Nähe und stieg aus. Untersuchte die Haustür, fand sie verriegelt, und betrat die Garage, von der, wie er im Taschenlampenlicht erkannte, eine feuerfeste Stahltür in den Wohnbereich führte. Sie war abgeschlossen und würde sicherlich jeder Gewalttat widerstehen. So war's wohl auch mit der Haustür zu erwarten. Fritz Klein schlich rund ums Haus und prüfte die gewalt- und geräuschlosen Einstiegmöglichkeiten; keine vorhanden. Hier das Fenster, hinter dem er Irene vermutete. Ach, wenn er dort hereinkönnte, wie sauber und rasch wäre der Fall beendet! Aber seine Vernunft siegte: Er würde sich anders Einlass verschaffen und hatte es nicht nötig, jetzt noch Risiken einzugehen. Er fuhr also auf seinen Stellplatz zurück und machte es sich im Auto bequem. 23 Uhr 30, nun müsste dieser trottelige Strawinski an der Autobahn angekommen sein und in Lauerstellung liegen...

* * * * * *

Gut geraten, Fritz! Aber die Bezeichnung „trottelig" kam der Mentalität Pauls natürlich nicht gerecht - wie wir jetzt erfahren werden. Wie jeder über verbrecherische Handlungen informierte Leser glauben wird, müsste er nun direkt die Autobahn anzusteuern haben, um Punkt Mitternacht am vereinbarten Abstellplatz des Geldes aufzukreuzen. Dieser Glaube wäre ein Irrtum. Auf Autobahnen, er wusste dies wie alle Autofahrer, können dieselben besonders leicht gestoppt werden, sie sind Fallen für Flüchtige. Paul bedachte ganz richtig, dass, falls die Polizei ihre beamteten Finger im Spiel habe, sie den gesamten Großraum des Rastplatzes weitläufig unter Kontrolle halte, um ihn, Paul Strawinski, entweder zu stellen oder nach der Geldnahme zu verfolgen. Verfolgen! Auf der Hinfahrt beachtete er, ganz selbstverständlich, den Verkehr hinter sich. Er schlug Haken und Gegenläufe wie ein Hase vorm Jagdhund, wich in Wohnviertel mit Tempo 30 aus und einmal auf einen Bauernweg, der das freie Feld schnitt. Nichts, kein Anhängsel, die Rückspiegel signalisierten die grenzenlose Freiheit. Einmal, während er sich trotz aller Umwege seinem Ziel näherte, bemerkte er ein Taxi hinter sich, etwa eine Zeitlang von drei Minuten. Aber es war nichts.

Genau um 23 Uhr 30 hatte Paul sein erstes Ziel erreicht: den Abstellplatz für seinen Wagen, eine Schneise am Rand eines Waldstücks, fünf Gehminuten vom Autobahnrastplatz Klosterholz entfernt. Hier herrschte vollständige Nachtruhe, wenn man das ununterbrochene Rauschen des nahen Verkehrs zu überhören verstand. Sich in völliger Sicherheit wähnend, schritt Paul wacker aus, ohne sich besonders umzusehen - hier im freien Feld müsste jeder Verfolger eine Tarnkappe tragen... Da tauchte jenes Gehölz auf, das den Parkplatz rundum umgab, schon stand er vor dem hohen Zaun, der in Fortführung der Wildschutzmaßnahmen den Rastplatz vom offenen Gelände abschirmte. Ruckzuck, mit der Drahtschere schnitt sich Paul einen Einstieg, stieg auch kurz entschlossen ein und drang bis an den Rand des Gebüsches vor. Von hier, wo er sich bestens verstecken konnte, höchstens einmal vor den Scheinwerfern eines nahe kommenden Autos ducken musste, hatte er unbehinderten Blick auf den bewussten Steintisch. Nur zehn lange Schritte, dann würde er die Tasche mit dem Geld in den Händen haben, noch ehe die Rücklichter von Fritz Kleins Wagen rechts herüber verschwunden waren. Eine sichere, sogar todsichere Angelegenheit. 23 Uhr 45, der Höhepunkt eines bisher in konventionellen Bahnen verlaufenen Lebens nahte. Noch war Zeit, die mitgebrachten Butterstullen zu verzehren. 24 Uhr, sie waren aufgegessen, Paul setzte sich auf einen Stein. Er schätzte Fritz Klein als pünktlichen und jetzt äußerst besorgten Menschen ein, der es sich nicht erlauben würde, weniger als ein paar Minuten zu spät zu kommen. 0 Uhr 1: Pauls letzter Lebenstag war angebrochen. Das Ahnungsgefühl, hier bereits mehrfach angesprochen und herzitiert, trog wieder einmal...

* * * * * *

Wir wissen, dass die Kleins die Polizei mit ihrem Problem nicht belästigt haben, so dass im Umfeld des momentanen Sitzplatzes Pauls tatsächlich gar nichts passieren konnte. Fritz Klein dagegen sah die Sache, weil er im Besitz der Initiative war, aus einer ganz anderen Warte. Nachdem seine Uhr den neuen Tag angezeigt hatte, kamen ihm zwar einige Gedanken, ob die nächsten Stunden das erhoffte Gute bringen würden, nämlich die Wiederinbesitznahme seiner Tochter, ohne dass er selbst sein Leben riskieren müsste, aber, als er nun aus dem Auto stieg und sich zum Haus Nummer 13 aufmachte, ergriff ihn eine Ruhe, die ihn zuversichtlich fürs Gelingen machte. Noch einmal umstrich er das Haus wie ein Fuchs den Hühnerstall, war übrigens seit heute Nacht der festen Überzeugung, dass dieser Strawinski der typische Alleintäter sei und sich demnach kein Mithelfer im Haus befinde.

Um 0 Uhr 45 fasste Fritz Klein in der Garage endgültig Posten, und zwar in der schlecht beleuchteten Nische neben der bereits erwähnten Stahltür. Zuvor hatte er sich von der Werkbank her bewaffnet: Dort lag einer jener mächtigen Hämmer, die Straßenarbeiter zum Festklopfen von Kopf- und Plattensteinen zu benutzen pflegen. Er lag sympathisch, Sicherheit vermittelnd, in seiner Hand. Von seinem Standplatz aus konnte Fritz Klein den Ankommenden am Licht seines Autos so früh wahrnehmen, dass er sich rechtzeitig in die Nische zurückziehen und dann nicht gesehen werden konnte, wenn der Ankommende ausstieg und auf die Tür zuging. Vorher hatte Fritz Klein im Licht seiner Taschenlampe nach dem passenden Schlüssel gesucht, wohl wissend, dass mancher Hausbesitzer die Gewohnheit hatte, ihn nicht mitzunehmen, sondern irgendwo zu verstecken, unter einer Fußmatte, angehängt an die Wand, im Gummistiefel, in der Werkbankschublade - nichts dergleichen hier. Hätte er, Fritz Klein, den Hausschlüssel gefunden - nun denn, er und Irene wären bereits zu Hause bei Muttern und lachten über den famosen Streich, den sie dem bösen Entführer gespielt hätten. Der Zufall, auch Schicksal geheißen, wollte es anders haben...

* * * * * *

Die Kühle der Nacht kroch, von den Füßen beginnend, durch die Hosenbeine bis an die Nasenwurzel.

„Verdammt", murrte Paul empört, „warum kommt dieser Idiot nicht!"

1 Uhr. Der Zorn machte ihn unvorsichtig.

„Auf nichts kann man sich mehr verlassen!"

Jetzt verstand er, warum alle professionellen Kidnapper, Verbrecher überhaupt, heutzutage mit Handys ausgerüstet sind; sie sind ihnen wichtiger als Messer, Knarren und andere Utensilien ihres Berufs. Fritz Klein besitzt sicher eines, wie praktisch wäre es, ihn jetzt anrufen und eventuell alles umdisponieren zu können. Sein Ausbleiben konnte profane Gründe haben wie Autopanne, Unfall; wie praktisch wäre es, wenn er jetzt anrufen und ihn, Paul, um Entschuldigung bitten könnte. Aber es gehörte zu den Eigenarten dieser Nacht, dass das Einfachste und Selbstverständliche nicht stattfand. Paul trotzte seinem Sicherheitsbedürfnis, kletterte durch das Gestrüpp und marschierte schnurstracks, doch wachsamen Auges, zu der von der Mitte des Platzes herüberleuchtenden Telefonzelle. Um diese Zeit gab's kaum Personenverkehr. War das verdächtig oder nicht? Mit einem unguten Gefühl in der Magengegend betrat er die Zelle und wählte Kleins Nummer. Was nun besprochen wurde erfahren wir am besten aus der Sicht Frau Kleins, die ja auf Weisung ihres Mannes zu Hause die Stellung hielt.

Dass sie mit Angst und Sorgen vollgestopft war bis obenhin versteht sich von selbst. Sie aß kaum etwas seit zwei Tagen, schlief nur sporadisch, ihr Hang zur Hysterie hätte fröhliche Urstände gefeiert, wenn ein lebendes Objekt dazu vorhanden gewesen wäre. Was nur ihr Mann vorhatte? Er war so seltsam und verschlossen geworden. Gerade war sie in einen Minutenschlaf geduselt, als der Anruf hereinkam.

„Warum setzen Sie das Leben Ihrer Tochter aufs Spiel!"

Keine Frage, ein Vorwurf.

„Ich habe eine Stunde auf Ihren Mann gewartet. Warum ist er nicht gekommen?”

Mehr Klage als Vorwurf, so als mache er Fritz Klein für seine kalten Hände verantwortlich.

„Das kann man mit uns nicht machen!”

Da wieder der Plural. In die entstehende Pause konnte Frau Klein ihren Auftrag erledigen:

„Mein Mann hat einen Herzanfall bekommen und muss ein paar Stunden liegen.”

Das ist wörtlich wiederholt. Frau Kleins Denk- und Handlungsvermögen war von ihrem Mann stets verkannt und untergebuttert worden, in den letzten Stunden des Alleinseins hatte es sich regeneriert und eine Alternative zu dem ihr unbekannten Vorhaben ihres Mannes ausgearbeitet. Damit musste der Todesengel (welch ein Unwort!), der bereits wie ein Rüttelfalke über dem Haupt Pauls Dauerstellung bezogen hatte, unverrichteter Dinge, wie die Phrase allgemein lautet, wieder abstreichen und in Wartestellung gehen. Das kam daher, weil Frau Klein beherzt und, wie wir jetzt erfahren werden, sehr originell und eigentlich erfolgreich die Initiative ergriff.

„Ich verstehe ja”, sagte sie, „dass Sie enttäuscht und wütend sind, für nichts und wieder nichts in der Nacht herumgestanden zu haben.”

Sie machte eine Pause, um Paul Zeit zum Verwundern zu lassen.

„Ich nehme an”, fuhr sie fort, „dass Sie uns den Vorschlag machen werden, die Geldübergabe auf die nächste Nacht zu verschieben.”

„Oder Ihre Tochter jetzt und sofort umzubringen”, drohte Paul erbost.

„Das werden Sie bleiben lassen”, riet Frau Klein, „denn dann kriegen Sie kein Geld.”

„Und Sie Ihre Tochter nicht.”

„Ich mache, wir machen Ihnen einen Vorschlag”, sagte sie, „wenn Sie Zeit haben zuzuhören.“

„Nur zu."

„Nun, Sie kommen morgen hier bei uns vorbei, liefern Irene ab und wir geben Ihnen im Gegenzug das Geld."

Verwundert's, dass Paul offenen Mauls sprachlos blieb? Wohl nicht.

„Also", nutzte Frau Klein die Gunst des Augenblicks, „Sie läuten bei uns in der Etage an, sagen wir dreimal kurz einmal lang, wir öffnen ohne herauszublicken - unsretwegen mögen Sie sich ja verkleiden - Sie schieben Irene durch die Tür und wir Ihnen das Geld auf den Flur des Hauses."

Eines wusste Paul genau: dass es einen solchen Abschluss einer Entführung noch nie gegeben hatte, auch eigentlich nicht geben dürfe. Verdammt, es war aber ein Vorschlag! Die Möglichkeit einer Falle saß natürlich drin. Aber die Sache war schon ziemlich verkorkst, er war sie leid, sein Standvermögen litt, sein Nervenkostüm blätterte, seine Zuversicht zum Gelingen, auf den minutiösen Plan aufgebaut, verkrümelte sich wie Nebel vor der Sonne. Diese Kleins, dachte er rasch, da ja Zustimmung oder Ablehnung anstanden, waren ihm von Anfang an ziemlich sympathisch vorgekommen, so richtig geeignet als Opfer und Leidende einer Entführung. Dass sie mit der Polizei gemeinsam diesen teuflischen Plan, ihn zu schnappen, ausgeheckt haben könnten, hielt er, schlicht gesagt, für unmöglich.

„Darüber können wir reden", sagte er deshalb, „wenn ich nicht befürchten müsste, von Ihnen hopp genommen zu werden."

„Ich verspreche Ihnen", sagte Frau Klein, „dass wir keine Hintergedanken hegen und wir nur unsere Irene wiederhaben wollen. Also?"

Paul bemerkte, dass seine Telefonkarte sich leerte.

„Wir rufen Sie wieder an", sagte er rasch.

Ende des Gesprächs. Die von Frau Klein herbeigeführte Wendung der Dinge war, im Prinzip, eine geniale. Denn vorab sei mitgeteilt, dass Paul, noch bevor er sein Heim erreichte, innerlich zugestimmt hatte. Diese Wendung hätte auch den glücklichen Ausgang der leidigen Affäre herbeigeführt, wenn folgende Umstände vorgelegen hätten oder eingetreten wären:

1.) Wenn Fritz Klein tatsächlich mit dem genannten Gebrechen im Bett gelegen hätte.

2.) Wenn er jetzt, augenblicklich, hergekommen wäre.

3.) Wenn er nicht seine eigenen Absichten, die ihn, wie wir wissen, woanders fesselten, gehabt hätte.

Während Frau Klein sich, des Erfolges ihrer Mission sicher, auf der Couch zu einer Ruhepause ausstreckte, streckte auch Paul sich: die Arme vor Freude in die Luft. So rannte er flotten Laufs durch das Gebüsch, durchkletterte die Zaunlücke und war in wenigen Minuten bei seinem Wagen. Zwar entgegen von Hoffnung und Überzeugung ohne die verflixten und vermaledeiten 50.000 Mäuse, aber mit neuer Hoffnung und Überzeugung, sie sich morgen höchstpersönlich abholen zu können.

Wer nun glaubt, dieses Telefonat, bei dem die Karte zu Ende ging, sei das letzte im Leben des Paul Strawinski gewesen, der liegt richtig. Es geht nicht anders: es musste jetzt gesagt werden! Wären Engel sichtbar, welche Spezies von ihnen auch immer, so hätte man auf der Heimfahrt Pauls den erwähnten Todesengel sich dem Auto je mehr sich nähern sehen können, desto näher es der heimatlichen Garage kam. Welche Veränderung dort inzwischen stattgefunden hatte wissen wir ja. Wenden wir uns also nun dem tapfer-unverdrossen ausharrenden Fritz Klein zu.

Da Paul noch locker einherfahrend herumbummelte, wurde es 3 Uhr, als Fritz Kleins Geduld belohnt wurde. Da, ein Autogeräusch, dort, die Scheinwerfer tasteten bereits das Vorfeld der Garage ab! Rückzug in die Nische, schon hielt das Auto in der Garage, Motor und Lichter aus, der Bewegungsmelder schaltete sich ein und enthob Paul der Mühe, einen Lichtschalter zu suchen. Und nun, verdammt und zugenäht, Donner und Doria, standen die beiden Kontrahenten unseres Dramas nur fünfundsiebzig Zentimeter voneinander entfernt, der eine fummelte aus der Hosentasche einen Schlüssel, der andere erhob die ungemein mächtig bewehrte Rechte und donnerte einen Hammer auf einen Schädel - rumms, das knirschte und schrappte ganz entsetzlich...

* * * * * *

Die Pietät gebietet, hier eine Leserverschnaufpause einzulegen; auch der Autor befand sie für sich als notwendig. Unser abendländischer Werdegang verlangt theoretisch Mitgefühl auch für die und das Leiden von Tätern, weshalb früher Hinrichtungen öffentliche Veranstaltungen waren, für jedermann zugänglich. Doch das sogenannte einfache Volk, überall in der Mehrheit, hat wenig Verständnis für die Probleme von Verbrechern, mögen sie nun aus seinen eigenen Reihen, denen der Gutbürgerlichen oder jenen der Professionellen stammen. Hat Fritz Klein, dieser gutbürgerliche Mitmensch, Paul nun ermordet oder nicht? Hat er es gewollt oder nicht? Diese beiden Fragen mag jeder für sich beantworten. Dass er mit dem Gefühl der Gleichgültigkeit dessen Schicksal gegenüber heimgegangen ist - das hat er nicht bestritten, als er später Bericht erstattete. Triumph empfand er nur sich selbst gegenüber: weil er diesen gefahrvollen, hinterlistigen und heimtückischen Entführungsfall in privater, eigener, hautnaher Initiative zu einem glücklichen Abschluss (für sich und seine Familie) gebracht hatte. Kommen wir also nun zum Ende...

* * * * * *

Unter dem massiven Aufprall des Straßenhammers fiel Paul Strawinski um wie eine Vogelscheuche unterm Schrotschuss, sein Kopf, sowieso schon außer Kontrolle gesetzt, knallte im freien Fall auf die Mauerstufen vor der Stahltür, Fritz Klein sozusagen vor die Füße, so dass später seine Todesursache nicht hundertprozentig festgestellt werden konnte. Dort blieb er reglos liegen. Fritz Klein schubste ihn sachte eine Stufe tiefer, weil er sonst die Tür nicht hätte öffnen können, legte das Mordwerkzeug beiseite, nahm ihm den Schlüssel aus der Hand und schloss die Tür auf. Damit stand er in der Wohnung des Entführers - ein Vorgang, den er sich nie hätte träumen lassen. Wo war Irene? Seine Irene! Sie musste ganz nahe sein, *musste* es! Er ging im Flur entlang, machte Licht, prüfte die Haustür, die von innen ohne Schlüssel zu öffnen war und rief sich die Lage des Hauses ins Gedächtnis. Wo lag das bewusste Zimmer?

„Irene?", rief er laut, „wo bist du?"

Keine Antwort. Hier eine Tür - die Küche; die nächste - das Wohnzimmer; die übernächste - abgeschlossen. Aha! Aber der Schlüssel steckte - geöffnet, Licht angeknipst: Da lag Irene in ihrem Bett, todesähnlich aussehend, aber nur im tiefen Rausch des Schlafes per Tablette. Sie schlief wie ein Ratz (Iltis) und murmelte verschlafene Worte wie „Doofmann" und „wenn mein Vati kommt", als Fritz Klein sie hochriss und auf den Arm nahm. Fritz Klein war begeistert wie nie im Leben, besaß dennoch Verstand genug, das Gefährliche seiner Lage zu überdenken. Wie, wenn jetzt jemand hereinkam? Aber nichts konnte ihn davon abhalten, an Pauls Telefon zu gehen und seine Frau anzurufen:

„Ich habe sie", rief er triumphierend, „und bringe sie gleich."

Frau Kleins Aufatmen klang im Hörer wie ein Wasserfall. Er legte Irene ins Bett zurück, als es ihn heiß überlief und sein Herz auszusetzen drohte: Fingerabdrücke.

„Nur ruhig Blut", murmelte er in sich hinein.

Er ging in die Garage zurück, wischte alle Gegenstände und Stellen, die er mit den Händen berührt haben könnte, - als da waren der Hammer, die Stahltür, ein Regal, der Schlüssel, der Türrahmen -, mit seinem Taschentuch ab und warf noch einen Blick auf den Entführer. Tot oder nicht tot - das war hier die Frage. Nicht sein Problem! In der Garage, die der Tote nach der Einfahrt noch geschlossen hatte, verlöschte das automatische Licht, Fritz Klein zog sich ins Haus zurück und verwischte auch dort auf Klinken, Griffen, dem Telefonhörer und anderen etwaigen Stellen seine Fingerabdrücke. Dann hieß es sich von hier zu verdrücken.

„Halt!“, kommandierte er sich selbst.

Der Leichnam! Er durfte nicht so liegenbleiben! Eine kurze Überlegung, dann hatte Fritz Klein eine makabre Idee. Er öffnete die Motorhaube, stellte sie fest, dass sie nicht unverhofft zuklappen konnte, und wuchtete Paul Strawinski von vorn her so in den Freiraum unter der Haube auf den Motorblock, wie ein Automechaniker im Fall einer Reparatur sich dorthin beugen würde, und ließ ihm die Haube von oben derbe auf den Rücken prallen. Dann trat er zurück, um sein Werk zu begutachten.

„Donnerwetter“, sagte er, „das sieht prompt wie ein Unfall aus.“

Und die Schlagwunde am Kopf? Nun, da sollen sich die Rechtsmediziner drüber auslassen! Um das Werk zu vollenden, ließ Fritz Klein den Motor an und laufen – sollte in Paul Strawinski noch ein Funke Leben glimmen, dann würden die Abgase ihn vollends löschen.

Mit Irene auf dem Arm trat er aus dem Haus, zog, das Taschentuch in der Hand, die Haustür hinter sich zu und ging die Strecke zu seinem Auto zurück. Niemand war zu sehen, absolute Stille lag über der Landschaft. Die frische Luft drang in Irenes Atmungsorgane und weckte sie auf.

„Wohin bringst du mich jetzt, Doofmann?”, fragte sie müde.

„Nach Hause, mein Kind, ich bin’s, dein Vati, dein Paps!“

„Oh, mein Vati. Gehen wir jetzt nach Hause?”

„Ja, mein Kind.”

„Hast du den Doofmann totgemacht, Vati?”

„Ich weiß es nicht, mein Kind.”

Schon war sie wieder eingenickt. Fritz Klein schnallte sie im Kindersitz an, stieg noch einmal aus und entfaltete seine Arme, als wolle er gen Himmel absegeln, und atmete die kühle Luft der zu Ende gehenden Nacht tief ein. Das gab den klaren Kopf, den er so liebte.

* * * * *

Keiner der Hausbewohner und Nachbarn sah die beiden Heimkehrer, als sie im Aufzug nach oben fuhren. Das war gut so, für den Fall der Fälle. Im Übrigen schien niemand das Fehlen Irenes bemerkt zu haben, so brauchten die Kleins die Ausrede

„Sie ist bei ihren Großeltern"

gar nicht anzuwenden. Frau Klein hatte sich inzwischen soweit beruhigt, dass sie ihr Kind ohne hysterische Reaktionen in Empfang nehmen und abherzen konnte. Irene quittierte diese Liebesbezeugungen mit unwirschem Knurren, so dass es beiden Kleins am besten schien, sie stracks ins Heiabettchen zu bringen.

„Er hat sie vollgepumpt mit Tabletten", sagte Fritz Klein.

Er. Er? Frau Klein wusste doch nicht, wer e r war! Sollte es auch ein halbes Jahr lang nicht erfahren!

„Sie werden ihr wohl nicht schaden", sagte Frau Klein und meinte die Schlaftabletten, „lassen wir sie schlafen solange sie möchte."

Nach der ersten Beruhigung begann die Neugierde in ihr zu rumoren wie ein kapitales Sodbrennen, doch Fritz Klein verlangte erst einmal frische Bratkartoffeln mit Pilsener, vertröstete sie für danach; danach aber ging er zu Bett und schlief bis 10 Uhr wie ein Eisbär, danach aß er sein Frühstück, danach fiel ihm ein dringender Kundentermin ein und er machte sich auf die Socken, nicht ohne seine Frau ermahnt zu haben, Irene keinesfalls auf ihr Abenteuer anzusprechen.

„Schweigen wir es tot, wenn sie selbst nicht mehr darauf kommt."

Danach - danach... Auch er selbst schwieg, den verlangenden Blicken und herausfordernden Fragen seiner Frau trotzend, ausweichend; sich drückend wie ein Feigling. Sie kannte ihn in dieser Beziehung, wollte aber wenigstens wissen, ob noch Gefahr von Seiten der Entführer drohe.

„Nein, die sind froh wie wir, dass alles vorüber ist."

Als Irene am anderen Morgen gegen 11 Uhr erwachte hatte sie einen Bärenhunger und sie aß wie zwei Scheunendrescher. Frau

Klein verkniff sich die Frage, ob sie nicht gut versorgt worden sei, auch wagte sie nicht zu fragen wie jede Mutter in dieser Situation, ob sie sich freue, wieder zu Hause, bei Vati und Mutti zu sein. So blieb es ihr vorerst versagt, das Abenteuer von Ehemann und Kind nachzuerleben, ein Vorgang, auf den Überlebende und Davongekommene im Allgemeinen äußerst versessen sind. Was ihr blieb war besser als früher auf ihr Kind aufzupassen und es nicht mehr allein zu lassen. Fritz Klein, wir haben es erfahren, war äußerlich unverändert und ohne Aufhebens in sein Berufsdasein zurückgekehrt. Es galt, wie er seiner Frau vorgaukelte, „die 50 Riesen zurück zu erwerben und die verlorenen Zinsen dazu."

Manche Lügen haben kurze, viele lange Beine...

* * * * * *

Wir leben in einem Zeitalter, da Single-Leichen lange, allzu lange unbemerkt liegen bleiben und still vor sich hin mumifizieren. Wie kommt es zu dieser traurigen, die Gesellschaft nicht ehrenden Erscheinung? Wo liegen die Ursachen? Was hat sich gegen früher, auch *damals* genannt, verändert, dass es so häufig vorkommen kann? Versuchen wir die Analyse. Es hat sich geändert... Zum Beispiel die Art der finanziellen Verpflichtungen. Über Computer und Rechenmaschinen werden Zahlungen vorgenommen, zu deren Begleichung man sich früher Auge in Auge gegenüberstand. ...zum Beispiel die Art des persönlichen Schwatzes. Übers Telefon tun wir unsere Sorgen und Freuden kund und nehmen die anderer entgegen. ...zum Beispiel die Art des nachbarlichen Tratsches. Wir verkriechen uns in unsere Wohnungen und lassen den Nachbarn nicht mehr über den Zaun blicken.

Es gibt nicht mehr den monatlich erscheinenden Strom-, Gas- und Wasserableser, der, ob er's wollte oder nicht, doch stets nach dem Rechten sah, den monatlich erscheinenden Vermieter, der, ob er's wollte oder nicht, doch viel von den Verhältnissen mitbekam. Wir könnten dieses Thema noch weiter ausspinnen. Für den verewigten Paul Strawinski sah das so aus: Wir wissen um seinen Zustand als Single und dass er keinen Kontakt zu den Mitmenschen pflegte. Niemand vermisste ihn, nicht eine Person kam auf die Idee, dass dort hinten in dem abseits gelegenen Häuschen etwas nicht in Ordnung sein könnte. Eine Tageszeitung hatte Paul nicht abonniert, aber Boten der kostenlos erscheinenden Werbungszeitungen warfen ihre Produkte durch den breiten Briefschlitz der Haustür direkt in die Wohnung, ebenso taten dieses die Briefträger mit seiner spärlichen Post, so dass es keinen überquellenden Briefkasten gab; alle Sachen häuften sich im Hausflur hinter der Tür. Ein Abonnement auf Brötchen und Milch, heute sowieso sehr selten, hatte Paul auch nicht, also stapelten sich diese Produkte nicht vor seiner Tür. Die kargen Anrufer wunderten sich nicht, ihn nie zu erreichen. Da er seine Geldangelegenheiten, als moderner Mensch, anonym am Automaten abwickelte, auch die meisten seiner Verpflichtungen, außer einer, abbuchen ließ, fiel sein Nichterscheinen in seiner Bank nicht auf. Sein Arbeitslosengeld, das demnächst nahtlos in die Frührente übergehen sollte, wurde pünktlich bezahlt; auch, als er die Dreimonatsmeldefrist beim Amt nicht einhielt.

So hätte Paul Strawinski sich in seiner Garage bis zum Skelett auflösen können, wenn - das Finanzamt nicht gewesen wäre! Es war die einzige Institution, die keinen Spaß verstand. Die KFZ-Steuer war d i e Verpflichtung, die Paul Strawinski nie vom Konto abbuchen ließ.

„Wenn man denen (dem Finanzamt)", hatte er sich selbst in Ermangelung eines Partners eingeredet, „wenn man denen Verfügung übers Konto lässt, buchen sie einen bankrott."

Woher er diese Weisheit hatte, war nicht ersichtlich. Jedenfalls war die KFZ-Steuer schon wenige Tage nach den geschilderten Ereignissen fällig und wurde nicht bezahlt. Womit das Finanzamt verpflichtet war, die notwendige Prozedur zur Eintreibung in Gang zu setzen: Erste Mahnung, zweite Mahnung - sie wurden nicht beachtet. Dann kam der erste Brief von Gerichts wegen, den, wie wir alle wissen, der Briefträger sich quittieren lassen muss. Nach mehrmaligen vergeblichen Versuchen war's dann soweit...

* * * * * *

Unauffällig, wie er notfalls sein konnte, hatte Fritz Klein in der Folgezeit in seiner Tageszeitung die Rubriken „hiesige Verbrechen", „Todesnachrichten" und die Todesanzeigen streng in Augenschein genommen, einen Monat lang, zwei, drei und vier sogar. Von einem Paul Strawinski war nirgends die Rede. Natürlich hatte er bisher auch seiner Frau gegenüber eisern geschwiegen, und die süße Irene hatte wegen des Abenteuers weder den Alb im Nacken noch ihren Lieblingsausdruck „doof" aufgegeben.

„Im Sand verlaufen."

So war wohl die Lage. Und jeder Täter weiß, dass sein eigenes Ergriffenwerden eng mit dem Zeitpunkt der Entdeckung seiner Tat zusammenhängt.

„Es wächst Gras drüber."

Aber dieses kann gemäht werden. Ganz sicher fühlte sich Fritz Klein nicht, zugegeben, doch standen seine Chancen, nicht entdeckt und nicht überführt zu werden, nach seiner Einschätzung 999 zu 1. Da trat das Schicksal noch einmal an ihn heran: in Gestalt des Herrn Karl Krause, uns bereits als Polizeibeamter bekanntgeworden.

„Erinnerst du dich noch eines gewissen Paul Strawinski?"

Fritz Kleins Herz tanzte und begann das Abrutschen in die Hose einzuleiten. Solche inneren Vorgänge gehen einher mit Blutandrang zum Gehirn, dieser wiederum beeinflusst unser neutrales Denk- und Reaktionsvermögen, eine Fehlerquelle sondergleichen. Besonders bei Tätern unterm Verhör. Verhör? Sollte dieses eines werden? Verhör! Man hatte ihn, den Entführer, offenbar gefunden und nun setzte wohl die Vergangenheit zum Endspurt an, ihn, Fritz Klein, einzuholen, oder?

„*Das* ist der Fluch der bösen Tat,
dass man vom Liebsten was man hat
muss scheiden..."

Fritz Klein tat, als müsste er sich erinnern, es galt Zeit zu gewinnen.

„Ja", antwortete er, „ich entsinne mich dunkel. War das nicht der Bursche mit dem Unfall?"

„Genau der."

„Ich hab mich damals gewundert", log Fritz Klein unverhohlen und perfekt, „nichts mehr von der Sache gehört zu haben."

„War schlecht möglich", sagte Karl Krause, „hast du ihn denn noch aufgesucht?"

„Ja klar", antwortete Fritz Klein, „sogar noch öfters mit ihm telefoniert."

Das entsprach der Wahrheit, Fritz Klein führte sie prophylaktisch an, denn ihm wurde blitzartig klar, dass die Polizei die Gespräche ja doch herausbekommen würde.

„Was ist mit diesem Strawinski, der wie ein russischer Komponist heißt?" fragte er.

„Tot ist er, mause-, ja rattentot. Angenagt und angefressen von Kakerlaken, Kellerasseln, Ameisen, Silberfischchen, Ratten und Mäusen, das muss ein Festschmaus für diese Biester gewesen sein."

„Der arme Kerl der."

„Kanns'te wohl sagen. So geht's halt den Singles, wenn sie mal stürzen und sich die Rübe einschlagen."

Aha, die Rübe (den Kopf) eingeschlagen! Fritz Klein wurde noch hellhöriger. Dann berichtete Karl Krause ausführlicher.

„Er muss schon vier, fünf Monate tot gewesen sein, als wir ihn fanden. Ich war dabei. Niemandem war aufgefallen, dass sich in dem Haus nichts mehr tat, Post, Zeitungen und ein Haufen Werbezeug lagen im Hausflur, durch den Türschlitz eingeworfen. Der hätte da noch Jahre liegen können, wenn das Finanzamt nicht wegen der KFZ-Steuer nachgehakt hätte. Er lag, als wir kamen, das Haus aufbrachen und bis in die Garage vordrangen, dort auf dem Boden, mit angetrümmertem Schädel, der bereits wie ein Schrumpfkopf aussah. Er muss gestürzt, vor der Treppe gestolpert sein, meinte der Arzt. Ekelhaft, sage ich dir. Wie gesagt, er hat lange gelegen und es war wenig von ihm übriggeblieben..."

Fritz Klein atmete auf und fragte nicht näher nach, ob ein Fremdverschulden möglich wäre. Am übernächsten Tag stand die Geschichte in der Tageszeitung, aufgemacht wie in einem der bekannten Revolverblätter:

RENTNER EIN HALBES JAHR TOT IN DER WOHNUNG!

Rentner klang sozialer als Arbeitsloser.

„Rentner ein halbes Jahr tot in der Wohnung", las Frau Klein ihrem Mann vor, „ist das nicht schrecklich?"

„Gar nicht", antwortete er, „hat's sich redlich verdient, der Schurke."

„Wie? Du kennst ihn?" fragte sie.

„Klar, meine Liebe, hab ihn ja um die Ecke gebracht."

So, nun war's heraus aus ihm. Was er monatelang mit sich geschleppt hatte: seine Heldentat.

Eine Heldentat ist keine solche, wenn man niemanden, auch seinen Nächsten nicht, an ihr teilhaben lassen kann. So gab's denn an diesem Morgen, den Fritz Klein beruflich ausfallen ließ, um sich seiner Zuhörerin zu widmen, ein langes und breites Erzählen. Wobei Fritz Klein diesmal streng bei der Wahrheit blieb - schließlich war seine Leistung, nach seinem innigen Dafürhalten, großartig genug, dass sie nicht noch aufgemotzt zu werden brauchte Er wunderte sich nur, dass Paul Strawinski auf dem Boden liegend aufgefunden wurde. Sollte er doch noch nicht mausetot gewesen und sich aus der Umklammerung der Motorhaube freigewunden haben? Nun denn: „Jedes aufgelöste Rätsel birgt das nächste..."

„Auf leisen Sohlen wandeln die Schönheit,
das wahre Glück und das echte Heldentum."

(Wilhelm Raabe)

Eroica – „verdammter Beethoven!“

Es gibt Familien in unserer Republik, die so voller Nichtsnutze und Taugenichtse stecken, dass die Natur sich entschließen muss, sie aus dem Verkehr zu ziehen, mit Mann und Maus und Mann und Ross und Wagen, ratzeputz und ohne Spuren zu hinterlassen - vielleicht außer jenen, die - wie hier - auf ein Mikro gesprochen worden sind - der Gegenwart zur Erbauung, der Zukunft zur Warnung! Lassen wir den Originaltäter und Letzten einer einst zahlreichen Familie in aller Ruhe berichten, bis es ihn endlich auch erwischt...

Erster Satz: **Allegro con brio.**

„Verdammter Beethoven!“ Er ist an allem Schuld, auch daran, dass ich hier im Krankenhaus Erster Klasse dahinsieche und meine Memoiren auf Chips spreche. In Gemeinschaft zu ihm, der am Schluss seines Lebens nicht mehr hören konnte, außer innerlich seine eigenen Werke, ist mir ein anderer Sinn abhanden gekommen. Man hat mich auf ganz infame Art und Weise zum Krüppel gemacht, angeschossen wie in den besten Zeiten des Wildwest, unverhofft und hinterrücks, obwohl die beiden Schüsse von vorn kamen. So liege ich denn hier in einem hellen Zimmer Erster Klasse und *könnte* eine Aussicht genießen, die ihresgleichen sucht: In jenen herrlichen Park hinein, in dem ich meine Schicksalsperson *Muttchen* Buttlage kennenlernte. Nun wird sie wohl dahin sein, denke ich, einsam gestorben und noch mehr eingetrocknet und verledert, als sie es zu ihren Lebzeiten schon war. Hat man sie inzwischen gefunden? Bald werde ich sie wiedersehen und mit ihr schwatzen können - vorausgesetzt es stimmt ein wenig von dem, was uns die Geistlichkeit allsonntags verspricht; aber bitte keine *Eroica* mehr...!

* * * * * *

Es ist eigentlich der Leserschaft dieser meiner Memoiren gegenüber unfair, mit dem Ende zu beginnen. Doch ist diese Praxis mit der Filmerei Usus geworden und das sollte mich entschuldigen. Fangen wir also jetzt von vorn an. Wie bereits bemerkt, schreibe ich nicht sondern ich diktiere auf einen moderne Chip und überlasse es einem Schreiberling, mein Gequassel in eine lesbare Form zu versetzen. Aber: In allem streng die Wahrheit! Auch wenn sie so schauerlich klingt, dass das Blatt Papier, auf das sie zu stehen kommt, vor Gram verglimmen möchte.

Memoiren, auch die mehr bedeutender Bürger als ich, beginnen gern mit dem Beginn eines Lebens und der Vorstellung des Umfelds desselben. Auch tendieren sie, - denn der Mensch ist seit Ur- und Unzeiten ein Schwindler -, zur Schönfärberei und vermitteln zudem manches Mal den Eindruck, als hätten alle Personen, die an der Wiege der betreffenden Person herumlungerten und blödes Zeug salbaderten, davon gewusst, dass dieses junge Leben ein ausgeglichenes werden müsste. „Außergewöhnlich" wäre natürlich positiv zu sehen. Erlebe, verehrte Leserschaft mit mir, dass auch das Negative von vornherein in einem kommenden Leben stecken kann...

Das Umfeld meiner Geburt und meiner ersten Jahre war „ein Biotop des Satans", denn nur er, der auch andere Namen anzulegen pflegt, mochte dort seinen Daueraufenthalt beziehen. Mit seiner Hilfe wohl waren meine Eltern zu „kontrollierten Saufbolden" geworden. Kontrolliert soll hier heißen: Sie soffen zwar wie masurische Scheunendrescher oder kaschubische Ziegelbrenner, aber nie sinnlos und vor allem nie mit Bedrohung ihres Vermögens - eine Schwäche, der die meisten Trinker erliegen. Bis, zum Beispiel auf irgendeiner Feier, meine Eltern als betrunken angesprochen werden mussten, waren alle Teilnehmer um sie herum entweder bereits nach Hause gegangen oder sie lagen unter Tischen, Stühlen, Bänken und Betten oder oberhalb derselben. Zwanzig Glas Bier und zehn Doppelschnäpse, bevor die Nacht richtig angefangen hatte, waren für Vater und Mutter das Einstiegsquantum, es folgte in etwa die gleiche Menge, ehe der

Weg nach Hause angetreten wurde. Doch beide waren herzensgute, friedliebende Bürger ihrer Gemeinde, spendeten für Arme und Trinker, auch dem Pastor sein Teil, so dass es gar diesem leicht fiel, seinen Widersacher, Satan nämlich, zu tolerieren. Ihr Vermögen zu vertrinken, das hätten selbst meine Eltern nicht geschafft. Und dem Spiel, wo es ja an einem Abend durch die Finger rinnen kann, widmeten sie sich schlauerweise nicht.

„Der Gegenwert zum Geld ist zu niedrig."

Sie bewohnten ein großes Haus mit zwei Etagen und einem netten Garten innerhalb eines vornehmen Wohnviertels unsere Stadt. Vornehm war dieses Viertel nur solange gewesen, bis meine Eltern einzogen. Nicht, dass ich jetzt sagen will, sie seien Proleten, Rabauken oder sonstwas gewesen; nein, es war nur so, dass die übrigen Anwohner nur solche als vornehm bezeichneten, die ihren Stammbaum bis vierhundert Jahre zurückverfolgen und einen derartigen Garderobenvorrat vorweisen konnten, dass sie jeden Tag etwas anderes anzuziehen hatten. Stammbaum - das war für uns jener Baum, den die Hunde und wir selbst am liebsten anpinkelten; das Wort Garderobe ersetzten wir durch „Anziehklamotten" und trugen diese, bis sie der Wind vom Leib wehte. Vater besaß eine kleine Fabrik, aus einer Werkstatt hervorgegangen, und da er ein großer Pfiffikus im Tüfteln, Erfinden und Zusammensetzen war, bekam er viele lukrative Aufträge herein. Wenn er allerdings einmal den Begriff Stammbaum im Sinn seiner Ahnenclique erwähnte, sprach er mehr von Luftikus als Pfiffikus.

„Meine Vorfahren müssen alle Mundschenks gewesen sein", sagte er, „bis hin zu den Saufgelagen der alten Germanen."

Schluckspechtcharaktere müssen auch die Vorfahren der mütterlichen Seite, zudem mit einem Bein dem sogenannten fahrenden Gewerbe verbunden gewesen sein. Denn ruhelos, wie mit Hornissen im Hintern, durchzogen sie Europa in alle Richtungen, bis es Mutters Generation endlich gelang, diesen Hintern zur Ruhe zu bringen. Heute, für meine Generation, ist ja Mobilität die Devise, wieder einmal, da wir die Nachwehen der Völkerwanderung vergessen haben, aber warum wanderten unsere Altvorderen denn: um zur Ruhe zu kommen!

Also meine Eltern waren sesshafter als ihre Vorfahren. Ihr Wandertrieb reichte bis zur nächsten Kneipe, in den Keller hinab, zu Trinkhallen und Kiosken der Umgebung.

„Bier macht den Durst erst schön."

Das war das Leitmotiv Mutters.

„Unser täglich Pils gib uns heute."

Das war das Leitmotiv Vaters. Was er dann gern variierte:

„Unser heutiges Pils gib uns täglich."

Wer aus meiner werten Leserschaft nun glauben sollte, beide seien fette Säufertypen hinterwäldlerischen Coleurs gewesen, mit Popos und Bäuchen zum Gotterbarmen, mit Wurstfingern, Triefaugen und Hängebacken und einer Alkoholfahne mit Windstärke 11, der irrt gewaltig aber verständlich. Alle Kalorien und andere Fettansatzelemente, die in ihren Getränken zweifellos vorhanden waren, stießen ihre Körper ab wie ein Schweinebrustkorb ein Menschenherz, dürr wie eichene Zaunpfähle, nur behängt, und vogelscheuchengleich durchwanderten sie ihr Getränkebiotop in alle Himmelsrichtungen.

„Da kommen die Krawinkels", wurde zur stehenden Redensart in unserem Wohnviertel, ähnlich hervorgestoßen wie der Schreckensruf von Nonnen in Dreißigjährigen Krieg: „Die Landsknechte kommen!"

Wer aus meiner Leserschaft nun glauben sollte, die Nachkommen eines solchen abartigen Ehepaars müssten allesamt, ob weiblich oder männlich, einen Knacks haben, „einen Stich in der Birne", wie man sich hier ausdrückte, der irrt sich nicht. Drei Jungens kamen im Lauf von sechs Jahren zur Welt; ich bin der letztgeborene. Gehen wir jetzt den Lebensläufen der beiden ersten Kinder Vinzenz und Eduard bis zur Volljährigkeit durch, Lebenswege voller Überraschungen und Widersprüchlichkeiten, an denen andere Eltern als meine wohl gescheitert wären. Vinzenz war trotz seiner dürren Mutter ein Brocken von Säugling, in den letzten drei Monaten ihrer Schwangerschaft soll Mutter ausgesehen haben, als trüge sie drei Kartoffelsäcke vor sich her, und als sie diese los war, entwickelten sich ihre Brüste unter der Saufgier Vinzenz' zu Eutern, die jeden Rotbuntzüchter vor Neid erblassen ließen. Vinzenz' musikalisches Talent bildete sich bis zum dritten Lebensmonat soweit aus, dass jede andere Musikdarbietung im Haus unnötig wurde, und als er krabbeln, kriechen, krauchen dann gehen konnte, ersetzte er auch das Fernsehprogramm. Mutter erzählte, dass es allerliebst ausgesehen habe, wie er die Decken vom Tisch nebst Draufstehendem heruntergerissen, alle Vasen umgestürzt, Gläser und Tassen zerdeppert habe, dass die Fetzen flogen. Aus dem Kindergarten wurde er wegen Rebellion ausgewiesen, so dass er sich bis zur Einschulung individuell austoben konnte. Das zahlte sich in der Schule aus, denn wider Erwarten aller, die ihn bis hierher kennengelernt hatten, wurde er nicht nur ein guter Hauptschüler, sondern auch der Liebling der meisten Lehrkräfte. Sein Sinn fürs Praktische schien ihn erkennen zu lassen, dass es sich gut leben ließ, wenn man Obrigkeiten nicht reizte, sie wurschteln ließ und sich anpasste.

Vier Jahre später, auf dem humanistischen Gymnasium, entwickelte Vinzenz eine wahre Virtuosität im Erlernen von Sprachen, darunter auch toten wie Latein und Altgriechisch, und es gab keinen Lehrer, der ihm nicht eine grandiose Zukunft vorhersagte. Die weiblichen Lehrkräfte spürten noch etwas anderes an und in ihm: nämlich eine schlummernde Sexualität, die, sollte sie dereinst explodieren, gewiss eine Menge Aufsehen erregen würde. Zunächst aber ritt er am liebsten auf Motorrädern, bis zum zwölften Lebensjahr freilich trocken, das heißt auf parkenden, wobei er aber die Bedienung derselben theoretisch klammheimlich und gründlich erlernte.

„Eines Tages bin ich der Schnellste."

Mit 15 sah man bei Vinzenz ziemlich klar, wohin sein Charakter ihn führen würde: zu Frauen, Mädchen, Motorrädern und unerwartetem Verhalten. Für letzteres ein Beispiel: Er sollte konfirmiert werden, machte auch brav den Konfirmandenunterricht bis zum letzten Tag mit, erschien dann aber am Sonntag vor Ostern nicht in der Kirche, weder entschuldigte er sich noch sagte er irgendeinen Ton hierzu. Im Trinken, man wundere sich, bezog er Opposition zu seinen Eltern, was wohl, wie ich mich zu erinnern suche, aus folgendem resultierte: Man hatte ihm nahegelegt, dass, wolle er sich einmal richtig voll laufen lassen, er für eine mächtige und kräftige Unterlage sorgen müsse. So mampfte er sich am besagten Nachmittag mit seiner liebsten Speise prall und fett - Stuten mit vielen, massig vielen dicken Rosinen darin! Manche Leser mit gleichen Erfahrungen mögen nun ahnungsvoll schmunzeln und bedenklich dreinschauen, denn ihnen ist klar, wie's weitergehen *musste*: Sein Bauch, anschließend mit Bowle und Bier aufgefüllt, quoll auf wie ein gereizter Ochsenfrosch und entleerte sich nach oben und unten, teilweise gleichzeitig.

Um diese Erfahrung reicher verzichtete Vinzenz klugerweise nicht auf Rosinenstuten sondern auf alle Alkoholika, die in Mengen genossen werden und widmete sich nur noch kleineren Portionen, hierzulande kurz Kurze genannt.

„Ein guter Schnaps zur rechten Zeit
schafft Ruhe und Behaglichkeit."

Da er rasch begriff und ein gutes Gedächtnis hatte, fiel ihm das Lernen bis zum Abitur leicht und er leistete sich den Luxus, nur soweit mitzumachen, dass er nicht sitzen blieb, um desto mehr Zeit seinen beiden Haupthobbys zu schenken: den beiden großen M, nämlich Mädchen und Motorräder. Wie praktisch, dass man sich mit ihnen gleichzeitig beschäftigen konnte: Motorradmädchen - Mädchenmotorräder. Geld hierzu besaß er genügend, denn nichts war unseren Eltern verhasster, als dass man ihre Kinder zu den Armen hätte zählen müssen. Nach dem mit Ach und Krach bestandenem Abitur lümmelte sich Vinzenz eine Weile in der Welt herum, bis er 21 wurde und sich zu einem Studium entschloss. Ich habe versprochen, ihm vorerst nur bis zu seiner Volljährigkeit zu folgen...

* * * * * *

Wenden wir uns also meinem zweiten Brüderchen zu, Christian. Ein Sonntags- und Christfestkind von neun Pfund Gewicht! Offenbar in Ermangelung eines originellen Geschenks hatte Mutter ihn am 24. Dezember dem Vater sozusagen auf den Gabentisch gelegt.

„Nomen omen est."

Tatsächlich? Dann hätte Christian aber Iwan heißen müssen, nach dem Schrecklichen genannt! Denn schrecklich war eigentlich alles, was er anstellte, vom Hosenvollkacken gigantischen Ausmaßes über Quälereien von Mensch und Tier bis zu seinem vorzeitigen Ende. Beinahe wäre er allerdings übers erste Jahr nicht hinausgekommen, doch ist er in diesem Kampf auf Leben und Tod Sieger geblieben. Das soll so gewesen sein, ich lasse alle Beigaben der Ausschmückung und Glorifizierung beiseite.

Wegen des schönen Wetters und um sein Geschniefe und Geschnaufe einmal nicht hören zu müssen hatte Mutter den Kinderwagen in den Garten gestellt, schön im Schatten unter ein Bäumchen. Ihre pilsgewässerten Augen quollen bass vor Erstaunen aus den Höhlen, als sie nach dreißig Minuten mal in den Wagen schaute: Neben dem lieben Christian lag eine Ratte, nicht etwa wie er schlummernd, was akzeptabel gewesen wäre, nein - sie war tot, rattentot, wanderrattentot (*Rattus norvegicus*) und absolut hinüber. Mit diesem traumatischen Ereignis wurde Christians Lebensweg vorgezeichnet: Er beschloss Tierfreund zu werden. Wie dieses Rattenvieh in seinen Kinderwagen gekommen war konnte kein Rätsel sein, die Biester klettern ausgezeichnet, außerdem wissen wir von ähnlichen Vorkommnissen aus grauer Vorzeit, so um 1757 herum, als auch Ratten Not litten und ihnen das Anknabbern von Säuglingsbacken und -popos nichts ausmachte. Wie aber war Christian in dem Kampf, der doch stattgefunden haben musste, Sieger geblieben? Hatte er das Tier beim Herumschlagen seiner Ärmchen niedergemacht oder beim Wälzen erdrückt? Nun, er wusste später, nachdem er sprechen gelernt hatte, hiervon nichts zu berichten, Vater ließ die Ratte präparieren, wie Jäger es mit Keilerköpfen und Dachsen zu tun pflegen, in Erinnerung an eine Laufbahn, an deren Ende es nicht nur eine tote Ratte gab.

„Und ich beschloss Tierfreund zu werden."

War das nun besser, als Politiker werden zu wollen? Zwei Antworten muss ich geben:

„Für die Menschheit - ja."

„Für die Tierwelt - nein."

Ein Tierfreund ist „jemand, der Tiere liebt", so ein Lexikon, und Liebe ist nach dem gleichen Werk „starke Zuneigung" - da haben wir den Salat! Christians Liebe zu Tieren entwickelte sich derart ausgeprägt, sozusagen zuneigungsmäßig, dass es ihm schwerfiel welche, die ihm in die Hände gerieten, überleben zu lassen. Ich möchte als sein Bruder und Biograf ein paar Beispiele aus seinen Kindertagen von 3 bis 10 anführen:

Nachdem er in einem Museum eine Käfersammlung gesehen hatte, fing er ebenfalls an diese Sechsbeiner aufzuspießen - jedoch zu deren Lebzeiten. Oder: Unweit unseres Hauses befand sich ein Gewässer, eine so genannte Gräfte, in der Frösche und Kröten laichten, so dass nach der üblichen Entwicklungsphase deren Kinder, sehr allerliebste, einen Zentimeter lange Viecher, dem Wasser entstiegen und ihren Marsch ans Land antraten. Diese Invasion versuchte Christian dadurch zu verhindern, dass er sie mit seinem Spielzeugbomber Typ B 52 bombardierte, gewiss eine überdimensionierte Maßregel ohne eigene Verluste. Die meisten Minibomben gingen daneben, doch bei Treffern konnten die zarten Genicke der Tiere natürlich nicht standhalten. Oder: Auch durch Aussiedlungen, - im 20. Jahrhundert ja mancherorts probate Maßnahmen -, gedachte Christian neue Populationen zu bilden: Indem er Gruppen von Kaulquappen in der häuslichen Badewanne, in städtischen Brunnen, in vor Haustüren stehenden Milchflaschen und in Weihwasserbecken ansiedelte. Dass Kaulquappen in von Zusätzen aufpolierten Badewässern nicht existieren mochten und ihren Minigeist aufgaben, kam ihm erst später zur vollen Besinnung. Die dicken fetten grünen Wasserfrösche (*Rana esculenta*), heute als ruhestörende Quaker wenig beliebt, gab es zu Christians Kindertagen sehr zahlreich in allen Gräben, Kuhlen und anderen Feuchtigkeiten. Ihr dösiger Sinn ist auf natürliche Gefahren bestens eingerichtet, aber Christians Raffinesse hatten sie nichts entgegenzusetzen: Nämlich aus einem Versteck heraus ihnen per Luftgewehr Bleikügelchen ins Gehirn zu senden. Plopp - der voll Getroffene verstummte wegen Kopfschmerzen und tauchte für immer unter. Oder: Da Christian Alfred Brehms Angabe, unsere Waldeidechse (*Lacerta vivipara*) gebäre lebende Junge, kritisch gegenüberstand, wollte er selbst nachsehen und er sezierte schwangere Weibchen mit seinem Taschenmesser; eine Prozedur ohne Betäubung und Überlebenschancen. Oder: Als Christian einmal mit seinen Sonntagsschuhen in Hundekacke trat, inszenierte er einen Vierwochenhundekrieg. Bewaffnet mit einer starken Schleuder und jede Menge Fichtel & Sachs-Kugellagerkugeln pirschte er durch die Straßen und pfefferte den ahnungslosen und vertrauensseligen Vierbeinern aus Verstecken wie Torbögen und Hauseingängen heraus einiges aufs Fell, dass großes Heulen und Zähnefletschen anhob. Oder: Nützlicher war schon seine Kleinkaliberjagd auf Wanderratten (siehe Kinderwagen), aber deren Leichname in Kaufhäusern abzulegen erregte doch einiges Aufsehen bei Geschäftsleitung und Kunden. Oder: Nachdem in den Zeitungen Berichte über die hiesige Spatzenplage gestanden hatten, machte Christian sich auf die Socken, dieser abzuhelfen. Erst fütterte er die niedlichen Gesellen (*Passer domesticus*) mit leckeren Sachen an, um sie dann mit giftigen zu vertauschen und ihr qualvolles Verrecken wissenschaftlich zu studieren und im Tagebuch festzuhalten. Oder: Nachdem er die Wirkung von Schnaps an seinen Eltern und deren Besuchern genügend beobachtete hatte, sollte auch die Pavianherde des Zoos solche Freuden genießen dürfen. Er tunkte Brotstücke in Schnaps, Likör und Rum und verteilte sie großzügig und erbaute sich an den bisher unbekannten und nicht erforschten Fähigkeiten dieser Affen, wenn diese besoffen waren.

Genug der Beispiele. Sie zeigen, dass mein zweiter Bruder Anlagen besaß, die weit über das normale Maß hinausgingen und zu fröhlichsten Hoffnungen für eine großartige Karriere berechtigten. Gern zeigte er die humanen und sozialen Züge seines Charakters, indem er zum Beispiel Mutter in der Küche half, die Weihnachtsgans oder Neujahrspute essgerecht zu zerlegen. In dem Halbjahrzehnt von 11 bis 15, dem ich mich jetzt zuwende, wurde Christians Liebe zur Tierwelt intensiviert und durch Verhaltensversuche zum Thema „Mensch und Tier in unerwarteten Situationen" geprägt - ein Werk, das er später zur Grundlage seiner Doktorarbeit zu machen gedachte. Hier einige Kapitel daraus.

Eins: Aus der Zucht seiner Hausmäuse (*Mus musculus*) nahm er ein halbes Dutzend Exemplare mit in die Schule, um sie in einer Unterrichtsstunde, die er wegen „dringenden Pipimachens" kurz verlassen zu dürfen erbat, im unbesetzten Lehrerzimmer in einer Schreibtischschublade zu deponieren. Leider konnte er die Reaktion der Sekretärin nicht live beobachten, deren hektisch-schrille Schreie jedoch konnte er, wie alle Lehrer und Schüler, mit anhören und in seinen Aufzeichnungen verwerten. Zwei: Um zu beweisen, dass der Mensch gern mit Kanonen auf Spatzen schießt, bildlich ausgedrückt, verfrachtete Christian eines Samstagmorgens eine Ringelnatter (*Natrix natrix*) in den beliebten Textilwühltischen des Kaufhauses. Prompt hatte eine Hausfrau sie nach fünf Minuten in den Händen, gemeinsam mit einer Bluse, und hätte man sie abgestochen, ihr Todesschrei hätte nicht so markerschütternd klingen können. Nach diesem Schrei herrschte zwei Sekunden lang die Stille des Todes, ehe eine Panik ausbrach und ein solches Gedrängel zu den Ausgängen stattfand, dass die hiesigen Taschendiebe das Geschäft des Jahres machten. Innerhalb zehn Minuten fuhren zwei Polizei-, ein Erstehilfe- und zwei Feuerwehrwagen vor, deren Mannschaften sich jedoch nicht des total verwirrten Reptils bemächtigten, sondern es einkesselten, bis der rasch herbeigerufene Experte des Zoologischen Gartens es mit der nackten Hand griff, in einen Beutel tat und im eine neue Heimat versprach. Mit Genugtuung vermerkte Christian, dass der ganze Aufwand zigtausend Mark gekostet haben müsste. Drei: „Subtile Jagd" nannte Christian den folgenden Vorgang. Da sich inzwischen sein Ruf als Tierfreund und -kenner über unseren Straßenzug hinaus ausgeweitet hatte, wurde er von einem älteren, nervösen Ehepaar beauftragt, in deren Garten für Ruhe zu sorgen. „Wir können das Gezirpe nicht mehr aushalten", sagte das Ehepaar. Die Zirper waren die Männchen des Großen Heupferds (*Tettigonia viridissima*), die mit diesem Gezirpe ihren Weibchen imponieren wollen. Christian, in seiner subtilen Veranlagung, dachte natürlich nicht an die Brachialmethode, nämlich mittels chemischer Kriegführung vorzugehen und neben den Heupferden auch andere Gartenbewohner auszurotten. Er stellte die Männchen, kenntlich an den fehlenden Legeröhren, in ihren Schlupfwinkeln und Verstecken und schnippelte ihnen mit einer scharfen Schere schnippschnapp die Flügel ab, in deren Wurzeln die Zirpapparate sitzen - eine unblutige, völlig schmerzfreie Methode, die noch den Nebeneffekt hatte, dass die Vermehrung beeinträchtigt wurde, da die grünen Heupferdherren nun die Heupferddamen nicht mehr anzulocken vermochten. Vier: „Du könntest doch einer alten einsamen Dame einen netten Hausgenossen besorgen", sagte Mutter zu Christian. Gesagt - getan, dafür war Christian stets zu haben. Sein Radweg führte in darauf ins Tierheim, wo er einen Kater kannte, der dort seit vierzehn Tagen einsaß saß und sich so in die Freiheit sehnte, dass er jedem Eintretenden ins Gesicht fuhr und auch sonst verriet, dass er keine guten Zeiten hinter sich hatte. „Der muss in liebevolle Hände", sagte der Tierwärter, „dann ändert sich sein Charakter." Ruckzuck war er eingefangen und in Christians Rucksack verstaut, ab ging's in das neue Zuhause. „Er ist vielleicht noch ein wenig scheu und zurückhaltend", sagte Christian der netten alten Dame, „heißt Ricky und wird sich wohl eingewöhnen." Wie das bei alten Damen so ist, die entweder viel gekauft oder geerbt, jedenfalls jede Menge Nippes, Porzellan und anderes Zerbrechliches gelagert haben, so war's auch hier: Regale, Anrichten, Fensterbänke und kleine offene Schränke standen voller Feinheiten aus Meißner, Fürstenberger und Berliner Porzellan, Teller, Figuren, Gruppen, Tiere und Blumen. Uralt teilweise und jedenfalls sehr wertvoll. Was weiß ein temperamentvoller, verbiesterter Kater davon? Wusste Christian davon? Im Rucksack hockte ein fauchender, zischender Ricky, auf seinen Einsatz wartend. Ein Schälchen Milch nebst einer Portion Kitekat wartete auf ihn, beruhigende Worte der alten Dame sollten Gemütlichkeit und Frieden signalisieren - da ließ Christian ihn frei. Innerhalb einer Minute sah das Wohnzimmer wie nach einem original San-Francisco-Erdbeben aus, die alte Dame war bereits in Ohnmacht gefallen und lag inmitten ihrer zerstörten Kostbarkeiten, während ein völlig, durch Riesensprünge und Wettläufe immer an der Wand lang, erschöpfter Ricky fauchend und glühenden Auges auf einem Schrank saß, bereit, sein Leben unter noch mehr Unheil bis zum Letzten zu verteidigen. Christian verließ diese ungastliche Wohnung und bewies Sozialempfinden dadurch, dass er von der nächsten Telefonzelle Erste Hilfe anforderte. Fünf: Dass Christian Arzt werden wollte, war um diese Zeit schon entschieden, nur: Human- oder Veterinärmedizin? Er tendierte zum Tierarzt, gedachte aber, als die Gelegenheit günstig war, sich vorab schon einmal als Hautarzt zu betätigen. Anlass war die Klage eines Landwirts am Stadtrand, Christians neuer Freund, über seinen Befall mit Warzen jeden Kalibers von Stecknadelkopf- bis Haselnussgröße, die sich auf seinem Körpergelände von den großen Zehen aufwärts bis hinter die Ohren angesiedelt hatten. „Kein Mädchen mag mich mehr anpacken", lautete des Bauern berechtigte Klage. „Kannst du nicht helfen?", lautete des Bauern berechtigte Frage. Christian konnte - auf eine verblüffend einfache Weise. (Die zu finanzieren sich die gesetzlichen Krankenkassen dennoch weigerten; also nur für Privatpatienten echt zu empfehlen.)

Die Schwachstelle der „Christianschen Warzenvertilgungsmethode” war sonniges Wetter, soll heißen, sie benötigte Sonnenschein; weshalb sie in klimatisch bevorzugten Gegenden wie Taunus, Kaiserstuhl, Mosel, Südtirol, Sizilien und Sahara zum Beispiel, besonders gepflegt werden kann. So lauschte Christian auf den abendlichen Wetterbericht und als die Prognose günstig war, meldete er sein Kommen und seinen Einsatz für den nächsten Tag an. Der Patient musste sich draußen so auf einen Stuhl setzen, dass er Hand und Arm, - denn an einer unverfänglichen Stelle sollte der erste Versuch gemacht werden -, auf einen festen Untergrund legen konnte, wo sie fixiert wurden, zum Beispiel durch kräftige Assistenten. Dann schaute Christian zur Sonne, nahm seine Stiellupe zur Hand, hielt sie zwischen Sonne und Warze derartig, (natürlich näher zur Warze als zur Sonne), dass die Sonne in stark verkleinertem Maßstab nun auf die Warze projeziert wurde - das nennt man „den Brennpunkt finden”, weshalb eine solche Lupe auch Brennglas heißen kann. Im Brennpunkt entstand die Hitze der Sonne, geschwächt natürlich, aber doch so, dass die Warzenhornhaut sich erhitzte und anfing sich in einen Schmorbraten zu verwandeln: Grauer Qualm stieg auf und in die Nasen der Anwesenden, die Warze brodelte wie ein kleiner Krater und tatsächlich - sie schmolz wie eine Praline unter der Sonne. Und das Opfer dieser Versuchsanordnung? Es biss knackend und knirschend und tränender Augen die Zähne zusammen, hätte zweifellos die Hand an sich gezogen; da war Christians Arbeit beendet. Die Warze war bis aufs rote Fleisch weggebrannt. Wer aus meiner Leserschaft nun glaubt, des Opfers Leiden seien dahin, der irrt. Mit dem letzten Akt, nämlich der Desinfektion, brach der letzte Rest seiner Selbstbeherrschung zusammen. Ein Tropfen Jod in die Wunde und der bedauernswerte Landwirt brach in ein Geheul aus, das die gesamten Bewohner seiner Umgebung in Panik versetzte: Das Weidevieh rannte quiekend und blökend davon, das Federvieh ihm flatternd nach, der Hofhund machte es seinem Herrn nach - es war ein tolles landwirtschaftlich-medizinisches Theater! Ein

Pflaster auf die ehemalige Warze, Christian trollte sich ohne Honorar vondannen. Obwohl sein Erfolg durchschlagend war durfte er nicht wiederkommen - in dem Konflikt „Warzen oder Schmerzen" entschied sein Patient „pro Warzen"...

Christians Lebensweg von 16 bis 21 wurde dann hauptsächlich durch seine schulischen Leistungen geprägt. Er sah ein, erfolgreicher Forscher nur dann werden zu können, wenn diese überdurchschnittlich gut ausfielen.

„Sich auf den Hosenboden setzen"

ist eine gute alte deutsche Redensart, aber wer ein strammer Forscher werden möchte, sollte vor ungewöhnlichen Einsätzen nicht scheuen. Um mit-, gar vorreden zu können startete Christian einen aufsehenerregenden Selbstversuch: Er ließ sich vor den Augen seiner Familie von einer Kreuzotter (*Vipera berus*) in die Hand beißen: zwecks Festlegung der Streitfrage, ob man ohne Serumimpfung überleben könne. Man kann, wenigstens Christian tat's, wenn er auch einschränkte, dass dieses nicht auf jedermann anzuwenden sei. Erst schwoll seine Hand zu Wurstfingerfünflingen an, dann krochen Verfettung und Aufdunsung den Arm empor bis zur Schulter, wo sie halt machten. In ihrem Gefolge verwandelte sich der Arm ins Farbspektrum künstlerischen Ausmaßes, wurde unbeweglich und schwer wie Blei. Christians Wille und seine gute Konstitution verhinderten Kollapse und andere gefährliche Komplikationen, während der Bettruhe war er quietschfidel und führte Tagebuch über den Verlauf der Krankheit. Aus diesem verfasste er einen Bericht für medizinische Fachblätter, der veröffentlicht wurde und Aufsehen erregte.

* * * * * *

Bevor wir dem weiteren, freilich kurzen Lebensweg von Vinzenz und Christian folgen, ist es angebracht, die Hauptperson vorzustellen: nämlich meine Wenigkeit Egon Krawinkel, jetzt 24 und Taugenichts, Tunichtgut, Lotter- und Mordbube und jüngster Spross obenerwähnten Ehepaares. Das Horoskop meines Geburtstages lautete vielsagend:

„Sie (man höre!) sollten weniger rück-, mehr vorwärts blicken und laut Ihre (!) Meinung vertreten, sich durchsetzen und sich kein X für ein U vormachen lassen."

Ich frage im nachhinein: Was soll ein Windelkacker und -pinkler mit solchem Geschwätz anfangen? Bevor meine Mutter sich der letzten Geburt unterzog nahm sie das Horoskop einer bekannten Programmzeitschrift zu Rate:

„Lassen Sie fahren, was Sie in der Vergangenheit belästigt hat, nicht alles ist willkommen in

dieser Welt und ein Verlust kann ein Gewinn werden."

Das war mal eine stramme Vorhersage! Denn entsprechend landläufiger Vorstellung wurde ich als Letztgeborener Papas und Mamas Liebling Erster Klasse, Vinzenz und Christian rückten in die zweite und dritte Garnitur ab. Was ich in der Wiege und im Kinderwagen am meisten hörte, ohne es in direkter Erinnerung behalten zu haben, waren Schreie - welche des Entzückens, solche der Bewunderung, andere des Staunens: ob meiner kindlichen Schönheit!

„Apollo und Adonis in einer Person", sagte mein Vater und rollte die Augen.

„Dem werden die Frauen mal nachlaufen", sagte meine Mutter und verdrehte die Augen.

Zur Feier des Tages und in der Erkenntnis, der erste Eindruck sei der nachhaltigste, drehte Vater das Grammophon an und ließ Beethovens *Eroica* unter Wilhelm Furtwängler anlaufen. Sie spann in Zukunft den Faden meines Lebens. Schon nach wenigen Wochen beantwortete ich die Entzückensschreie der Verwandt- und Bekanntschaft mit Gegenschreien und drohenden Grimassen, und noch war ich kein Jahr alt, als mich nur noch weibliche Wesen, die herein- und heranschauten, in freundliche Stimmung versetzen konnten - freilich nur solche ab 60 mit dem gehörigen Charme des Alters. Spaß beiseite! Alten weiblichen, stark ergrauten und silbrighaarigen, dazu vermögenden Herrschaften, möglichst nach dem Typ „Witwe eines Radfelgenfabrikbesitzers”, Hinterbliebene eines Bankdirektors, oder „Hinterlassene eines Oberstudienrats”, also Besitzerinnen fetter Pensionen, habe ich zeitlebens offene und einnehmende Sympathien entgegengebracht. Darum wurde ich in diesen Kreisen beliebt und herumgereicht wie ein Schönheitskönig aus Sri Lanka.

Wie denn überhaupt die Verwöhnung, einer unserer übelsten pädagogischen Maßnahmen, mich fast bis zum Ende begleitete. Mein Säuglings-, Krabbel- und Ersteschrittealter möchte ich jedoch aus Gründen von Diskretion und Pietät so schnell wie möglich übergehen, und auch die weiteren Fortschritte und Aktivitäten bis 6 waren ohne Belang, wenn man davon absieht, dass ich bis zu diesem Alter schon mehr zerdeppert, abmontiert, umgestoßen, der Vernichtung anheimgegeben habe als meine Brüder zusammengerechnet - allerdings nicht zu Hause, sondern in den Salons obengenannter Damen.

„Wie entzückend er ist!”

„Ein richtiger Tatmensch!”

„Fantasien hat der!”

„Wie er sich doch selbst beschäftigen kann!”

Kommentare, die von allerhöchst entwickelter Toleranz dieser Kreise zeugen, zumal nicht ein einziges Mal eine Haftpflichtversicherung in Anspruch genommen wurde. Ich war es auch, der den Ruf unserer Familie, in der Straße arg ramponiert, wieder ins Lot brachte. Den Kindern der Nachbarschaft wurde ich, von deren eigenen Eltern wohlgemerkt, als Musterbeispiel an Benimm und Äußerem, kurz Habitus genannt, vor deren Augen geführt und so mit Einladungen überschüttet, dass ich, rein rechnerisch aus der Sicht meiner Eltern gesehen, das am preiswertesten aufgezogene Kind wurde. Da mir die altholde Weiblichkeit auch gern und ausgiebig Geldstücke und gar -scheine in Hände und Taschen drückte, brauchte Vater mir keinerlei Taschengeld zu geben. In der Hauptschule setzte mich die Lehrerin, die, wenn ich mit dem Abitur an der Reihe wäre, selbst in die Gruppe der netten alten Damen einzureihen sein würde, ganz vorn hin, „um ihn immer nahe zu haben", wie sie in einer schwachen Stunde verriet. Als sie mich einmal einlud, „bei mir im Garten Kartoffeln pflanzen zu helfen", konnte ich ihr im unbemerkten Augenblick ihr Haushaltsgeld mopsen, 25,50 Euro, das sie in einer Porzellanvase gut versteckt zu haben glaubte. Hat sie mich je in Verdacht gehabt? Wohl nicht, eher doch ihre Putzfrau. Dieser erste Erfolg im unlauteren Gewerbe machte mich stolz und mutig, zumal die nette Sparkassenangestellte, bei der ich aufs Sparkonto einzahlte, mich über alle Maßen wegen meines Sparsinns belobigte:

„Solche Jungens wie dich gibt's selten."

Und sie schaute mich an als wenn sie mich adoptieren wollte. Wenn jetzt einige meiner Leser argwöhnen, ich *müsste* ein rechter Frauenheld werden, so irren sie wieder einmal. Frauenheld sein setzt doch voraus, sich aktiv an das andere Geschlecht heranzumachen, entweder in freier Pirsch oder nach Art der Partisanen. Beides machte mir keinen Spaß, weil meine Altersgenossinnen oder jene einiges darüber mir zu zickig, albern und unsittsam waren. Wenn jetzt ein anderer Teil meiner Leser folgert, ich wäre aber doch ein Held der Frauen gewesen, nun, dann irren sie eben nicht. Held der Frauen sein setzt doch voraus, sich passiv dem anderen Geschlecht gegenüber zu verhalten, es also an sich heranmachen zu lassen, entweder in freier Balz oder nach Art früherer Kokotten und Konkubinen. Beides machte mir ab der Pubertät mehr und mehr Spaß, doch muss ich bereits hier klarstellen, dass ich als Jungmann diese Erde verlassen werde.

* * * * * *

Über meine Schulzeit möchte ich nur wenige Zeilen verlieren. Das Lernen klappte gerade so, dass ich überall durchkam. Verständlich erscheint auch wohl, dass es keine der weiblichen Lehrkräfte fertiggebracht hätte - wenn nötig - mich sitzenzulassen. Ich wiederum habe einige sitzen gelassen. Meine Babyschönheit war natürlich längst über eine Knabenbeauty zur Jünglingsattraktivität gewichen und entwickelte sich allmählich, sozusagen unaufhaltsam, zur Männerherrlichkeit. Klar, dass ich mit einem Auge sah, wie Jungfrauen, junge, mittelalte, er- und verblühende, er- und verblühte Damen mit den Zungen schnalzten, die Augen wie vertrocknende Frösche verdrehten und auf Stühlen, Bänken, Sesseln, Kanapees und anderen Sitzgelegenheiten hin und herrutschten. Ich wand mich aus allen Begehrlich- und Unannehmlichkeiten heraus, stand wie ein *Rocher de bronce* in Strudeln und Wogen der Erotik und Sexualität. Klar auch, dass mich gewisse Bevölkerungskreise als abnorm bezeichneten, doch der Neid diktierte ihnen diese Gedanken.

„Ein Junge in deinem Alter", sagte Vater, „muss doch eine Freundin haben."

Muss gar nicht!

„Lass ihn doch", sagte Mutter, „er hat ja Auswahl genug."

Sie ahnten nicht, dass ich zielbewusst vorging: nämlich das Ziel verfolgte, auf gar keinen Fall vor 25 unter der Haube zu sein.

„Lasst erst einmal meine Brüder ran", antwortete ich.

Jetzt mute ich meinen Lesern den Sprung in die 20er zu, also meine Epoche von 20 bis 23, die so überaus fruchtbar im Geldverdienen war. Wenn von diesem leidigen Thema die Rede ist, werden meist die Mienen ernst und bedeutungs-, oft sogar unheilvoll, und doch geht es anders: bei mir vorzugsweise! Mit 21 hatte ich bereits eine fünfstellige Summe angespart, ohne jemals abhängig beschäftigt gewesen zu sein; war wohl so eine Art Freiberufler. Ich werde diese Art des Gelderwerbs hier schildern, hoffe aber, dass nicht zuviele Bürger aus meiner Leserschaft mir nacheifern werden.

* * * * * *

Da war zum Beispiel Käthe Bullerjan, 58, durch den frühen Tod ihres Mannes früh zu seinem Geld gekommen, das sie nun sorgsam dosiert unter die Leute brachte. Zu diesen gehörte ich. Da sie schlecht sehen konnte, lud sie mich regelmäßig ein, ihr aus Schnulzenbüchern vorzulesen, fürwahr eine Arbeit, die mich sehr hernahm, und nur Umstände zwangen mich, länger als vorgesehen bei ihr auszuhalten: ihr hausmütterlich-selbstgemachter Bienenstich und die Tatsache, dass ich ihr jedesmal einen Hunderter stiebitzen konnte. Mehrere von ihnen lagen stets in einem Schmuckkästchen verführerisch parat, und wenn Käthe in die Küche ging oder im Flur minutenlang telefonierte, griff ich hinein. Schon seit Jahren war ich in dieser Beziehung sehr bescheiden geworden: Nie nahm ich alles an mich, was an Geld herumlag, immer nur ein, zwei Scheinchen, und verdanke wohl diesem Wohlverhalten, dass ich nie erwischt und vermutlich selten verdächtigt wurde. Hier bei Käthe hatte ich allerdings die Vermutung, dass sie meine kleinen Eingriffe in ihr Vermögen arrangierte, sozusagen als stillschweigende, diskrete Honorarzahlungen für meine Bemühungen um sie.

Noch diskreter schädigte ich Witwe Bernhardine Kloppstock, 59, die mich einlud erstens ihren Vorträgen über das Leben vor der Geburt zuzuhören und zweitens die Briefmarkensammlung ihres Mannes zu sortieren. Hier musste ich zwar vorher ein wenig investieren, indem ich mir einen Briefmarkenkatalog zulegte, doch lohnte es sich: Nie hätte ich sonst die wertlosen Briefmarken von den wertvollen unterscheiden können, die sich in der Sammlung im Verhältnis von 99 zu 1 befanden, nie sonst hätte ich gewusst, dass es Schätzchen im Wiederverkaufswert von Monats- und Jahresgehältern gab. So konnte ich nach alter Schelmenweise beim Sortieren folgendermaßen verfahren: Die Schlechten in (ihr) Töpfchen, die Guten in (mein) Kröpfchen - von hundert Briefmarken behielt sie ja immerhin 99. Als Dank für meine Bemühungen beim Verkauf der Sammlung vermachte sie mir noch 30 - in Worten dreißig - Prozent des Erlöses.

Drei Wochen lang beriet ich Frieda Wirtensohn, 49, welchen von einem Dutzend Bewerbern sie ihre beiden Hände reichen solle. Nach sieben Beratungen wusste ich, wo sie ihre EC-Karte aufbewahrte, auf die sie, ihres schlechten Gedächtnisses wegen, die Geheimnummer notiert hatte. Ich nahm sie dann mit zur Bank und ließ erst einmal den Kontoauszug ausdrucken. Nie hätte ich es fertiggebracht, sie zu schädigen, wenn das Konto miserabel gedeckt oder gar im Minus gestanden hätte. Aber hier gab's keine Skrupel: Das Konto stand mit 98.771 Euro im Haben, viel zuviel für ein Girokonto, das kaum Zinsen bringt, und darum hob ich in der Nacht bei verschiedenen Automaten 20.000 Euro ab, um sie in den nächsten Tagen auf meine Sparbücher zu verteilen. Am achten Abend brachte ich die Karte zurück zur Besitzerin, die wohl nie etwas von diesem Schachzug bemerkte.

Agnes Dierks, 78, war vor lauter Reichtum tüterig, sowas wie tatterig geworden und schaffte es nicht mehr, ihre CDs richtig einzulegen.

„Kommen Sie doch alle Stunde vorbei", sagte sie zu mir, „und legen Sie mir neue auf."

Für einen Stundenlohn von, sagen wir 100 Euro hätte ich das eine Zeitlang getan, aber sie wollte nur 5 geben. Um sie nicht abzuweisen schlug ich ihr vor, sich einen Wechsler anzuschaffen:

„Der kann zehn Platten aufnehmen, dann haben Sie über zehn Stunden Musik und ich brauche nur einmal am Tag zu kommen."

„Und was kostet der?"

„So ungefähr 5.500 Euro."

„Oh, das geht ja", sagte sie erfreut.

Dann gab sie mir das Geld in bar und beauftragte mich, das Gerät zu besorgen. Jeder meiner Leser wird wissen, dass das Gerät nur einen Bruchteil der 5.500 kostet...

* * * * * *

Um nicht zu langweilen werde ich weitere derartige Geschichten nicht folgen lassen. Noch bevor ich mit meinem Studium anfing, fiel ich unter die zinsabschlagsteuerpflichtigen Bürger meiner Heimatstadt, und ich zahlte diese Steuer auch, denn nichts ist widerwärtiger als mit Beamten der Finanzämter Querelen auszutragen; es sei denn, man ist selbst Finanzbeamter. Um mein Studium nun ganz sicher finanzieren zu können, setzte ich diese subtile Jagd nach Geld bei alten Damen fort; ihr Vertrauen ehrte mich, Kontrolle wäre für sie aber besser gewesen. Doch darf ich für mich buchen, keine von ihnen verarmt, gar in den Ruin getrieben zu haben. Nun ging's ans Zukunftplanen. Meine Konten im Rücken und Vaters Zuschüsse gewiss konnte ich es langsam angehen lassen. Auch begann sich die Gesundheit meiner Eltern, trotz ihres regelmäßigen Alkoholgenusses, rapide zu verschlechtern, und ich musste, bei aller Pietät, doch den baldigen Erbfall in Betracht ziehen: das Elternhaus samt Grundstück, Mutters Elternhaus, das jetzt vermietet war, ein Ferienhaus im Schwarzwald und Vaters Fabrik. Zwar würde alles durch drei geteilt werden müssen, aber ein richtiger Batzen würde wohl herausspringen. Doch da griff das Schicksal in unser aller Leben und machte einen Ausrottungsfeldzug sondergleichen. Ich werde alles hübsch der Reihe nach berichten...

* * * * * *

Vinzenz der Motorradfan und Christian der Sezierer hockten in ihrer Freizeit viel zusammen. Ich war ihnen zu abartig. Das stimmte sogar, nämlich aufs Finanzielle bezogen: Hier ich mit den schwellenden Konten, dort sie mit überzogenen und als Bittsteller bei Vater und Mutter auftretend. Soeben als ich anfing, mich für das schwache Geschlecht, dessen Schwächen ich ja genügend kennengelernt hatte, näher zu interessieren, machten Vinzenz und Christian zwei Bekanntschaften: Resi, 24, kesse Biene und Rosi, 24, flotter Käfer, auch die beiden Miezen genannt. Sie waren zwei Schwestern, aber keine Zwillinge, wie das gemeinsame Alter vermuten ließ - ihre Mutter hatte der Forderung „jedes Jahr eins und im Herbst noch ein Kleines" gehuldigt und Resi im Februar und Rosi im Dezember geboren, so dass sie ein paar Monate lang das gleiche Alter besaßen. Wenn diese beiden Mädchen im Park promenierten, war sozusagen die geballte Erotik unterwegs, alles war rund an ihnen, selbst ihre spitze Zunge und die Haare auf ihren Zähnen. Ihr gemeinsamer Gang glich einem Fortschreiten in den Siebten Himmel, Blicke auf ihre Beine nebst Minirock versprachen den Achten und ihr Lächeln verhieß gar den Zwölften - gab es diese Himmel überhaupt, wo doch der eigentliche schon in Frage steht? Fragten sich Vinzenz und Christian vor Liebe konsterniert, als sie Resi und Rosi zum ersten Mal in Anblick bekamen.

„Du", sagte Vinzenz, „die eine (Resi) ist was für mich."

„Du", sagte Christian, „die andere (Rosi) ist was für mich."

„Die beiden wären war für uns", sagten beide.

„Du", sagte Resi, „der eine (Vinzenz) ist was für mich."

„Du", sagte Rosi, „der andere (Christian) ist was für mich."

„Die beiden wären was für uns", sagten beide,

Wie weit sich hier Liebe mit Brunft mischte ist, wie in vielen derartigen Fällen, unklar geblieben, aber wenn Vinzenz und Christian glaubten, zu seichten Erwerbungen und leichten Eroberungen zu kommen, so machten sie eine herbe Erfahrung: Trotz ihres vorgeschrittenen Alters und ihres anbeißwürdigen Aussehens waren Resi und Rosi noch waschechte Jungfrauen ohne Fehl und Tadel und machten auch keinen Hehl daraus, diese biologische Insonderheit bis zur traditionell-üblichen Kurzantwort (zwei Buchstaben) beizubehalten.

„Wenn du mit mir ins Heiabettchen willst", sagte Resi zu Vinzenz, „musste mich heiraten."

„Wenn ich zu dir ins Heiabettchen soll", sagte Rosi zu Christian, „musste mich heiraten."

Da war guter Rat nicht billig, doch die Aussicht, diese zahlreichen Rundungen zu umrunden und die vielen Kurven zu umkurven lockte als aufheizende Verheißung und bannte alle Bedenken ins hinterste Gehirnfach.

„Ja", sagte Vinzenz zu Resi, „ich will zu dir ins Heiabettchen."

„Ja", sagte Christian zu Rosi, „du sollst zu mir ins Heiabettchen."

Damit hatten sie bereits Ja gesagt und die Doppelhochzeit wurde in Angriff genommen.

Wenn eine kleine Anzahl meiner Leser/Leserinnen mit mir der Meinung sein sollte, derartige auf der Basis schnöder Sexualität geschlossene Ehen müssten wegen Kurzlebigkeit eingehen wie vertrocknete Primeln, so mögen sie, so mag ich recht haben. Wenn sie aber auch erwarten, ich ließe jetzt oder zu späterer Zeit einen Bericht über dieses Eingehen folgen, so muss ich sie enttäuschen: Es gibt nichts zu berichten! Keine Hochzeit, demzufolge auch keine gleichnamige Nacht, kein Ehekrach, kein Auseinandergehen. Nur ein höchst fatales Sitzenlassen. Ich habe weiter oben das Schicksal erwähnt, welches, wie wir alle wissen, mal mit Amor, dann mit dem Weihnachtsmann, auch mit der Lottofee kokettiert - aber auch mit dem Sensenmann, der nach der moderneren Sprechweise eigentlich Mähmaschinenmann heißen müsste. Möge meine Leserschaft nun alle Nerven zusammennehmen um zu erfahren, warum Resi und Rosi Vinzenz und Christian nicht bekamen...

* * * * * *

Zweiter Satz: **Marcia funebre - Adagio assai**

Festgelegt waren bereits:

1.) Der standesamtliche Hochzeitstermin an einem Samstag im wundervoll antik ausgestatteten Saal der Stadtverwaltung. 2.) Das Hochzeitsessen, besser Fress- und Saufgelage genannt, für hundertzwanzig Personen im *****-Restaurant „Zum Dicken Weib" im Weichbild der Stadt. 3.) Die Hochzeitsreise ins *****-Hotel der Kempinskikette mit Unterbringung in einem komfortablen Vierbettzimmer. 4.) Die Baupläne für ein Zweifamilienhaus. Bestellt, bezahlt aber nicht abgeholt waren bereits:

1.) Ein Berg von Geschenken. 2.) Ein Waggon voller Blumen. 3.) Fuhren von Flaschen 4.) Zwei Quadratmeter kalte Platten.

Man sieht, es sollten zwei typisch gutbürgerliche Hochzeiten werden. Am Donnerstag wurde ein Polterabend veranstaltet, bei dem die Gäste hauptsächlich ihr altes Porzellan auf der Straße entsorgten, und der Freitag stand allen Beteiligten zur freien Verfügung. Donnerstag sahen und Freitag sprachen sich per Telefon Vinzenz und Christian und Resi und Rosi zum letzten Mal. Am Freitagabend kamen Vinzenz und Christian auf die Idee, ihre letzte Motorradspritztour als Junggesellen zu unternehmen, und ab ging's mit der schweren Kawasaki aus der Stadt hinaus.

„Ich kenn eine prima Rennstrecke", sagte Vinzenz, der steuerte, zu Christian, der hinten aufsaß, „da fährt heute kein Aas."

„Nichts wie hin!", sagte Christian.

Das war ihr letzter Dialog. Vinzenz ging auf die funkelnagelneue Autobahn, die in vierzehn Tagen eröffnet werden sollte, umfuhr die Absperrung der Auffahrt und befand sich nun tatsächlich auf einer Strecke, wie sie idealer zum Aufdrehen nicht sein konnte. Alle drei stießen einen Jauchzer aus, nämlich auch das Motorrad verständlicherweise, und in wenigen Sekunden waren sie auf 170 gekommen. Der Lichtkegel fegte die helle, blankgeputzte Fahrbahn, auf der ihnen weder ein Geisterfahrer entgegenkommen konnte noch wo sie überholen mussten oder überholt werden konnten. Wie ein Rennpferd, das wegen Magenschmerzen seines Herrn zu lange im Stall gestanden hatte, gab der Motor das Letzte her, 180, 190, 200 Sachen. Da, was war das? Ach, nur eine Absperrung aus diesen rotweißen Plastikschnüren! Hindurch und mitgenommen - letzte Gedanken Vinzenz'! Was er nicht mehr erkannte war: Diese Absperrung galt einem Loch in der Fahrbahn, etwa fünf Meter im Quadrat, aus dem eine Leere von wenigstens hundert Metern heraufgähnte - hier überspannte die Fahrbahn im kühnen Bogen ein Tal mit einem jetzt ziemlich angeschwollenen Flüsschen. Im Scheinwerfer war deutlich die jenseitige Kante der Öffnung in Stärke der Fahrbahndicke zu sehen. Vielleicht hätte es im Hochreißen des Vorderrades, was ja die meisten Motorradfahrer beherrschen, gelingen können, das Loch zu überhüpfen. So aber knallte Vinzenz als erster gegen den Beton, Christian folgte augenblicklich und es sah aus, als würden beide dort kleben bleiben, während die schwere Maschine sich bereits im freien Fall nach unten befand. Sie war Vinzenz einfach zwischen den Schenkeln weggeflutscht und schoss nun, noch ein wenig vor- dann abwärts in einem Bogen ins Tal hinab, klatschte aufs Wasser und versank. Vinzenz und Christian folgten ihr in einer schnurgeraden Abwärtslinie...

* * * * * *

Dass sie in dieser Nacht nicht nach Hause kamen, fiel erst beim Frühstück auf, und als ich entdeckte, dass auch das Motorrad fehlte, meinte ich scherzend:

„Sie sind getürmt, haben's sich wohl anders überlegt."

Dennoch legte Mutter ihnen ihre schwarzen Anzüge zurecht und putzte noch einmal ihre Hochzeitsschuhe blank. Um 11 Uhr war der Termin beim Standesamt. Es hieß also, spätestens um 10 Uhr 30 das Haus zu verlassen. 9 Uhr:

„Na, nun sollten sie bald erscheinen", sagte Mutter, „rasieren, Zähne putzen und so."

Und sie nahm ihren 9 Uhr-Schluck. 9 Uhr 30:

„Nun wird's wohl Zeit", sagte Vater.

Und er nahm seinen (vorgezogenen) 10 Uhr-Schluck. 10 Uhr:

„Tatsächlich, sie kneifen", sagte ich.

10 Uhr 30:

„Sie fahren wohl direkt zum Standesamt", suchte ich zu trösten, „lasst uns hinfahren."

Vater und Mutter nahmen ihre (vorgezogenen) 11 Uhr-Schlucks.

Resi und Rosi bildeten derweil mit ihrer Mutter ein Trio infernale, denn so schick unsere beiden Kandidatinnen inzwischen aussahen: des Teufels Großmutter Umkleidekabine hätte nicht infernalischer aussehen können. Wie hübsche Fliegenpilze ragten Resi und Rosi aus den umherliegenden Kleidungsstücken und Blumengebinden hervor - vorwiegend weiß mit roten Köpfchen und beinahe so giftig. Trotz des allgemeinen Hickhacks und Hin und Hers war man natürlich pünktlich fertig, teilweise sogar mit den Nerven, und um 10 Uhr 30 setzte sich die Kavalkade der Hoffnung zum Standesamt in Bewegung. Als Resi und Rosi auf dem reservierten Parkplatz ausstiegen, unverschämt adrett in ihren weißen Kostümen steckend, boten sie ein Bild der Sternstunde der Schöpfung.

„Beseligend war ihre Nähe
und alle Herzen wurden weit",

sagte und schrieb Schiller einmal, obwohl er heute nicht dabei war, und das ließ sich beweisen: Passanten hielten an und selbst die Morgenmuffel und mürrischsten unter ihnen rissen auf, was sie hatten, Augen, Nasenlöcher, Münder und Ohren - da hatten alle Götter und Göttinnen der Liebe ihre attraktivsten Vertreterinnen geschickt. Da fielen Bemerkungen wie diese:

„Welch Glückspilze, die sie heiraten dürfen."

„Schade, dass sie schon vergeben sind."

„Wie im Paradies, nur doppelt."

„Wenn ich die eher gesehen hätte..."

Und nicht nur Resi und Rosi und ihr Anhang sondern alle Zuschauer äugten aus nach jenen, die mit diesem Glück bedacht werden sollten. Ja, wo steckten denn die Herren!

„Wo bleibt mein Vinzenz?", fragte Resi.

„Wo mag denn nur mein Christian sein?", fragte Rosi.

10 Uhr 55.

„Werden wohl schon oben sein", antwortete der beiden Mutter, „lasst uns hinauffahren."

Weder Arg noch Argwohn meldeten sich, nicht einmal ein Hauch Ärgernis über Unpünktlichkeit. Ich war bis zuletzt unten geblieben und fuhr nun mit den Jungfrauen in die entsprechende Etage. Ehrlich gedacht, noch nicht gesagt: Ich hätte keine müde Mark mehr für ihre Ehe vorgestreckt und betrachtete sie bereits als abgeblitzt, versetzt, sitzen- und alleingelassen, damit düpiert vor aller Gesellschaft. War das die feine Art? Hätte man, wenn nun unabdingbar, Resi und Rosi nicht vorher ihre Laufpässe verabreichen, vielleicht gar eine von ihnen an mich abtreten können? Denn ich gestehe, dass mir jetzt bei ihrem Anblick das Wasser zwischen den Zähnen zusammenlief. Obwohl, ich beobachtete genau, nun Zornesfalten ihre rosig-gepuderten Antlitzchen zu verunzieren begannen. Verständlich: 11 Uhr 01. Im herrlich holzgetäfelten Trausaal war alles versammelt, was in dieser Angelegenheit Rang und Namen hatte, nur zwei Hauptdarsteller fehlten. Schon rannen erste Tränen, während der Beamte *noch* mild lächelte, und hinterließen Bahnen im Make-up, die nicht ausgebessert werden konnten. 11 Uhr 10: Der Brautvater, ein Klotz von Berserker und gefürchteter Großschnauz, verließ den Saal:

„Ich geh nach Hause, könnt mich ja rufen."

In Wirklichkeit postierte er sich am Aufzug, um Vinzenz und Christian den Marsch blasen zu können, wenn sie kämen. 11 Uhr 15: Der Beamte lächelte nicht mehr und entschlüpfte mit den Worten „Vielleicht nachher, meine Damen und Herren" in sein Hinterstübchen, um sich für die nächste Trauung um 12 Uhr vorzubereiten. Meine Eltern kamen nur deshalb nicht zum Nervenzusammenbruch, weil der konsumierte Alkohol sie davor schützte, doch nicht alle hatten getrunken, vor allem Resi und Rosi und ihre Mutter nicht, so dass sich jetzt eine aller Hemmungen entblößte Hysterie freie Bahn brechen konnte.

„Unser Glück", flüsterte ich Vater zu, „dass die Blutrache in unserer Gegend seit geraumer Zeit abgeschafft ist, sonst wären wir jetzt verratzt."

Und wirklich: Grimmige Blicke der Brautfamilie nebst Anhang gifteten wie leuchtende Strahlen durch den Raum auf uns und unsere Partei, Fäuste wurden, vorerst noch in Hosentaschen, geballt, als alle ihre Wartestellung im großen Vorraum bezogen, wo ein nettes Sektfrühstück ihrer wartete. Einige machten sich darüber her, - 11 Uhr 45, die Teilnehmer der nächsten Trauung trudelten ein -, als ein weiteres Schillerzitat den Volkszorn entfachte. Ich sagte halblaut doch hörbar:

„Drum prüfe, wer sich ewig bindet,
ob sich nicht doch was Bess'res findet..."

Das vernahm der Brautvater und ehe ich's mich versah, klatschte er mir ein Tatarschnittchen ins Gesicht. Ich bin, glaube ich und meine Leserschaft wird's bemerkt haben, ein Mensch des Friedens und der Koexistenz - aber hier war der Rubicon weit überschritten. Meine Antwort in Form eines Glases Sekt mitten ins Gesicht war wohlberechtigt und äußerst wirksam: Denn nun begann, was in die Stadtgeschichte als „Die Hochzeitsschlacht" eingegangen ist. Und wirklich, was niemand mehr gedacht hätte, nämlich dass Schnittchen und Getränke noch ihrer Bestimmung zugeführt werden könnten, das geschah in gründlicher Manier. Erstere flogen wie die Hochzeitsschwalben hin und her und benetzten, bekleckerten und verseuchten Gesichter, Frisuren, Jacketts, Oberhemden, Krawatten und Brillen, letztere sprühten und zischten fontänenartig in und an eben dieselben. Neben dieser riesigen Schweinerei gab es eine unregelmäßige Flucht nach draußen, die die inzwischen herbeizitierte Polizei hinderte, zum eigentlichen Tatort vorzudringen. Dort waren aber nun die Tätlichkeiten von verbalen Drohungen abgelöst worden, hervorgestoßen von den Mitgliedern der aggressivsten Familie.

Der Brautvater: „Das müsst ihr (wir) uns alles bezahlen!"

Die Brautmutter: „Wartet nur, das kommt euch (uns) teuer zu stehen!"

Resi: „Sagt eurem blöden Vinzenz dass ich ihn hasse!"

Rosi: „Sagt eurem doofen Christian dass er eine Niete ist!"

Dann rauschten die verheulten Exbräute, Blumen mit Füßen tretend, davon und drohten mit der maghrebinischen Vendetta. Die Polizei notierte in Gesellschaft von Angestellten der Stadtverwaltung einige Personalien, ein eilig hergerufenes Räumkommando schaffte Ordnung und die noch anstehende zweite Hochzeit konnte stattfinden; nicht auszudenken, wenn auch deren Schadensersatzforderungen ins Haus geflattert wären! Unser fröhliches Sprichwort „Verlobt ist noch nicht verheiratet" hatte sich wieder einmal bewahrheitet...

* * * * * *

Bei aller Unterhaltsamkeit dieses Vormittags vergaßen meine Eltern und ich nicht den Ernst der Lage. Es sah unseren Jungens durchaus nicht ähnlich, so schnöderweise kesse Bienen und flotte Käfer sitzen- und eine solch hochkarätige Hochzeit platzen zu lassen. Sie waren volljährig und würden gewiss superb zur Kasse gebeten werden: von den Bräuten, von der Bräutefamilie, von Stadtverwaltung, Lieferanten, Hotelier und Restaurantbesitzer. Vater und Mutter hatte alles so mitgenommen, dass ihre Herzen flatterten und nur mit Alkohol ruhiggestellt werden konnten. Ich selbst war unruhiger als es aussah und erkundigte mich bei der Polizei nach Verkehrsunfällen mit Beteiligung eines Motorrades; nichts war bekannt. Ich bedachte, dass meine Brüder, sollten sie diesen Streich wirklich vollführt haben, mich ins Vertrauen hätten ziehen müssen. So machte ich mir echte Sorgen und teilte diese der Polizei mit, die daraufhin tätig zu werden versprach.

Am Abend, als ich in meinem Zimmer die Blicke zur Decke richtete, traf mich ein Stich ins Herz: Ich war vielleicht Alleinerbe geworden! Diese Vorstellung, die doch den Tod meiner Brüder voraussetzte, traf mich unerwartet und vollständig unschuldig; meine Leser mögen nicht meinen, ich sei herzlos und raffgierig! Ich schämte mich sogar dieser Gedanken. Um mir selbst gerecht zu werden versetzte ich ab Sonntag die Polizei in Alarm- und Aufbruchstimmung:

„Es *muss* ein Unfall geschehen sein!"

„Suchen Sie einsame Stellen ab, Flüsse und Gräben!"

Sie versprachen das natürlich, feixten aber innerlich über diese „versauten Hochzeiten". Am Montag hatte ich die Eltern soweit, ihre Söhne als vermisst zu melden, und da musste die Polizei nun handeln.

„Wohin könnten sie geflüchtet sein?"

„Wie viel Geld hatten sie bei sich?"

„Wie ernst war's ihnen mit den Mädchen?"

Fragen, dic kaum blöder sein konnten. Um Wogen zu glätten und Verständigung zu fördern, suchte ich Resi und Rosi auf. Nachdem ich unsere Bedenken und Befürchtungen über den Verbleib ihrer Verlobten geäußert hatte, glätteten sich ihre Wutfalten, entkrampften sich ihre Fäuste und beide begannen mich so zu beäugen, dass ich es nur als „bevölkerungspolitisch" bezeichnen möchte. Nun, eine Doppelhochzeit zu Dritt saß schon aus rechtlichen Gründen nicht drin, aber ich wurde auch pikiert, dass diese beiden Miezen Vinzenz und Christian so rasch zu vergessen trachteten.

Ebenfalls an diesem Montag fiel folgendes auf: Erstens sah Straßenbauarbeiter H. K., dass „mal wieder so ein Heini" die Auffahrtabsperrung ignoriert habe und auf die fast fertige Autobahn gefahren sei. Zweitens bemerkte Streckenkontrolleur B. H. die zerrissene rotweiße Absperrung am bewussten Brückenloch wohl, dachte sich aber nichts Ernsthaftes dabei und unterließ eine Meldung. Drittens fand Angler Th. H. am kleinen Fluss unter der Autobahnbrücke einen Motorradhelm, der im Gebüsch hing. Da aber vorerst nichts von alldem der Polizei zur Kenntnis gebracht wurde, blieb es ohne Bedeutung. Die Natur selbst sorgte für die Aufklärung des Falles. Denn im Verlauf der Woche sank infolge trockenen Wetters der Pegel des Flusses, der damit das auf Grund liegende Motorrad freigab und auch Vinzenz und Christian, die im ufernahen Gebüsch hängen geblieben waren.

* * * * * *

Diese Nachrichten warfen meine Eltern endgültig nieder. Schon die Beerdigungen waren zuviel für sie, sie fanden im kleinsten Kreis statt, und drei Wochen später gab's schon wieder eine Doppelbeisetzung. Damit war unsere Familie bis auf mich ausgerottet, ausgelöscht, vertilgt und erledigt. Zwar munkelte man in gewissen Kreisen, wozu auch unsere löbliche Polizei gehörte, von „einem etwaigen Nachhelfen" meinerseits, doch versichere ich, dass es nur Gerüchte ohne jeden Wahrheitsgehalt waren. Neider freilich machen einen großen Anteil an unserer Bevölkerung aus, auch die sogenannten „Heranmacher" aktivierten sich oder hockten in den Startlöchern. Wie zum Beispiel die nette Rosi, Schwester Resis:

„Es tut mir so leid", sagte sie augenniederschlagend.

„Wer oder was?", fragte ich.

„Du und deine Eltern und deine Brüder", sagte sie augenaufschlagend.

Sie wusste natürlich um den Stand meiner Erbschaftsangelegenheiten und kokettierte wie Frau Pompadour vor Ludwig XV.

„Schade", sagte ich anzüglich, „wenn ich wenigstens noch einen Bruder hätte."

Oder als zweites Beispiel die hübsche Resi, Schwester Rosis:

„Was mir das alles leid tut", sagte sie augenliderklappernd.

„Du redest mir aus der Seele", sagte ich.

„Möchte mich auch entschuldigen", sagte sie augenliderwippend, „wir sind nicht nett zu euch gewesen an dem Tag."

„Ja, seid ihr tatsächlich nicht."

Sie wusste natürlich um den Stand meiner Erbschaftsangelegenheiten und kokettierte wie Kleopatra vor Cäsar. Aber ich ließ mich auch von ihr nicht aufs Glatteis verfänglicher Intimitäten führen; diese beiden hübschen Dirndeln als Schwägerinnen wäre das für mich äußerst Erträgliche gewesen. Nach wenigen Monaten waren alle Erbschaftsfragen zu meinen Gunsten entschieden, ich verkaufte alle vorher bereits aufgeführten Immobilien, legte mir ein maßgeschneidertes Eigenheim zu und füllte verschiedene Konten randvoll...

* * * * * *

Dritter Satz: **Scherzo - Allegro vivace**.

So war ich also ein Jüngling absonderlicher Art: Die meisten meinesgleichen machten erst den Beruf und scheffelten dann das Geld - ich sackte zuerst ein und plante dann den Beruf. Wenn ich alles zusammenrechnete, und das tat ich oft weil am liebsten, dann kam ich zu dem klugen Schluss, gar nicht mehr arbeiten zu müssen, es sei denn, die beiden folgenden und schwerwiegenden Ereignisse träten ein:

1.) Es gäbe eine Inflation und

2.) ich würde älter als 134 Jahre.

Beides konnte ich unter der Kategorie „Unwahrscheinlich" ablegen. Unter diesen beruhigenden Aspekten hatte ich zu überlegen, wie ich meine Stunden und Tage auszufüllen gedachte, denn Langeweile ist, wie jedermann weiß, aller Laster Anfang. Meine künstlerischen Veranlagungen und Neigungen waren bis jetzt vom Drang nach Vermögen untergebuttert worden, es galt sie zu reaktivieren, auch hatte ich wenig Zeit fürs Lesen verwendet und doch jetzt vom Vater eine umfangreiche, wertvolle Bibliothek geerbt.

Und es war das Lesen, in Verbindung mit ihm mein Hang, bei guten Wetter draußen auf Bänken oder anderen Sitzgelegenheiten eben jenes zu tun, nämlich lesen, das mich mit der Frau meines Lebens und Schicksals zusammenbrachte. Auf dem städtischen Friedhof, nahe meiner beiden Gräber, stand eine Bank, die, obwohl sie eine gestiftete war, eine seltene Bequemlichkeit besaß und sich im Halbschatten der prächtigen Buche über sich verbarg. So richtig schummerig war's da, an müden Tagen war ein Nickerchen angebracht und außerdem liebte ich es, Menschen an einem Ort zu beobachten, der Stille und Nachdenklichkeit erforderte. Einmal sah ich Resi und Rosi vorüberstreichen, Arm in Arm mit ihren neuen Verehrern, und in einem düsteren Ligusterlabyrinth verschwinden. Ja, das Leben geht weiter - des einen Unglück mausert sich zur Chance des anderen.

Doch da, was war das? Welcher Gegensatz! Dort die beiden zwar hübschen, jungen doch unbedeutenden Dinger in der Vorbereitung, das Gesetz vom Werden zu verwirklichen - hier die Reinkarnation des Gegenstücks von ihnen, das kommende Vergehen! Die Frau meines Lebens zog, von rechts kommend, an mir vorbei, hundert Schritte weit bis zu einer Grabstelle, an der sie sich zu schaffen machte. Hinter sich führte sie einen kleinen zweirädrigen Wagen, eine Art Kofferkuli, an dem ihre Handtasche hing und eine Einkaufstasche mit einem Blumenstrauß gefüllt. Das für mich Bemerkenswerte war jedoch, dass sie Kopfhörer trug, die offenbar mit einem in der Jackentasche verborgenen Walkman verbunden waren.

„Welche Musik mag sie hören?", fragte ich mich unwillkürlich.

Ich legte mein Buch, eine Beethoven-Biographie, in dem ich just bis zur Entstehung der dritten Sinfonie, genannt *Eroica*, gekommen war, beiseite, um diese Frau weiter zu beobachten. Gicht und andere Malessen schienen sie einigermaßen herzunehmen, Knochen und Gerippe gebeugt zu haben, doch sah sie adrett, gebildet und ziemlich sympathisch aus. Nach einer halben Stunde war ihre Arbeit, Herrichtung und Pflege der Grabstätte, beendet und sie verharrte gedenkend davor, ehe sie, von links kommend, an mir vorbei ging, einen kurzen Blick auf mich und mein Buch werfend. Als sie fort war, erhob ich mich und schlenderte hinüber zum Grab, das nahe dem von Vinzenz und Christian lag und dem ich bisher wenig Beachtung geschenkt hatte, kaum dass mir der Notenschlüssel auf ihm aufgefallen war. Mit goldener Schrift auf schwarzem Grund sah der Stein sehr dekorativ aus und zeigte auf seinem linken Feld, dass hier

„GMD“ (Generalmusikdirektor) Clemens Buttlage der ewigen und lautlosen Ruhe pflege, während das rechte Feld, leer von Schrift und Angaben, für seine Gemahlin und Nachfolgerin im Tod, meiner neuen Bekannten natürlich, vorbehalten schien.

Ich muss gestehen, dass sie bereits einen Bruchteil meiner Gedanken eingenommen hatte, und zumal ich mir insgeheim schon vorstellte, dass sie kein armes Hühnchen, auch Rentnerin genannt, sein konnte, ließ ich's geschehen. Am nächsten Tag versuchte ich mit allen Mitteln eines galanten Galans eine Verbindung zu knüpfen. Ich beobachtete nämlich ihr Nahen vom Eingang des Friedhofs her, verließ meine Bank, nicht ohne das Beethoven-Buch mit dem Titel nach oben liegenzulassen und begab mich zu ihrer Grabstätte. Um dort locker und wie zufällig zu verharren. Ich sah, wie sie in Höhe der Bank einen Schwenk nach links machte und einen kurzen Blick aufs Buch warf, aber auch, dass sie wieder ihre Ohrhörer trug.

„Guten Morgen Frau Buttlage”, sagte ich freundlich, als sie herangekommen war.

Sie musste erst ihre Ohrstöpsel herausziehen, um mich verstehen zu können, und ich wiederholte den Gruß. Sie musterte mich dringenden Blicks von oben nach unten und zurück und kam wohl, was natürlich ihr Fehler war, zu dem Schluss, dass ich ein akzeptabler Mensch sei.

„Guten Morgen junger Mann:”

Ich wollte nicht aufdringlich erscheinen und mich verdrücken.

„Sie scheinen Liebhaber klassischer Musik zu sein”, sagte sie jedoch, „haben Sie vielleicht meinen Mann gekannt?”

Aus den am Hals hängenden Stöpseln hörte ich ziemliches Gedröhn - mochte sie schwerhörig sein?

„Nur vom Hörensagen”, antwortete ich lügend, „er ist ein großer Musiker gewesen.”

„Woher kennen Sie meinen Namen?”, fragte sie.

Ich wies auf den schwarzen Stein.

„Sind Sie vielleicht Musikstudent?”, fragte sie.

Ich winkte verneinend ab, dachte aber, dass die Idee, einer zu sein, gar nicht übel war. Dachte jedoch auch, für hier und heute sei's genug des Scharwenzelns - den Anfang von Verbindungen, die lange halten sollen, darf man nicht übers Knie brechen. So sagte ich artig und in ehrlichem Empfinden „Auf Wiedersehen" und trollte mich davon.

* * * * * *

Meine verehrte Leserschaft wird bemerkt haben, dass ich keinesfalls das Zeug zum Single, früher Eremit genannt, besitze. Ein solcher zu sein beinhaltet natürlich gewisse Freiheiten, die das Mitglied eines Duos manchesmal vermissen wird, aber man bedenke, was es bedeutet: tagtäglich nach einem oft unappetitlichen Arbeitstag in eine leer-öde Wohnung zurückzukehren! Nie empfangen zu werden, ob nun lauthals oder zärtlich, nie sich das Gesocks von Seele und Leber zu reden, das man den ganzen Tag hat erleben oder anhören müssen. Mein jetziger Zustand war der eines Singles, niemand war da, für mich zu sorgen, für niemanden sorgte ich. Warum nicht mal einen Versuch machen!

Dieser hieß Erna Buttlage, war 71, Pensionärin und zuckerkrank, genannt Muttchen, Witwe des auf dem Grabstein verewigten GMD Clemens Buttlage. Ihr Haus stand unweit des meinen in der Nähe des Friedhofs, wo wir ja beide eifrig zu tun hatten. Im Vorgriff möchte ich mitteilen, dass Frau Buttlage eine ganz passable Person war, wenn ich davon absah, dass sie, offenbar aus dem Zusammenleben mit diesem GMD herrührend, einen Knacks hatte, unheilbar und nicht behandelbar: das fast pausenlose Anhören der Dritten Sinfonie Beethovens, die meiner Geschichte hier den Namen gegeben hat - *Eroica.* Sie besaß mindestens, genau habe ich nicht zählen können, hundert Platten dieses Werkes mit Dirigenten beinahe das komplette Alphabet von oben nach unten: Abbado, Albrecht, Bernstein, Barbirolli, Celibidache, Davis, Dorati, Furtwängler, Heger, Jochum, Karajan, Leinsdorf, Maazel, Reiner, Solti, Toscanini, Walter und

Wand; ich habe nur die berühmtesten notiert. Großartige Musik wird durch häufiges Hören nicht großartiger und wer jede Note kennt, kennt keine Überraschungen mehr.

Bei unserem dritten Treffen auf dem Friedhof saßen wir das erste Mal gemeinsam auf der Bank und ich durfte mithören, sie stülpte mir einfach den Kopfhörer über, aber der dritte Satz, das Scherzo, war so laut als wäre ein hier seltenes Erdbeben ausgebrochen.

„Sie scheinen schwerhörig zu sein, Frau Buttlage", sagte ich.

Weil sie Interesse an mir fand, musste Beethoven jetzt einmal zurückstehen. Ich musste von mir und meiner Familie erzählen und wie die beiden Doppelgräber entstanden waren. Das war ihr der Trauermarsch, zweiter Satz mit etwa siebzehn Minuten, wert und ich musste derweil schweigen. Bei unserem vierten Beisammensein hatte sie ihr Wägelchen mit Einkäufen so voll beladen, dass ich mich bemüßigt fühlte, ihr diesen abzunehmen und bis vor ihr Haus zu schieben. Dabei blieb es nicht, ich trug ihn nach oben in die Wohnung und musste deswegen zu Kuchen und Kaffee bleiben. Diese vernaschten wir unter den Klängen der Eroica, wie wohl nicht anders zu erwarten war. Die markanten Rhythmen und Takte des ersten Satzes verfolgte Muttchen, - so will ich sie jetzt stets nennen -, mit ihren hageren Fäusten auf dem Kaffeetisch und mit einem Ausdruck von Tod und Verklärung im ledernen Gesicht.

„Klassik hin - Klassik her", dachte ich, „aber bei der piept's doch!"

Nicht ganz, wie ich sogleich erfahren sollte.

„Sie scheinen mir ein tüchtiger junger Mann zu sein", sagte sie plötzlich.

Ich ließ dies unbeantwortet und erwartete das Weitere. Sie erhob sich und führte mich in ein Nebenzimmer, welches ich auf den ersten Blick als das vollendete Chaos befand: Es war wohl das Arbeitszimmer ihres Mannes und seit seinem Tod nicht mehr in Anspruch genommen worden. Denn Schriftsachen wie Post, Steuerbescheide, Rechnungen, Bankauszüge und andere bildeten auf dem Schreibtisch ein Knäuel, das nur durch rasches Anzünden entwirrt werden konnte. Aber ich war kein Feuerteufel und Zündler.

„Haben Sie keine Lust?", fragte Muttchen, „das hier in Ordnung zu bringen, ehe ich abkratzen muss?"

Lust hatte ich keine, aber Interesse schon, weil ich ja auch die Banksachen erkannte.

„Eine Mordsarbeit", antwortete ich, „über die ich auch alt werden kann."

Ich erwartete jetzt ein Honorarangebot, aber es kam keines, so dass ich sagte:

„Darf ich darüber nachdenken und erst meinen Terminkalender fragen?"

Sie zeigte mir nun die Zimmer des Hauses und bei dieser Besichtigung sah ich allerlei wertvolles Zeugs herumstehen und -hängen: Nippes, Leuchter, Broschen, Vasen, Dosen, Radierungen und Gemälde. Hier müsste man, dachte ich, mal ein paar Einbrechern einen Wink geben. Dann ging ich mit dem Versprechen, am nächsten Nachmittag wiederzukommen...

* * * * * *

Wenn ich jetzt den Weg zu Muttchen einschlug, ahnte ich ganz gewiss, könnte das ein Scheideweg werden. Eine Romanze bahnte sich an? Nun, zunächst nicht. Meine Beweggründe waren, falls ich mich enger an Muttchen schloss, wie meine Leserschaft ahnen wird, rein merkantilen Charakters. Konnte ich überhaupt unmerkantil denken? Darüber zu spekulieren war später Zeit genug, dachte ich, und machte mich an die Arbeit. Nach erster Durchsicht und der Vorsortierung des Papierchaos auf dem Schreibtisch sagte ich zu Muttchen:

„Hier hat das Finanzamt bereits mehrfach gemahnt. Mit denen ist nicht zu spaßen. Warum haben Sie keinen Steuerberater?"

„Der kostet Geld", antwortete sie barsch.

Jetzt hatte ich sie dort, wo's hingehen sollte.

„Hören Sie, Frau Buttlage", sagte ich energisch, „wenn Sie glauben, ich mache Ihnen hier diesen Papiersauhaufen weg, ohne einen müden Euro zu sehen - dann sind Sie schief gewickelt."

Vor Verwunderung stellte sie Eroica ab.

„Ich sehe", fuhr ich fort, „dass Sie eine Pension von über 7.000 Euro beziehen und noch ein paar Euros aus Vermögen und Beteiligungen."

„Ich bin die Witwe eincs GMD", sagte sie stolz.

„Das heißt gar nichts", antwortete ich, „wenn Sie gleichzeitig ein Geizkragen erster Güte sein sollten."

Sie stellte Eroica wieder an und widmete sich dem fantastischen letzten Satz, wobei sie des Prometheus-Motiv mit den Füßen bestampfte. Irgendwie kam ich mir hier unirdisch vor, beschloss aber, erst einmal tiefere Einblicke in Muttchens Vermögensverhältnisse zu nehmen. Nach zwei Abenden, - ich muss einfügen, dass sie mich bekochte, wenn ich in ihrer Wohnung war -, hatte ich alle Kontoauszüge der letzten zwei Jahre eingeordnet, nach weiterer gleicher Zeit besaß ich jede Kenntnis über ihren Status, den ich schlichtweg als „reich" klassifizieren musste. Ja, so war das Leben: Da plagen sich ein paar Häuser oder Straßenzüge weiter junge Mütter mit drei Kindern mit Sozialhilfe und dem Kindergeld durchs Dasein oder krummrückige Rentenomas schaffen es, mit 800 im Monat nicht zu verrecken - und hier gibt sich das liebe Geld ein Stelldichein, kackt also - bildlich ausgedrückt - der Teufel immer wieder auf einen und denselben Haufen.

„Wissen Sie, Frau Buttlage, was die Bibel über den Geiz zu sagen weiß?"

Sie schaltete Eroica leiser.

„Hier, ich zitiere aus 'Der Prediger', 5, 12:

'Ein schlimmes Übel sah ich unter der Sonne: Reichtum, der von seinem Besitzer zum eigenen Unheil gehütet wird.'

Oder aus 'Das Buch Jesus Sirach', 14, 3:

'Dem Engherzigen gebührt kein Reichtum, oder was soll das Gold einem Knauserigen?'

Sie merken, die Bibel ist nicht nur für Christen gemacht."

Sie schaltete Eroica lauter. Um sie zu beruhigen, schlug ich vor, ihre morgigen Einkäufe mit meinem Auto zu erledigen.

„Dann können Sie etwas mehr einkaufen und brauchen nicht jeden Tag loszugehen."

* * * * * *

In der folgenden Nacht muss Muttchen wohl wie ein rheumatischer Dachs im Bett gelegen haben: wohl müde aber sich unruhig hin und herwälzend. Wer nachts wach liegt und an Decken und gegenüberliegende Wände starrt, hat die Chance, in sich zu gehen, sich selbst Fragen zu stellen, sie vielleicht gar zu beantworten. So muss diese Nacht Muttchens verlaufen sein, denn am nächsten Tag war sie wie ausgewechselt, eine ganz funkelnagelneue Person. Und das Tollste war, sie gab es unumwunden zu:

„Ich muss gestehen, mein Lieber, (damit meinte sie mich), dass ich ein Lebenlang ein rechter Teufel gewesen bin - wenn Sie wissen, was bei einer Ehefrau damit gemeint ist..."

„Weiß ich."

„...Sie werden es aber nicht selbst erlebt haben. Mein Mann war ein Künstler und als solcher ein wenig von dieser Welt abgängig, aber ein gutherziger Mensch. Gewiss, er brauchte jemanden, der ihn leitete und ihm die Unannehmlichkeiten vom Hals hielt. Aber was tat ich?"

Ich konnte es erraten.

„Sie haben ihm statt Himmel Hölle bereitet", sagte ich.

„Gut ausgedrückt, mein Junge, (damit meinte sie mich), aber in der Hölle ist es wenigstens gut geheizt. Ich aber machte ihn frieren, so dass er sich zu Tod hustete."

„Die Hölle auf Erden beschert den Himmel im Himmel", warf ich ein.

„Ja, wenn er den als Ausgleich hätte..."

Eine unbekannte Milde, von der Morgensonne beschienen, verklärte ihr Gesicht. Hier ergreife ich Gelegenheit, Muttchen etwas eindringlicher zu beschreiben. Mit 71 muss man heutzutage nicht greisig oder verbraucht aussehen, aber wenn man sich diese Jahre, auch unter Mithilfe anderer, zu Malessen und Querelen gemacht hat, bleibt's im Gesicht halt nicht ohne Zeichnung und Merkmale: böse Augen, enger Mund, hakige Nase, faltige Belederung und ein Gesamteindruck, der den Haus-, Garten- und Bettdrachen verrät. Abwärts geht's mit dem Hals weiter, der dem des Galgenvogels ähnelt, und der übrige Körper, mir natürlich vorerst nicht sichtbar, wird ihm angemessen sein. Aus der Bluse ragten Arme und Hände, aus dem Kleid Beine und Füße, deren Zustand Magersucht hätte anzeigen können - wenn, ja wenn Muttchen nicht eine einzigartige Fresserin vor dem Herrn gewesen wäre! Eine unvernünftige dazu, denn sie war zuckerkrank und musste sich jeden Tag ihre Insulinspritze verpassen - ein Vorgang, der entscheidend für unser beider Leben werden sollte.

Vorerst entscheidend war, dass wir uns nach einer Woche zusammengerauft hatten: Sie sah ein, dass ich nicht ihren Hausminister, Hausmeister oder Majordomus spielen konnte, ohne entsprechend entlohnt zu werden.

„Wären Sie fünfzig Jahre jünger", sagte ich, „hätte man über eine andere Entlohnung als die frivole geldliche reden können. Aber so..."

Sie sah das ein und willigte sogar in den Besuch eines Modegeschäfts für ältere Herrschaften ein, wo ich sie ein wenig ausstaffieren ließ - ohne sie aufzudonnern.

„Sehen Sie", sagte ich, „jetzt könnten Sie glattweg für eine Sechzigerin durchgehen."

Sie genoss es, dass sich ein männliches Wesen um ihr Äußeres kümmerte.

„Ihr seliger GMD", sagte ich, „scheint ein ziemlicher Modemuffel gewesen zu sein."

„Wenn ihn nicht sein öffentliches Amt", sagte sie, „zu einer gewissen Kleidsamkeit gezwungen hätte, wäre er wie Robinson durch die Welt gelaufen."

„Ja ja, diese Musiker", sagte ich, „warum haben Sie keine Kinder?"

„Sind nie dazu gekommen", sagte sie sinnierend, „und jetzt ist's wohl zu spät, oder?"

Sie strahlte eine kaum glaubliche sexuelle Unbedarftheit aus, und dass diese nicht neueren Datums war, hatte ich bereits an Fotos ihrer Jungehefrauenzeit erkannt. Sie war zweifellos Opfer jenes Typs Mann, dem Kultur und Geistiges über alles geht und der darüber das Ziel vergisst, welches uns die Natur vor Augen, ob geschlossene oder geöffnete, gesetzt hat: die Erhaltung der Art. Ich sprach mit ihr sehr sachlich und nüchtern darüber, frei und ungezwungen, wie ich es mit einer Einundzwanzigjährigen wohl nicht ohne Unterbrechungen fertiggebracht hätte. Mit 23 hatte sie ihren Walther geheiratet und ihm, da sie die vermögendste von beiden, den Weg zum Doktortitel und zur Karriere geebnet, auf eigenen Werdegang verzichtet und war zum Dank dafür aufs Abstellgleis rangiert worden - ein Eheleben, wie unsere Gesellschaft es als akzeptabel ansieht.

„Sie haben sich dabei Ihren Zucker angeärgert", sagte ich.

Über derartige Zusammenhänge hatte sie noch gar nicht nachgedacht. Im Hinblick darauf, dass ihr Mann erst seit zwei Jahren tot war, sagte ich:

„Zu schade, dass solche Männer spät sterben."

Sie wurde nicht böse, sah mich vielmehr an, als ob sie im Hintergrund schon den letzten Frühling trapsen hörte. An diesem Abend einigten wir uns über mein Gehalt: 2.000 Euro monatlich, ohne Lohnsteuerkarte, versteht sich, und auch der Einkommensteuer eines Künstlers und Freiberuflers würden sie nicht unterliegen. Meinem Argument „Was wollen Sie in Ihrem Alter, bei Ihrer Gesundheit, mit mehr als 5.000 Euro?" hatte sie nichts Stichhaltiges entgegenzusetzen.

* * * * * *

Um meiner Leserschaft darzulegen, dass ich mir die 2.000 von Muttchen nicht erschnorrte, sondern sauer verdiente, möchte ich einmal den Verlauf eines Tag mit ihr schildern: 8 Uhr, ich erwachte zu Hause, machte mich fertig und fuhr in der Erkenntnis, dass unserer Welt ein gemeinsames Frühstück dienlicher sei als zwei einzelne, - wegen des Energieverbrauchs und so -, zum Bäcker, besorgte frische Brötchen und kreuzte dann eine halbe Stunde später bei Muttchen auf. 8 Uhr 30 bis 10 Uhr, das sind satte neunzig Minuten: Frühstück unter den Klängen von zwei Eroicas, beide Male mit den Berliner Philharmonikern, einmal unter Furtwängler, einmal unter Karajan. (Noch hundert solcher Darbietungen, und ich würde die Interpretationen auseinanderhalten können.) 10 Uhr bis 11 Uhr: Gemeinsame Einkäufe im Supermarkt. Für mich also Pause von Beethoven, für Muttchen per Walkman die dritte Eroica mit den Wiener Philharmonikern unter Bruno Walter. 11 Uhr bis 13 Uhr: Wir beide arbeiteten, sie in der Küche, ich im Arbeitszimmer des GMD. Nur fetzenweise drangen die Eroicas Nr. 4 und 5 unter Eugen Jochum und Carlos Kleiber an meinen Arbeitsplatz. Um 11 Uhr 20, der zweite Satz begann gerade zum ersten Mal, rief Muttchen mich in die Küche, um mir zu zeigen, wie sie das Adagio, welches ja, wie wir wissen ein Trauermarsch ist, zu tanzen wusste. Man stelle sich vor: Eine einer Vogelscheuche ähnliche Grazie, in den Händen Kochlöffel und Sieb schwenkend, wiegte rhythmisch ihr Gekrös, langsam, getragen, wie der Komponist es vormals gewünscht hatte! Da bemühen sich unsere Fernsehanstalten unter horrenden Kosten um Szenen voll Komik und Reiz, sie stellen sie nach - und hier hätten sie eine umsonst haben können! 13 Uhr bis 14 Uhr: Unter den Klängen von eineinhalb Eroicas, Toscanini und Leitner, verputzten wir Hühnersuppe mit Einlage, Roulade mit Rotkraut und als Nachtisch Quark mit Früchten. Auf meinen Rat ließ sie letzteres fort und auch den Wein, den ich mir genehmigte. *Kaiserstühler Eichberg* und *Allegro molto* - da ließ das Leben sich aushalten. 14 bis 16 Uhr: In diesen zwei Stunden erklangen die Eroicas Nr. 8, 9 und 10 unter Leinsdorf, Abbado und Albrecht, jedoch unerreichbar für meine Ohren, da ich diese durch Peacemaker, genannt Oropax, abschirmte. Mittagsschlaf und lesen. 16 Uhr bis 18 Uhr: Gemeinsame Einkäufe in der Stadt und Besuch des Friedhofs, Eroicas Nr. 11 und 12 unter Busch und Maazel über Kopfhörer. 18 Uhr bis 19 Uhr: Eroica Nr. 13 mit Knappertsbusch aber ohne mich, da ich mich jetzt über GMDs Briefmarkensammlung hermachte.

In ihr entdeckte ich jede Menge Marken aus deutscher Fernost- und Afrikakolonialzeit und trotz der hereinklingenden Noten Beethovens vernahm ich andere Töne: „Haste doch mal gehört, dass die was wert sind!" Nun, das würde ich morgen erfahren können. 19 Uhr bis 20 Uhr: Abendessen mit Eroica Nr. 14 und Muttchen. 20 Uhr bis 20 Uhr 15: Wie überall in Deutschland auch bei uns *Tagesschau.* 20 Uhr 15 bis 21 Uhr: Besprechung über morgige Aktivitäten und Pläne, Eroica Nr. 15 brachte den unvergesslichen Sir Thomas Beecham in Erinnerung. 21 Uhr 01: Verabreichung der Insulinspritze durch mich in Muttchens welken Popo, nachdem ich an den Vortagen ein paar Mal geübt hatte. Da ihre Oberschenkel, eigentlich die klassischen Stichplätze aller Zuckerkranken, schon durch und durch perforiert waren, wurden die beiden Hinterbacken drangekriegt - und an diese kam sie schlecht heran. 21 Uhr 10: Meine Entlassung für diesen Tag, im Hintergrund Eroica Nr. 16 mit werweißwem, Folge weiterer Nummern nicht ausgeschlossen. 21 Uhr 15: „Gute Nacht, Muttchen." - „Gute Nacht du guter Junge."

* * * * * *

Der gute Junge hatte ein paar der fraglichen Briefmarken eingesteckt und legte diese einem potenten Händler vor - der seine Augen verdrehte.

„So etwas kommt kaum noch auf den Markt", sagte er, „woher haben Sie sie?"

„Ich löse die Sammlung meines Vaters auf", sagte ich, „habe wenigstens das Zehnfache davon zur Verfügung."

Der Händler sah sich außerstande, diese Marken aufzukaufen und schlug vor, dass er mit ihnen auf eine Auktion gehen solle.

„Da kommen die wirklich reichen Sammler", sagte er, „für die 100.000 Euro eine Klacksache sind."

Ich brachte ihm in den nächsten Tagen die in Frage kommenden Marken, möchte mich allerdings aus Gründen der Zurückhaltung nicht äußern, wie viel sie eingebracht haben; Muttchen jedenfalls hat keinen Schaden erlitten.

Den Begriff *Habgier* definiert ein Wörterbuch kurz und knapp mit *Habsucht* und *Gewinnsucht.* Warum nicht mit *Habenwollen* und *Gierigsein*? Immer wenn ich einen solchen Streich wie den mit Muttchens Briefmarken gelandet hatte, stellte ich mir die Frage: ob ich ein habgieriger Mensch sei? Und wenn: warum? Was focht mich an, stets auf der Jagd nach dem Geld anderer Leute zu sein? Wohin würde es mich führen, wenn die Beutezüge immer größer und lukrativer werden mussten? Die schlaflosen Nächte, in denen ich derartige Gedankengänge kultivierte, wurden immer häufiger. Da war zum Beispiel eine Nacht kurze Zeit nach dem Tag, den ich vorhin skizziert habe. Meine zukunftsträchtigen Überlegungen beschäftigten sich zum ersten Mal mit dem Ableben Muttchens. Nicht, dass ich glaubte, dieses stände unmittelbar bevor! Zwar stand sie auf der Kippe, wie man so schön sagt, als Zuckerkranke, der eine Spritze täglich bald nicht mehr reichte, die mit Diät nicht viel am Hut hatte, aber unter meiner Pflege könnte sie es durchaus noch ein paar Jährchen machen. Aber wenn sie starb? Wer war Erbe? Es widerstrebte meiner Lebensart, sie zur Klärung dieses Problems anzugehen - wie leicht konnte sie mich verdächtigen, selbst Erbe werden zu wollen! Aber eine ganz famose Vorstellung nistete sich in meinem Hirn ein: Wenn sie jetzt, in absehbarer Zeit, still und friedlich abträte, wäre es doch jammerschade um die schöne Pension. Sollte ich nicht den famosen Umstand, dass niemand von meinem Verhältnis zu Muttchen Notiz nahm, weder Nachbarn noch irgendwo ferne Verwandte, im vorteilhaftesten Sinn nutzen? Etwa derart, dass ich ihr Ableben nicht bekanntgab, monatelang, ein Jahr lang. Dann würde die Pension weiterbezahlt, die ich natürlich einsacken würde; monatelang, ein Jahr lang? Dazu brauchte ich ihre EC-Karte nebst Geheimnummer. Als ich am Morgen aufwachte, wusste ich nicht genau, diese Vorstellungen wirklich überlegt oder nur geträumt zu haben...

* * * * * *

Nach außen hin oder vielleicht auch nur aus der Sicht Muttchens entwickelte sich unser Verhältnis zueinander immer freundschaftlicher, ganz so wie bei jüngeren Pärchen, die keine Eile haben, eine sich anbahnende Beziehung zu rasch fortschreiten zu lassen. Aber seit der erwähnten Nacht voll schwarzer Gedanken ging ich auf innere Emigration. Waren daran vielleicht auch die vielen Eroicas schuld? War es nicht im höchsten Grad pervers, wenn zwei Menschen mit einem Altersunterschied von fast fünfzig Jahren zusammenlebten? Zusammenleben? Ganz so war's nicht: Noch verbrachte ich mehr als die Hälfte der vierundzwanzig Stunden ohne ihre und Beethovens Gesellschaft. Aber sie hatte schon vorgefühlt, ob ich nicht zu ihr ziehen wolle. Da sie anfing zu kränkeln, war das ganz natürlich, wenn auch egoistisch. Um mich zu locken, gab sie mir Vollmacht über ihr Girokonto, ganz einfach derart, dass sie mir Karte und Nummer vermachte.

„Du wirst vielleicht öfter mal allein für uns einkaufen müssen", sagte sie, „außerdem kannst du so leichter meine Rechnungen und all den Kram erledigen."

Da ich nicht ganz sicher war, ob sie mir voll vertraute, unterließ ich vorerst leichtfertiges Abheben vom Konto zu meinen Gunsten. Sie konnte ja noch kontrollieren, indem sie die Bankauszüge einsah. Die noch nicht ausgesprochene Frage „Warum Muttchen eigentlich nicht heiraten?" beantwortete ich mir immerhin mit einigen Gegenfragen:

„Sind die Vorteile, ihr Erbe zu werden, groß genug, um fest an sie gebunden zu sein?"

„Wenn sie noch lange lebt, erträgst du diesen Klotz am Bein?”
„Nach wie viel Eroicas wirst du mit den Nerven fertig sein?”
„Wie groß würde der Krach sein, wenn du als ihr Ehemann all die Eroicaplatten in den Müll werfen würdest?”

Man sieht, ich habe mir nichts leicht gemacht. In dieser Zeit, nachdem ich Muttchens Unterlagen in Ordnung gebracht und dadurch mehr freie Stunden gewonnen hatte, ließ sie sich gern von mir vorlesen. Ihre Augen waren nicht mehr die besten und ermüdeten schnell in der Verfolgung der Buchstaben. Ich erlebte so, wie der alte Mensch in seine Kindertage zurückkehrt: Muttchen ruhte, es war meist gegen 21 Uhr, in ihrem Bett und ich saß davor und las ihr vor: „„...Scarlett machte es sich dankbar auf dem Sofa bequem, wo sie von allem Durcheinander nichts mitbekam. Jetzt, wo sie endlich angekommen war, schien die fieberhafte Zielstrebigkeit, die sie während der Vorbereitungen nicht hatte ruhen lassen, völlig erlahmt, und sie stellte fest, dass die Tanten recht hatten: Sie war erschöpft. Fast wäre sie beim Abendessen eingenickt...” Ein Seitenblick auf Muttchen: Sie war eingenickt. Ich deckte sie zu, machte die Nachttischlampe aus und begab mich nach Hause. Morgen würde ich weiter vorlesen...

* * * * * *

Vierter Satz: **Finale, Allegro molto.**

Resi und Rosi hatten mir Avancen gemacht - ich hatte nicht reagiert; Muttchen machte mir jetzt auch welche - wie sollte ich reagieren?

„Wenn wir heiraten”, wandte ich ein, „wird man deine Pension streichen.”

Daran hatte sie natürlich nicht gedacht.

„Warum soll ich dich dann heiraten?”, fuhr ich fort, „zumal ich meine Ausbildung noch nicht beendet habe.”

Daran hatte sie, natürlich, auch noch nicht gedacht. Ich selbst hatte mir bis hierher eigentlich keine Gedanken gemacht, wie lange unser doch recht merkwürdiges Verhältnis dauern könnte:

1.) Bis sie die Nase voll hatte?

2.) Bis ich die Nase voll hatte?

3.) Bis wir beide die Nasen voll hatten?

4.) Bis sie mich abservierte?

5.) Bis ich sie sitzen ließ?

6.) Bis der Tod scheidend eingreift?

„Wenn wir heiraten", ließ sie nicht locker, „kannst du komplikationslos mein Erbe werden."

„Kannst mir", antwortete ich, „auch so alles oder das Meiste vermachen."

Mich pikierte ihre penetrante Art, ein einmal abgehaktes Thema immer wieder aufzunehmen. Mit der Hartnäckigkeit des Alters bohrte und stocherte sie in unserem Verhältnis herum.

„Sieh mal", suchte ich zu erklären, „als wir uns kennenlernten, warst du froh darüber, dass es einfach geschah, nur so, ohne gegenseitige Ansprüche. Warum diese nun aufnehmen und steigern?"

„Du willst mich ausnutzen", sagte sie.

„Du willst mich ausnutzen", sagte ich.

„Du willst an mein Geld", sagte sie.

„Klar", gab ich zu, „aber ich arbeite auch dafür."

„Du arbeitest für mich?", tat sie verwundert.

Sie mochte nicht einsehen, dass meine Tätigkeit für sie, zum Beispiel das tägliche Popoanstechen und die vielen Besorgungen, eine die Seele fordernde Beschäftigung war.

„Wenn du mal hinfälliger wirst", sagte ich, „und es sieht ganz danach aus, bist du ein Pflegefall. Dann wirst du froh sein, mich zu haben."

Noch verrichtete sie die wichtigsten Hausarbeiten wie putzen und kochen, so dass unser Haushalt ausreichend in Schuss war. Sie würde doch wohl einsehen müssen, dass ich diese Arbeiten, sollte sie bettlägerig werden, nicht übernehmen wollte. Am Ende dieser Diskussion beschlich mich zum ersten Mal die Ahnung, dass mein Zusammenleben mit Muttchen, kaum richtig warm geworden, sich allmählich dem Finale zuneige. Würde es ein so prächtiges sein wie Beethoven es für seine Eroica ausgedacht hatte? Das ich, natürlich und unausbleiblich, bis in die klitzekleinste Nuance auswendig kannte.

* * * * * *

Da ich ein notorischer Vorausplaner bin, begab ich meine Gedankengänge auf Wanderschaft.

Keinesfalls, stellten diese nach einigen Schritten fest, wirst du dich von Muttchen abservieren lassen! Ebenso keinesfalls, sagten sie nach zweihundert Schritten, wirst du von ihr gehen, ohne sie, beziehungsweise ihr Konto, gehörig geschröpft zu haben. Am Ende des Gedankenspaziergangs hatte ich einen Beschluss gefasst, der mir der Lage angemessen schien: Wollte ich das sich vermehrende Gezänk mit Muttchen los sein und von ihr nicht zum Nervenbündel degradiert werden, dann - ja, dann musste sie weg. Was war ihr Leben noch? Was konnte es darstellen? Nichts als langsames Dahinsiechen. Es war sowieso ein Wunder, dass sie es mit der Jahrzehnte alten Krankheit bis hierher geschafft hatte. Über die Art ihres Ablebens machte ich mir ebenfalls einige Gedanken:

1.) Ich konnte sie in der Wohnung festhalten und sie schlicht und einfach verhungern lassen.

2.) Ich konnte sie zwingen, keine Insulinspritze mehr zu bekommen.

3.) Ich konnte sie unauffällig, zum Beispiel mit einem Kissen aufs Gesicht, ersticken.

4.) Ich konnte sie mit einer Überdosis Schlafmittel töten.

5.) Ich könnte...und so weiter...

Gibt es die feine Art des Umbringens? Ihr Tod, - ich habe das bereits angedeutet -, musste so lange wie möglich unentdeckt bleiben, damit ich über ihre eingehenden Gelder verfügen konnte. Nach Eintritt ihres Todes würde ich ihr Haus nicht mehr betreten dürfen. Irgendwann einmal käme jemand auf die Idee, dort nachzuschauen; das konnte monatelang dauern. Wie sollte dann ein Verdacht auf mich fallen! Mit diesen Vorstellungen gestärkt blickte ich der weiteren Zukunft mit Muttchen heiter und gelassen entgegen. Wenn sich die Lage nicht verschärfte, könnte der bisherige Zustand erhalten bleiben.

* * * * * *

Aber sie verschärfte sich. Als spürte Muttchen, dass ich meinen inneren Frieden gefunden hatte, begann sie mich zu triezen (ärgern, schikanieren). Als erstes bat sie die EC-Karte zurück, nicht wissend, dass ich mir kraft ihrer Vollmacht bereits eine zweite besorgt hatte.

„Wenn du Geld holen musst", sagte sie maliziös, „gebe ich sie dir."

Kontoauszüge, die Auskunft über Abhebungen geben können, zog ich in Zukunft nicht mehr. Dann fing sie an, mich mit den Einkäufen zu ärgern, indem sie einiges nachforderte, das sie angeblich vergessen habe. Ich konterte mit Verweigerung des Vorlesens und Abschalten von Eroicas an den spannendsten Stellen - vielleicht gelänge es mir auf diese Art, ihren Zuckerspiegel in lebensbedrohende Höhen zu bringen.

Wenn meine Leserschaft sich ab diesem Stadium des Geschehens fragen sollte: „Warum haut er nicht einfach ab, lässt er diese alte Scharteke nicht sitzen?", dann hätte sie meine Absichten nicht begriffen. Wäre ich ein üblicher Heiratsschnorrer mit all den Tricks und Raffinessen dieses Gewerbes, müsste ich nun, wollte ich nicht nervlich verrotten, Muttchen das Handtuch ins Gesicht werfen und mich trollen. Das wäre ein ganz normaler Abgang, wie er täglich ...zigmal in der Welt vorkommt. Aber das hieße: leer ausgehen, alle Bemühungen um Muttchens Wohlergehen so gut wie umsonst gemacht zu haben.

„Als wir uns kennenlernten", sagte ich einmal, „warst du viel netter als heute."

„Das trifft auch auf dich zu", antwortete sie.

„Aber du bist die Ursache", sagte ich, „denn du bist in Wirklichkeit eine alte Schreckschraube und hast deinen Mann früh runtergebracht."

Sie widersprach nicht und überlegte.

„Vielleicht sogar mit deinem verdammten Beethoven", ergänzte ich.

„Oh, er hat die Eroica oft und gern dirigiert."

„Klar, und dann zu Hause nicht mehr hören wollen."

Mein Ton war ziemlich zynisch, sie reagierte sogleich:

„Und dir geht es jetzt genauso, nicht wahr?"

„Ja, aber ich lasse mich nicht vertreiben, Muttchen."

„Willst'e mich umbringen?" fragte sie kichernd.

„Da bringst du mich auf *die* Idee", antwortete ich, „denk an die Geschichte: Für viele Paarungen und Pärchen war dies der letzte Weg."

„Werd nicht romantisch", sagte sie, „und heirate mich doch, ganz einfach und so."

„Bei deinem Zustand?", fragte ich, „dann würde ich bald Witwer sein."

„Und jedermann würde glauben", sagte sie leicht prophetisch, „du hättest mich zwecks Beerbung umgebracht."

„Ich werde dir keine Krimis mehr vorlesen", sagte ich, „sie beflügeln zu sehr deine Fantasie."

Wir lachten wie ein Chikagoer Gangsterpärchen, das seine nächsten Unternehmungen plant. Dieser Dialog, den ich wörtlich wiedergebe, sollte noch üble Folgen für mich haben; übler hätten sie gar nicht sein können...

* * * * * *

Jeder Feldherr weiß, dass man seinen Gegner nie unterschätzen soll; das gilt auch im Verhältnis von Kaufleuten oder Unternehmern untereinander; es gilt auch für unser Privatleben, sofern dieses nicht in der äußerst seltenen Harmonie abläuft. Da diese zwischen Muttchen und mir zu schwinden begann, ja eigentlich schon erstorben war, hätte ich mich wie ein Feldherr, Kaufmann oder Unternehmer verhalten sollen. Doch Einsicht und Selbsterkenntnis stehen noch mehr als Harmonie auf der Roten Liste. Näheres über diese pessimistischen Betrachtungen folgt später nach...

Nachdem ich noch Muttchens Ansinnen, mit ihr in eine Kur zu fahren und danach zu ihr zu ziehen, abgelehnt hatte, bezog sich ihr Gesicht mit dem Abbild ihres wahren Charakters. Ich bildete mir demzufolge ein, dass sie Böses gegen mich plane und setzte meinerseits verstärkt das Gesicht des höflichen, zuvorkommenden und wohlerzogenen jungen Mannes auf; meine Leserinnen wissen, dass mir dieses wegen Bevorzugungen der Geburt leicht fiel. Nach dem bekannten Wahlspruch „Wählen Sie den kürzesten Weg!" hätten Muttchen und ich jetzt noch Überlebenschancen gehabt: Ich hätte nur fortzubleiben, zu verreisen brauchen, für ein paar Monate in einen sonnigen Süden vielleicht, und alles wäre erledigt gewesen. Stattdessen nahm ein Plan Formen an. Wieder einmal heckte ich ihn in einer Ruhephase aus, nämlich im Bett liegend und an die Decke starrend. In mein noch kurzes Dasein hatte der Tod bereits vierfach eingegriffen, er war mir vertraut geworden wie ein Kumpel in einer Bierkneipe...

Am letzten Montag, den ich in Muttchens Heim zuzubringen gedachte, packte ich abends meine wenigen Habseligkeiten ein, die ich bei ihr unterbracht hatte, und nahm sie mit nach Hause. Sie bemerkte es am anderen Morgen, Dienstag, und ließ eine Szene vom Stapel, die ihr selbst mehr schadete als mir, denn es folgte ein Kollaps, der sie zu Boden warf. Ich trug ihr Leichtgewicht ins Bett, wo sie rasch wieder zu sich kam und ziemlich fidel wirkte.

„Ihm von der Schippe gesprungen", scherzte sie.

Sie lächelte mich an wie seit drei Tagen nicht mehr. Doch klingelte in meinem Hirn die Warnglocke, verhalten zwar doch vernehmbar.

„Du merkst", sagte Muttchen, „dass du mich nicht verlassen darfst."

„Ich verlasse dich nicht", antwortete ich.

„Und deine Koffer und Sachen, die du mitnahmst?"

„Ich will dir nur klarmachen", sagte ich, „dass ich nie endgültig zu dir ziehen werde."

Im Hintergrund musizierte Kurt Masur mit seinen Dresdnern.

„Und wenn ich noch hinfälliger werde?", fragte sie weinerlich.

„Dann müssen wir einen Pflegedienst bestellen", antwortete ich, „du zahlst ja schließlich auch in die Pflegeversicherung."

Als ich ihr die Spritze gab, durchzuckte es mich plötzlich gewaltig, obwohl ich äußerlich ruhig und behutsam wie immer blieb:

„Die Insulinspritze!"

Sie ist sowohl Instrument als auch Waffe! Wie könnte sie *gegen* Muttchen anzuwenden sein? Noch bevor ich sie ihr eingegeben hatte, war Plan Nummer 1 ihres Untergangs erdacht und abgespeichert: Ab morgen würde ich ihr die Spritze verweigern, notfalls mit Gewalt, und kalt abwartend ihr Ende beobachten. Wie lange würde sie's aushalten können? Einen Tag, zwei oder drei gar? Würde sie qualvoll sterben oder unwissend hinüberdämmern? Mir war bewusst, dass ich solange in ihrer Wohnung ausharren müsste. Von diesem Plan ganz erfüllt, drängte es mich heim und zum ersten Mal nach unerquicklichen Tagen trennten wir uns unter freundlich- liebevollen Worten; während eine meiner letzten Eroicas raumfüllend ertönte.

„Sinfonia Eroica - composta per onorare un grande uomo."

„Sinfonie Eroica – komponiert, um eine großen Mann zu ehren."

„Gute Nacht Muttchen."

„Gute Nacht, mein Junge."

* * * * * *

Dass ich selbst in irgendeiner Gefahr war: hätte ich es ahnen und damit einkalkulieren können? Ich sage heute noch: Nein! Als ich Muttchen an diesem Dienstagabend verließ, ging ich an der Bank vorbei, hob 1.000 Euro, leider das Limit für einmaliges Abheben, vom Konto herunter und zog einen Auszug: noch 50.000 Euro drauf. Da würde ich mir ab morgen die Mühe machen müssen, fünfzigmal verschiedene Automaten aufzusuchen. Na, sogenannte normale Gehaltsempfänger arbeiteten dafür ein ganzes Jahr lang. Unterwegs sah ich ein Plakat des hiesigen Musiktheaters mit der Ankündigung von Beethovens Eroica, die in der nächsten Woche erklingen sollte.

„Da gehst'e hin", scherzte ich frohgemut

Und ließ es tatsächlich offen. Zu Hause setzte ich mich vorm Zubettgehen auf den Balkon und genoss die vom grünen Friedhof herbeistreichende würzige Luft.

„Musst'e morgen mal wieder hin", dachte ich, „und frische Blumen bringen."

Im Bett beruhigte ich meine Nerven mit Lesen, nahm dann aber schließlich doch eine Schlaftablette. Woher mochte es kommen, dass mich nichts warnte? Nichts und gar nichts. Dass ich ab morgen eine Zeitlang weder lesen noch frische Balkonluft genießen könnte? Geschweige denn in der folgenden Woche den Beethovenhit. Warum hat uns die Evolution nicht einen sechsten Sinn verpasst, der uns zuverlässig vor Unheil warnen könnte?

Am Mittwochmorgen war ich so fröhlich-optimistisch gestimmt, dass ich beim Gang auf den Friedhof Eroicas Heldenthema des letzten Satzes summte und trällerte. Bei den drei Gräbern jätete ich das Unkraut weg, goss die Blumen und Gewächse und versah jedes Grab mit einem passenden Kommentar.

1.) Das Brüdergrab: „Hättet mehr auf euch aufpassen sollen, ihr Narren; so früh abzukratzen

und mich allein zu lassen!"

2.) Das Elterngrab: „Es war eure Sauferei, die euch hierher brachte."

3.) Das Buttlagegrab: „Werter Herr Musikus, wirst nicht mehr lange allein liegen."

Dann begab ich mich flotten Trabes zu Muttchen, nicht ohne vorher einen netten Strauß roter Rosen zu besorgen.

„Schenkt Mann die Rosen alten Frau'n,
ist selten ihm wohl ganz zu trau'n."

Oh hätt' ich nur geahnt, in welchem Zustand ich Muttchens Haus verlassen würde...!

* * * * * *

„Habe heut kein Geburtstag", sagte Muttchen leicht vorwurfsvoll.

Ich lächelte geheimnisvoll aber freundlich.

„Habe heut auch keinen Hochzeitstag", sagte Muttchen leicht pikiert.

Ich lächelte freundlich aber geheimnisvoll.

„Statt Rosen hätt'ste Vergissmeinnicht bringen sollen", sagte Muttchen spöttisch.

Ich lächelte freundlich und geheimnisvoll.

„Aber der gute Wille ist ja da", sagte Muttchen anerkennend.

Ich lächelte geheimnisvoll und freundlich.

Dieser tiefsinnige Dialog stand am Anfang unseres letzten gemeinsamen Tages. Muttchen war übelgelaunt, weil sie das Frühstück ohne mich eingenommen hatte und bezog nun wieder ihr Bett.

„Fühle mich seltsam matt", sagte sie, „vielleicht sollten wir morgen zur Klinik fahren und mich neu einstellen lassen."

„Wenn das nötig sein sollte", sagte ich, „machen wir's, Muttchen."

Heute überhörte ich sogar die allgegenwärtige Eroica. Dann machte ich Muttchens regelmäßige Morgenspritze zurecht. „Zurechtmachen"? Ja, zurechtmachen! Was gab's da anderes zurechtzumachen als aufziehen und ab in den Hintern damit? Heute gab's was anderes. Nämlich: Ich zog kein Insulin auf sondern eine eben in der Küche angesetzte starke Zuckerlösung. Eine Minute später zirkulierte sie im Körper der arglosen Muttchen als sogenannter Endbeschleuniger. Ob sie bald wirken und ein mildes Ende herbeiführen würde? Würden die Symptome mir Laien erkennbar sein?

„Was soll ich dir zum Mittagessen machen, Muttchen?", fragte ich.

„Ich kann doch aufstehen und für uns kochen", sagte sie.

Sie versuchte und unterließ es. Zeigte meine Spezialinfusion bereits Wirkung?

„Lass nur", sagte ich, „ich koche ja auch zu Hause für mich."

„Vielleicht", meinte sie müde winkend, „sollte ich mal vierundzwanzig Stunden fasten."

Ich machte ihr aber einen frischen grünen Salat zurecht. Bevor sie ihn mittags aß, las ich ihr einiges vor, bis sie leicht einschlief. Dabei saß ich an ihrem Bett und beobachtete sie: Ja, sie sah deutlich schlechter aus als an den Vortagen, das bemerkte auch jeder Nichtmediziner, und bei Zuckerkranken mag so etwas besonders bedrohlich sein. Damit liefe, kalkulierte ich, ja alles nach Plan und ihre letzten Stündlein begännen zu schlagen. Sie schlief unruhig mit zuckenden Bewegungen des Kopfes und der Hände, atmete hörbar und unregelmäßig und über ihre Lippen schienen unverständliche Worte zu kommen.

„Wenn sie jetzt doch einschliefe, für immer", dachte ich.

Aber noch war es nicht soweit. Sie erwachte und verlangte zu trinken, danach die zweite Spritze des Tages.

„Gib mir noch eine", sagte sie, „die erste scheint geholfen zu haben."

Ich machte in der Küche die Zuckerwasserspritze zurecht und verabreichte sie.

„Morgen sollten wir unbedingt", sagte sie, „mich neu einstellen lassen. Wahrscheinlich werde ich zwei Spritzen täglich benötigen."

Morgen? Gab es ein Morgen? Wenn sie diese zwei „Antispritzen” verkraftete, hätte sie eine selten robuste Konstitution. Ich beschloss, sie allmählich aufzuklären, schonend wenn's möglich sei.

„Übrigens”, sagte ich, „habe ich heute Morgen deinen Mann besucht, den lieben und toten Generalmusikdirektor a. D.“

„Nett von dir, mein Junge.”

„...und ihm ein paar Blumen hingestellt und Unkraut gejätet.”

„Bist ein lieber Junge.”

„Ich glaube”, sagte ich fest, „dass auch bald das rechte Feld eures Grabsteins beschriftet werden muss.”

Muttchens altes Hirn war für derart Humor nicht geschaffen, ganz klar, es brauchte zur Unterscheidung - ob Ernst, ob Spaß - eine ziemlich lange Zeitspanne, so dass ich mich bemüßigt fühlte, Klarheit zu schaffen.

„Schon in den nächsten Tagen, Muttchen, denke ich.”

Ihr unsicherer Blick, ob durch Angst oder die fatale Spritze verursacht weiß ich nicht, begann mich abzuschätzen.

„Vielleicht sollte ich für dich notieren”, sagte ich, „wie dein Text lauten soll. Ich kann ihn dann in Auftrag geben.”

Aber sie hatte sich inzwischen gefasst, obwohl sie den Sinn meiner Reden nicht deuten konnte.

„Meinst du?”, fragte sie, „dass ich es nicht mehr lange mache?”

„Meine ich, Muttchen.”

„Dann sei so nett und ruf meinen Hausarzt”, bat sie.

„Mach ich, Muttchen.”

Ich ging in den Flur zum Telefon und tat, als wenn ich anriefe.

„Nun”, bat Muttchen, „wann kommt der Doktor?”

„Er will nach Praxisschluss hereinschauen”, antwortete ich.

Sie schaute mich an wie ein bekannter US-Verteidiger seine Zeugen: wie tief in mich hinein? „Du belügst mich”, sagte sie streng, „er ist mittwochs nie in der Praxis.”

Meine Gegenblicke auf sie mochten sie beunruhigen. Ihr Hirn schaltete jetzt richtig.

„Willst du mich umbringen, mein Junge?"

Wie oft auf dieser Erde mag eine solche Frage gestellt, wie häufig wird sie ehrlich beantwortet worden sein?

„Ja, Muttchen."

„Wann, mein Junge?"

„Heute, Muttchen, es ist alles vorbereitet."

„Warum, mein Junge?"

Ich zuckte die Schultern, was soviel wie „Frag nicht unnütz!" heißen sollte.

„Wie, mein Junge?"

Vielleicht malte die Fantasie ihr alle grauslichen, aus dem Fernsehen sattsam bekannten Mordmethoden vor. Welche würde sie für mich typisch ausersehen?

„Es ist schon in dir, Muttchen", sagte ich, „und wird wohl nicht wehtun. Etwas anderes würdest du mir wohl nie verzeihen."

Sie nickte und fummelte an ihrem Po herum.

„Die Spritzen?"

„Ja, die beiden heutigen Spritzen, Muttchen", antwortete ich.

Um sie nicht länger im Ungewissen bangen zu lassen, erklärte ich:

„Sie bestanden aus Zuckerlösung, die bald den Kollaps verursachen werden. Ich werde nun so lange hier bei dir am Bett sitzen bleiben, Muttchen, und deine Händchen halten, bis du wieder mit deinem GMD vereinigt bist..."

Ihr Antlitz überzog Verklärung.

„...und seine Eroicas in höchster, himmlischer Vollendung hören kannst."

Sie hatte in dieser spannungsreichen Atmosphäre vergessen, mir den Auftrag zum Wiederauflegen der Platten zu erteilen.

„Meinst du, dass sie dort oben gespielt wird?"

„Sowohl oben als auch unten, vermute ich, Muttchen."

„Aber es ist doch himmlische Musik", sagte sie trotzig, „oder etwa nicht?"

Ich antwortete nicht und setzte meine zukunftsträchtigen Ausführungen fort.

„Und wenn du tot bist, Muttchen, lasse ich dich hier liegen bis zum Nimmerleinstag und..."

„Willst du mich etwa nicht beerdigen lassen?"

„...und werde solange deine Pension kassieren, bis die Herrschaften nicht mehr zahlen."

Die Erkenntnis, in mich einen schnöden Abkassierer kennengelernt zu haben, vertrieb die Verklärung zugunsten eines Anflugs des Hasses, der rasch abklang - hier hätte ich gewarnt sein müssen!

„Denk doch", sagte ich milde, „dass du hier besser liegst als in der kalten Erde."

Sie lehnte den Kopf in die Kissen und sah nun recht verfallend aus; notfalls, - Gewalt wollte ich auf gar keinen Fall anwenden -, müsste ich sie aushungern, wenn die Spritzen nicht zum Erfolg führten.

„Wir alle müssen einmal hinüber", sagte sie gelöst lächelnd, „und nicht jede Frau kann sterben, indem ihr Geliebter ihre Händchen hält."

* * * * * *

Ich gönne meiner Leserschaft hier eine Pause, damit sie nachdenken kann:

„Befinden wir uns in der Realität oder in einem schlechten Roman?"

Damit sie aber auch Gedanken- und Vorstellungskraft spielen lassen kann auf die Frage hin:

„Wie wird es weitergehen?"

Jede spannende Geschichte drängt auf den Schluss, das ist ganz logisch, und nach den Andeutungen, die ich in Bezug auf mein Schicksal bisher gemacht habe, scheint der Schluss völlig offen zu sein: Wer stirbt, Muttchen oder der gute Junge? Wird die Eroica weiterhin die Räume füllen? Wie lange noch wird der

GMD allein ruhen müssen? In der Einleitung zu meiner Geschichte habe ich von ausrottbaren Familien gesprochen. Wird es dazu kommen? Mich persönlich interessiert die Frage, wem sich bis hierher meiner Leserschaft Sympathien zugeneigt haben; kaum wage ich auf mich zu tippen. Gibt es in den verteilten Sympathien Unterschiede zwischen männlich und weiblich, verheiratet oder nicht und die des Alters? Vielleicht wundert sich meine Leserschaft auch, dass ich, wie am Anfang erwähnt, diese ganzen Ereignisse statt sie aufzuschreiben ins Tonbandgerät diktiere - was mag geschehen sein, dass er nicht schreibt? Nun, das werde ich jetzt darlegen...

* * * * * *

Ein lakonisch-kurzes Sprichwort sagt:

„Wer schreibt der bleibt."

In meinem Fall traf dies zu. Wir haben mein Muttchen verlassen, als sie davon schwärmte, dass nicht jede Frau sterben könne, indem ihr Geliebter die Händchen hält. So richtig dieser Satz ist, so sehr bewunderte ich ihren starken Humor am Ende ihres irdischen Daseins. Nichts hatte ich mehr befürchtet als Szenen des Zeterns, Spektakelns und allgemeinen Jammerns und lange hatte ich geschwankt, ob ich ihr das Ende voranküdigen solle oder nicht. Nun schien sie ganz ruhig und gelassen zu sein, was aber natürlich auch die Folge der beiden letzten Spritzen sein konnte.

„Es ist fabelhaft, wie du es hinnimmst, Muttchen", sagte ich auf ihren letzten Satz.

„Werde mich hüten, Jungchen, dich um Gnade zu bitten", antwortete sie.

Sie trank wie ein Pampasviehhirte zur Mittagszeit.

„Wenigstens lässt du mich nicht vertrocknen", sagte sie.

„Drei Flaschen sind noch da", antwortete ich, „dann musst du Wein oder Sekt trinken."

Ihre wässrigen, gelblichen Augen schauten mich an, zum Herzerweichen.

„Stell mir wieder die Eroica an", bat sie, „Furtwängler mit seinen Berlinern, die klingen so verinnerlichend. Aber nicht so laut wie sonst, sollst mir noch das angefangene Buch zu Ende vorlesen, mein Junge."

Ich stellte den Plattenspieler an. Dann ging ich nach oben zum Bücherschrank, in den ich das Buch bereits in der Annahme deponiert hatte, dass es nicht mehr benötigt würde. Das hätte ich nicht tun sollen!

„Warum?", frage ich mich erneut, „bin ich nicht gewarnt worden?"

Warum hat mich das Schicksal ins halbe Verderben rennen lassen? Als ich mich mit dem Buch an Muttchens Bett setzte, sah sie ganz allerliebst aus. Sie hatte sich zurückgelegt und die Hände, wie ich glaubte, glauben musste, unter der Bettdecke auf der Brust gefaltet und bot das Abbild von innerem Frieden und äußerer Gefasstheit - „Errare humanum est". Ich begann zu lesen:

„...Er sah sie an, und seine Mundwinkel zitterten vor Vergnügen. ‚Scarlett, sag mir die Wahrheit an diesem ersten Morgen unseres gemeinsamen neuen Lebens. Liebst du mich wirklich von ganzem Herzen - oder willst du mich bloß, weil du mich bisher nicht haben konntest?' ‚Also, Rhett, wie kannst du nur so etwas Hässliches sagen! Ich liebe dich von ganzem Herzen, auf immer und ewig!'"

Tränen rannen über ein Gesicht, das auch die tüchtigste Visagistin nicht mehr hätte retten können - Muttchens nämlich.

„Wie herrlich und tröstlich", sagte sie, „wenn zwei Menschen sich finden."

„...Die Pause vor der Beantwortung seiner Frage war so winzigklein, dass nur Rhett sie bemerkt haben konnte. Er warf den Kopf in den Nacken und musste laut lachen..."

Ich bemerkte nur nebenbei beim Lesen, dass Muttchen ihre Hände unter der Decke entfaltete und die rechte Hand etwas an sich zog.

„...Meine Geliebte", sagte er, „ich sehe schon, dass unser Leben nie langweilig werden wird. Ich kann kaum erwarten, damit anzufangen..."

„Ist diese lange Geschichte nun zu Ende?", fragte Muttchen.

„Nicht ganz", antwortete ich, „neun Zeilen folgen noch."

„Die können nichts mehr darstellen", sagte sie, „lass sie weg, mein Junge."

„Wie du möchtest, Muttchen", antwortete ich.

Konnte ich ahnen, dass dies meine letzten Worte an sie waren? Im Hintergrund verklang just Eroicas erster, fünfzehnminütiger Satz, **Allegro con brio**, und der zweite hob an. Muttchen lauschte verzückt.

„**Marcia funebre"**, sagte sie, „Trauermarsch. „Passt gut in unsere Stimmung, meinst du nicht auch, mein Junge?"

Ich nickte, klappte das Buch zusammen und schaute sie an.

„Du bist auch ein vom Winde Verwehter", sagte sie.

Dann zog sie die rechte Hand, die mit einer Gaspistole bestückt war, unter der Bettdecke hervor, richtete die Waffe und knallte mir zwei Schüsse mitten ins Gesicht. Augenblicklich wurd's Nacht um mich her, beißende Hitze durchwallte meinen Körper und im Niederstürzen vernahm ich Muttchens letzten auf mein Leben bezogenen Kommentar:

„Suum cuique – jedem das Seine!"

* * * * * *

„Jedem das Seine?"

Mir das Meine? Wie lange ich auf dem Boden gelegen habe, weiß ich nicht, jedenfalls hatte der gute Wilhelm Furtwängler bereits ausdirigiert. Stille ringsum, nur mein schwerer Atem und mein schmerzhaftes Gestöhne. Kein Hohngelächter Muttchens, allerdings auch nicht ihr Atem. Ich lag auf dem Bauch, biss sozusagen in Muttchens kostbaren Perser, und versuchte endgültig zu mir zu kommen. Weiterhin Nacht, Dunkelheit, Finsternis - sollte ich stundenlang gelegen haben? Mein Gesicht brannte wie vom Schweißbrenner bearbeitet und war nass, vermutlich blutüberströmt.

„Warum?", lautete mein erster vernünftiger Gedanke, „warum bist du nicht tot? Wo sie dir doch zwei Schüsse ins Gesicht geknallt hat!"

Oder ist dies bereits das Jenseits oder die Voranmeldung dort, Abteilung Unterwelt? Ich wälzte mich auf den Rücken, öffnete die offensichtlich verklemmten Augen - und sah doch nichts! Eine Wahnsinnsvorstellung durchzuckte mich, ließ alle Schmerzen hintan gehen: blind?

„Du bist erblindet!"

„Sie hat dich zum Krüppel geschossen!"

Oh Muttchen, du Teufels Mutter! Diese Vorstellung trieb mich auf die Beine und um Gewissheit zu erlangen tastete ich mich zum Lichtschalter, machte ihn an und aus - es blieb gleichmäßig dunkel um mich. Also tatsächlich erblindet!

„Für immer, Egon, für immer und ewig!"

Das mir, einem Menschen, der seiner Umwelt stets mit optimistischem Augenaufschlag entgegengetreten ist und ihr immer das Positive abzugewinnen vermochte! Ich musste mich an die Wand lehnen, um nicht wieder zusammenzubrechen, denn auch der Gedanke, dass die heutige Medizin eine famose ist und zu allerlei Reparaturen fähig sei, konnte mich nur vorübergehend trösten. Was war als Wichtigstes zu tun? Natürlich einen Arzt aufsuchen. Wie spät war es eigentlich? Ich tastete mich zu Muttchens antiker Wohnzimmeruhr und griff mit der Hand ihre Zeiger ab, sie standen genau senkrecht: also 18 Uhr. Dann ging ich in ihr Badezimmer, um mir ein Handtuch zu besorgen, (zu borgen vielleicht?), denn mit offenem Gesicht konnte ich mich unmöglich auf die Straße wagen. Danach leerte ich Muttchens private Geldschatulle und entnahm ihr (geschätzte) 2.000 bis 3.000 Euro - war doch klar, dass sie meine Behandlung zu bezahlen hatte! Oder etwa nicht? Ich bemerkte voll Überraschung, dass sich mein Tastsinn schon auszubilden begann.

Ohne mich weiter um Muttchens Wohl- oder Nichtbefinden zu kümmern verließ ich (tastend) ihr Haus, ging durch den Vorgarten auf den Bürgersteig und hoffte, hier nicht sogleich gesehen zu werden. Ich war durchaus in der Lage, heimzufinden, und dass es für mich zur Zeit Nacht war, betrachtete ich nicht als Dauerzustand.

„Kann ich Ihnen helfen, geht es Ihnen schlecht?"

Die erste Hilfe!

„Ja bitte", antwortete ich, „wenn Sie mich bis vor mein Haus bringen wollen."

Eine Frau fasste mich untern Arm.

„Hab was ins Gesicht gekriegt", erklärte ich.

„Soll ich nicht den Krankenwagen rufen?"

„Danke. Ich werde das gleich selbst von zu Hause aus tun."

Dort angekommen packte ich mir das Nötigste für einen etwaigen längeren Krankenhausaufenthalt zusammen, Bekleidung, Wasch- und Schreibsachen, Chipkarte der Krankenkasse, Geld fürs Erste und Muttchens EC-Karte, denn es war doch klar, dass sie die ganze Angelegenheit zu bezahlen hätte. Dann rief ich den Notdienst an und wartete mit meinem Köfferchen an der Haustür. Das Gesicht brannte wie mit Salzsäure begossen, im Kopf wühlte es wie von tausend Maulwürfen oder Engerlingen, Schwäche drohte mir die Beine wegzuziehen. Da, das allbekannte Tatü-tatü des roten Wagens, im Nu war ich verfrachtet und unterwegs - mein Haus habe ich lange Zeit dann nicht wieder betreten und befürchtete bereits, irgendeine obskure meilenentfernte Verwandtschaft könnte es sich durch Erbschaft unter die Nägel reißen...

* * * * * *

„Was ist Ihnen passiert? Wie konnte das geschehen?"

Klar, dass Doktor Karl Krakowiak, eine Koryphäe seines Fachs, - schließlich liege ich ja in der Ersten Klasse! -, höchst verwundert, sogar befremdet tut. (Meine Leserschaft mag hinnehmen, dass ich aus Gründen der Dramaturgie vom Imperfekt ins Präsens wechsle, denn wir befinden und ab hier in ihm.)

„Doktor", antworte ich mühsam, „das sage ich Ihnen später, wenn Sie mein Gesicht wieder zusammengeflickt haben."

„Dann muss ich diesen Fall der Polizei melden", droht er, „denn Sie haben sich doch nicht selbst verstümmelt, oder?"

„Seh ich so blöd aus, Doktor?"

„So nicht, zugegeben. Sie wollen also jemanden decken, nicht wahr?"

Erst will ich sagen „Seh ich so blöd aus...?", aber dann fällt mir ein, dass ich den Eindruck von Edelmütigkeit erwecken kann, wenn ich bejahe. Also bejahe ich.

„Gut", sagt der Doktor, „die Polizei wird Sie dennoch befragen wollen."

„Mag sie kommen."

Als er mich am Abend zur ersten Untersuchung vornimmt, kann ich ja sein Gesicht nicht sehen, auch nicht die Blicke, die er seinen Gehilfen und Gehilfinnen zuwirft - sowohl Gesicht wie Blicke müssen höchst bedenklich gewirkt haben. Ich bin sicher, dass alle Beteiligten von vornherein wissen, dass man mir das Augenlicht ausgeblasen hat, die Offenbarung dieses misslichen Geschicks jedoch auf einen späteren, für mich günstigeren Zeitpunkt zu verschieben gedenken. Die Wunden werden gereinigt, ich bekomme einen Verband, ein Schmerz- und Schlafmittel und werde in das genannte Einzelzimmer geschoben. Darauf hatte ich bei der Einlieferung bestanden und klargemacht, ein Privatpatient mit genügend Kapital zu sein. Ich denke und hoffe, dass sich da einige Gesichter aufgehellt haben.

„Sagen Sie Ihre Meinung, Doktor", sage ich, ehe mich Schlaf umfängt.

„Kann ich noch nicht, wir müssen abwarten."

Ärzte können ja, freilich zugunsten ihrer Patienten, die perfektesten Schwindler dieser Erde sein. Vielleicht fürchtet Dr. Krakowiak auch, mich allzu früh zu verlieren, da die Krankenhausverwaltungen doch allen ihren Doctores ans Herz legen, Ersteklasse- und Privatpatienten so lange wie möglich ans Haus zu fesseln. Nun, der Altgrieche Morpheus krallt mich in seine Arme und hält mich für satte zwölf Stunden umschlungen...

* * * * * *

So ein künstlich herbeigeführter Schlaf kann nie erholsam sein, aber er schaltet das Schmerzgefühl ab und fördert die Heilung. Trifft das auch auf mich zu? Würde ich Tagwerden überhaupt wieder erleben können? Mein Gehör, - tritt dieser Sinn bereits in die Rolle des vorerst ausgeschalteten? -, verkündet mir den Tagesanbruch, der ja in einem Krankenhaus eher beginnt als, zum Beispiel, in Muttchens Haus.

„Guten Morgen, ich bin Schwester Resi, Ihre Tagschwester."

Ich will die Augen aufreißen, rucke den Kopf hoch.

„Bleiben Sie liegen, Sie sollen den Kopf nicht bewegen."

Ich strecke die Hand vor, sie gibt mir ihre. Ich fühle, dass sie wesentlich weniger welk ist als Muttchens. Kann man mit Händchenfühlen Alter bestimmen?

„Und wie heißt meine Nachtschwester?", frage ich.

„Rosi."

„Soso, Resi und Rosi, das ist ja interessant."

Wenn meine werte Leserschaft hier Köpfe schüttelt und „Das gibt's doch nicht, dass der hier seine Beinaheschwägerinnen wiedertrifft" sagt, so muss ich ihr recht geben: Es sind nicht *die* Resi und Rosi, die wir schon kennen! Nichts als Namenskusinen. Über die äußeren Unterschiede wie Kurven und Rundungen kann ich leider nichts aussagen, da ich sie nicht sehe und es auch in der ersten Klasse der meisten Krankenhäuser nicht gern gesehen wird, wenn Patienten sich per Handgriffe zu informieren suchen. Es ist aber die ruhige, mit- und zartfühlende Art Resis und Rosis, die mir meinen Aufenthalt hier zu einem versöhnlichen auf dieser Erde macht.

„Schwester Resi, wie geht es mir?"

„Ich weiß das nicht", antwortet sie, „bin doch nur Krankenschwester."

Ich mache meine Morgentoilette und lerne dann frühstücken ohne zu sehen. Danach kommt eine andere Schwester und nimmt meine Personalien auf. Ihr Ton ist ziemlich inquisitorisch, so dass ich sie frage:

„Sind Sie eine kirchliche Schwester?"

„Ja", antwortet sie, „aber aus der Verwaltung."

„Wenn es mal nötig sein sollte", sage ich und weise auf die Schublade, wo sie Muttchens Geld und EC-Karte sieht, „kann ich Ihnen die Geheimnummer mitteilen, damit Sie für mich abheben können."

Ihr Ton wird konziliant und sie verdrückt sich. Ich frage Schwester Resi, ob sie für mich Besorgungen machen könne, zur Bank gehen und Einkäufe erledigen. Sie kann es. Sie fragt nach meinem Hausstand und bietet an, nach dem rechten zu sehen, wenn ich es wünsche. Dann packt man mich auf eine Karre und fährt mich ein paar Flure entlang und zwei Etagen tiefer in die Ambulanz.

* * * * * *

Nach einer Stunde liege ich wieder im Bett. Der untersuchende Arzt erscheint und ich versuche ihn über meinen Zustand zur Rede zu stellen.

„Ihre Augen sehen nicht gut aus", drückt er sich, „und wir müssen weitere Untersuchungen und den Heilungsprozess abwarten."

„Aber ich bin doch nicht richtig beschossen worden", werfe ich ein, „wie können die Augen derart in Mitleidenschaft gezogen sein?"

„Es waren zwei Schüsse aus einer Gaspistole", antwortet er, „aus allernächster Entfernung abgeschossen."

Aha, das ist es also!

„Muttchen, du bist ein Satan! Muttchen, du warst ein Satan!"

Gegen Mittag kommt ein Mann von der Kripo und ist neugierig.

„Ich sage nichts aus", fertige ich ihn ab, „ehe ich nicht ganz genesen bin. Basta."

In den nächsten Tagen bleibe ich im Ungewissen, lerne mich als Nichtsehender zurechtzufinden, beim Essen, bei und in der Toilette, beim Einschalten des Radios und lausche den Worten Resis und lerne genau festzustellen, ob jemand im Raum ist oder nicht. Nachtschwester Rosi ist eine mehr resolute Person, die in ihrer Nachtruhe nicht gestört werden will. Nun denn, ich bin ein wenig aufwendiger Patient. Zu gern hätte ich etwas über das Schicksal Muttchens erfahren, aber ich mag nicht fragen und die Zeitung kann ich nicht lesen.

Schließlich komme ich auf die Idee, meine Geschichte literarisch festzuhalten. Warum soll ich warten, bis ich das Krankenhaus verlassen kann? Und hätte ich später, geheilt, überhaupt Lust, sie aufzuschreiben? Jetzt habe ich Lust und Zeit, alles ist noch frisch in Erinnerung, also nichts wie heran! So gebe ich Resi Auftrag und Geld, ein Diktiergerät nebst genügend Chips zu besorgen und mich in die Handhabung einzuweisen. Da alle Eintretenden so nett sind, vorher anzuklopfen, kann ich im Sprechen nicht überrascht werden.

„Mir fällt auf", sagt Resi einmal, „dass Sie nicht besucht werden."

„Wer sollte mich besuchen?"

„Die Eltern."

„Habe keine."

„Geschwister."

„Habe keine."

„Verwandte und Bekannte."

„Sind mir unbekannt."

Schade, dass ich ihr Gesicht nicht sehen kann. Sie scheint ein anstelliges Mädchen zu sein und rein charakterlich, nicht nur beruflich, ein soziales Herz zu haben. In diesen Tagen telefoniere ich zum ersten Mal, lerne die richtigen Nummern zu ertasten; es ist Muttchens Nummer, wohin sonst sollte ich anrufen! Aber es meldet sich niemand.

„So ist sie entweder tot oder hat das Haus verlassen."

Etwas anderes kann ich mir nicht vorstellen und allmählich vergesse ich sie unter der Belastung, die ich selbst zu tragen habe: Vierzehn Tage sind nun vergangen und noch immer kenne ich meine Zukunft nicht! Die Schmerzen im Kopf haben nachgelassen und ich bin der Ansicht, dass, sollten die Augen einigermaßen in Ordnung sein, ich sie auch unterm Verband würde bewegen können müssen, die Lider, die Pupillen. Sollte gar...?

* * * * * *

Doktor Krakowiak, der große Schweiger, kommt zur täglichen Visite und bleibt wie vom Donner hingehauen im Raum stehen, mit ihm sein Schwarm von Assistenten, Studenten und Schwestern.

„Herr Krawinkel, was fällt Ihnen...?"

Dann besinnt er sich, dass Ersteklasseleute mehr Anspruch auf Höflichkeit haben als AOK-Patienten.

„Tun Sie nicht empört, Doktor", unterbreche ich ihn, „der Verband war schon lange nicht mehr notwendig."

Ich hatte ihn nämlich kurz vorher, entschlossen und aufs Schlimmste gefasst, mir selbst abgenommen: Des Tages Finsternis ist geblieben. Dunkelheit ringsumher, Schwärze des Nichts, obwohl ich in der Nähe des sonnigen Fensters liege.

„Ich habe Sie mehrmals gefragt, Doktor, wie es mit mir steht. Sie haben sich herausgeredet."

Er murmelt etwas von Pietät und Hoffnung.

„Papperlapapp, Doktor!“, falle ich ihm ins Wort, „ich weiß Bescheid, denn ich habe meine Augenhöhlen befühlt. Sie sind leer. Passen prima Glasaugen hinein. Stimmt's?“

Es stimmt, gibt er zu.

„Es war uns von vornherein klar“, gibt er weiter zu, „dass keine Hoffnung auf Wiederherstellung der Sehkraft bestand, denn die Pupillen waren zerschossen und total verätzt.“

Er bittet alle anderen Personen aus dem Raum, fragt:

„Wollen Sie jetzt angeben, wie es geschehen ist?“

Ich überlege und entscheide.

„Wie, ja“, antworte ich, „aber nicht wer. Es hat jemand aus zehn Zentimeter Entfernung zweimal auf mich geschossen, und im Niederstürzen glaubte ich, es müsste eine richtige Pistole gewesen sein.“

„Das hätten Sie ja nicht überlebt.“

„Also war's eine Gaspistole. Sie werden das wohl bestätigen können.“

„Ja, die Untersuchung erbrachte dieses.“

„Wie lange?“, frage ich, „werde ich hier noch liegen müssen, ehe die Augen ausgeheilt sind?“

„Haben Sie's eilig, heimzukommen. Wartet jemand auf Sie?“

„Nein - niemand.“

„Dann bleiben Sie noch etwa vier Wochen, bis die Gefahr von Infektionen gebannt ist.“

„Nun, Doktor, eine teure Partie für die Krankenkasse, nicht wahr?“

Er lacht gepresst und freut sich, dass ich den Kopf nicht hängen lasse.

„Sie werden's erleben“, sagt er, „dass es auch ohne Sehen weitergeht, das Leben.“

Er hat gut trösten, denn wenn ich ihm aus den Augen bin, bin ich auch aus dem Sinn. Die nächste Stunde verbringe ich mit Überlegungen, wie Muttchen es geschafft hatte, mich derartig zu düpieren. Woher die Gaspistole? Aha, fällt mir ein, sie sagte einmal, draußen immer eine dabei zu haben, beim Einkaufen, in den Straßen der Stadt, auf dem Friedhof.

„Friedhöfe sind unsichere Orte geworden", sagte sie damals.

Und sie muss, denke ich nach, dir seit einiger Zeit misstraut und sich die Waffe parat gelegt haben. Wo, in der Schublade des Nachtschränkchens vielleicht? Ja, natürlich. Und als du, denke ich weiter, das Buch zum Vorlesen holtest, hat sie sie in die Hand genommen und unter der Bettdecke verborgen.

„Oh Egon, du Trottel! Hast dich recht zum Narren machen lassen von dieser alten Vettel!"

* * * * * *

„Haben Sie gewusst?", frage ich Resi, „dass ich blind bleiben würde?"

„Ja", antwortet sie, „aber der Doktor befahl, es nicht verlauten zu lassen."

Wenigstens eine ehrliche Seele.

„Was wollen Sie jetzt anfangen?", fragt sie, „ich meine, wenn Sie entlassen werden?"

Ich verschweige es.

„Es gibt", fährt sie fort, „Vereine und Selbsthilfegruppen für Blinde."

Ich schüttele mich angewidert und sie gibt zu, dass ein Zusammensein mit Gleichleidenden, entgegen landläufiger Meinung, nicht das A und O sei.

„Aber viele Blinde", sagt sie, „meistern das Leben, das ihnen anfangs aussichtslos erschien."

Aussichtslos. Welch zutreffendes Wort!

„Besonders", fährt sie fort, „wenn sie einen passenden Partner finden."

Ich ändere das Thema und erkläre Resi folgendes:

„Wenn ich einmal überraschend abgeholt werden sollte, Sie wissen ja, dass die Kripo nochmal kommen wird, so lege ich Ihnen das Diktiergerät nebst den besprochenen Chips ans Herz.

Sie sollen nicht in unbefugte Hände geraten. Weiß jemand außer Ihnen, dass ich sie bespreche?"

„Ich glaube es nicht."

„Gut so. Ich deponiere sie dort im Schrank und Sie nehmen sie einfach mit nach Hause."

„Warum sollte das notwendig sein?", fragte sie.

Ich ignoriere und fahre fort:

„Außerdem, Schwester Resi, möchte ich Ihnen für Ihre Hilfe hier danken. Wenn ich gehe, lasse ich Ihnen zwei EC-Karten hier in der Nachttischschublade liegen und notiere Ihnen die dazu passenden Geheimnummern. Heben Sie ab bis nichts mehr drauf ist."

„Das kann ich nicht annehmen."

„Können und müssen Sie aber!"

Damit ist unser Gespräch beendet und ich mache mich wieder ans Diktieren. Das kleine Gerät ist schnell weggesteckt, wenn es an die Tür klopft. Noch diesen Tag fleißig besprochen und notfalls bis in die Nacht hinein - dann sind meine Memoiren vollendet: Erinnerungen an ein Leben, wie es verpfuschter nicht sein kann...

* * * * * *

„Oh Welt, ich muss dich lassen
und deine Not und Pein.
Oh Welt, ich muss dich hassen -
du ließest mich allein..."

Meine letzte Nacht in diesem ruhigen Krankenhaus ist angebrochen. Sie haben mir vorgeschlagen, mich in eine Rehabilitation einweisen zu lassen und an Kursen teilzunehmen, die Frischblinde auf das Leben vorbereiten. Das habe ich nicht nötig, denn mein Entschluss, von dieser Welt abzutreten, ist unabänderlich. Wie heißt es so schön:

„Von eigener Hand..."

Mir erscheint nichts mehr lohnend, zu früh hat mich mein Unglück gepackt. Das Leben noch vor sich und es nicht sehen können! Tagschwester Resi geht:

„Gute Nacht, Herr Krawinkel, bis morgen.“

„Gute Nacht Schwester Resi.”

Nachtschwester Rosi kommt:

„Guten Abend, Herr Krawinkel.”

„Guten Abend, Schwester Rosi.”

„Und machen Sie keine Dummheiten!“

Ich zucke zusammen wie vom Kurzschluss getroffen! Der Stromschlag verstärkt sich, als Rosi sich auf mein Bett setzt und ihre Hand auf meine legt – zum Donner nochmal, wie kann ein Mensch soviel Energie geladen haben! Rosi ist in der letzten Zeit ein wenig aufgeschlossener geworden, aber viel habe ich nicht mit ihr zu tun gehabt, weil ich kein nächtlicher Ruhestörer bin und sie nicht überbeschäftigen wollte. Was hätte ich dafür gegeben, beide Schwestern einmal abzutasten, um mehr als ihre Stimmen kennenzulernen.

„Ich weiß“, fährt sie fort, „was Sie vorhaben...“

Ihr Hand hält nun die meine.

„...und werde es nicht zulassen.“

Wie soll sie dieses wissen können?: Ich hatte vor, bis nach Mitternacht zu diktieren, wobei ich auf meine letzten Minuten mit Muttchen kommen und folgende Sätze theatralisch von mir geben wollte:

„Meine Damen und Herren! Nun spreche ich meine letzten Worte aufs Gerät. Mein Ende, in wenigen Minuten eintretend, wird derartig aussehen: Ich werde das Fenster öffnen, auf die Fensterbank klettern, mich in die Öffnung stellen und mich mit einem langen Satz nach draußen schnellen, um nicht irgendwo auf aufprallhemmende Gegenstände wie Markisen zu schlagen. Der Steinboden der Straße soll es sein, damit der Tod sofort eintritt. Jetzt, in der Nacht, wird niemand meinen Aufklatscher vernehmen; mag ich bei Tageslicht, das ich nicht mehr kenne, aufgefunden werden..."

Meine allerletzten Worte sollen Schwester Resi gelten: „Sie werden versuchen, dieses hier Gesprochene aufzuarbeiten und irgendwie an den Mann zu bringen."

„Partir c'est toujours un peu mourir -
Abschied ist immer ein Stückchen Tod"

Aber jetzt hockt Schwester Rosi bei mir und unsere körperliche Berührung wirkt auf mich wie eine Blutwäsche in der Nephrologie. Sie hat längst Feierabend, aber mit einer anderen Kollegin abgesprochen, „heute freiwillig weiterzumachen".

„Um mich zu bewachen?", frage ich.

„Um dich zu bewachen."

Ich möchte sie küssen, würde ihren Mund ja wohl finden können, doch möchte ich ihr nicht zumuten, meinen Augenhöhlen so schrecklich nahe zu kommen. Rosi ergreift schon jetzt, - ich greife vor, - schon jetzt die so genannte Initiative, indem sie, - entgegen den Vorschriften dieses Krankenhauses, - einen Patienten küsst, dass diesem Hören, Sehen, Planen und Zaudern vergeht und er, der eigentlich schon in der Hölle sein sollte, sich im achten, neunten oder zehnten Himmel wähnt. Warum ich hier diesen Bandwurmsatz, der für jeden Leser und gewiss auch für jede Leserin eine Zumutung ist, loslasse? Weil unser erster Kuss solange dauert, wie ein Zweitklässler braucht, ihn auseinanderzuklamüsern.

Ich bin, wie meine Leserschaft ganz klar begriffen haben wird, ein alter Hallodri. Und darum verrate ich gern und um sie, diese Leserschaft zu erfreuen, was ich gegen Ende des Kusses gedacht habe:

„Blindheit meiner Qualität ist nicht vererbbar!"

* * * * * *

Muttchen Buttlage wurde natürlich dann aufgefunden und ihre Reste wurden neben ihrem GMD beigesetzt. Resi war - sehr mutig - in ihre Wohnung gegangen, wo sie leicht mumifiziert auf dem Fußboden lag und die Gaspistole noch in der Hand hielt. Resi – sehr, sehr mutig – steckte sie ein und warf sie in den Stadtsee. Dann packte sie alle hundert Eroicas in einen Koffer und deponierte ihn bei sich zu Hause. Ein Jahr lang: Dann vermachte sie die ganze Chose der hiesigen Musikschule „als eine gute Tat meiner Eltern“.

Aber Beethoven ließ uns nicht los, wie es ja bekannt sein soll, dass es allen seinen Fans so geht: Rosi wünschte sich zu unserem Hochzeitstag „Eroica in der Elbphilharmonie“, „und Resi mit dabei“ – welche inzwischen auch einen Musikliebhaber in ihr Leben eingegliedert hatte. Und ich muss sagen und gestehen: „Es war ein Hörgenuss sondergleichen!“ Vielleicht muss ein heutiger Mensch erst blind sein, um solche Musik bis ins letzte Fitzelchen von hundert Prozent erfassen und genießen zu können.

Ende